Johannes Aumüller und Thomas Kistner
Putins Olygarch

Johannes Aumüller
Thomas Kistner

Putins Olygarch

Wie Thomas Bach und das IOC
die Olympischen Spiele verraten

dtv

© 2024 dtv Verlagsgesellschaft mbH & Co. KG, München
Lektorat: Jürgen Bolz
Umschlaggestaltung: hißmann, heilmann, hamburg
Umschlagmotiv: picture alliance / AP Photo | Mark Humphrey
Satz: Fotosatz Amann, Memmingen
Gesetzt aus der Minion Pro
Druck und Bindung: CPI books GmbH, Leck
Printed in Germany · ISBN 978-3-423-26392-4

Inhalt

Vorwort — 7

Prolog — 11

1 Der Lehrmeister
Horst Dassler formt die moderne Sportwelt — 19

2 Das Netzwerk
Thomas Bach jongliert mit vielfältigen Lebenssachverhalten — 62

3 Der Durchbruch
Thomas Bach krönt seine Karriere und wird Olygarch — 89

4 Die Skandale
Der Olygarch verkauft die Seele der Spiele — 125

5 Der Anfang vom Ende
Der Olygarch verläuft sich im Dickicht der Politik — 205

Epilog: Der olympische Geist — 265

Anhang
Anmerkungen — 285
Personenregister — 307

Vorwort

Wer sich den großen, affärengestählten Weltsportorganisationen nähert, sollte das mit großer Sorgfalt tun. In jede Richtung recherchieren, ein substanzielles Reservoir an Quellen und Archivmaterial aufbauen und über lange Jahre die Verbände und ihre Protagonisten begleiten. Gute Kontakte zu Behörden und Amtspersonen schaden nicht, besonders hilfreich sind belastbare persönliche Drähte zu Insidern und Weggefährten, die auf gewachsenem Vertrauen basieren. Oft sind das Menschen, die sehr unglücklich wären, wenn man sie am Ende einer Aufklärungs- und Enthüllungsarbeit namentlich mit Danksagungen beglückt. Das könnte Konsequenzen haben.

Nach den Recherchearbeiten, das Puzzle ist gelegt, sind die Betroffenen anzuhören. Was sagen sie zu konkreten Vorhaltungen? Können sie Vorwürfe oder Sachverhalte entkräften, Missverständnisse oder Unklarheiten glatt ziehen? Bemängeln sie Recherchefehler, die sich klar belegen und beheben lassen? Haben sie Motive, die auf problematische Sachverhalte womöglich ein ganz anderes Licht werfen?

Die Autoren haben für dieses Buch wiederholt Anfragen an das Internationale Olympische Komitee gestellt. Es befasst sich mit dem nur schemenhaft erkennbaren Werdegang und Wirken des Präsidenten Thomas Bach und seinem IOC. Und speziell mit den langjährigen Vernetzungen des olympischen Betriebs und einiger seiner höchsten Vertreter mit den Kremlherrschern in Moskau. Zur Zeit der Sowjetunion und in der Ära von Wladimir Putin, der dank seines immens angehäuften Einflusses im Olymp lange Jahre auch ein Zar des Weltsports war.

Vorwort

Aber das IOC lehnte es ab, auf allerlei Fragen inhaltlich konkret einzugehen. Auf eine erste Anfrage im Herbst 2023, in der es um Bachs Verhältnis zu Russland, aber auch um verschiedene Karrierestationen ging, teilte es nur mit: »Wir können keine neue Frage finden, die nicht bereits von uns beantwortet wurde, und diejenigen, die wir nicht beantwortet haben, beruhen auf absurden Annahmen. Bitte verwenden Sie unsere früheren Antworten auf diese Fragen.«

Kurz danach, Zufall oder nicht, setzte das IOC eine Mitteilung auf seine Website. Sie lautete: »Erklärung zu Fake-News-Kampagnen gegen das IOC«. Darin hieß es, das IOC sei »in jüngster Vergangenheit« mit vielerlei Fake-News-Attacken und falschen Zitaten bedacht worden, Abspielflächen seien »Telegram-Kanäle und andere Social-Media-Plattformen in mehreren Sprachen«.

Auch sei gegen das IOC »bereits eine ganze Dokumentation mit diffamierendem Inhalt und falschen Informationen produziert« worden, inklusive der per Künstlicher Intelligenz (KI) generierten Stimme eines weltbekannten Hollywood-Schauspielers; es ging dabei um die von Tom Cruise. Das IOC ließ diese mysteriöse Dokumentation mit dem Titel »Olympics has fallen« umgehend von Social-Media-Plattformen entfernen. »All dies scheint Teil einer organisierten Desinformationskampagne zu sein«, teilte der Ringe-Konzern mit – und riet »allen Medienvertretern«, die derlei Material in sozialen Medien finden und zu verwenden gedenken, sich »die Authentizität solcher Inhalte von der IOC-Medienabteilung bestätigen zu lassen«.

Auch so lässt sich Kontrolle herstellen.

Was das mit diesem Buch zu tun hat? Auf einen neuen, teils ergänzenden Fragenkatalog der Autoren im Januar 2024 reagierte das IOC mit der Übersendung besagter Pressemitteilung – und stellte die Mutmaßung an, dass dieses Buch auf solchen Fake-Materialien aufbaut. Diese neuen Fragen, schrieb das IOC, ließen »vermuten, dass sie auf irreführenden Informationen beruhen, die Teil einer gezielten Desinformationskampagne sein könnten,

Vorwort

die bereits seit einigen Monaten gegen das IOC und seinen Präsidenten im Gange ist«. Das läge umso näher, als die Autoren nicht »die Quelle für die irreführenden Informationen« benennen. Eine originelle Argumentation, denn ohne Quellenschutz ist keine effektive journalistische Arbeit möglich. Und: Falsche Vorhalte lassen sich so oder so einfach klarstellen, da braucht es keine Quelle.

Hier wird es spannend. Denn das IOC formulierte eine klare Verdachtslage, wer zentral hinter den angeblich »irreführenden Informationen«, die das Buch »Putins Olygarch« ausbreitet, stecken könnte: russische Mächte! Und so startete es eine Generalattacke in deutlicher Wortwahl – samt Aufforderung, »dass dies in Ihrem Buch ebenso Berücksichtigung finden wird«.

Hier ist es:

»Dem offensichtlichen Tenor Ihres Buches wird schon widersprochen durch die Angriffe aus Russland gegen das IOC und seinen Präsidenten seit der Suspendierung des Russischen NOKs vor den Olympischen Winterspielen Pyeongchang 2018, die sich nach der eindeutigen Positionierung des IOC zum Krieg Russlands gegen die Ukraine erheblich verstärkt haben. Sie reichen von öffentlichen harschen Beschimpfungen wie Faschist, westlicher Spion, Russenfeind oder ethnischer Diskriminierer bis hin zu den erwähnten Desinformationskampagnen und ebenso anderen Aktionen, auf die wir aus Sicherheitsgründen aber nicht näher eingehen können.«

Faschist. Spion. Russenfeind! Und sogar sicherheitsrelevante Anfeindungen im Spannungsfeld zwischen Lausanne und Moskau. Das teilte das IOC ganz offen mit. Es will sich damit, ohne jeden konkreten Ansatz für seine Fake-Verdächtigungen zu liefern, jeder inhaltlichen Befassung mit den Anfragen für dieses Buch entziehen. Es wird schlicht und diffus zum Bestandteil einer von Trollen oder Kremlbots gesteuerten Desinformationskampagne erklärt.

Deshalb also, so das IOC weiter, werde es bei »diesem Vorgehen keine Glaubwürdigkeit durch Stellungnahmen oder Dementis geben«. Und weil auch »durch eine solche Publikation die Glaub-

Vorwort

würdigkeit des dtv-Verlages in Frage stehen könnte«, wird dieser in Kopie gesetzt. Vielleicht kriegt dort ja noch jemand kalte Füße.

Die Autoren haben für dieses Buch viel Recherche betrieben, Akten und Unterlagen ausgewertet, eidesstattliche Versicherungen eingeholt, Reisen im In- und Ausland unternommen und zahlreiche persönliche Gespräche mit real existierenden Personen geführt. Mit internationalen und nationalen Sportfunktionären, mit russischen und deutschen Politikern, auch mit (früheren) Mitgliedern des KGB. Und in jedem Fall mit natürlichen Intelligenzen.

Andererseits darf selbstverständlich jeder Anfragen beantworten, ignorieren oder uminterpretieren, wie er mag. Es gibt da keine Verpflichtung. Die Pressestelle des Kreml zum Beispiel hat Fragen nicht beantwortet.

Dies ist, als Aufwärmübung, ein kurzes Making-of des Buches. Ist *Putins Olygarch* nur Fake und dunkles Verschwörungsgeraune? Das darf der Leser jetzt einfach selbst herausfinden.

Prolog

Der 10. September 2013 ist ein dramatisches Datum für die olympische Familie. Ein großer, nein, ein großartiger Tag: Es wird der neue Präsident gewählt! Aber als es so weit ist, hat der Tag nichts Spektakuläres. Nichts Berührendes, nicht einmal das Wetter spielt mit. Ein grauer Himmel liegt über der Luxusherberge am Río de la Plata, es ist viel zu kalt für einen Spätwintertag in Buenos Aires, darunter, wie eine Schicht aus Mehltau: purer Fatalismus. Hier versammeln sich die Sportfunktionäre des Internationalen Olympischen Komitees (IOC). Kein Funken Aufgeregtheit, im Festsaal des Hilton-Hotels herrscht stille Ergebenheit. Das Ambiente ist gehoben funktional, dem Anlass angemessen. Denn alle wissen, was jetzt kommt: das große Ungefähre. Der Unausweichliche.

Es ist nicht mehr zu ändern, sie haben die Kontrolle lange vorher verloren. Auf der einen Seite sind die Parteigänger, von denen einige durchaus überzeugt sind, aber manche auch gleich so abstimmen werden, wie es ihnen halt aufgetragen wurde, von Staatschefs oder höheren Funktionären. Oder weil sie es, wie die Kollegen aus Afrika, wieder einmal für gewinnbringender halten, en bloc abzustimmen; was immer an Gewinn dafür rausspringt.

Schon gar nicht verhindern kann das Unausweichliche die fast ebenso große Fraktion von Wahlleuten auf der Gegenseite; Mitglieder, die sich lieber einen Schritt nach vorn gewünscht hätten, irgendwie raus aus dem alten Sud, etwas Neues, anderes versuchen – vielleicht einen olympischen Zukunftszirkel, in dem sich auch das einzelne Mitglied wiederfinden kann.

Prolog

Aber die Messe hier ist gelesen. Sie haben sich, wie so oft, übertölpeln lassen, wurden überrollt von dieser Machtmaschine namens IOC. Der sie zwar selbst angehören, gewiss, aber halt nur als winziges, austauschbares Rädchen im Getriebe. Das, was gleich passiert, wurde wie stets von ganz oben geplant, jetzt wird nur noch vollzogen. Deshalb ist dieser wichtige Tag für das IOC kein schöner Tag für viele seiner Mitglieder.

Oben auf dem Podium, stramm wie ein katholischer Missionsschüler, sitzt ein gedrungener Mann mit Brille, akkurater Scheitel, die Hände auf den zusammengepressten Anzugsbeinen gefaltet: in kribbelnder Erwartung dieser zwei erlösenden Worte! Sein Blick wandert nach rechts, wo der Sitzungsleiter einen Umschlag öffnet. Und mitteilt, was alle hier erwarten. »Thomas Bach«, sagt Jacques Rogge mit fast tonloser Stimme und präsentiert einen Zettel. Die Anspannung des Internatsschülers löst sich, hurra!, ein Lebenstraum geht in Erfüllung. Jetzt muss er nur noch aufstehen und die Wahl annehmen. Gerührt tritt Thomas Bach ans Mikrofon. Er presst die Hände an die Backen, kämpft mit den Tränen. Er dankt dem weiten Rund in zwei, drei, vier … gut, am Ende sind es sieben Sprachen. Und er sagt Sätze wie: »Ich weiß um meine große Verantwortung!«

Gleich darauf, noch in den Räumlichkeiten des Tagungshotels in Buenos Aires, wird ihm ein Handy gereicht. Es ist wichtig. Bach zieht sich aus dem Pulk der Journalisten zurück. Am Apparat ist der erste bedeutende Gratulant: Wladimir! Putin! Es grüßt der Staatspräsident des nächsten Olympiagastgebers; warum nicht. Aber das hier – das ist Putin, und deshalb ist es vor allem ein Zeichen. Die erste relevante Grußnote erhält Bach von einem Mann, der genau weiß, wie man Macht demonstriert. Der erste hohe Gratulant am Handy ist der Potentat, der Bachs Amtszeit durchgehend prägen wird.

An diesem 10. September 2013 in Buenos Aires rückt Thomas Bach zum Präsidenten des Internationalen Olympischen Komitees auf. Er ist erst der neunte in der seit 1894 dauernden IOC-

Prolog

Geschichte, Nachfolger des belgischen Chirurgen Jacques Rogge. Und der erste Deutsche in diesem Amt. Ein gebürtiger Würzburger, Jahrgang 1953, erst Fechter, danach Jurist, Wirtschaftslobbyist, Sportpolitiker im Dreierpack. Und immer Karrierist. Diese Wahl ist die Krönung einer steilen, mehr als drei Jahrzehnte währenden sportpolitischen Laufbahn.

Dabei hat Bach immerzu versichert, dass hinter seinem unaufhaltsamen Aufstieg in den Olymp niemals eine Planung gestanden habe. Keine Planung! Verkehrt man die Aussage in ihr genaues Gegenteil, gibt sie die Wahrheit über den Mann und seinen geräuschlosen Werdegang auf den Thron des Olymps wieder: Planung war alles, alles ist Planung.

Die Karriere des IOC-Präsidenten Bach ist das Produkt eines minutiös umgesetzten machtpolitischen Kalküls. Durchgetaktet von A bis Z. Konzipiert, abgesichert und vorangetrieben von den wichtigsten Funktionären der jeweiligen Epoche. Abgesegnet von politischen Gönnern und hohen Parteifreunden erst in Bonn, später in Berlin. Alimentiert über vielzählige, stets diskret gehaltene Industrievernetzungen und -verträge. Fast alles ist so tief im Verborgenen angelegt, dass Bachs enge Bande im Laufe der Jahre nur selten ans Licht der Öffentlichkeit kommen – aber wenn, dann bringen sie ihn in Erklärungsnot. Etwa, als plötzlich Stasi-Berichte zu atemberaubenden Konspirationen auftauchen. Oder, wie im Zuge staatsanwaltschaftlicher Ermittlungen bei Siemens, ein brisanter Beratervertrag für Dr. Bach.

Strategie. Berechnung. Arrangements. Kalkül. Aus solchen Elementen erwächst Bachs Karriere. Und sie stehen auch für all das, was es speziell im Fechten braucht. Das ist der Sport, in dem Bach bei den Spielen 1976 in Montreal Olympiasieger mit der Florett-Mannschaft wurde. Tricksen, täuschen, tarnen. Stets mit Finten, Rückziehern, plötzlichen Attacken. Und immer hinter einer Maske.

Es gibt erstaunlicherweise nichts wirklich Nettes, Menschelndes von oder über Thomas Bach. Kein Bonmot, kein Anekdötchen, nicht die kleinste Weisheit am Wegesrand. Zum Persönlichsten

Prolog

zählt der Verweis auf seine Passion für eine gepflegte Runde Skat mit alten Kameraden im Taubertal. Seitdem er vor mehr als vier Jahrzehnten begann, sich auf die Chefetagen des Weltsports hochzuwerkeln, hat er zunehmend den Eindruck eines virtuellen Funktionärsdarstellers verbreitet. Da ist nichts Greifbares – als hätten diese Gestalt ein paar zottelige IT-Nerds am Bildschirm entworfen. Einen Avatar in von Kopf bis Fuß korrektem Aufzug, mit sterilen Funktionsvorgaben und einer Stimme, die ihre Tonlage nicht verlässt. Eine Figur ohne Strahlkraft. Das prüfende Auge rutscht ab an jemandem, der mit einem Gesichtsausdruck auskommt.

Wahrscheinlich ist das hilfreich. Denn Thomas Bach ist der ausgebuffteste Strippenzieher, den der moderne Weltsport kennt. Und an jenem kaltgrauen Septembertag 2013 am Río de la Plata hat er endlich sein Ziel erreicht. Der oberste aller Olympioniken, jetzt ist er der mächtigste Sportfürst der Welt. In Buenos Aires kann ihm die ansehnliche Schar der Skeptiker nur noch einen kleinen Denkzettel mitgeben: Er schafft es erst im zweiten Wahlgang. Auch die internationalen Medien lassen nicht die Korken knallen. Im Gegenteil, viele bezweifeln, dass dies hier die beste Wahl ist. Zugleich ist allen klar, was diese Entscheidung im IOC war: etwas Vorausbestimmtes. Das Unausweichliche.

»Ist der neue Herr der Ringe mehr als ein vorzeigbarer Interessensverwalter, ein cleverer Jurist im Dienst der Ölscheichs und des Kreml?«, sinniert die Wochenzeitung *Die Zeit*, stellvertretend für das Gros der deutschen Medien. Frankreichs Sportfachblatt *L'Équipe* stellt infrage, ob die klandestine Art des früheren Fechters überhaupt geeignet ist, um »Neuerungen einzuführen und Impulse zu geben«. Auch der Schweizer *Tages-Anzeiger* bringt es auf den Punkt: Für einen »Insider mit intimsten Kenntnissen in allen entscheidenden IOC-Bereichen« sei diese Personalie nur logisch. Aber: »Gerade die vergangenen Monate zeigten: Thomas Bach ist der unbekannte Bekannte geblieben, der er stets war.«

Der unbekannte Bekannte. Alles unscharf, kein Profil. Ein olympisches Mysterium. Stets gewesen, immer geblieben.

Prolog

Als Bach die IOC-Präsidentschaft übernimmt, ist die Lage der Organisation kritisch. Dabei ist dieses IOC doch mal eine noble Idee gewesen – das Gremium, das die Olympischen Spiele wiederbelebt und gepflegt hat. Dann kam der Spanier Juan Antonio Samaranch. Er hat das IOC erst in den Goldrausch geführt und dann an den Abgrund: Doping, Korruption, Salt-Lake-City-Skandal. Jetzt ist das IOC kein edler Klub mehr. Sondern eine Ansammlung von ein paar Dutzend oft recht dubioser Gestalten, unter die sich einige wenige aufrechte Leute mischen. Oder gemischt worden sind. »Eine Mafia aus Grafen, Prinzen, Millionären und Weißen«, wie Kubas Revolutionsführer Fidel Castro einmal sagte.[1] Ein Synonym für Kommerz und Korruption, Gier und Größenwahn.

2001 musste Samaranch deswegen gehen, aber da hatte er bereits die Türen aufgestoßen für seinen Musterzögling Bach, dessen größter Förderer und Mentor er war. Samaranchs direkter Nachfolger Rogge ist nur ein Intermezzo, der skandalumtoste Ringe-Clan muss zur Ruhe kommen. Der belgische Arzt verleiht der Bewegung vorübergehend ein glaubwürdigeres Gesicht, aber er scheitert mit seinen Reformideen in der zweiten Amtszeit; Rogge wird krank, und vor allem die Fraktion der Erben Samaranchs im IOC leistet Widerstand. Die Sommerspiele in Peking 2008 markieren die Wende in seiner mutig gestarteten Ägide. Und der Sumpf, der sich ums IOC gebildet hat und den auch im Westen die Politik und das Gros der geneigten Medien jahrelang ignoriert haben, beginnt die Ringe zu verschlingen. In demokratischen Ländern wächst so viel Unmut, dass die Bevölkerung dem IOC und dem Spielespektakel den Rücken zuwendet.

Und jetzt: ist Bach am Hebel. Er hat die Chance, wirklich etwas zu verändern. Er kann der olympischen Bewegung neues Leben einhauchen, diesen olympischen Geist wiederbeleben, den sie im IOC gern beschwören.

Aber er kann auch ihren Niedergang beschleunigen.

Was Bach am Gipfelpunkt seiner Karriere so wenig ahnt wie seine Mitolympier: Die schönen Tage sind vorbei. Bach wird der

Prolog

Präsident, der die schlimmste Fünferkette an Spielen dirigiert, die der olympische Sport je gesehen hat. Sotschi 2014, Rio de Janeiro 2016, Pyeongchang 2018, Tokio 2020/21, Peking 2022. Die globale Wahrnehmung schwankt nur zwischen Problemspielen und Skandalspielen. Und Bachs Ära wird die Zeit, in der das IOC sich endgültig von den demokratischen Gesellschaften entfernt und bei den Diktatoren und den Korruptis unterhakt; der deutsche Boss paktiert mit dem Kreml und Chinas Staatskommunisten, mit arabischen Scheichs und allerlei fragwürdigen Funktionären.

Bach schwingt den Taktstock hinter den Kulissen, er taktiert und fintiert, was das Zeug hält. Er jongliert zwischen allen Interessen, um Bündnispartner im IOC und solche auf der politischen Bühne zu bedienen. Der neue Präsident schützt seine Vertrauten, das Gebot des Gehorsams innerhalb des herrschenden Schuld-und-Dank-Systems darf nicht beschädigt werden. Und so gibt Bach in den vielen neuen Korruptionsaffären rund um sein IOC ein seltsames Bild ab. Er wirkt, als tangiere ihn all das kaum, aber klar ist schon: Es könnten gern ein paar Sünder weniger sein. Fortan sind es ja vor allem die großen Kaliber, die von Staatsanwälten angezählt oder einkassiert werden. Wichtige Leute, die ihm auf den Thron geholfen haben.

Aber deren Untergang hat auch Vorteile. Das Machtvakuum, das durch Revirements auf höchster Ebene entsteht und durch das altersbedingte Ausscheiden älterer Mitglieder noch beschleunigt wird, lässt sich zum Ausbau der eigenen Macht nutzen. Denn für all die Abgänge braucht es ja neue Funktionärskader, und hier kann der Präsident dafür sorgen, dass kein Querulant Zugang in den Olymp findet – sondern Leute, die auf seiner Linie fahren. Bach kann das IOC so umbauen, dass die einst stolze Organisation bald unterwürfig daherkommt. Das IOC wird ein IBK. Das Internationale Bach-Komitee.

Und überstrahlt wird Bachs Ägide davon, dass er sich samt seiner Organisation unter die Knute des Mannes begibt, der kurz nach der Wahl in Buenos Aires angerufen hat. Und ohne den er das

Amt sehr wahrscheinlich nicht ergattert hätte: Russlands Staatspräsident Wladimir Wladimirowitsch Putin.

Erst gewährt ihm Bach bei den Winterspielen von Sotschi das größte Propagandafest der jüngeren olympischen Geschichte, was Putin zu nutzen weiß. Dann lässt er jahrelang Milde walten, als sich der größte Skandal der Sportgeschichte entblättert: das gigantische russische Staatsdopingsystem, in das sogar die Regierung und der Geheimdienst involviert sind. Und selbst die Sommerspiele von Paris, die nach einem Jahrzehnt voller Problemspiele die ersten entspannteren werden sollten, werden überlagert durch den Umgang des deutschen IOC-Präsidenten mit Moskau. Denn er offenbart nach dem Beginn des russischen Angriffs gegen die Ukraine erneut eine auffallend Moskau-freundliche Haltung. Nach dem Motto: Hauptsache, Russland ist dabei. In all den Jahren bekommt Bach auch mal eine passende Jubelnachricht von einem seiner olympischen Vorstandsmitglieder: »The Czar is happy!!!« Drei Ausrufezeichen: Der russische Zar ist glücklich. Und der heißt Putin.

Die Frage, ob er ein Putin-Freund sei, weist Bach trotzdem stets empört zurück: »Solche Verschwörungstheorien sind offensichtlich eine weitverbreitete Erscheinung unserer Zeit«,[2] sagt er mal der *FAZ*. Und Freund – das ist wohl tatsächlich nicht das richtige Wort für die Beziehung zwischen dem deutschen Industrieanwalt und dem Mann im Kreml. Denn Freundschaft signalisiert Augenhöhe. Doch im Verhältnis dieser beiden gibt es einen Ober und einen Unter.

Putin ist seit Beginn seiner Regentschaft in der Silvesternacht 1999 in Russland geübt im Umgang mit Oligarchen. Es ist ein prima Deal: Geld und Macht gegen bedingungslose Loyalität und politische Treue, so läuft das. In der olympischen Welt, so das überwältigende Bild, hat Putin mit der Zeit auch so einen Mann gefunden und unterstützt: Hier wird Thomas Bach der Olygarch.

Zur Welt der Oligarchen gehört: Sie wahren ihre Position, indem sie dem System gegenüber bedingungslos loyal sind. Und solange

Prolog

Putin sie lässt. Es kann der Moment kommen, da er die Oligarchen nicht mehr braucht – oder er unzufrieden ist mit deren Verhalten. Dann wehe den Oligarchen. Viele können berichten, was passiert, wenn Putin jemandem die Gunst entzieht. Manche können nicht einmal mehr das.

Und Putins Olygarch? Bei dem ist dieser Moment spätestens mit Beginn des Ukraine-Krieges gekommen. Der Mann, der jahrelang so viel globale Kritik auf sich lud im überzogenen Bemühen, die russische Führung zufriedenzustellen – seine Organisation liefert aus Putins Sicht nicht mehr genug. Er fällt in Ungnade. Und der zürnende Kremlchef macht sich daran, eine mächtige Sportbewegung neben der olympischen aufzubauen. Was ihm nun sehr erleichtert wird dank der Sonderrolle, die er und seine Sportheloten über all die Jahre ausüben durften.

Bachs Karriere, seine Wahl und sein Wirken sind fest eingebettet in eine große olympische Schattengeschichte. Diese Geschichte beginnt schon Jahrzehnte vor dem 10. September 2013. Sie dreht sich um Geld, Politik und die ordnende Kraft der Geheimdienste. Der Kreml spielt stets eine zentrale Rolle. Aber nichts und niemand wäre wohl aus dem deutschen Musterfunktionär geworden ohne einen fränkischen Landsmann, mit dem alles begann. Eine Legende, die im Sport noch immer jeder kennt. Ein Mann, den nur offiziell niemand mehr kennen will. Denn sein Werk ist verflucht. Es soll niemand wissen, dass es fortlebt bis zum heutigen Tag.

1 Der Lehrmeister

Horst Dassler formt die moderne Sportwelt

Die Entstehung der Turnschuh-CIA

Horst Dassler ist gerade 20 Jahre alt, als er die große Sportbühne betritt. Sein Vater Adolf, Firmengründer und Chef von Adidas, schickt ihn zu den Sommerspielen 1956 nach Melbourne. Für den Junior wird die Reise nach Australien zur Feuertaufe. Mit allerlei Tricks bei den dortigen Zollbehörden sorgt der junge Horst dafür, dass die Sportartikelfracht seines Onkels Rudolf vom verfeindeten Konkurrenzunternehmen Puma nicht gelöscht wird. Und so reißen ihm im Olympiadorf verzweifelte Athleten die eigene Drei-Streifen-Ware förmlich aus der Hand. Den Coup, Puma über die Behörden am Spielort mattzusetzen, wiederholt er noch viel ausgeklügelter bei den Spielen in Mexico City 1968. Damals landet ein argloser Puma-Vertreter sogar hinter Gittern.

Die Todfeindschaft zwischen den Dassler-Brüdern Adolf (»Adi«) und Rudolf ist legendär. Sie war angelegt in gegenseitigen Verratsbezichtigungen, die in den späten Kriegsjahren entstanden sind, und wurde sogar ein Leitthema der aufstrebenden Bundesrepublik. Im Franken-Städtchen Herzogenaurach betreiben die Brüder bald getrennt ihre Firmen, Adolf bleibt im Stammhaus, Rudolf gründet Puma auf der anderen Seite des Flüsschens Aurach. Fortan prägen Neid, Missgunst und üble Nachrede das familiäre Milieu.

Darunter leiden auch alle anderen, etwa die wachsende Zahl an

1 Der Lehrmeister

Angestellten in den beiden Betrieben. Ein Riss geht durch die Stadt: Wehe, man wird mit einem von der anderen Seite erwischt! Nicht mal in den Wirtshäusern finden Schuster, Näherinnen oder Buchhalter von Adidas und Puma unter einem Dach zusammen: entweder – oder! Der Kalte Krieg der Dassler-Dynastie tobt jahrzehntelang rund um den Dorfanger. Ganz am Ende, als Rudolf todkrank ist, will der Pfarrer Adi rufen. Aber der möchte nicht mal den sterbenden Bruder mehr sehen. Er lässt nur ausrichten, dass er ihm verziehen habe.[1] Die Gräber der Familien liegen heute an den am weitesten voneinander entfernten Punkten des Friedhofs von Herzogenaurach.

In diese Unternehmerfamilie wird Horst Dassler 1936 hineingeboren, es folgen noch vier Schwestern. Das Klima aus Argwohn und steter Bespitzelung prägt Horsts Welt; nur dass der Junior die Kunst der Kabale später in neue Dimensionen treibt. Als er Anfang der Sechzigerjahre die Frankreich-Filiale im Elsass aufbaut, entwickelt sich Adidas France rasch zum unsichtbaren dritten Player in einem fortan epischen Wirtschaftskrieg. Denn einfach nur immer mehr Sportschuhe verkaufen: Nein, das ist zu banal für einen besessenen Menschenfänger. Für einen wie Horst, der seine Gegenüber in fünf Sprachen beeindrucken kann. Dassler erschafft das erste globale Sportimperium, und kaum etwas wäre spannender als die Frage, wie der Weltsport heute aussehen würde, wenn dieser Mann nicht schon sehr früh, im April 1987, an einer Krebserkrankung gestorben wäre. Der Mastermind der modernen Sportpolitik wurde nur 51 Jahre alt.

Aber Dassler nutzt seine Zeit. Kein Tag, kaum eine Nacht ohne exzessive Gespräche, Gelage, Geplänkel. Und ständig klandestine Firmenrunden. Dassler legt Akten über jede wichtige Figur aus der Sport- oder Verbandswelt an, bald müssen seine Leute dasselbe tun; mit geheimdienstlichen Attitüden gehen sie zu Werke. Was manche ahnen, kann damals ein Spitzel der ostdeutschen Stasi, der Boxfunktionär Karl-Heinz Wehr alias IM Möwe, seinen Vorgesetzten sogar glasklar belegen. So ist er dabei, als Dassler im Zuge einer

Die Entstehung der Turnschuh-CIA

Debatte über den Präsidenten des europäischen Boxverbandes, Bernard Restout, erklärt, er werde sein neues Büro in Paris anweisen, es möge »die neuesten Hinweise in die vorliegende Personalakte zu Restout ergänzen«.[2] Dies hält Wehr nach einem Treffen mit Dassler am 20. Oktober 1985 in einem Bericht fest. »Damit wurde durch Dassler selbst bestätigt, dass sein Unternehmen über alle bedeutenden internationalen Sportfunktionäre Personenakten führt.«[3]

In der Tat. Aufgezeichnet wird unter Dassler mit derselben Lust und Akribie, die hinter dem Eisernen Vorhang die professionellen Kollegen von KGB und Stasi pflegen. Notiert werden Vorlieben und Abneigungen von Personen; Namen, Alter, Marotten, selbst Textilgrößen von deren engsten Freunden und Angehörigen; dazu die Themen, die besprochen worden waren – und natürlich, welche Geschenke ein jeder begehrt oder erhalten hat. Seine Kartei sei »besser als beim KGB«, rühmt sich der Firmenboss.[4] Als die Wirtschaftsautorin Barbara Smit eine Firmenchronik von Adidas und Puma zusammenträgt, sagt ihr ein Zeitzeuge: Bevor man tiefnachts zu Bett gehen durfte, »wurden erst die Tagebucheintragungen aktualisiert. Alle Mitarbeiter waren gewohnt, Aufzeichnungen zu machen, und versorgten Horst zuverlässig mit Informationen.«[5]

Das ist nur der Anfang. Selbstverständlich müssen alle Mitarbeiter Kunden und Gäste umschmeicheln, es gibt dafür ein eigenes Geschenkelager. Aber auf die Verbände des Weltsports, auf die setzt Horst einen Trupp erlesener Spezialisten an. Er schafft eine sportpolitische Abteilung, bekannt als Dasslers Turnschuh-CIA. Sie ist besetzt mit Leuten, die in den diversen Weltregionen ihre Netzwerke aufbauen. Sie greifen ein, wann immer es gilt, irgendwo auf der Welt Verbände und sportpolitische Entscheidungen zu manipulieren – und um, schließlich, in Eigenregie gewogene Funktionäre in den Sportorganisationen zu platzieren. Oder kritische Leute abzuservieren.

Dasslers erstes Experimentierfeld ist der Fußball. Bald mischt er selbst bei den Präsidentschaftswahlen des Weltverbandes mit. Bei der Kür 1974 in Frankfurt, am Vorabend der ersten WM in Deutsch-

1 Der Lehrmeister

land, lässt er Stanley Rous im letzten Moment fallen und schwenkt um auf João Havelange, der dank allerlei nächtlicher Wahlhilfen auf den Fifa-Thron gelangt. Sofort schmiedet Dassler ein Bündnis. Er baut ein Team auf, das den Marketingmasterplan für den Fußball schafft. Und es gelingt ihm mithilfe des britischen Marketingexperten Patrick Nally, Coca-Cola als ersten Sponsor zu gewinnen.

Ein Riesencoup: Die bekannteste Marke des Globus will den Marktrivalen Pepsi-Cola dauerhaft auf Abstand halten – und wird zum Zugpferd der Fifa, dem andere Werbepartner schnell nachfolgten. Dassler legt sich ins Zeug, Havelange gewährt ihm freie Hand. Später lässt sich der Fußballboss von der von Dassler erschaffenen Marketingfirma auch direkt bezahlen, um ihr mal wieder die WM-Rechte zuzuschanzen.[6] So profitieren beide Seiten trefflich.

Mit den Erlösen aus dem Sponsoring lässt sich arbeiten. Dasslers Leute kreieren neue Wettbewerbe für den Jugendfußball, im Steuerhafen Monte Carlo beginnt sein Marketingteam damit, Fußball an die Markenkonzerne zu verkaufen. Die Funktionäre fliegen plötzlich Businessclass, die Hotels werden edler, und die Sportprodukte gewinnen ein Renommee, das rasch über Rasenkante und Kabinenschweiß hinausreicht. Bald drängeln sich die Firmen, die Dasslers Sponsoringpakete kaufen wollen. Die Funktionäre lernen flott, wie die neue Geschäftswelt funktioniert. Es ist ganz einfach: Sie unterzeichnen Verträge unter dem Marktwert, dann wandert die restliche Spanne als Bestechungsgelder an sie.

Auch den Dreh, wie man im Sport Mehrheiten besorgt, hat Horst schnell raus. Die Schwachstelle ist offenkundig, sie existiert bis heute. Und sorgt dafür, dass der Boss eines Weltverbandes de facto niemals abgewählt, sondern nur vom Staatsanwalt aus dem Amt geholt werden kann. Denn in den globalen Sportorganisationen hat jedes Land eine Stimme, was als gelebte Basisdemokratie gefeiert wird. Tatsächlich liefert diese absurde Struktur aber nur den perfekten Nährboden für die globale Sportkorruption.

Kein Spitzenfunktionär braucht sich mit ein, zwei Handvoll gro-

Die Entstehung der Turnschuh-CIA

ßen Nationalverbänden herumzuschlagen, die bei Olympia, im Fußball, in der Leichtathletik oder sonst wo dominieren und das Gros der Titel und Medaillen abräumen. Diese Verbände sind bei Wahlen leicht auszuschalten, indem der Kandidat einfach das riesige Feld drumherum abräumt: Allein die vielen Tropeninseln dieser Welt bis zu entlegensten Gebirgssprengeln sichern Dutzende Stimmen. One country, one vote: Willfährige Gefolgschaft findet sich dort, wo Spitzensport aus geografischen, ökonomischen oder religiösen Gründen gar nicht machbar ist. Länder wie Guam, Vanuatu oder die Turks- und Caicosinseln haben nicht mal Platz für ein richtiges Stadion – sie haben aber im Fifa-Parlament genauso exakt eine Stimme wie England, Brasilien oder Deutschland. Hier lassen sich, als Dankeschön für die sogenannte Entwicklungshilfe, mühelos Stimmen abgreifen.

Dassler wickelt mit betörendem Wesen und exquisiter Umgangsart erst die Athleten und später fast alle anderen um den Finger. Das Gros seiner getreuen Mitarbeiter verehrt ihn wie einen Sektenführer. Mit Ausnahmen. Ein Mann, der 1975 in Landersheim ein mehrmonatiges Gastspiel gibt, bevor er offiziell zu seinem neuen Arbeitgeber, der Fifa, wechseln darf, will dem speziellen Charme des Adidas-Chefs widerstanden haben: Joseph »Sepp« Blatter, damals Direktor, später Generalsekretär, noch später Präsident des Fußballweltverbandes. Er absolviert auf Anregung seines Verbandsbosses Havelange einen Marketingcrashkurs bei Dassler.

Blatter geht es wie den anderen im Elsass. Er erlebt einen manischen Antreiber, rastlos und jeden überfordernd, zugleich aufmerksam und großzügig. Er erlebt einen Gastgeber, durch dessen exquisites Sterne-Restaurant gleich gegenüber der Firmenzentrale endlose Karawanen von Sportfunktionären pilgern. Niemand von ihnen geht mit leeren Händen davon. »Da kamen immer wieder Delegationen der Verbände vorbei«, erzählt Blatter aus seiner Erinnerung, »die Boxer, Leichtathleten und alle, das war für mich auch eine gute Lehre.«

1 Der Lehrmeister

Was für eine Lehre? »Zwei Sachen. Das eine ist, dass Sport verbindet: Sozial betrachtet ist das gut.« Die zweite Lehre beträfe das Kernproblem des Sports: Korruption. »Du solltest immer nur Geld bekommen, wenn du etwas arbeitest«, sagt Blatter. »Denn ich habe gesehen, dass es gang und gäbe war, dass man Funktionären etwas mitgab, wenn sie gingen.« Und natürlich habe diese Korruptionskultur irgendwann auch ihn selbst erreicht. Da sei es zum Krach, sogar fast zum Bruch mit Dassler gekommen.

Was war passiert? »Er sagte, wenn ich für ihn weiter arbeite im Fußball und Reglemente mache und so, dann sollte ich doch etwas dafür bekommen. Dann erwiderte ich, wenn du noch so ein Wort sprichst, sind wir Feinde für immer!« Gut bekommen sei das dem Verhältnis erst einmal nicht, Dassler war nachtragend. »Er hat mir das krummgenommen. Er konnte nicht glauben, dass das jemand zurückweist. Er hat dann Havelange gesagt: Du musst aufpassen! Er will von mir nichts, vielleicht nimmt er was von jemand anderem!« Es entsteht allerdings trotzdem ein äußerst effektives Triumvirat. Blatter fungiert bald perfekt als operatives Bindeglied zwischen Dassler und Havelange und steigt mit ihrer Hilfe an die Fifa-Spitze auf.

Dasslers brutale Seite, wenn er Illoyalität witterte, ist ebenfalls legendär. Paranoia liegt in seiner geheimdienstlichen Geschäftskultur begründet, die ihm einmal sogar im weltabgeschiedenen Elsass eine staatsanwaltschaftliche Hausdurchsuchung einträgt. Wer permanent am Abgrund agiert, ist auf blinde Gefolgschaft angewiesen. Zumal Horst in einen direkten Wettstreit mit den eigenen Leuten eintritt, mit der Familie drüben im gemütlichen Fränkischen, bei der er erst viel später an die Spitze rückt. Bücher, Spiel- und Dokumentarfilme erzählen die Dassler-Saga, stets ist Horst der herausragende Protagonist. Wer wie er mit drei, vier Stunden Schlaf auskommt, hat mehr Zeit als andere, über die vollen Auftragsbücher hinaus zu denken.

Der Pakt mit dem Kreml

Den Fußball hat Dassler ab Mitte der Siebzigerjahre in der Tasche. Aber damals ist, anders als heute, das IOC mit seinen Olympischen Spielen die weitaus größere Nummer. Sie umfassen alle relevanten Sportarten, und Adidas produziert für sie alle. Die Ringe haben ein porentief reines Image, sie bieten unendliche Verlockungen. Jetzt, in den Siebzigerjahren, setzt Dassler zum Sprung auf die olympische Welt an.

Deren Zukunft liegt damals vor allem im Osten. Hinter dem Eisernen Vorhang. In den beiden erfolgreichsten sozialistischen Staaten, die auch das Medaillen-Ranking bestimmen. In der DDR – und vor allem in der Sowjetunion. Schon bei den Winterspielen 1972 dominieren die pharmazeutisch hochgetunten Sowjetathleten das Nationenranking vor den Amerikanern, was sie auch noch lange tun werden. Und 1974 erhält Moskau den Zuschlag für die Sommerspiele 1980; Russlands Hauptstadt besiegt in der Abstimmung ausgerechnet den Bewerber des Klassenfeindes, Los Angeles.

Es ist die Zeit, als der Kalte Krieg alle Politik bestimmt, auch die Sportpolitik. Aber es ist keineswegs alles so strikt abgeschottet, wie es scheint und verbreitet wird. Zu den begehrten Dingen in der Sowjetunion zählt die hochwertige Sportausrüstung, die Adidas zu bieten hat. Da kann der Ostblock mit den eigenen Billigproduktionen nicht gegenhalten. Andererseits verlangt die Kremlführung von ihren Staatsamateuren nichts weniger als Platz eins im Medaillenspiegel. Sie möchte die Überlegenheit des Sozialismus gegenüber der westlichen Konsumgesellschaft propagieren. Da ist es fast naheliegend, dass dort eine bemerkenswerte Partnerschaft entsteht.

Kontakte bestehen zwischen Adidas und der Sowjetunion schon länger. Die Diskuswerferin Nina Ponomarjowa – 1952 bei den Som-

1 Der Lehrmeister

merspielen in Helsinki die erste sowjetische Olympiasiegerin überhaupt – berichtete einmal, wie ihr bei diesem Ereignis Horst Dasslers Vater Adi persönlich die Füße vermessen habe.[7] Allerdings fühlte sie sich nicht gut betreut. »Dassler hat mich im Stich gelassen«, sagte sie. Er habe ihr Schuhe gegeben, die kleiner waren als die, die sie üblicherweise trug. »Sie sind unbequem, sie sind zu eng.« Aus einer Notiz des Komitees für Körperkultur und Sport »Über die Zusammenarbeit mit der Firma Adidas (BRD)« an die Genossen vom Zentralkomitee der Kommunistischen Partei (KPdSU) ergibt sich, dass das Sportkomitee bereits seit 1959 mit der Firma zusammenarbeitete. Auch wenn sowjetische Sportler durchaus Beschwerden über die mangelnde Qualität vorbrachten, wenn man der Niederschrift glauben darf, die russische Publizisten aufgetrieben haben.[8]

Bereits bei der Fußball-WM 1962 laufen acht Spieler der sowjetischen Nationalmannschaft in Adidas-Schuhen auf,[9] wie Dassler in einem Reisebericht minutiös festhält, und 1964 wendet sich Adidas auch schon direkt an den russischen Leichtathletikverband, wie ein Schreiben an den damaligen Cheftrainer zeigt.[10] Später bei den Sommerspielen in München 1972 gewinnt der Sprinter Walerij Borsow in Adidas-Schuhen Gold über 100 und 200 Meter – ein Mann übrigens, der Mitte der 1990er-Jahre ins IOC einzieht und ihm bis heute angehört.

Nach dem Zuschlag für die Moskauer Sommerspiele intensiviert sich der Kontakt. Dassler heuert eine russisch sprechende Assistentin an. Nicht irgendeine, sondern eine Expertin, die sechs Jahre bei der französischen Botschaft in Moskau gearbeitet hat: Huguette Clergironnet. Auch sind der russische Botschafter in Paris und sein Handelsattaché nun häufig Gäste in Dasslers Elsass-Zentrale in Landersheim, umgekehrt lässt der Boss keinen Empfang der Sowjetbotschaft in Paris aus. Insgesamt 62-mal reist Adidas-Mann Christian Jannette zwischen der Vergabe der Spiele und deren Austragung in die Sowjetunion.[11]

Zwischendurch ereilt die Werber ein gehöriger Schrecken.

Kremlchef Leonid Breschnew persönlich verfasst eine Notiz an seine engsten Parteikollegen: »Irgendwie kam es dazu, dass wir beschlossen, die Sportolympiade in der UdSSR abzuhalten. Die Kosten für diese Veranstaltung sind enorm. Vielleicht sollten wir uns weigern, den Wettbewerb abzuhalten. Ich weiß, dass dies eine große Kontroverse auslösen wird. Aber einige Genossen haben mir vorgeschlagen, dass es möglich ist, sich zu weigern, indem man einen kleinen Beitrag in Form einer Geldstrafe zahlt.«[12] Aber Breschnews Zweifel verflüchtigen sich bald – auch dank intensiver Bearbeitung der sowjetischen Vertreter durch Adidas.

Für Adidas erweisen sich die Bemühungen als erfolgreich: 1976 unterzeichnet die Firma mit dem Kreml einen Ausrüstervertrag über fast fünf Jahre für gleich neun Sportverbände.[13] Darunter sind selbstredend die wichtigsten: Fußball, Eishockey, Leichtathletik. Wobei, wie ein für den Sport zuständiger KGB-Offizier süffisant vermerkt, »die Tatsache der Mitgliedschaft der Firmengründer, der Brüder Adolf und Rudolf Dassler, in der nationalsozialistischen NSDAP und Rudolfs Teilnahme am Zweiten Weltkrieg als Teil der Hitler-Truppen ignoriert« worden war.[14] Und DDR-Sportchef Manfred Ewald spottet über seinen sowjetischen Kollegen Sergej Pawlow als »Mr. Adidas«.[15]

1978 gelingt Adidas ein weiterer Coup: Dassler schließt mit der Sowjetunion einen Lizenzvertrag ab. Im Frühjahr 1978 trifft sich im Rahmen eines Staatsbesuchs Leonid Breschnew mit Dasslers Schwester Brigitte Baenkler, die perfekt Russisch spricht.[16] Zwar verzögert sich der Produktionsbeginn in der Sowjetunion, aber pünktlich zu den Sommerspielen in Moskau läuft der Verkauf an.[17] Der Deal mit Russland ist wie eine Lizenz zum Gelddrucken. Denn außer dem Sport gieren auch andere Teile der sowjetischen Elite nach Adidas-Produkten. Bis hin zum Jackpot: der Roten Armee.

Horst Dassler aber hat die Sowjetunion nicht nur wegen seiner wirtschaftlichen Aktivitäten im Blick – sondern auch wegen seines Masterplans, den Sport künftig selbst von oben zu steuern. Dafür braucht er Marionetten in den Dachverbänden, er muss seine eige-

1 Der Lehrmeister

nen oder ihm ergebene Leute in die Schlüsselpositionen bringen. Hierbei kann niemand hilfreicher sein als die Kremlapparatschiks.

Die haben mehr als ein Dutzend Nationalverbände unter ihrer Aufsicht, zudem Einfluss auf viele weitere in der »Dritten Welt«, die am sowjetischen Tropf hängen. Auch bietet ihren Funktionären der Sport die beste Möglichkeit, ständig in den Westen zu reisen, Kontakte zu knüpfen, neue Spitzel anzuheuern und transnationale Geldflüsse zu lenken. »Traditionell ist es der Sport, der den Weg zum politischen Dialog zwischen Ländern ebnet«, heißt es in einer Niederschrift des sowjetischen Geheimdienstes KGB.[18]

Zudem sind die Sowjets und ihre Bruderstaaten ja mit etwas Besonderem zufriedenzustellen, das für andere notorische Mauschler, wie den vielen empfänglichen Funktionären Afrikas, oft gar nicht so wichtig ist: sportliche Triumphe! Medaillen, Titel, die große Weltbühne. Alles, womit sich die sozialistischen Herrscher nach außen schmücken können. Dabei muss nicht mal viel aktiv nachgeholfen werden – wegschauen genügt. Im Ostblock basteln Wissenschaftler bereits mit teuflischer Akribie am neuen Supermenschen: Dopingmittel werden bis hinunter in die Jugendkader erforscht und eingesetzt.

Für dieses System steht in der DDR der Staatsplan 14.25, der nach dem Mauerfall öffentlich einsehbar wird. Zwar unterhält auch die Sowjetunion, rechtzeitig für die Spiele 1980, ein Staatsdopingsystem, wie ein KGB-Mitarbeiter berichtet.[19] Doch anders als die Akten der Stasi werden die der Sowjets nie geöffnet, um das System in all seinen Tiefen auszuleuchten. Gleichwohl weiß schon in den 1970er- und 1980er-Jahren jeder Beobachter im Sport, was es heißt, wenn gut rasierte Frauenteams der Sowjet- oder DDR-Verbände mit tiefen Stimmen Medaillen abräumen. »Die sollen nicht singen, sondern siegen«, sagte einmal ein Funktionär der DDR-Schwimmerinnen.

Dassler ist klar: Wer die Macht im Weltsport anstrebt, braucht die Sowjets als Partner. Aber die Vergabe der Sommerspiele an

Der Pakt mit dem Kreml

Moskau ruft nicht nur seine Turnschuh-CIA auf den Plan, sondern auch den sowjetischen Geheimdienst KGB. Der hat den Sport als wichtige Bühne des Kalten Krieges schon lange im Visier; zu Olympischen Spielen entsendet er seine eigene Delegation, allein in Montreal 1976 sind 13 KGB-Agenten anwesend, getarnt als Touristen, Delegierte und Journalisten.[20]

Aber der Zuschlag für die Moskau-Spiele hebt all diese Vorkehrungen auf ein neues Level. 1977 wird in der fünften Hauptverwaltung des KGB, die unter Leitung des berüchtigten Geheimdienstlers Filip Bobkow bisher vor allem für die Unterdrückung der Opposition und den Kampf gegen Dissidenten zuständig ist, eine neue Abteilung eingerichtet. Sie soll sich um die Sicherung der Spiele und die Abwehr subversiver Attacken des kapitalistischen Klassenfeinds kümmern: die Abteilung Nummer elf – mit vollem Rückenwind des Ministerrates der UdSSR. Denn der beschließt bald, eingedenk des enormen vorolympischen Spionage- und Arbeitsaufwands, das Personal dieser neuen elften Abteilung auf 400 Mitarbeiter zu erhöhen.[21]

Die Elfte – sie kümmert sich fortan um alles, was im internationalen Sport abläuft. Bis zu den Spielen in Moskau und auch danach. Hunderte Quellen rekrutiert sie: Sportler, Trainer und vor allem Funktionäre. »Fast jeder tat alles dafür, reisen zu dürfen«, heißt es in einem Buch, das der frühere KGB-Offizier Wladimir Popow gemeinsam mit dem Geheimdienstexperten Juri Felschtinski verfasst hat, über die Verbandsvertreter.[22] Zu den Rekrutierten gehören nach ihren Darlegungen solche, die den russischen Sport entscheidend prägen. Zum Beispiel der langjährige IOC-Vizepräsident und -Doyen Witalij Smirnow; der Tennistrainer und -funktionär Schamil Tarpischtschew, der in den 1990er-Jahren ins IOC einrückt; oder der nationale Olympiachef Leonid Tjagatschow (Deckname: Elbrus), der den eigenen Geheimdienstlern negativ auffällt, als in eingeführten Skiboxen plötzlich 200 westliche Bluejeans auftauchen.[23]

Als einer der Ersten aber gerät in den Fokus dieser elften Abtei-

29

1 Der Lehrmeister

lung des KGB ein Mann, der sich so unermüdlich um Geschäfte mit dem sowjetischen Riesenreich kümmert: Horst Dassler. Natürlich hätte der KGB den Adidas-Boss am liebsten als Mitarbeiter gewonnen, wie der frühere KGB-Oberstleutnant Popow in einem Gespräch mit den Autoren dieses Buches bestätigt. Popow hat seit 1972 für den Geheimdienst gearbeitet, seit der Gründung der speziellen Sportabteilung 1977 als Offizier in diesem Bereich und in den Jahren danach zahlreiche Quellen aus der Welt des Sports betreut. Aber bald zeigt sich, dass Dasslers Dreistigkeit, sein Einfallsreichtum im Umgang mit Schmiermitteln sogar den sowjetischen Geheimdienst zu ungewöhnlichen Vorsichtsmaßnahmen zwingt.

Eigentlich ist die zweite Hauptverwaltung des KGB für die Beobachtung und Kontrolle ausländischer Firmen zuständig. Aber in diesem Fall, so Popow, erteilt der Chef der fünften Hauptverwaltung persönlich seinen Sportleuten in der elften Abteilung den Auftrag zur Überwachung von Adidas.[24] Der Chef der dortigen zweiten Unterabteilung sucht einen seiner Agenten aus. Aber dieser muss mit seinen gesammelten Informationen einen Umweg gehen, bei dem die strengen Regeln des KGB ignoriert werden, wie Popow notiert. Denn der Agent informiert weder den Leiter der Unterabteilung noch den Abteilungsleiter, er wendet sich direkt an den Chef der fünften Hauptverwaltung. Das ist Filip Bobkow, einer der mächtigsten Männer des KGB aus dem direkten Führungszirkel um Geheimdienstchef Juri Andropow. Die Berichterstattung erfolgt, »ohne dass seine unmittelbaren Vorgesetzten Kenntnis von den Ergebnissen seiner Berichte und den erhaltenen mündlichen Anweisungen hatten«, heißt es in den KGB-Notizen.

Der Grund für diesen internen Irrgartenlauf laut Popow: Bobkow benutzt Adidas, um kompromittierendes Material über den wichtigsten Mann des Landes zu sammeln. Über Leonid Breschnew, Generalsekretär der Kommunistischen Partei und Vorsitzender des Obersten Sowjets. Ein Balanceakt auf dem Hochseil. Nach den neuen Erkenntnissen erhält der Staatschef also »von Horst Dassler regelmäßig wertvolle Geschenke, zum Beispiel einen lebensgroßen Abdruck eines Fußballschuhs aus Gold«[25] – vor der Unterzeichnung des großen Vertrags mit den Sowjets. Sogar ein Foto der Geschenkübergabe an Breschnew soll der Akte beigelegt sein. Demnach ist ein westlicher Industrieller bis an die Kreml-Spitze vorgedrungen.

Der für den Spezialauftrag zuständige Geheimagent macht später Karriere: In den Nullerjahren, als der frühere KGB-Mann Wladimir Putin seine erste Amtszeit als Präsident antritt und die Führung des Landes mit KGB-Getreuen durchsetzt, wird er Sekretär in der Duma, dem russischen Parlament. Und als der russische Dopingskandal die Welt erschüttert und das IOC so fürsorglich mit den Tätern verfährt, wird der einstige Sportspion ein neues Amt im Sport bekleiden: als Senior-Berater des Präsidenten des nationalen Olympiakomitees. Weil er so viel stilles Wissen über Westfunktionäre hat? Eine Anfrage zu den minutiös dokumentierten Vorgängen beantwortet er nicht.

Dassler ist in der Sowjetunion seinerseits auf der Hut. Er weiß, dass jedes Wort, jeder Schritt protokolliert wird, sobald ihn am Moskauer Flughafen eine Staatslimousine mit Standarte und dem vertrauten Chauffeur empfängt und am Zoll vorbei auf der für Funktionäre freien Mittelspur ins Hotel bringt – so zuvorkommend, wie er es selbst gern hält, wenn er in seinen Unterkünften die Führer des Sports empfängt und ausforscht. Im Sporthotel in Herzogenaurach – wo Gäste aus den USA einmal rein zufällig herausfinden, dass sie bespitzelt werden – ist die Abhöranlage mit dem Zimmerradio verbunden.[26] Nicht nur Horst, auch andere Teile der Familie sind offenkundig vom Fach. Deshalb hält Dassler auch seine Mitarbeiter im Osten zu allergrößter Vorsicht an. Will er in der Moskauer Hotelsuite wichtige Dinge besprechen, dirigiert er Gesprächspartner ins Badezimmer und lässt dort währenddessen Wasser in die Wanne laufen.[27]

Ex-KGBler Popow, der heute in Nordamerika lebt, schmunzelt im Gespräch mit den Autoren über solche Vorkehrungen. In den Hotelzimmern seien Kameras installiert gewesen, im Badezimmer,

1 Der Lehrmeister

im Fernseher, nicht nur dort – und wenn etwas nicht zu verstehen war, dann wurden Lippenleser eingesetzt. So wie später auch beim Nachfolgegeheimdienst FSB, der nach dem Kollaps der Sowjetunion den KGB ablöste. Personen von Interesse erhielten in Hotels spezielle Zimmer, die sogenannten »Plus-Zimmer«, ausgestattet mit Überwachungskameras, Mikrofonen, Telefonabhörsystemen. So hatten die Spitzel die Kontrolle über das Geschehen in diesen Räumen. Alles wurde aufgezeichnet und so analysiert, dass der Sicherheitsdienst diese Informationen nutzen konnte. Manchmal auch für Erpressungen.

Die Zusammenarbeit zwischen Dassler und der Sowjetführung entwickelt sich so gut, dass der Adidas-Mann bald wie ein Berater dient, der über die Boykottszenarien und die Stimmung in den westlichen Ländern berichtet. Die Bande werden so eng, dass Dassler jederzeit an allen geltenden Regeln und Visabestimmungen vorbei hinter den Eisernen Vorhang reisen kann – wie ein Staatsgast, ein hoher Diplomat. Die Sowjets haben rasch herausgefunden, dass mit diesem Dassler jeder Pakt zu machen ist. Und diese Nähe mündet nun in einer spektakulären Personalie. In der Wahl des neuen IOC-Präsidenten.

Der KGB bastelt sich einen IOC-Präsidenten

Den Mann, der dafür infrage kommt, kennt Horst Dassler seit Mitte der 1970er-Jahre. Zusammengebracht hat sie der Elsässer Christian Jannette, der für Adidas viel als Sportagent im Osten unterwegs ist, oft mit seinem Boss. Der Mann der Wahl von Dassler und den Sowjets ist ein Spanier mit heikler Vita. Juan Antonio Samaranch wurde 1920 in eine reiche Textildynastie in Barcelona geboren. Obwohl Katalane, begeisterte er sich früh für General Francisco Franco, mit dem er später eng befreundet war. In Francos Günstlingswirtschaft brachte es der »hundertprozentige Anhänger« zum Sport-Staatssekretär und katalanischen Regionalprä-

Der KGB bastelt sich einen IOC-Präsidenten

sidenten. Nach Francos Tod 1976 jagten ihn seine eigenen Landsleute mit Sprechchören – »Samaranch, fot e camp!« (»Samaranch, hau ab!«) – aus dem Amtssitz. Den er durch den Hinterausgang verließ, ein traumatisierender Abgang.

Samaranch räumt selbst ein, er sei damals in der Heimat »politisch und gesellschaftlich«[28] erledigt gewesen. Deshalb besinnt er sich auf einen Karriereweg, der noch offensteht: im IOC. Schon seit 1966 ist er dort Mitglied auf Lebenszeit und er bringt sich frühzeitig im Vorstand in Stellung. Als er Spanien nach dem Tod Francos wegen massiver Kritik an seiner Beziehung zum Generalissimus verlassen muss, schlägt er den bequemen Botschafterposten in Wien aus – und besteht auf dem Amt im frostigen Moskau. Kein schöner Platz zur Hochphase des Kalten Krieges. Aber einer mit Zukunft: Die Sommerspiele 1980 finden dort statt.

In Moskau treffen sich der klandestine Handlungsreisende Dassler und Samaranch wieder. Die Festgelage, die Samaranch und seine Society-gestählte Gattin Bibi für die Paladine des Kreml geben, werden legendär. So legendär wie Samaranchs Passion, wertvolle Exemplare russischer Kunst und Antiquitäten zu sammeln. Sie wird ihm zum Verhängnis. Denn auch ihm ist der KGB bald auf der Spur.

Samaranch hat ein Faible für die Arbeiten von Ilja Glasunow, einem der berühmtesten Maler der Sowjetunion, der sich später auch in Putins Dienste stellt. Glasunow wird beim KGB ebenfalls als Zuträger geführt;[29] in seinem Domizil betreibt er einen Kunst- und Literatursalon, der sehr beliebt ist bei der sowjetischen kreativen Elite und bei Ausländern. Zu den ständigen Besuchern zählt laut dem früheren Führungsoffizier Popow auch der spanische Botschafter in der UdSSR: Juan Antonio Samaranch. Der Schriftsteller Leonid Borodin, ebenfalls häufig in Glasunows geselliger Runde anzutreffen, erinnert sich an Samaranch, der »äußerlich kein sehr angenehmer Mensch war und hin und wieder subtil seine ›pro Franco‹-Gesinnung andeutete«.[30]

KGB-Mann Popow und der renommierte Historiker Juri Felsch-

1 Der Lehrmeister

tinski hatten Samaranchs Anwerbung schon in ihrem Werk *Der KGB setzt matt* 2009 offengelegt.[31] In ihrem neuen Buch *Vom roten Terror zum Terrorstaat* berichten sie nun noch detaillierter, wie der Künstler und KGB-Köder Glasunow seinen Bewunderer Samaranch umgarnte. 1978 porträtiert er Samaranch sogar vor dem Hintergrund russischer Ikonen, auch ein Porträt der Gattin entsteht, vor dem Hintergrund eines Moskauer Klosters. Popow und Felschtinski vermuten, Glasunow habe den kunstbeflissenen Spanier »süchtig« nach Artefakten gemacht. Jedenfalls erwirbt Samaranch einige davon und schmuggelt sie aus der UdSSR in seine Heimat.

Das ist hoch riskant. Die Ausfuhr von Ikonen, Gemälden und anderen Gegenständen von kulturellem und historischem Wert ist streng untersagt. Doch das Verbot kann umgangen werden, wenn man die Diplomatenpost nutzen kann, die keiner Zollkontrolle unterliegt. Weil aber zu Sowjetzeiten alle Antiquitäten vom KGB streng überwacht werden, fällt Samaranch trotzdem bald als eifriger Aufkäufer immer wertvollerer Raritäten auf, die ins Ausland verschwinden.

Eines Tages stellt sich ihm ein KGB-Agent vor. Er kommt aus der dritten Abteilung der zweiten Hauptverwaltung, die unter anderem die spanische Botschaft überwacht. Der Beamte macht Samaranch klar, dass dessen Handlungen gemäß Strafgesetzbuch der sowjetischen Föderation strafrechtlich verfolgt würden. Und jetzt wird der Spanier laut KGB-Darlegung vor die Wahl gestellt: entweder die totale Kompromittierung durch eine Veröffentlichung der unlauteren Vorgänge in der sowjetischen und ausländischen Presse, die seine rechtswidrigen Aktivitäten detailliert weiterverbreiten – das würde die Diplomatenkarriere sofort beenden und die im Sport stark abbremsen, zumal in Hinblick auf die nahenden Spiele und die IOC-Präsidentschaftswahlen in Moskau. Oder: Er arbeitet als geheimer Informant mit dem KGB zusammen. Eng und vertrauensvoll. Immer dann, wenn es wichtige Vorgänge oder neue Wissensstände gibt. Samaranch entscheidet sich für die Kooperation und wird vom sowjetischen Geheimdienst rekrutiert. So steht es in den KGB-Papieren. Samaranch selbst hat es stets dementiert.

Jetzt haben die Urkräfte zusammengefunden, die fortan den olympischen Sport führen werden: der deutsche Strippenzieher, der spanische Kommerzrevolutionär und der sowjetische Geheimdienst.

Am 16. Juli 1980 wird dieses Werk gekrönt. Im Moskauer Haus der Gewerkschaften, kurz vor Eröffnung der von den USA, Deutschland und anderen westlichen Staaten boykottierten Spiele, ist Samaranchs Kandidatur ein Selbstläufer. Der Spanier gewinnt den Kampf um die Nachfolge des britischen Lords Michael Killanin mit 44 IOC-Stimmen gegen den Schweizer Marc Hodler (21), James Worrall aus Kanada (7) und den Deutschen Willi Daume (5).

Wie das genau abläuft? Adidas-Patron Dassler lässt kurz vor der Wahl im Ringe-Plauderblättchen *Olympic Review* die Maske fallen.[32] Nach dem üblichen Kotau vor Pierre de Coubertin, dem Wiederbeleber der Spiele und der olympischen Idee in der Neuzeit, plädiert er dafür, den alten Kalenderspruch vom gesunden Geist im gesunden Körper durch ein neues Motto zu ersetzen: »Ein Vogel in der Hand ist besser als zwei im Busch!« Der Sport brauche ab sofort Sponsoren, der Verkauf von Tickets und TV-Rechten reiche nicht mehr. Er verweist auf den Fußball, den er ja schon umgemodelt hat: Der kassiere »jetzt mehr Geld von Sponsoren als vom Fernsehen«. Zu diesen neuen Ufern müsse auch das IOC aufbrechen.

Im IOC spielt Dassler den Königsmacher: In der Nacht vor Samaranchs Wahl gleiten Kuverts unter Moskauer Hoteltüren durch, befüllt hauptsächlich von seinen Leuten. Ihm zur Seite werkelt ein anderer Geheimdienstler, ein französischer Agent, mit dem er vor allem über die Firma Le Coq Sportif eng verbandelt ist: André Guelfi, gebürtiger Marokkaner und schillernder Geschäftsmann mit besten Drähten in hohe Pariser Kreise. »Wir beide«, sagt der Franzose über die gemeinsame Zeit mit Dassler, »wir griffen nach der Weltherrschaft.«[33]

1 Der Lehrmeister

In seinen Memoiren schildert Guelfi später präzise die Tage von Moskau.[34] So habe der Schweizer Hodler kurz vor der Kür Dassler um Unterstützung gebeten – nicht ahnend, dass der sich schon mit Samaranch verbrüdert hat. Auf Wunsch übergibt er Dassler eine Liste mit Namen, die er hinter sich wisse. Guelfi zieht mit dieser Liste los. »Ich konnte fast alle überzeugen, ihr Votum zu ändern. Samaranch wurde mit einer sauberen Mehrheit gewählt«, schreibt er. Seine Gegenleistung sei es gewesen, die Teams aus den Ländern des jeweiligen IOC-Mitglieds über seine Sportfirma gratis auszustatten.

Der scheidende Amtsinhaber, Lord Killanin, rügt das neue Problem offen: Das Präsidentenamt solle »nicht käuflich« sein. Doch auch der Lord erkennt die sportpolitischen Rollkommandos erst, als sie schon da sind. Rückblickend moniert er »eine wachsende Tendenz, sich Posten durch Gunstbezeugungen zu erschleichen«.[35]

Auch der KGB steuert seinen Teil bei zur olympischen Wahlmanipulation. Die fünfte Hauptverwaltung hat den Hut auf, Offizier Popow verschickt ein Telegramm an die lieben »Freunde«, die Staatssicherheitsorgane der anderen Ostblockländer.[36] Darin wird verfügt, alle ausländischen Agenten, die in den Nationalen Olympischen Komitees (NOK) und den olympischen Sportverbänden tätig sind, über die Notwendigkeit zu informieren, Samaranchs IOC-Kandidatur weltweit zu unterstützen. Unterzeichnet ist das Telegramm vom stellvertretenden KGB-Chef Viktor Tschebrikow.

Dabei wird natürlich nicht enthüllt, dass Samaranch ein eigener Agent ist. Das hätte gegen die Vorgaben der Staatssicherheit verstoßen. Es wird nur mitgeteilt, dass er von der UdSSR unterstützt werde – und um Mithilfe der internationalen »Freunde« in den Sportverbänden und Olympiakomitees gebeten. So kommen die 44 Stimmen schnell zusammen. Damit ist der erste IOC-Präsident Marke Eigenbau in den Kremlakten verbrieft.

Samaranch, bekundet Agent Popow, habe dem Land, das ihn gemeinsam mit Dasslers Geldbriefträgern zum IOC-Boss gemacht habe, dann auch »loyal gedient«. Er sei als »sowjetischer Sportgeneral« geführt worden. Als ihn 2017 skandinavische Journalisten in Kanada zur genauen Tätigkeit Samaranchs für den KGB befragten, erklärte Popow: »Die zweite Hauptverwaltung arbeitete mit ihm zusammen, aber ich weiß, dass er Zugang zu streng geheimen Telegrammen hatte, die er vom spanischen Außenminister erhielt, und dass er Kontakt zu Botschaftern bei der Nato hatte [Spanien wurde 1982 Nato-Mitglied; Anm. d. V.]. Allerdings weiß ich nicht genau, was er getan hat.«[37]

Samaranch hat eine Geheimdienst-Tätigkeit zu Lebzeiten – er verstarb 2010 – stets bestritten. KGB-Überläufer Popow berichtet, dass er nach der Publikation seines mit dem Geheimdienstexperten Felschtinski verfassten Buchs aus dem Umfeld Samaranchs Klageandrohungen erhalten habe. Das IOC wies die geschilderten Vorgänge stets als »unbegründete Gerüchte« zurück. Aber mehr, so Popow, sei nicht passiert, tatsächlich bleibt er ja bis heute »bei meinen Fakten«, wie er sagt.

Dass Samaranch mitspielt, legt eine Betrachtung seiner Amtszeit nahe. Er bleibt dem Kreml und den russischen Interessen all die Jahre verbunden. Russische Kreise verweisen bis heute darauf, wie er den Plan unterstützte, dem Land nach den Sommerspielen von Moskau auch noch Winterspiele zu besorgen. Leningrad, das spätere Sankt Petersburg, war vorgesehen, dann veränderten Michail Gorbatschow als neuer Staatschef und die Perestroika die Rahmenbedingungen. Aber noch als Ehrenpräsident, mit 87 Jahren, setzt Samaranch im Juli 2007 all seine Kräfte dafür ein, dass Sotschi die Winterspiele 2014 erhält. Diese Intervention wird entscheidend sein. Wir kommen später darauf zurück.

Samaranch hat auch Drähte zur sowjetischen Staatssicherheit auf höchster Ebene eingeräumt. Seinem britischen Biografen David Miller sagte er, er habe »Juri Andropow in meiner Zeit als Botschafter kennengelernt, als er Chef des KGB war«[38] – also zu der Zeit, als der Chef der fünften KGB-Hauptverwaltung den Auftrag gab, Adidas zu bespitzeln, und die zweite KGB-Hauptverwaltung Samaranch als Spitzel gewann. Wenig später, Anfang der Achtzigerjahre, rückte Andropow selbst zum Parteichef und Staatsoberhaupt auf.

1 Der Lehrmeister

In Millers Buch kommen weitere Genossen zu Wort. Das rumänische IOC-Mitglied Alexandru Siperco schwärmt: In Moskau war Juan Antonio »unser Iwan Antonowitsch für viele Russen und ihre kommunistischen Verbündeten«. Nur Lob findet auch der Genosse Witalij Smirnow. Der war Sportminister in der Sowjetunion und in der russischen Föderation, und offenkundig ebenfalls ein KGB-Agent. Laut Popow war er neben vielen anderen prominenten russischen Sportfunktionären kurz vor Samaranch von Generalmajor Iwan Abramow rekrutiert worden – wozu Smirnow selbst vielsagend sagte, er habe »nie im KGB gearbeitet«.[39]

Smirnow gehörte dem IOC dennoch 45 Jahre an, von 1971 bis 2016, sogar den Bestechungsskandal um die Vergabe der Spiele nach Salt Lake City überlebte er achselzuckend – obwohl ihm viele geldwerte Vergünstigungen gewährt worden sind. Er zählt zu den dunkelsten Eminenzen des Olymps. Smirnow war von Samaranchs persönlicher Entwicklung begeistert: »Er hatte begonnen, die sowjetische Mentalität zu verstehen. Er hätte eine gute politische Karriere machen können!«

Den sichtbaren Teil seiner Karriere macht Samaranch nicht im Kreml, sondern im IOC-Schlösschen Château de Vidy am Genfer See – wobei die Moskauer Zeit sein Verhalten prägt. Ständig hat er Angst vor Abhöraktionen, seine Zimmer im Hotel lässt er regelmäßig untersuchen, und wichtige Gespräche führt er lieber im Garten. Schon in Moskau ist er gern plaudernd durch die Straßen flaniert.[40]

Samaranch ist ein Mann mit vielen Motiven. Ins klandestine Milieu dieser Zeit passen auch andere Passionen, abseits des KGB. Da ist vor allem seine Nähe zu und mutmaßliche Mitgliedschaft bei »Opus Dei« (Werk Gottes). Das ist eine erzkonservative katholische Gemeinschaft, in Spanien gegründet von Francos Beichtvater Josemaría Escrivá de Balaguer, im Ursprungsland auch gern als die »katholische Mafia« deklariert. Deren Macht ist im Schatten der Franco-Diktatur entstanden und gewachsen; das Gros der Wirtschaftsführer und phasenweise die halbe Regierung gehörten diesem geheimen Bund an.

Samaranch hat einst die Eliteakademie des Werkes besucht, das Instituto de Estudios Superiores de la Empresa in Barcelona, er ist einer der ersten Absolventen. Der Opus-Dei-Experte Robert Hutchison benennt Samaranch als Supernumerarier der Organisation, wie die weltlichen Mitglieder heißen. In seinem Standardwerk *Die heilige Mafia des Papstes* schreibt er, in der Zeit des Kalten Krieges dürfte »der Supernumerarier Samaranch das Opus Dei über die Aktivitäten der Sowjets auf dem Laufenden« gehalten haben.[41]

So vieles ist im Nebel, es muss dort bleiben. Samaranch hat das Wissen auch um dieses geheimnisvolle Treiben mit ins Grab genommen. Denn das Opus Dei pflegt, zumindest zu seiner Zeit, ein allumfassendes Schweigegebot wie jeder starke Geheimdienst, vor allem der KGB. Und im IOC wird unter Samaranchs Führung das Schweigen zur ersten Pflicht eines jeden Ringe-Vertreters erhoben.

Der Vollstrecker des Paten

Kaum ist Samaranch im Sommer 1980 im Amt, krempelt er nach Dasslers Wünschen die Verbände um – und das IOC. Es beginnt das Zeitalter der Kommerzialisierung. Unter dem KGB- und Opus-Dei-Mann schafft das IOC sogleich, beim Kongress in Baden-Baden 1981, die Amateursportlerregelung ab und lässt Profis zu den Wettbewerben zu. Es geht schnell voran. 1982 gründet Dassler das berüchtigte Unternehmen ISL (International Sport and Leisure). Es entwickelt maßgeschneiderte Marketingprogramme für allerlei Verbände und Großveranstaltungen – und vor allem, zur Sicherung der Geschäftshoheit, ihr berüchtigtes Kickbacksystem. Das fliegt allerdings erst 20 Jahre später auf: Mindestens 142 Millionen Franken Schmiergeld hat die ISL allein zwischen 1989 und 2001 unter den Sportfunktionären verteilt. Kaum einer stellt sich in den Weg, als für die olympische Welt das sogenannte TOP-Programm (The Olympic Partnership) entsteht.

Samaranch liefert noch etwas anderes bei Dassler ab: die Spiele.

1 Der Lehrmeister

Denn der Turnschuhpate hat der südkoreanischen Hauptstadt Seoul die Sommerspiele 1988 versprochen, weil Adidas dort, wie zuvor in der Sowjetunion, die alles beherrschende Marke werden soll. Als Topfavorit steht damals Nagoya im Ring. Und die japanische Stadt hat klar die besseren Karten gegenüber der Seouler Militärdiktatur auf dem benachbarten Festland, die noch dazu im Dauerclinch mit ihrem Feind im Norden liegt, dem kommunistischen Nordkorea.

Für Dassler ist das ein Problem. Japans Wirtschaft ist stark, und in der Marke Mizuno hat sie selbst einen aufstrebenden Sportausrüsterkonzern. Der Strippenzieher schaltet alle seine Drähte zusammen – und er schafft es mit den üblichen Methoden und insbesondere dank seiner Ostblock-Heerscharen, die Spiele nach Seoul zu dirigieren. So ist es auch in koreanischen Büchern festgehalten. »Dasslers Unterstützung war von unschätzbarem Wert, um die Unterstützung von den IOC-Mitgliedern aus kommunistischen Ländern zu erhalten, die Seoul selbst nicht erreichen konnte«, heißt es in einer Heldenschrift des koreanischen Olympiakomitees.[42]

Auch sich selbst vergisst Samaranch nicht. Die Vergabe der Sommerspiele 1992 an Barcelona ermöglicht ihm die versöhnliche Rückkehr in seine Heimatstadt. Weichen muss dafür ein anderer Topfavorit: Paris. Als kleine Morgengabe für die massiv verstimmten Franzosen wird ihnen Albertville als Winterspielort zugeschanzt. In der Bewerbungsphase für Barcelonas Kür füllen sich die Flure der Funktionärsgewaltigen plötzlich mit jeder Menge Bewerbungsagenten. Unterhändler, die Wohltaten versprechen und verteilen und die jene Dossiers über Finanzlage, Vorlieben und Neigungen der IOC-Mitglieder anzulegen beginnen, die fortan von einem Bewerbungszyklus zum nächsten weitergereicht werden; ergänzt um die Daten nachrückender Olympier. Für den langjährigen IOC-Vize Robert Helmick ist diese Vergabe der Moment, in dem die »Kultur der Korruption« Einzug hält in die olympische Welt.[43]

Der Vollstrecker des Paten

Samaranch, der glühende Franquist, der Briefe an die Kollegen Sportfunktionäre lange Zeit mit dem Satz »Ich grüße Sie mit erhobenem Arm« beendete,[44] weiß, dass er für die radikale Kommerzialisierung des Sports sein Komitee umkrempeln muss. Er schafft ein Gebilde, das fortan Familie heißen wird – so bezeichnet sich übrigens auch das Opus Dei. Das Gotteswerk, das auch sonst in manchem wie eine Inspiration und ein Vorbild für Samaranchs IOC wirkt.

Der Gründer Escrivá gibt in seiner Schrift *Der Weg* in 999 Maximen vor, wie es in seinem Orden zu laufen hat. Nackte Machtpolitik ist angesagt, ausgeübt mit strengster Disziplin in einem krakenartigen System der Unterdrückung. Es ist die Omertà, das Gesetz des Schweigens.

Diese Geheimniskrämerei, all die Netzwerke, die Samaranch und sein kongenialer Chefstratege Dassler ins IOC tragen, erinnern an den Kult des katholischen Geheimbundes: eine mafiöse Familienideologie, die auf blinder Gefolgschaft, Klientelwirtschaft und Protektionismus fußt. »Gehorcht, wie ein Werkzeug in der Hand des Künstlers gehorcht, das nicht danach fragt, warum es dies oder jenes tut«, heißt es in der 651. Maxime, die Escrivá seinen Leuten eingetrichtert hat. Das findet sich, in kaum abgewandelter Form, sogar in der Formel des olympischen Eides wieder, den jedes neue IOC-Mitglied bei der Aufnahme schwört: »Ich verspreche, dass ich die Beschlüsse des IOC akzeptiere.«

Samaranch lässt sich gern mit »Exzellenz« anreden. Am IOC-Sitz in Lausanne lebt es sich recht kommod. Allein die Unterkunftskosten inklusive Suite im Palace-Hotel schlagen gegen Ende der Amtszeit mit rund 200 000 Dollar jährlich zu Buche. Der Patron wählt seit Amtsantritt alle künftigen Mitglieder persönlich aus und lässt diese Vorschläge vom IOC nur noch abnicken – oft am Tag der Ernennung. So kann sich niemand über die Neuen informieren oder eine Meinung bilden.

Es strömen reihenweise Abkömmlinge aus diskreditierten politischen Regimen ins IOC. Leute wie Francis Nyangweso aus

1 Der Lehrmeister

Uganda, der Minister unter dem Menschenschlächter Idi Amin war. Oder Bob Hasan, der kriminelle Geschäftsmann ist ein enger Vertrauter des indonesischen Diktators Suharto. Unter diesem bringt es Hasan, in der Heimat als »Holzbaron« bezeichnet, zum Milliardär. Nach Suhartos Sturz wird bekannt, dass er unter anderem die Luftaufnahmen von zum Abholzen freigegebenen Urwäldern manipuliert hat. Im Jahr 2000 wird der IOC-Mann als einer der weltgrößten Umweltsünder wegen Korruption und anderen Delikten zu sechs Jahren Gefängnis verurteilt.

Samaranchs engster Vertrauter wird ein Südkoreaner. Kim Unyong, ein früherer Geheimdienstler, der laut US-Erkenntnissen den Kampfnamen »Mickey Kim« trägt und eng an die südkoreanischen Militärtribunen Chun Doo-hwan und Roh Tae-woo angebunden ist. Das Duo wird später wegen eines blutigen Putsches und Hochverrats verurteilt. Wie diese Ex-Präsidenten muss später auch Kim ins Gefängnis, anno 2003, wegen des Vorwurfs der Korruption.

Aber das ist in den 1980ern noch fern. Kim rückt nicht nur ins IOC, sondern er wird auch eingesetzt, um die Vereinigung der Fachverbände (GAISF) vom widerborstigen Schweizer Thomas Keller zu übernehmen. Die sieht die IOC-Spitze als potenzielle Gefahr. Und Kim darf einer Kommission vorsitzen, die sich überlegt, welche Sportarten neu ins von Samaranch aufgestockte olympische Programm rücken könnten. Das trifft sich gut für den Südkoreaner, er hatte selbst eine Variante der schon existenten Kampfkunst Taekwondo kreiert, samt neuem Verband. Logisch, dass Taekwondo bald olympisch wird, allerdings Kims Variante, nicht die traditionelle.

Samaranch implementiert im IOC, was er in Francos Spanien gelernt hatte: die Kultur des Klientelismus, der Korruption. Auch unter dem Caudillo wurde ja, wie in jedem totalitären System, loyalen Gefolgsleuten die Lizenz zum Plündern gewährt. Einzige Bedingung: die blinde Loyalität gegenüber dem Boss der Bosse. So geht das Prinzip, das auch die Chroniken der Gambinos und Cor-

Der Vollstrecker des Paten

leones prägt, auf die olympische Familie über – wie übrigens auch auf den internationalen Fußball.

Berthold Beitz, der deutsche IOC-Vizepräsident, erkennt das Unheil früh. Der Generalbevollmächtigte des Krupp-Konzerns überquert sogar im August 1986 die Grenze nach Ostberlin, um sich diskret mit den DDR-Sportfunktionären zu beraten, die er für strikt kommerzkritisch hält. Was er ihnen berichtet, findet selbstverständlich Eingang in die Stasiakten, und sicher auch in Dasslers Dossiers.

Beitz sehe das IOC »in der Hand einer ibero-lateinamerikanischen Gruppe, die das Geld als Mittel der Macht betrachte«.[45] Das Hauptinteresse dieser Gruppe bestehe darin, die wachsenden Finanzmittel des Sports zu »nutzen, um ihre Macht und ihren Einfluss zu vergrößern«. Nach Beitz' Beobachtung achtet Samaranch vor allem auf drei Personen: den Brasilianer João Havelange, der den Fußballweltverband anführt; den Mexikaner Mario Vázquez Raña, der die Vereinigung der Nationalen Olympischen Komitees ANOC seit deren Gründung 1979 regiert; und Primo Nebiolo, den italienischen Leichtathletikchef.

Beitz hat diese Analyse nicht exklusiv. Das latinische Quartett prägt über zwei Jahrzehnte entscheidende Entwicklungen des Weltsports – und viele Skandale. Samaranch verschafft den Sportfreunden Nebiolo und Vázquez Raña Zutritt zum Olymp, gegen den Widerstand vieler Mitglieder. Erst um die Jahrtausendwende ist für Samaranch, Havelange und Nebiolo Schluss, für den düsteren ANOC-Präsidenten, genannt »Don Mario«, sogar erst 2012.

Nicht nur ihre Herkunft eint dieses Quartett, da ist noch etwas anderes: Keiner wäre ohne Horst Dassler ins Amt gekommen. Nachdrücklicher als je zuvor fegt der in den 1980er-Jahren mit seiner sportpolitischen Abteilung durch die Sportwelt, um sich die Verbände untertan zu machen und lukrative Deals schließen zu können. »Horst hat immer und von Anfang an Leute gekauft«,[46] sagte später sein Geschäftspartner zu jener Zeit, der Brite Patrick Nally. Und in der DDR wurde passend dazu in den Akten fest-

1 Der Lehrmeister

gehalten, der deutsche IOC-Mann Berthold Beitz spreche sich »entschieden gegen die Korruptionspolitik von Samaranch und Horst Dassler (Adidas) aus, die bis zu direkter Erpressung von Sportfunktionären führt«.[47]

Dabei verfügt die DDR, die wie der große Sowjetbruder zu Beginn der 1980er-Jahre einen Ausrüstervertrag mit Adidas unterzeichnet hat, über beste eigene Erkenntnisse. Der Umbau der olympischen Welt geschieht ja nicht unbeobachtet. Die Geheimdienste sind ganz nahe dran. Das ostdeutsche Ministerium für Staatssicherheit (MfS) setzt den besten Mann im Sport auf Dasslers Turnschuh-CIA an: Karl-Heinz Wehr, Jahrgang 1930, Deckname »Möwe«.

Bereits im Juni 1956 war er angeworben worden,[48] und er hat sich über die Jahrzehnte zu einem Mann entwickelt, dem Erich Mielkes Horch-und-Guck-Maschine blind vertraut. Wehrs alljährliche Beurteilungen durch seine Führungsoffiziere strotzen vor Superlativen, IM Möwe wird oft ausgezeichnet. Mal gibt es hohe Geldprämien oder Sachgeschenke, mal einen martialischen Titel, er bekommt die Goldene Verdienstmedaille der Nationalen Volksarmee 1975 und die Silbermedaille der Waffenbrüderschaft 1986. Und sogar als die DDR schon untergeht, pampert die Stasi ihren großen Sportspion weiter mit satten Prämien.[49]

Wehr ist seit den 1960er-Jahren Karrierefunktionär im internationalen Boxsport. Er kommt in den Vorstand des Weltboxverbandes AIBA, übernimmt später den Vizeposten – und immer liefert er verlässlich Interna und Informationen aus der Boxwelt. Von Beginn der 1980er-Jahre an soll er sich um Adidas und den kompletten internationalen Sport kümmern. Und wieder liefert er.

Welche Verdienste Karl-Heinz Wehr für die Stasi erworben hat, fasst die letzte amtliche Würdigung zusammen. Da heißt es zur Begründung: »Aufgrund seiner bedeutenden hauptamtlichen Funktion im internationalen Sport und der damit verbundenen zahlreichen Einsätze im gesamten Ausland konnte er für das MfS wichtige und stets auswertbare Informationen und Hinweise zu Sachverhalten und Personen der internationalen Sportpolitik, auch des IOC, erarbeiten.«[50] Und weiter: »Durch die im Auftrag des MfS unterhaltenen persönlichen Kontakte zu führenden Personen im sportpolitischen Bereich des Adidas-Konzerns konnte der IM wesentliche Informationen über die Rolle dieses Konzerns in der internationalen Sportpolitik gewinnen.«

Damals war die Stasi dankbar für die Aufklärungsarbeit des IM Möwe. Heute profitiert die olympische Geschichtsschreibung davon. Denn Wehr hat über Jahre hinweg das korrupte Sportregime Horst Dasslers aufgebohrt und das Puzzle Stück für Stück zusammengefügt. Bis das Bild fertig war und keinen Zweifel ließ: Dasslers sportpolitische Abteilung beherrschte und kommandierte den Weltsport.

Dassler dürfte auch gewusst haben, dass jemand auf ihn angesetzt war; er war ja geprägt von seiner Moskauer Zeit. KGB-Mann Popow sagt, es habe einen steten Austausch zwischen seinem Haus und den Kollegen bei der Stasi zu allen diesen Fragen gegeben. Und im Jahr 1986 signierten Stasichef Erich Mielke und sein KGB-Pendant Viktor Tschebrikow ein gemeinsames Schriftstück, nach dem ihre Dienste »bei der Abwehr der imperialistischen Konfrontationspolitik« zusammenarbeiten würden.[51]

Im Fokus der Aktion unter anderem: die Beschaffung von Informationen über Adidas, das IOC und die Schmiergeldagentur ISL. Es sei das Ziel, »im IOC den kapitalistischen Einfluss der Firma Adidas und anderer westlicher Sportartikelfirmen« zurückzudrängen. Überdies hatten die Leute in der Lubjanka, dem Hauptquartier des KGB, ja ohnehin eigene Leute überall im Weltsport untergebracht: vom IOC-Präsidenten Samaranch über den IOC-Vize Smirnow bis zum Chef des Weltschachverbandes. In der elften Abteilung, berichtet der frühere KGB-Offizier Popow, sei für jede Sportart ein Mann beauftragt worden; zu dessen Aufgaben habe es auch gehört, einen internationalen KGB-Agenten zu rekrutieren.

Die Männer in der Moskauer KGB-Zentrale, davon muss man ausgehen, waren über alles, was im Weltsport und den Gruppen um Dassler und Samaranch passierte, im Bilde.

1 Der Lehrmeister

IM Möwe und der Mann der Zukunft

Mitten in diesen Jahren erwärmen sich Samaranch und Dassler, die größten Sportmanipulatoren ihrer Zeit, für denselben jungen Mann aus Deutschland: Thomas Bach. Samaranch hat ihn von Anfang an auf dem Zettel. Bach war auf der IOC-Session 1981 in Baden-Baden, bei der Abschaffung des Amateurparagrafen, gemeinsam mit seinem damaligen Sportlerfreund Sebastian Coe aus England als Aktivensprecher aufgetreten. Bald rücken »Shakespeare und Goethe«, wie das Duo genannt wird, in die neu geschaffene IOC-Athletenkommission ein. Auch Dassler findet großen Gefallen an dem wendigen Ex-Fechter; er holt ihn 1985 in seine schillernde Entourage. Auf beiden Schienen beginnt ein kometenhafter Aufstieg.

Schon bei seiner ersten Tätigkeit im Dunstkreis der Sportgewaltigen scheiden sich die Geister daran, was Bachs Aufgaben und Tätigkeiten wirklich waren. Bach selbst bezeichnet sich als Direktor für Internationale Beziehungen. Dasslers Biograf Paulheinz Grupe fasste 1992 in seinem Buch *Horst Dassler – Revolution im Weltsport* die Dienstleistungen so zusammen: »Er wurde in direktem, täglichem Kontakt zu HD in einer Doppelfunktion Leiter der Stabsstelle Internationale Beziehungen und gleichzeitig Hauptabteilungsleiter Promotion, betraut mit dem Kontakt zu Sportlern und Verbänden. Eine sehr fruchtbare Zusammenarbeit begann. Doch nach dem Tode von Horst sah Bach sehr bald ein, dass die Ideen von Dassler nur noch wenig Chancen hatten, verwirklicht zu werden. Konsequent verließ Bach das Unternehmen kurz nach dem Tod von Horst Dassler, er hatte ihm wenig mehr als zwei Jahre angehört.«[52]

Dasslers Biograf Grupe fügt noch eine bemerkenswerte Klarstellung von Bach selbst an, die heute, Jahrzehnte später, eine andere Wirkung entfaltet als damals, als Dasslers korruptes Wirken

IM Möwe und der Mann der Zukunft

noch völlig unbekannt war. Demnach begründete Bach seinen flotten Abgang von Adidas so: »Ich fühlte mich nicht Adidas verpflichtet, sondern Horst Dassler persönlich.« Dazu passend bezeichnete der zweite Deutsche im IOC, der langjährige NOK-Präsident Walther Tröger, Bach beharrlich als »Dasslers Adlatus«.

Aber was genau hat Bach gearbeitet für den Puppenspieler des Olymps, dem er sich so persönlich verpflichtet fühlte? Das weiß nur ein kleiner Kreis aus Dasslers verschwiegener Combo. Aber bei manchen ihrer Meetings sitzt in den 1980er-Jahren ein Mann mit am Tisch, der danach alles akribisch protokolliert – und an seine Vorgesetzten in der Stasizentrale weiterträgt: der Boxfunktionär Wehr alias IM Möwe.

Der Stasizuträger erlebt viele Machtkämpfe sogar hautnah mit. So möchte Adidas beim Wahlkongress 1986 den neuen Präsidenten des Weltboxverbandes AIBA bestimmen. Amtsinhaber Donald Hull aus den USA soll abgelöst werden. In diesem Fall will die Adidas-Equipe nicht nur den neuen Präsidenten einsetzen, es soll einer aus ihrer Firmen-CIA sein: der Pakistaner Anwar Chowdhry, seines Zeichens AIBA-Generalsekretär und Mitglied der sportpolitischen Abteilung. Adidas hat ihn offiziell als »Consultant« engagiert, für 50 000 Dollar Jahresgage.[53] Zugleich wird zwischen Chowdhry, Dassler und hohen Vertretern des Adidas-Vertragspartners DDR vereinbart, wer als Generalsekretär nachfolgen soll. Es ist: die Möwe selbst, Karl-Heinz Wehr. Aufschlussreich ist, wie Wehr sein Bewerbungsgespräch mit den Adidas-Leuten wiedergibt: Der Wortführer war Dassler, Chowdhry sei nur »Statist« gewesen.[54]

Die Möwe sitzt am Tisch, wenn Dasslers sportpolitische Abteilung Schlachtpläne und schmutzige Strategien bespricht. Wehr berichtet der Stasi sehr präzise. Wobei er befürchten muss, dass er nicht der Einzige ist, der Details aus diesen Runden weiterträgt. Denn Chowdhry, schreibt Wehr seinem Vorgesetzten, habe ihm gegenüber angemerkt, dass »Dassler und einige seiner politischen Mitarbeiter sicherlich geheimdienstlich verpflichtet sind«.[55] Da

1 Der Lehrmeister

kann er sich gar nicht leisten, irgendwelchen Unsinn zu schreiben.

Aus Wehrs Berichten lässt sich ein atemberaubendes Kriminalstück des Sports destillieren. Adidas will mit aller Macht den Sieg – und Dassler stellt dafür »die Schatzkammer« der Firma zur Verfügung.[56] Das beginnt damit, dass die Adidas-Gruppe unbedingt Bangkok als Kongressort durchsetzen und Frankreich verhindern will, wegen des möglichen Herausforderers Restout. Der Adidas-Boss sichert zu, dafür »alles Finanzielle und Materielle« zu unternehmen; auch die sowjetische Sportführung will er dafür gewinnen. Ende 1985 wird in Seoul der Kongressort gekürt, und Wehr notiert, wie dort »ein bis dahin fast einmaliger Akt der Wahlbeeinflussung« abläuft. Mit einer »alles umfassenden kulturellen Betreuung (Nachtbar, Massage, individuelle Betreuung)« sei ein 24:11-Sieg für den Tagungsort in Thailand »zusammengezimmert« worden.

Das erste Etappenziel ist geschafft. Nun geht es in die heiße Phase. Anfang Juli 1986 berichtet Wehr, es gehe darum, »welche finanziellen Mittel gegeben werden« müssen – »sowohl materiell durch Zuwendung von finanziellen Mitteln und ideell durch die Zurverfügungstellung von finanziellen Mitteln zum Besuch von irgendwelchem Engagement«.[57] Und weiter: Es sei dabei an »eine ganze Reihe von Maßnahmen in Afrika, Südamerika und Asien gedacht«.

Am 24. Juli 1986 treten laut Wehr in Luzern die Schlüsselfiguren der sportpolitischen Abteilung zusammen.[58] Es sind: Dassler, Chowdhry, John Boulter, der den amerikanischen Raum verantwortet, Gerardo Seeliger für die spanisch sprechenden Länder. Und der Mann, der sich bei Adidas nur Dassler persönlich verpflichtet fühlt: »Dr. Thomas Bach (BRD) – verantw. für die europäischen Länder«. So steht es im Bericht.

Dassler schwört die Runde auf den Ernst der Lage ein. Der Adidas-Boss, so Wehr, habe herausgestellt, dass es darauf ankomme, »das geplante Ziel einer prinzipiellen Veränderung der Führung der AIBA unter allen Bedingungen und mit allen Mitteln zu erreichen«. Die uneingeschränkte Unterstützung der Firma Adidas für dieses Ziel stehe außer Frage. Weiter habe Dassler ausgeführt, dass mit diesem Engagement »in gewisser Hinsicht nun auch sein persönliches Image auf dem Spiel stehe und es deshalb auch die Aufgabe der an der Beratung teilnehmenden Personen sei, diese Wahlaktion so zu unterstützen, dass sie erfolgreich ist«.[59]

Das ist die Prämisse. Anhand einer Liste wird nun abgeklopft, welcher Nationalverband wie positioniert ist – und wo es sich lohnen könnte nachzuhelfen. Acht Stunden soll die konspirative Sitzung in den Räumen von Dasslers Marketingfirma ISL gedauert haben. Dann, so Wehr, steht das Ergebnis. »Um einen Wahlsieg zu sichern, erhielten die Adidas-Vertreter der verschiedenen Bereiche konkrete Aufgaben, wie über Mittelsmänner oder direkt, bei Einschaltung auch der Nationalen Olympischen Komitees, persönlichen Bekannten von Horst Dassler, bis hin zu Sportministern und anderen Persönlichkeiten ein Sieg beim Kongress sichergestellt werden muss.«[60]

Laut Wehr werden »die verschiedenen finanziellen und materiellen Möglichkeiten erörtert, die für eine erfolgreiche Aktion in Bangkok notwendig sind«. Dazu gehören »im Wesentlichen« die Bezahlung von Tickets, die Bezahlung des Aufenthaltes, materielle Zuwendungen in Form von Sportbekleidung und -geräten sowie »das Problem von persönlichen Tagegeldern nach Abschluss der Wahl, d. h. Zuwendungen an jene, die zu wählen haben, in Höhe von 200 bis 1000 Dollar«.[61] 27 Flugtickets, heißt es bei einem weiteren Treffen in London, soll es mindestens geben, mit der Option, diese Zahl zu erhöhen.[62]

Auch die Planung für Bangkok verläuft generalstabsmäßig und geheimdiensttauglich. Für die Unterbringung in den Hotels werde besprochen, »dass man jene, die klar sind, in einem bestimmten Flügel, jene, die unklar sind, in einem bestimmten Flügel, und jene, die absolut dagegen sind, in einem bestimmten Flügel unterbringt, und wo man mit bestimmten Sicherheitskräften überwachen wird,

1 Der Lehrmeister

welch Bewegung zwischen den einzelnen Parteien stattfinden wird«.[63] Beeindruckt merkt IM Möwe an, dass sich Dasslers Leute »offensichtlich in solchen Wahlfragen auskennen«.

Am 20. Oktober kommen viele Mitglieder der sportpolitischen Abteilung erneut wegen der Boxthematik zusammen.[64] Kurzfristig ist der Treff von Herzogenaurach nach Landersheim verlegt worden. Zugegen sind laut Wehr-Report: Dassler, Chowdhry, Hassine Hamouda, Boulter und Bach. Die Runde sei guter Dinge, »dass die angestrebten Veränderungen in der Führungsspitze der AIBA verwirklicht werden«. Die Adidas-Leute kommen auf 75 Prozent der Stimmen, Wehr selbst ist skeptischer. Wie hatte es Guelfi beschrieben? Im System Dassler habe man stets ganz klare Mehrheiten angestrebt, damit nicht alles an einer Stimme hängt.

Die Zahl der von Adidas finanzierten Flugpässe wird jetzt auf 37 erhöht, dabei helfen laut Wehr zwei Co-Sponsoren aus dem IOC. Don Mario, der superreiche Mexikaner Vázquez Raña, habe ebenso Flugtickets übernommen wie der Scheich Fahad Al-Sabah von Kuwait, dessen Sohn später Bachs wichtigster Wahlhelfer bei der IOC-Kandidatur wird. So stehen insgesamt 40 bis 45 Tickets zur Verfügung. Vázquez Raña hat angeblich Chowdhry das Feedback gegeben, dass er ein Ja aller südamerikanischen Verbände organisiert, wenn die Adidas-Gruppe die schwierige finanzielle Situation der AIBA im Wahlkampf nicht weiter thematisiert.

Nichts steht dem Sieg der Adidas-Gruppe, der insgesamt angeblich rund 200 000 Dollar kostet, mehr im Wege. In Bangkok kommt es Ende November zu einem klaren Erfolg. Mit 63:32 Voten erobert Chowdhry den AIBA-Thron. Und dieses Amt verlor er erst 20 Jahre später, als er auf dem Kongress in Santo Domingo in einer der skandalösesten und knappsten Entscheidungen der olympischen Familie dem Taiwanesen Wu Ching-kuo unterlag. Zu Wus Fraktion zählte dann übrigens auch, wundersame Welt der Sportpolitik: Karl-Heinz Wehr. Der war da zwar mangels Fortbestandes der DDR längst nicht mehr IM Möwe. Aber er war immer noch Boxsportfunktionär.

IM Möwe und der Mann der Zukunft

Nach dem Coup von Bangkok 1986 hält Wehr fest, von den 99 Teilnehmern seien nach seiner Einschätzung 60 Prozent gekauft gewesen (auch die Franzosen hätten dies bei einigen Leuten getan). Doch bei Adidas herrscht noch Gesprächsbedarf. Am 27. Januar 1987 ist Wehr laut Selbstauskunft erneut in vertrauter Gesellschaft: Dassler, Chowdhry, Boulter und Bach (plus zwei Referentinnen).[65] Es geht nun vor allem um Finanzen und die weitere Planung der neuen AIBA-Führung – aber es folgt auch eine Manöverkritik zu Bangkok.

Der Sieg wurde eingefahren, aber bezüglich der Stimmenzahl für Chowdhry sei das Ergebnis »kritisch betrachtet« worden, notiert Wehr. Die Ursachen waren nach Einschätzung der Runde unter anderem: Fehler bei der Organisation der unmittelbaren Wahlhandlung – und dass man nicht beachtet habe, dass auch Gegenkandidat Restout Finanzmittel zur Verfügung gestellt bekommen würde.

Bei mindestens drei Treffen soll Bach laut Wehr-Dokumentation dabei gewesen sein: in Luzern, in Landersheim und in Paris. Lange Zeit weiß kaum jemand von diesen Akten. Und niemand konnte ahnen, dass solche Dokumente im Zuge einer für den DDR-Staatsapparat überfallartig vollzogenen Wende in die Hände des Westens gelangen und dort der Presse zugänglich gemacht würden. Dumm gelaufen.

1996 werden Wehrs Stasiberichte erstmals ein Thema. Für Bach ist das ein höchst sensibler Zeitpunkt. Nur fünf Jahre nach seiner Ernennung zum IOC-Mitglied soll er bei den Atlanta-Spielen in das Exekutivkomitee gewählt werden, die IOC-Regierung. Aber jetzt, kurz vor der Erhebung, holen den Auserwählten die bösen Geschichten aus der Heimat ein.

Als Bach erstmals mit Wehrs Berichten konfrontiert wird, weist er strikt von sich, an konspirativen Sitzungen teilgenommen zu haben. Es habe »natürlich bestimmte Treffen gegeben, wo über Veränderungen in einzelnen Verbänden Bericht erstattet« worden sei, doch habe dies stets nur informativen Charakter besessen.[66] »In

1 Der Lehrmeister

meinem Beisein ist über Wahlbeeinflussung nie gesprochen worden, und ich habe auch nie an solchen Aktionen teilgenommen.«[67]

Auch IM Möwe ist zu der Zeit Mitte der Neunziger, unbeschadet seiner früheren Stasitätigkeit, fest im Weltsport verankert; er ist immer noch Generalsekretär der AIBA unter dem Präsidenten Chowdhry. Jetzt springt er dem angehenden deutschen IOC-Vorstand hurtig zur Seite. Sorry, totaler Blackout! Wehr lässt mitteilen, eine Teilnahme von Bach an den von ihm damals so akribisch beschriebenen Sitzungen sei ihm gar nicht mehr erinnerlich. Nada, niente, nicht die Bohne! Bewusst kennengelernt habe er Dasslers Getreuen überhaupt erst Anfang 1987.[68]

Das ist eine bemerkenswerte Teilamnesie bei dem Mann, der als Stasizuträger äußerst sachkundig, sorgfältig und detailliert über die AIBA-Rankünen berichtet hatte. Und dessen Auftrag es bei dieser Tätigkeit ja war, für die Staatssicherheit in Ostberlin die Pläne, Arbeitsweise und Mitglieder der sportpolitischen Gruppe in Erfahrung zu bringen. Wie ist es da möglich, dass Wehr so zielgenau berichtet, aber ausgerechnet den Zuständigen für die wichtigste Region, Europa und den Ostblock, falsch beschrieben hat, ja: an dieser Schlüsselstelle sogar eine Person eingeführt hat, die er »bewusst erst Anfang 1987« kennengelernt haben will? Was hätte ihn damals antreiben sollen, seiner Behörde ausgerechnet so eine wichtige Person – mit der er laut Aktenlage stundenlang an Konferenztischen schmutzige Deals besprochen hatte – zu unterschlagen und stattdessen irgendjemand beliebig anderen anzuschwärzen? Und falls Bachs Teilnahmen wirklich nur eine wiederkehrende Wahnvorstellung im Kopf des Stasispitzels war: Wer saß denn dann in der Tafelrunde, als Zuständiger für die wichtige Hemisphäre Europa inklusive Ostblock?

Schwierige Fragen.

Auch Samaranch unterstützt seinen sportpolitischen Ziehsohn sofort, als die Affäre auffliegt. Er rät Bach, die Sache nicht so ernst zu nehmen. Tatsächlich spielt sie bei dessen Karrieresprung in die IOC-Regierung keine Rolle. Und auf der nächsten AIBA-Vorstandssitzung im Jahr darauf erklärt Samaranch den Leuten um Wehr und Chowdhry: Stasiakten? Die hätten doch keine Beweiskraft. Das ist gerade aus Sicht eines Mannes, der selbst in vielen Geheimakten stehen dürfte, durchaus zu verstehen. Walther Tröger, damals zweiter Deutscher im IOC und Chef des NOK, stieß mit seinem Rat an Samaranch ins Leere: »In meinem Präsidium würde ich in solchen Fällen Klärung herbeiführen. Ich sage nur: Watergate!«[69]

Später wird Bach zu den Vorwürfen sagen, die Stasiberichte über seine »angeblichen Verstrickungen« seien längst widerlegt. 1998 beschwert er sich bei der *Berliner Zeitung*, solche Behauptungen, er sei in Dasslers Mauschelrunden dabei gewesen, seien »Verdächtigungen aufgrund nicht haltbarer Fakten«.[70] Wehr habe ja »die Sachlage« richtiggestellt, insofern bestünde auch »kein Anlass«, juristisch gegen derlei Behauptungen vorzugehen.

Nicht nur auf Wehr beruft sich der deutsche IOC-Vorstand, sondern auch auf die Nummer zwei der Stasi. Seinem Schreiben liegt ein Zeitungsartikel bei, in dem Markus Wolf, langjähriger Chef der Hauptverwaltung Aufklärung (HVA) der DDR und Stellvertreter von Stasiminister Erich Mielke, im Oktober 1998 vor »falschen Interpretationen von Geheimdienstpapieren« gewarnt hatte. »Sehr häufig« hätten Spitzel östlicher Geheimdienste ihre »Leistungen überbetont«.

Auf Wehr trifft das kaum zu. Er war selbst Funktionär, von Dassler eingesetzt, und mit dem Adidas-Boss und dessen Assistentin Clergironnet bestens vernetzt. Nahezu alles, was er seinem Führungsoffizier berichtete, war korrekt oder trat ein – nicht nur im Boxen. Den Wahrheitstest besteht seine Spitzelarbeit auch an vielen anderen Stellen. Dasslers Rochaden in den Weltverbänden erfolgten fast immer so, wie vorher berichtet, auch die Kür von Olympiastädten. Sogar Manfred Ewald, der allgewaltige DDR-Sportchef, war begeistert von der Präzision der Berichte. Für das SED-Politbüro notierte er, dass von Dassler getroffene Vorhersagen sich sehr oft als zutreffend erweisen.[71]

1 Der Lehrmeister

Die Runde der Mitwisser und Mitplaner der sportpolitischen Abteilung ist klein. Dassler ist, als die Akten auffliegen, seit Jahren tot, die meisten anderen schweigen – allen voran Skandalfunktionär Chowdhry, der das Schweigen zur sportpolitischen Überlebensstrategie macht. Wehr und anderen erklärt er immer wieder, er habe Samaranch in der Tasche, weil er zu viele Dinge über den IOC-Boss wisse.[72] Und keine Frage, tatsächlich rührt Samaranch den AIBA-Chef trotz aller Affären niemals wirklich an, im Gegenteil: Er hängt ihm sogar den olympischen Orden um.

Immerhin einer erinnert sich auch nach der Wende noch lebhaft an die Kadersitzungen. Der Brite John Boulter war in Landersheim Chef der internationalen Promotion und zuständig für den amerikanischen Raum. Regelmäßig und mit größter Gründlichkeit seien damals sportpolitische »Einschätzungen und Prognosen« vorgenommen worden, erklärte er um die Jahrtausendwende den Autoren des Buches *Der olympische Sumpf*, die ihm einige Seiten der Stasiakten vorlegten.[73] Er bestätigte nach der Lektüre klar die damaligen Stabsbesprechungen, wenngleich manche Details »Wehrs persönlichen Interpretationen« unterlegen hätten.

Natürlich seien dabei keine korrupten Strategien und Schmiergelder besprochen worden. »Die Sache ist einfach«, erläutert der Brite. »Wenn Sie wissen, wer nächster Präsident eines Verbandes wird, können Sie alle Vorkehrungen treffen. Das Wissen um künftige Entwicklungen ist alles in diesem Geschäft.« Das leuchtet ein. Aber: Wie verschafft man sich dieses hochsensible Wissen im Vorhinein – wenn sich die Dinge doch erst noch entwickeln?

Auch zur Kernfrage trifft Boulter eine klare Aussage. Kollege Bach sei als Berichterstatter für den Bereich Europa regelmäßig dabei gewesen, die Teilnahme sei ja normalerweise Pflicht gewesen. Per Abgleich der Terminkalender sei bei jedem Treffen gleich das nächste vereinbart worden, sagt Boulter. »Jeder musste ja wissen, was im Rest der Welt abläuft.« Bach habe seinen Verantwortungsbereich Europa so zuverlässig bearbeitet wie Chowdhry Asien und Oberst Hamouda Afrika. »Thomas hat schon damals gezeigt, dass er Karriere machen wird. Er hat viel eingebracht und selbst eine Menge gelernt.« Und: Nach Boulters Beobachtung habe Bach auch stets ein »kollegiales Verhältnis« zu Wehr gehabt.

Freunde in Südkorea

Zwischen den Boykottspielen 1984 in Los Angeles und den kommenden 1988 in Seoul erreicht Dassler die volle Blüte seines Schaffens. Gerade im Ostblock. In der Sportpolitik läuft gar nichts mehr ohne ihn, und seine Kraft reicht darüber hinaus. Denn die Versorgungslage im Osten spitzt sich dramatisch zu, ebenso rasant wächst der Einfluss des Gönners aus dem Westen. Die UdSSR und die DDR ringen ums Überleben, und der Sportkonzern hilft nach Kräften, das letzte bisschen Kitt auf die splitternde heroische Genossenschaftsfassade aufzutragen. Der KGB wiederum versorgt Dassler angeblich sogar mit vertraulichem Wissen über namhafte deutsche Sportvertreter, etwa über Angehörige der Sporthochschule Köln.

Dassler und Samaranch sind bald als Pendeldiplomaten zwischen dem Ostblock und dem nächsten umstrittenen Spieleausrichter unterwegs, der südkoreanischen Militärdiktatur, der sie die Seoul-Spiele 1988 zugeschanzt haben. Es geht um viel: Denn es steht die Gefahr im Raum, dass der Ostblock auch diese Sommerspiele boykottiert. Es wären die dritten Boykottspiele nacheinander – und womöglich die einen zu viel, insbesondere für die Fernseh- und Werbelandschaft.

Schon während der Spiele in Los Angeles 1984 organisiert Dassler in Beverly Hills ein Treffen, bei dem Südkoreas Topfunktionär Kim und Seouls Organisationschef Roh mit einer Delegation der UdSSR zusammenkommen.[74] Diese weilt dort trotz des offiziellen Boykotts zur Beobachtung der Spiele. Dabei bekommt nicht einmal der stets alerte Ex-Geheimdienstler Kim mit, wie perfekt Dassler die Strippen zieht. Denn die Koreaner brauchen eine Übersetzerin.

1 Der Lehrmeister

Und Dassler empfiehlt eine. Kim muss »eine Dame namens Huguette Clergironnet von der französischen Botschaft in Moskau als Dolmetscherin einladen«, heißt es viele Jahre später ganz unbekümmert in der Kim-Festschrift des nationalen Sports.[75] Aber stopp: Clergironnet? Richtig, die Französin war einmal an der Botschaft ihres Landes in Moskau tätig. Aber das ist da schon fast zehn Jahre her. Seither arbeitet die unscheinbare Dame als Assistentin Dasslers – der sitzt jetzt in ihrer Person direkt mit am Tisch.

Diese Vermittlung auf höchster Ebene zeigt, wie weit der Einfluss von Dassler und seiner sportpolitischen Gruppe reicht – weit hinein in die Weltpolitik. Die Sowjets und die Militärherrscher in Südkorea sind alles andere als natürliche Partner. Der Kreml ist im Korea-Konflikt die Schutzmacht Nordkoreas. Aber Dassler bringt die beiden Kontrahenten nun zusammen – auch wenn es eine lange Hängepartie wird.

Zwei Jahre nach dem Erstkontakt in Kalifornien fliegt Dassler zum neuen Chef des mittlerweile tief besorgten Organisationskomitees von Südkorea, zu Park Seh-jik. Dem legt er am 23. April 1986 im Seouler Luxushotel Lotte explizit dar, wie die Veranstalter die störrischen Sowjets doch noch umdrehen könnten. Dassler spielt hier sogar den Botschafter, weil die Sowjets zu dieser Zeit noch gar keine diplomatischen Beziehungen zur Militärdiktatur in Seoul unterhalten. Doch Moskau hat noch ein weiteres delikates Problem, es ist rein sportlicher Natur.

»Die UdSSR befürchtet, dass sie am Ende bei der Nationenwertung hinter den USA und der DDR nur den dritten Platz belegen wird, weil zu viele Profis teilnehmen«, teilt Dassler dem Organisationschef mit. Aber keine Sorge, das Gegenmittel hat er dabei, in Absprache mit seinen Kremlkontakten. Er rät: »Sorgen Sie dafür, dass die Sowjets ein eigenes olympisches Dorf bekommen! Die Offiziellen haben nämlich große Sorge, dass ihre Sportler hier ideologischen Schaden nehmen.«[76]

Sorgen haben die medaillenhungrigen Apparatschiks in der Tat, aber diese gelten den neuen, verbesserten Dopingkontrollen. Wollen sie, wie immer seit 1972, auch in Seoul wieder die Medaillenwertung gewinnen, müssen sie wie stets in allen dopingintensiven Sportarten, von der Leichtathletik bis zum Gewichtheben, jede Menge Anabolika und andere Substanzen einsetzen. Der Turbostoff muss wiederum rechtzeitig abgesetzt oder verschleiert werden, damit die Laborfahnder nichts finden. Denn die Dopingkontrolleure sind immer noch wütend über die Vorgänge 1984 in Los Angeles. Und sie sind fest entschlossen, nicht noch einmal als tumbe Messknechte eines pharmaverseuchten Olympiasports dazustehen.

Damals, bei den Spielen in LA, wurden schon binnen der ersten Tage ein Dutzend Positivtests registriert. Dann war plötzlich Schluss. Bei zwölf wurde gedeckelt. Wie das geht? Nun, gleich nach der Abschlussfeier verschwanden die Dokumente mit den Dopingcodes aus dem Hotelzimmer des Chefs der IOC-Medizinkommission, Alexandre de Merode. Das IOC erklärte es so: Der Raum sei nur bis zu diesem Tag gemietet gewesen; dann kam die Putzkolonne, und die Listen seien wohl im Reißwolf gelandet. Wissenschaftliche Mitarbeiter protestierten damals schon. Aber erst Jahre später beschrieb der amerikanische Topfunktionär Ollan Cassell einen Deal zwischen Samaranch und Leichtathletikboss Nebiolo: Sie hätten das »getan, um die Olympischen Spiele und die USA zu schützen, damit es keinen Skandal gibt«.[77]

In Seoul steht nach zwei Boykottspielen erstmals wieder eine harte Ost-West-Konfrontation der Athleten bevor. Und natürlich lässt sich ein Großbetrug nur dann sicher aufstellen und abstimmen, wenn man das ungestört in den eigenen Wänden erledigen kann, geschützt vor Kontrolleuren und auch vor spontanen Besuchern. Zugleich ist die Gefahr, entdeckt zu werden, gewachsen, weil nun auch branchenintern die großartigen Leistungen immer stärker hinterfragt werden. »In den letzten Monaten«, berichtet die *New York Times,* als die sowjetische Teilnahme feststeht, »gab es Anzeichen dafür, dass der Einsatz von Steroiden und anderen Drogen, der von sowjetischen Sportfunktionären oder Sportlern nie

1 Der Lehrmeister

öffentlich mitgeteilt wurde, in der Kritik steht und in den kommenden Wochen ans Licht kommen könnte.«[78]

Gefahr in Verzug! Doch die Sowjets haben eine Lösung: Sie drängen Seoul auf der politischen Schiene, dass sie ein Schiff vor Koreas Küste ankern lassen dürfen. Dort sollen offiziell regenerative und physiologische Maßnahmen stattfinden. Was natürlich Unsinn ist und mit Körpertuning und Sicherheitstests für die eigenen Athleten übersetzt werden darf.

Seoul zögert. Und Dassler zieht weiter die Strippen. Seine Assistentin Clergironnet ist, getarnt als Dolmetscherin, inmitten der bilateralen Gespräche zwischen Koreanern und Sowjets platziert. Er selbst trifft sich sogar mit Hyundai-Gründer Chung Ju-yung. Doch ab April 1987, als Dassler überraschend stirbt, müssen andere das Werk vollenden. Kim setzt die Gespräche mit dem IOC-Kollegen Witalij Smirnow fort. Er hat sogar eigens Russisch gelernt und auch, dass ohne Wodka geschäftlich gar nichts läuft. Die Sowjets ziehen ab Sommer 1987 die Daumenschrauben an: Sie kommen nur zu den Spielen, wenn ihr Schiff im Hafen von Incheon ankern darf. Dort sollen Beamte, Kulturgruppen und Gäste logieren und die Athleten mit Speis und Trank versorgt werden. Die sportliche Supermacht UdSSR ist »sehr empfindlich, wenn es um die Gesundheit und die körperliche Verfassung ihrer Athleten« geht, heißt es dazu in der koreanischen Kim-Hommage *Ein großer Mann, der die Welt umarmte*.[79]

Wie Kim seine sowjetischen Freunde umarmte, beschreibt das Jubelwerk so: Ihm sei klar gewesen, dass es »in zwischenmenschlichen Beziehungen wichtiger war, die individuellen Vorlieben und Bindungen zur Sowjetunion zu nutzen, als sich auf trockene Sachthemen zu beschränken. Er hatte eine ganz besondere Gabe, diese Tatsache optimal zu nutzen.« Das Bedienen individueller Vorlieben, keine Frage, ist weitaus zielführender als eine trockene Sachdebatte. Speziell in der Sportpolitik.

Der UdSSR und ihren Sportlern tun die Erholungsmöglichkeiten auf dem Schiff sichtlich gut. Die sowjetische Mannschaft ge-

Freunde in Südkorea

winnt erneut die olympische Medaillenwertung, vor Honeckers getunten Staatsamateuren. Sie sind, was man damals ahnte und heute weiß, mit Pharmaka vollgepumpt. Erwischt wird niemand von ihnen – aber dafür ein anderer: der kanadische 100-Meter-Olympiasieger Ben Johnson. Er allein, denn auch die Amerikaner um Carl Lewis kommen neben Sowjets und DDR-Athleten gut weg. Amerikas Fernsehsender und Topsponsoren spülen damals wie heute den Löwenanteil der Erlöse in die IOC-Kassen. Ihre Sprintergarde blieb unbehelligt.

Allerdings hat die US-Delegation, wie der kanadische Teamchef Richard Pound Jahre später verbittert erzählt, in den frühen Morgenstunden vor Verkündigung des Sündenfalls ganz diskret ein paar eigene Leute ins Seouler Dopinglabor entsenden dürfen. Und gleich nach Johnsons Entzauberung, im Schlagschatten der internationalen Medientumulte, fliegen auch die amerikanischen Läuferstars zurück in die Heimat. Ebenso lautlos von der Bildfläche verschwindet der eigentliche Superstar: die zweifache Sprintolympiasiegerin Florence Griffith-Joyner. Obwohl sie doch erst kurz vor den Spielen im Juli 1988 einen ihrer bis heute gültigen Fabelweltrekorde fabriziert hat: 10,49 Sekunden über 100 Meter. Und in Seoul selbst läuft sie jetzt auch noch einen über 200 Meter, in 21,34 Sekunden. Bestmarken für die Ewigkeit. Doch Griffith-Joyner feiert nicht. Sie verschwindet aus Seoul und läuft nach ihren olympischen Triumphen nie wieder ein ernsthaftes Rennen. Nur zehn Jahre später, im Alter von gerade mal 38 Jahren, stirbt sie im Schlaf.

Für Bach wird die Brücke nach Südkorea, deren Fundamente sein Förderer Dassler gelegt hat und die nach dessen Tod vollendet wurde, immer eine wichtige Rolle spielen. Sein Draht zu den Chaebols, wie die großen familiengeführten Konglomerate des Landes heißen, ist bestens. Besonders eng gestaltet sich sein Verhältnis mit der Spitze des Elektronikriesen Samsung, der seit den 1990er-Jahren Hunderte Millionen in den Sport und speziell ins IOC pumpt. Der in Südkorea unglaublich mächtige Samsung-Chef Lee Kun-hee sitzt ab 1996 gut zwei Jahrzehnte im IOC. Zweimal wird er in dieser

1 Der Lehrmeister

Zeit zu Hause verurteilt (und begnadigt); Samsung ist in die Korruptionshistorie des Landes ebenso tief verwoben wie die Spitzenpolitik. Über finanzielle Machenschaften im Vorfeld der Winterspiele 2018 in Pyeongchang stolpert später sogar die Staatspräsidentin Park Geun-hye.

Die Milliarden, die Samsung in den Sport pumpt, fließen auch in den deutschen Sport. Als der Konzern mal in die Kritik gerät, verweist Bach darauf, dass er »im breitensportlichen Bereich seit einigen Jahren auch ein Förderer des DOSB ist« – des Deutschen Olympischen Sportbundes, dessen Gründungspräsident Bach ist.[80] Bis ins deutsche Fechten und in Bachs Heimat Tauberbischofsheim geht das Geld. So unterstützt Samsung ab dem Jahr 2003 den Fecht-Club Tauberbischofsheim,[81] in dem Bach einst groß wurde; die Gratulationen an die besten Sportler laufen unter der Rubrik »Samsung Bestenehrung«. Und aus den deutschen Meisterschaften werden offiziell die »Deutschen Samsung Fechtmeisterschaften«.

Auch zu anderen südkoreanischen Funktionären ist Bachs Verhältnis prächtig; etwa zum langjährigen Judochef Park Yong-sung, der das IOC leider wegen Korruption verlassen muss – und dem Bach noch in seiner Zeit als IOC-Präsident über einen guten gemeinsamen Freund beste Grüße bestellen lässt. Und insbesondere zum Ex-Geheimdienstler Kim Un-yong ist das Verhältnis ungetrübt. Als dieser 2001 für die Nachfolge von Rogge an der IOC-Spitze kandidiert, zählt Bach zu den drei bürgenden Mitgliedern, die es als Unterzeichner für die Einreichung einer Kandidatur offiziell braucht – und es ist erstaunlich, wie die Beziehung weitergeht.

Kim bricht nach der peinvollen Abstimmungsniederlage in Moskau gegen Rogge mit seinen alten IOC-Mitstreitern. Samaranch betrachtet er als Verräter, er will ihn nicht einmal mehr persönlich treffen. Den neuen Präsidenten Rogge hasst er geradezu und beschuldigt ihn, dieser habe »gemeinsam mit der koreanischen Regierung«[82] seine Absetzung aus dem IOC betrieben. Später verschickt er aus dem Gefängnis heraus allerlei Droh- und Erpresserbriefe an Dutzende Sportfunktionäre.

Freunde in Südkorea

Doch stöbert man in den Erinnerungen des gefürchteten Dr. Kim, der in der IOC-Zentrale in Lausanne einmal sogar dem kanadischen Salt-Lake-Untersuchungschef Richard Pound an den Kragen wollte, so schätzt er am Lebensende nur noch einen Herrn der Ringe: Thomas Bach. Der IOC-Präsident, der »deutsche Gentleman«, hatte sogar noch im Juli 2017 seinen prallen Terminkalender so gestaltet, dass er beim Besuch der Taekwondo-WM in Muju eigens ein Treffen mit Kim einrichten konnte.[83] Warum Bach die ausgestoßene Skandalfigur aufsuchte? Darauf gibt er keine konkrete Antwort.

2 Das Netzwerk

Thomas Bach jongliert mit vielfältigen Lebenssachverhalten

Alte und neue Freunde

Dassler ist weg. Der große Strippenzieher verstirbt im April 1987 auch für die Mitglieder seines sportpolitischen Sondereinsatzkommandos völlig überraschend. Noch Tage vorher führt er ein Gespräch mit Bach[1] – wegen eines Vertrages für Steffi Graf. Nun ist die Frage, wie es mit der Turnschuh-CIA weitergeht. IM Möwe hält fest, dass nur sechs Tage nach Dasslers Tod bei ihm ein Fax von Bach eintrifft.[2] Demnach teilt er darin mit, dass nur wenige Tage später ein Beratungsgespräch in Landersheim stattfinden wird. Und bringt zum Ausdruck, dass Adidas die finanzielle Unterstützung für die AIBA »in vollem Maße aufrechterhalten werde«.

Wird Bach nun der neue starke Mann in der Fixertruppe? Keineswegs. Stattdessen trennen sich die Wege. Schon im Spätsommer wird berichtet, dass Bach die sportpolitische Abteilung zum Jahresende verlässt[3] – passend zu seinem Zitat in der Dassler-Biografie, dass er sich nicht Adidas, sondern nur dem Chef verpflichtet gefühlt habe. Warum er damals so schnell verschwindet? Auch darüber hat Wehr den Stasibossen berichtet. In den Akten ist es jedoch geschwärzt. Und Bach beantwortet eine konkrete Frage dazu nicht, so wenig wie viele andere Fragen.

Zu einem Karriereknick im Olymp führt das natürlich nicht. Im Gegenteil. Liest man die Aufzeichnungen des Stasispitzels IM Möwe, hätte der Knick nur bei einem Verbleib im Konzern ge-

Alte und neue Freunde

droht. Denn es wird turbulent bei Adidas, und die neuen Chefs schauen jetzt mit Argusaugen auf alle Konzernaktivitäten.

Das hat Konsequenzen auch für Dasslers liebstes Baby, die sportpolitische Spezialeinheit. Laut IM Möwe ist ein rascher Wandel im Gang. Ins Vakuum, das der Adidas-Chef hinterlässt, stößt IOC-Präsident Samaranch, er verstärkt seinen Einfluss auf die Gruppe. Auch die neue Chefin, Dassler-Schwester Brigitte Baenkler, drängt darauf, Samaranch »nicht zu verärgern«.[4] Der habe ihr trotzdem bald seine Gunst entzogen, analysiert Wehr, und sich hinter Chowdhry geklemmt. Stark anzunehmen, dass jedem in der Turnschuh-CIA klar war, dass man Baenkler unmöglich in alle Details der jahrelangen Operationen einweihen konnte.

Und zum Glück ist da ja noch diese neue Goldgrube, über die nun immer mehr Korruptionsdeals abgewickelt werden: die Marketingagentur ISL in Zug. Von Dassler Anfang der 1980er-Jahre gegründet, als er erkannte, dass das große Geld nicht mehr in der Direktwerbung, sondern im Rechtehandel liegt. Mit der ISL räumt er, dank engster Drähte zu den Bossen von IOC und Fifa, die werthaltigen Veranstalterrechte ab, vorneweg von Fußball und Olympia, um sie an Sponsoren, Fernsehsender oder Lizenznehmer weiterzuveräußern. Wobei die Akquise der Sportrechte, sonst das Kernthema im Agenturgeschäft, kein Problem ist: dank umfassender Absprachen.

»Korruption war das Geschäftsmodell« der ISL – das gaben deren Topmanager später sogar vor einem Zuger Strafgericht zu. Konkret lief es so ab: Die Sportfunktionäre verkauften ihre Verbandsrechte zu günstigen Preisen – und erhielten über Offshorekonten in der Schweiz, Liechtenstein oder in der Karibik Schmiergelder überwiesen. Fußball, Olympia, Leichtathletik, alles war dabei. Und es war den korrupten Funktionären egal, wie viel mehr Geld die globalen Marktrivalen für die Verbandsrechte boten. Hinter den Kulissen flossen ja viele Millionen an sie persönlich zurück. Einmal flog die Zahlung von einer Million Franken an Fifa-Präsident Havelange sogar direkt auf – der Scheck ging fälschlicher-

2 Das Netzwerk

weise zunächst in der Finanzabteilung des Weltverbands ein. Aber diese wusste, was zu tun ist, und leitete den Betrag noch am selben Tag weiter: an Patron Havelange persönlich.

Als die ISL im Mai 2001 an der eigenen Gier bankrottging, räumte die Strafjustiz auf. Drei bis vier Milliarden Franken waren verschüttgegangen, zudem hatte die Agentur des (zu der Zeit längst verstorbenen) Horst Dassler allein in den vorangegangenen zwölf Jahren mindestens 142 Millionen Schweizer Franken an Bestechungsgeldern verteilt. Aber das IOC interessierte sich nie wirklich für die Empfänger.

Doch 2008 wurde sechs Topmanagern am ehemaligen Firmensitz in Zug der Prozess gemacht. Aber fürs Schmieren der Funktionäre war stets nur einer zuständig: Jean-Marie Weber. Der Mann mit dem Koffer, Dasslers Geldbriefträger. Horst hatte den Elsässer 1970 in die Firma geholt und als rechte Hand angelernt. Nach Jahrzehnten in der Täterrolle wurde Weber am Ende selbst zum Opfer: Er musste eine hohe Geldstrafe bezahlen, in der Sportfamilie galt er vielen als verbrannt. Das IOC unter Jacques Rogge erteilte ihm sogar ein Hausverbot.

Trotz alledem hing Weber der olympischen Bewegung weiter an, wie ein Junkie, der nicht von seinem Stoff loskommt. Er lungerte vor den Konferenzhotels herum, schlank und tadellos gekleidet bis zum grauweißen Schopf, die ewige Ledertasche am Schulterriemen. Im September 2013 vor dem Hilton-Hotel in Buenos Aires gab ihm die Nachricht von der Inthronisation Thomas Bachs als IOC-Chef neue Hoffnung: Hatte er nicht einst mit dem Deutschen sogar in Dasslers sportpolitischer Abteilung gearbeitet? Jetzt hoffte er, dass sein Bann bald aufgehoben werde, sagte Weber einem Autor dieses Buchs in Buenos Aires.

Und immerzu versicherte er, was er damals auch den Zuger Strafrichtern gesagt hatte: Ja, er weiß, wer alles auf welche Art bestechlich ist in IOC und Fifa. Aber: »Diese Namen nehme ich mit ins Grab!« Auspacken könne er nicht, denn »das ist eine Frage der Ehre«. So sah er aus, der typische Geheimnisträger Dassler'scher

Prägung: 2018 nahm der Geldbote des Sports sein dunkles Wissen tatsächlich mit ins Grab. Die alten Sportsfreunde atmeten auf. Bis heute wurde nur in wenigen Fällen klar, wer von den 142 Millionen Franken ISL-Schmiergeldern profitiert hat.

Zurück zu Thomas Bach. Der forciert nach seinem Abschied bei Adidas seine olympische Karriere; er begibt sich unter die väterlich-geneigten Fittiche des deutschen Olympiadoyens Willi Daume. Schon im August 1989 baldowert eine Runde mit Samaranch sowie den beiden scheidenden deutschen IOC-Mitgliedern Daume und Berthold Beitz aus, dass Bach einen der frei werdenden Plätze übernehmen wird.[5]

Kaum ist Bach ab 1991 Mitglied des IOC, geht es steil nach oben. Schon im März 1994 überträgt ihm Samaranch die Leitung der Prüfkommission für die Winterspiele 2002. 1995 übernimmt er den Vorsitz in der Berufungskammer des Sportgerichtshofs (CAS). Er arbeitet vehement daran, dass dieses Gremium zur zentralen Rechtsinstanz aufsteigt – wobei heute zivile Gerichte bis hin zum Bundesverfassungsgericht Aufbau und Arbeitsweise des CAS rügen.[6] Schon 1996 wird Bach in die IOC-Exekutive gewählt, als erst dritter Deutscher nach Daume und Beitz. Viele Beobachter runzeln die Stirn, sie wundern sich, wie es der geschmeidige Industrieanwalt so flott in dieses Gremium schaffen konnte. Ab 2000 darf er sich erstmals Vizepräsident nennen. Welchen Narren hat der Dassler-Mann Samaranch nur an dem Dassler-Mann Bach gefressen?

Aber Bach startet nicht nur im IOC durch, sondern auch in seiner Tätigkeit als Industrieadvokat und Wirtschaftslobbyist. Früh gründet er eine eigene Kanzlei und eine Beratungsfirma. Sein Wirken ist diskret, oft erfährt die Welt von diesen Beratertätigkeiten erst Jahre später. In jedem Fall angelt er sich lukrative Aufträge. Von 1995 an leistet Bach dem Baukonzern Philipp Holzmann AG juristische Dienste – für 250 000 Mark pro Jahr.[7] Zugleich sitzt er im Aufsichtsrat der Holzmann-Tochter Arena AG.[8] Auch berät er die Düsseldorfer Agentur H.F.&P. in der Zeit, als sich diese um die

2 Das Netzwerk

Vermarktung der Weltausstellung Expo 2000 in Hannover kümmern sollte.[9]

Bei der Tauberbischofsheimer Weinig AG, spezialisiert auf Holzbearbeitungsmaschinen, wird er Aufsichtsratsvorsitzender; die Firma ist seit Mitte der 1980er-Jahre in den Händen kuwaitischer Investoren – ein erster Hinweis auf die engen Bande Bachs in die arabische Welt, über die noch zu reden ist. Auch bei Siemens steigt er Anfang des Jahrtausends als Berater ein, für am Ende 400 000 Euro pro Jahr plus 5000 Euro Tagesspesen.[10] Noch etwas später wird er auch bei Ferrostaal Berater: 125 000 Euro für 20 Arbeitstage pro Jahr und eine Tagespauschale von 5000 Euro bei Auslandsreisen[11] sind der Lohn.

Bach hat immer felsenfest behauptet, dass die verschiedenen Sphären seines Lebens nichts miteinander zu tun hätten. Er habe Beruf und Sport immer strikt getrennt! Und außerdem seien seine wirtschaftlichen Tätigkeiten beim IOC und auch beim Deutschen Olympischen Sportbund (DOSB) immer ordnungsgemäß angemeldet gewesen.

Aber natürlich ist die Frage, ob und wie sich so ein blickdichtes Geflecht tatsächlich voneinander trennen lässt. So stellt Bach beim Einstieg der Fluglinie Lufthansa und des Autobauers Daimler ins Olympiasponsoring den Kontakt mit dem IOC her. Er erklärt, dass alles unentgeltlich erfolgt sei; auch das ist erstaunlich, denn üblicherweise balgen sich Agenturen um solche hochattraktiven Deals. Mit Blick auf die Philipp Holzmann AG hat ein früherer Vorstand den Autoren des Buches *Der olympische Sumpf* erklärt, Bach sei wegen seiner sportpolitischen Kontakte verpflichtet worden. Hingegen hält die Pressestelle des Konzerns offiziell dagegen, seine Tätigkeit stehe »in keinem Zusammenhang mit dessen sportpolitischen Ämtern«.[12] Und besonders intensiv taucht diese Frage rund um seine Beratertätigkeit für Siemens auf.

Bevor ihn Siemens unter Vertrag nimmt, empfiehlt ihn dort der Arbeitnehmervertreter Wilhelm Schelsky, der später wegen fragwürdiger Zahlungen des Siemens-Konzerns verurteilt wird.

Alte und neue Freunde

Schelsky preist Bach bei einem Siemens-Vorstand an: »Seit Jahren konnte ich beobachten, dass er glänzenden Zugang zu fast allen Regierungen dieser Welt hat, da Besuche immer eine Mischung aus ehrenamtlicher Tätigkeit (IOC) und Interessenvertretung sind.«[13] Und der langjährige Siemens-Manager Volker Jung äußert sich später zu den Gründen für die Verpflichtung Bachs. Er habe darüber mit Vorstandschef Heinrich von Pierer und dem Finanzvorstand Heinz-Joachim Neubürger gesprochen. »Jeder war der Meinung, das kann sehr hilfreich sein. Die Mitglieder des IOC sind in vielen Ländern sehr einflussreich. Es ist nicht schlecht, wenn man dort jemanden als Ansprechpartner und Berater hat. Das gilt für jedes große internationale Unternehmen.«[14]

Als seine Siemens-Tätigkeit und Schelskys Notiz bekannt werden, betont Bach erneut, wie sauber er arbeitet: »Ich achte auf eine strikte Trennung«,[15] erklärt er. Allerdings räumt er über seinen Anwalt ein, dass er bei Siemens direkt mit Aktivitäten für die Sommerspiele 2004 in Athen zu tun hatte – und das sogar an höchster politischer Stelle. Auf eine Frage der *Süddeutschen Zeitung* nach etwaigen Mitwirkungen an dem Sicherheitsprojekt C4I für diese Spiele heißt es: »Herr Dr. Bach hat in diesem Zusammenhang neben anderen Themen für die Siemens AG ein Gespräch mit einem Vertreter des Bundeskanzleramtes geführt.« Allerdings habe er bei einer IOC-Exekutivsitzung, als ein Mitglied eine Frage zum Thema Sicherheit bei den Athener Spielen aufwarf, »auf seine Beratertätigkeit für Siemens hingewiesen und deutlich gemacht, dass er auch nur den Anschein oder die Konstruktion eines Interessenkonflikts vermeiden möchte«. Dann habe er »den Sitzungssaal verlassen« – und anderntags den Chef der IOC-Ethikkommission darüber unterrichtet.

Jung führt später aus, wie groß die Bedeutung des olympischen Beraters tatsächlich war – und worin sie konkret lag. »Bach hat uns ganz schön unter Druck gesetzt, dass wir in Griechenland gute Arbeit leisten. Und ihm standen alle Türen offen. Bei solchen Projekten hakt es ja oft daran, dass Genehmigungen hier und dort fehlen oder etwas im Zoll festhing. Mit Herrn Bach haben wir solche

2 Das Netzwerk

Genehmigungen schneller bekommen. Allein der Umstand, dass Herr Bach einen Beratervertrag bei uns hatte, und dass das hier bekannt war, hat die Durchführung der Projekte erleichtert«, berichtet er. Dass die Infrastruktur für die Spiele in Athen rechtzeitig fertig werde, »war einer der Gründe, warum wir Herrn Bach gebeten haben, uns als Berater zur Verfügung zu stehen. Wir haben durch Herrn Bach nicht einen einzigen Auftrag mehr erhalten. Aber dass er uns zur Verfügung stand und dass das bekannt war, das hat die Durchführung der Aufträge erleichtert.«[16]

Geldverdienen durch Handauflegen? Das funktioniert, wenn das Netzwerk Gold wert ist.

Noch ein anderes Mal berühren sich in der Siemens-Frage die verschiedenen Lebensbereiche von Thomas Bach. Es werden Mails aus der Zeit bekannt, in der sich Siemens um Kuwait als Investor bemühte. Am 31. Januar 2005 schickt Bach dem Siemens-Vorstand Rudi Lamprecht eine Nachricht, in der es heißt, sein »Freund und Kollege, Energieminister Scheich Ahmad Al-Sabah«, sei derzeit für eine vertrauliche Anfrage zum Stand der Verhandlungen schwer erreichbar[17] – Scheich Al-Sabah ist ein enger und einflussreicher Weggefährte im IOC. Wochen später schiebt Bach nach, er habe »die Investitionsfrage noch einmal mit dem Energieminister vertraulich besprochen«.

Auch nach diesem Fund wiederholt Bach sein Mantra: Es gibt keine Verquickung von IOC-Amt und Beruf! Es gibt aber »vielfältige Lebenssachverhalte, in denen sich persönliche, durch Freundschaften oder auch Ehrenämter begründete Bekanntschaften und berufliche Kreise überschneiden«.

»Vielfältige Lebenssachverhalte«. Das sollte man sich merken.

Bach erweist sich nicht nur im IOC und in der Wirtschaftswelt als begnadeter Netzwerker; schon früh hat er auch enge Bande in die Politik geknüpft, vor allem in der FDP, der er 1976 beigetreten ist, im Jahr seines olympischen Triumphes. Im Büro des langjährigen Fraktionsvorsitzenden Wolfgang Mischnick arbeitet er während seines Referendariats.[18] Mit vielen anderen liberalen Größen pflegt er über die Jahre engen Kontakt, mit den früheren Wirtschaftsministern Hans Friderichs und Helmut Haussmann auch geschäftlich.[19] Bach ist Mitglied im Mittelstandsbeirat des traditionell von der FDP geführten Wirtschaftsministeriums, später Schatzmeister und Vorstand in der FDP-nahen Friedrich-Naumann-Stiftung. Durchaus anzunehmen, dass Bach auch in gewissen politischen Zirkeln hätte Karriere machen können. Aber darauf legt er es nicht an. Und er darf auch so zahlreiche Delegationsreisen hochrangiger Politiker begleiten.

Dank dieser Drähte kommt er schon 1994 in den Genuss eines hohen Privilegs: Er erhält einen Diplomatenpass. So ein Dokument – blauer Einband, goldener Aufdruck – ist begehrt. Er hilft unter anderem, Kontroll- und Warteschlangen an Flughäfen abzukürzen oder in manche Länder visafrei einzureisen. Im IOC mit seinen vielen Protagonisten aus Geld- und Hochadel gehört das oft dazu, aber in Deutschland ist der Kreis der Empfangsberechtigten streng reglementiert. Primär ist er gedacht für Politiker, Regierungsmitarbeiter, Diplomaten sowie deren Familienangehörige – und »für Reisen, die sie im amtlichen Auftrag oder im besonderen deutschen Interesse ausführen«.[20]

In Bachs Fall kann weder von amtlichem Auftrag noch von einem besonderen deutschen Interesse die Rede sein. Denn das IOC ist eine private Institution, und die Charta, auf die jedes neue Mitglied einen Eid leistet, ist eindeutig. Ein Mitglied vertritt keineswegs sein Heimatland im IOC, das Gegenteil trifft zu: Es repräsentiert das IOC in seinem Heimatland. »Die Mitglieder des IOC nehmen von Regierungen (…) keinen Auftrag oder Weisungen entgegen.«[21] Ein deutsches IOC-Mitglied ist also gerade nicht dafür da, deutsche Interessen zu verfechten; ein deutsches IOC-Mitglied hat vielmehr in Deutschland für die IOC-Interessen zu kämpfen. Bach bekommt den Diplomatenpass trotzdem. Da dürfte auch seine Parteimitgliedschaft zupasskommen; das Auswärtige Amt ist fest in der Hand der FDP, sie stellt von 1969 bis 1998 alle Außenminister der Bundesrepublik.

2 Das Netzwerk

Als die Sache mit dem Diplomatenpass im Herbst 2016 plötzlich publik wird, ist sogar die Leitung des Auswärtigen Amtes überrascht. Hastig werden Erklärungen herangekarrt. Es heißt, dass Bach zunächst »für die Zeit seines Vorsitzes in der Evaluierungskommission des IOC für die Winterspiele 2002« einen Diplomatenpass bekommen habe. Nach Ende dieser Tätigkeit habe er wegen seiner Funktionen im IOC den Pass erhalten – »vor dem Hintergrund des besonderen deutschen Interesses an der Förderung der olympischen Bewegung«.[22] Dieses deutsche Förderinteresse muss offenbar gewaltig sein, zugleich aber ganz tief im Verborgenen schlummern: Einerseits scheitert eine deutsche Olympiabewerbung nach der anderen, andererseits ist Bach zeitweise sogar im Besitz von drei Diplomatenpässen. Offenkundig findet er es selbstverständlich, so einen Pass zu besitzen. Hingegen wundern sich selbst die zuständigen Sachbearbeiter im Auswärtigen Amt, warum sie Bach den Pass verlängern sollen – zumal die vorliegenden Unterlagen dafür nicht wirklich ausreichend seien.[23] Und so schließen sich auch hier vielfältige Lebenssachverhalte. Der behördenintern umraunte Antrag geht nämlich auch über den Schreibtisch von Amtspersonen, die im Laufe ihrer Diplomatenkarrieren auch mal eine Zwischenstation in der Privatwirtschaft eingelegt haben – bei, Zufall oder nicht, der international höchst umtriebigen Firma Siemens.

Seine stete Kontakt- und Netzwerkpflege führt Bach auch im Sport überallhin. So sitzt er im Aufsichtsrat des von Franz Beckenbauer geführten Organisationskomitees für die Fußball-WM 2006 in Deutschland. Das ganze Turnier ist auf anrüchigen Wegen ins Land geholt worden. Eine spezielle Deutschland AG aus Politik und Wirtschaftskonzernen hatte mit dubios konzertierten Aktionen und seltsamen Verträgen dazu beigetragen, dass die Fifa-Wahlmänner Deutschland den Zuschlag erteilten.

Bach gehört sogar zum Präsidialausschuss dieses Gremiums, das »für die Behandlung von Personalfragen und die Prüfung des Rechnungsabschlusses« zuständig war.[24] Von den finanziellen Unregelmäßigkeiten rund um die WM – erst gewährte der französische Unternehmer Robert Louis-Dreyfus OK-Chef Beckenbauer einen Kredit über zehn Millionen Franken, dann wurde dieser durch eine seltsam deklarierte 6,7 Million-Euro-Zahlung des Organisationskomitees abgelöst – hat Thomas Bach nach eigenem Bekunden nie etwas mitbekommen. Bei der entscheidenden Sitzung, bei der der Aufsichtsrat angeblich falsch unterrichtet wurde über den Verwendungszweck, fehlte er entschuldigt.

Im Reich des Ölprinzen

In der Zeit, in der Bach unter Samaranch steil Karriere macht und sein Netzwerk quer durch Wirtschaft, Politik und Sport knüpft, baut der Spanier seine alte Verbindung nach Osten aus. Die Sowjetunion hat er immer geliebt, jetzt geht's oft ins anarchische Nachwende-Russland oder in die rundherum erblühenden Staaten. Wobei er viele Reisen an der Seite eines anderen Geheimdienstlers unternimmt. Dessen Name: André Guelfi.

Das ist der Mann, der ihm aus Dasslers engstem Umfeld zugefallen ist und beim Moskauer Wahlsieg 1980 sehr geholfen hat. Dassler und Guelfi haben lange zusammengewirkt. Unter dem Dach von Guelfis Sportartikelfirma Le Coq Sportif hatte Dassler allerlei Deals aufgesetzt, von denen die misstrauischen Eltern in der deutschen Firmenzentrale nichts wissen durften. Nach Dasslers Tod wird Guelfi nun der zentrale Wegbegleiter Samaranchs über fast zwei Jahrzehnte. Der Franzose verkauft dem IOC sogar sein Grundstück in Lausanne – auf dem das olympische Museum errichtet wird.

Guelfi ist eine schillernde Figur: gebürtiger Marokkaner, Fischkonservenfabrikant und Sporttextilunternehmer, gaullistischer Geheimdienstler in Algier, ein Mann mit geheimnisvollen Geldquellen und vielen Reisepässen. Durch die Heirat mit der Nichte von Frankreichs Staatschef Georges Pompidou erlangt er persönliche Vorteile, die er zum Erwerb von 128 Gebäuden in Paris nutzt. Charmeur Guelfi ist der perfekte Beziehungskünstler. Und einer, der häufig ins Augenmerk der Justiz gerät.[25]

In den 1990er-Jahren ist er in Osteuropa als Türöffner für den französischen Ölkonzern Elf Aquitaine unterwegs. Die Firma will von der Öffnung der ehemaligen UdSSR profitieren. Ständig jettet Guelfi durch die früheren Sowjetrepubliken, oft mit Samaranch an Bord. Das Duo legt Hunderttausende Kilometer im Privatjet des Franzosen zurück, der seine Falcon 900 sogar selbst fliegt. Und beide sind von dieser Verbindung sehr angetan.

Der IOC-Boss kann auf diese Art nach Belieben überall aufkreuzen, wo kein Linienflug hingeht und weder die Presse noch die Kollegen warten. Und für Guelfi ist Samaranch eine unschätzbare Lobbyhilfe, weil er sich an dessen Rockzipfel bei den neuen Diktatoren Osteuropas und Mittelasiens einschleusen kann. Die neue Ringe-Kultur verschafft dem zwielichtigen Geschäftsmann eine Art Diplomatenstatus. Die Millionenprovisionen von Guelfis Pariser Klienten landen in Steueroasen wie den Britischen Jungferninseln, Millionen wandern als Kickback an Konzernbosse zurück. Dieses Muster verbindet Guelfi mit seinem früheren Geschäftspartner Dassler. Und auch das alte Hochgefühl bringen die Schmierstoffflüge mit dem IOC-Patron Samaranch zurück. Guelfi schwärmte: »Wir waren wie die Herren des Universums!«

Im Jahr 1997 klicken die Handschellen. Die Ermittlungen bringen dubiose Transaktionen ans Licht, vom ostdeutschen Leuna über Gabun bis Venezuela. Mit 78 Jahren landet der treue Pilot und Reisegefährte des IOC-Präsidenten im Pariser Gefängnis La Santé. Beim Hofgang lernt er dort einen anderen Häftling mit Adidas-Vita kennen: Bernard Tapie. Der Franzose hatte den Konzern, der nach Dasslers Tod ins Taumeln geraten war, der ängstlichen Familie für einen Spottpreis abgeschwatzt. Guelfi witzelt über die Knastbruderschaft: »Er, der frühere Adidas-Chef, und ich, der ich einige Jahre vor ihm diese Marke in meinen Aktiva hatte, wir mussten uns nun ein und dasselbe Paar jener Sportschuhe teilen, die uns einst millionenfach gehörten!« Nach der Haft kommen die beiden prompt geschäftlich zusammen. Die letzte Spur des 2016 verstorbenen Guelfi führt artgerecht zu den »Panama Papers«.[26]

Als rund um Guelfis Prozess im Jahr 2000 die bizarre Reisepartnerschaft mit Samaranch auffliegt, will das IOC unbedingt den Eindruck vertuschen, der Präsident stünde auf der Payroll der globalen Schmierstoffmafia. Okay, gibt Generaldirektor François Carrard zu, Samaranch sei einige Male mitgeflogen, aber das hätte dem IOC ja »Kosten erspart«. Und geschäftlich sei das nie gewesen, nur eine »gute persönliche Beziehung«.[27]

Glaubhafter klingt, was Guelfi selbst in der Pariser Untersuchungshaft der Richterin Eva Joly gebeichtet hat. Die öligen Deals im Osten habe er stets mit dem olympischen Sport verbunden – »fragen Sie Herrn Samaranch!«[28] Er sagt aus, dass der IOC-Boss bei manchen Geschäftsanbahnungen sogar zugegen gewesen sei. Und wie er zum Beispiel Politikern in Saratow und Wolgograd Schwimmbäder für Geschäftsabschlüsse zugesagt habe. »Die Hälfte meiner Kommissionen«, sagt Guelfi der Richterin, »verteile ich immer an die Nationalen Olympischen Komitees. So bringe ich Verträge auf höchstem Niveau zu einem guten Abschluss.«

Eine besondere Rolle spielt bei den gemeinsamen Aktivitäten ein Land in Zentralasien: Usbekistan. Dort hat seit der Unabhängigkeit 1991 bis zu seinem Tod 2016 Islam Karimow als Präsident das Sagen. Korruptionsexperten gilt das Land als Muster eines östlichen Mafiastaats. Gewaltherrscher Karimow lädt Ölprinz Guelfi und seinen olympischen Co-Piloten immer wieder ein – als wäre der Sport in Mittelasien jetzt derart im Kommen, dass ständige Visiten des IOC-Papstes erforderlich sind. Karimow trägt Samaranch allerlei Würden an, Guelfi erhält weltlichere Segnungen: Er darf einen Megadeal mit der Buchara-Raffinerie eintüten.

Usbekistan steigt sogar in den Wettbewerb um die Sommerspiele 2000 ein, wird ein Rivale des deutschen Bewerbers Berlin. Guelfi enttarnt dies später als PR-Gag, man habe Usbekistan damit nur auf die Landkarte setzen wollen. Ein Gag? Weil dafür ein Be-

2 Das Netzwerk

werberkomitee mit tüchtiger Reisefrequenz unterwegs war, kamen internationale Strafermittler zu einer anderen Einschätzung: »Ich sehe klar die Möglichkeit, dass Bewerbungskomitees als Geldwaschanlage genutzt werden«, sagte der schwedische Staatsanwalt Christer van der Kwast.[29]

Guelfi lernt über den IOC-Russen Smirnow eine weitere Größe des Landes kennen: den Geschäftsmann Gafur Rachimow. Das geschieht bei den Atlanta-Spielen 1996, Rachimow hat eine IOC-Akkreditierung. Dabei ist er längst im Visier von Polizei und Strafermittlern. Seine Aktivitäten füllen Akten beim FBI, der französischen Polizei und Ermittlern in Österreich. Ein geheimer Lagebericht des Wiener Innenministeriums beschreibt ihn als »Führer der usbekischen organisierten Kriminalität«.[30] Die Kollegen in Frankreich halten ihn für eine »Bedrohung für die öffentliche Sicherheit«.[31] Rachimow weist die Mafiavorwürfe zurück, auf seine Art. Er sei »im ganzen Leben« nie wegen eines Verbrechens verurteilt worden. Beweis: Schreiben des russischen Innenministeriums sowie des Interpolstatthalters in Taschkent.[32] Aber bei den Spielen 2000 in Sydney verweigern ihm die australischen Behörden doch die Einreise – trotz IOC-Akkreditierung. Und obwohl Samaranch auf höchster Ebene mit wütenden Drohungen interveniert.[33]

Rachimow bleibt viele Jahre im Olympiasport aktiv, 2018 wird er sogar Präsident des Boxweltverbandes AIBA. Obwohl ihn Experten wie Craig Murray, britischer Botschafter in Usbekistan, als eine der »wichtigsten Figuren im globalen Heroinhandel« und »gefährlichen Gangster«[34] bezeichnen, obwohl er so viele Jahre auf internationalen Fahndungslisten stand und obwohl ihn das US-Finanzministerium auf die Sanktionsliste setzt und verdächtigt, Mitglied des sogenannten Brothers' Circle zu sein, einer führenden Mafiagruppe im Drogenhandel.[35] Was Rachimow ebenfalls bestreitet.

Im Lande Rachimows und des olympischen Ordensträgers Karimow, dem die heimische Einheitspresse sogar den Titel »Mann des Jahrhunderts« verleihen musste, wirkt noch eine bemerkenswerte Figur in der hohen Sportpolitik mit: Sabirdschan Rusijew. Der frühere Fechter ist erst Sportminister, dann Präsident des nationalen Olympiakomitees – und ein Vertrauter von Thomas Bach. Beide haben sie an den Olympischen Spielen 1976 und an der WM 1977 teilgenommen, bei denen Bach jeweils mit dem Florettteam reüssierte und Rusijew immerhin eine Bronzemedaille holte.

Rusijew sei ein »prächtiger Linkshänder«, schwärmt Bach selbst 1995 im Interview mit der IOC-Hauspostille *Olympia Review*, und mehr noch: Er sei sein »bester Freund«. Mit Rusijew war er privat so vertraut, dass er dessen Frau sogar »das Hochzeitskleid gekauft« habe, teilt er mit.[36]

Vielfältige Lebenssachverhalte halt.

Die Chinesen kommen

Als die Sowjetunion 1991 auseinanderfällt, sortiert sich nicht nur die Politik neu, sondern auch die Sportpolitik. Ein neuer Akteur betritt die Bühne: die Volksrepublik China. Traditionell hat das bevölkerungsreichste Land der Erde mit dem olympischen Sport wenig zu tun. Mitte der Fünfzigerjahre verabschiedet es sich für zweieinhalb Jahrzehnte sogar komplett, vom IOC wie von den Spielen. In den 1980er-Jahren kommt China wieder – und steigt gleich in die Reihe der erfolgreichsten Nationen auf.

Parallel wird im IOC ein Politfunktionär installiert, der rasch Karriere macht: He Zhenliang. Seit 1981 ist er Mitglied im IOC, schon 1985 rückt er ins Exekutivkomitee auf; im Lagerkampf der 1980er-Jahre ist er klar an Samaranchs und Dasslers Seite. Von dessen sportpolitischer Abteilung wird Herr He gepflegt. Landet er in Frankfurt, wartet am Flughafen ein Adidas-Daimler, auch für die Unterkunft ist gesorgt.[37] Laut Sportspion Möwe wird auch mal ein Besuch von Chinas Sportminister in Landersheim vorbereitet, um über die Asienspiele zu sprechen.[38] Und schon Anfang der 1990er-Jahre setzt China zum großen Wurf an: Die Hauptstadt Peking soll Gastgeber der Sommerspiele 2000 werden, der heiß umkämpften

2 Das Netzwerk

Millenniumsausgabe. Falls man He glauben darf, dann betreibt er das nicht nur aus eigenem Antrieb, sondern auf direkte Bitte des IOC.[39]

China wirft eine immense Maschinerie an. Das verfängt beim IOC. »Wir betrachten das IOC als Gott«, sagt Pekings Bewerbungschef Chen Xitong: »Der Wunsch des IOC ist uns Befehl.«[40] Blinder Gehorsam. Das hört man im IOC so gern wie in mafiösen oder fundamentalreligiösen Bündnissen. Für den Besuch der olympischen Prüfkommission zwingt Chinas Staatsführung den Menschen viel auf. Jedes Straßengitter muss säuberlich geputzt werden, über Tage darf trotz Temperaturen um den Gefrierpunkt niemand die üblichen kleinen Kohleöfen benutzen – damit die Luft ein wenig sauberer ist, wenn die IOC-Brigade anrollt.[41]

Die Menschenrechtslage, das Massaker auf dem Platz des Himmlischen Friedens, das ist alles nachrangig für große Teile des IOC, das zugleich stets in Festreden erzählt, wie tief die Menschenrechte im Herzen der Bewegung wurzeln. Bewerbungschef Chen Xitong ist seit Jahren Bürgermeister von Peking, mithin selbst eine Schlüsselfigur für den Schießbefehl gegen die Protestierenden auf dem Platz des Himmlischen Friedens (auch wenn er das Jahre später zurückweist und beteuert, auf Anweisung von oben gehandelt zu haben).[42] Aber was soll's? Er erhält sogar einen olympischen Orden.

IOC-Patron und Bach-Förderer Samaranch höchstselbst erweist sich als glühender Unterstützer der Idee. So gut läuft Pekings Kampagne, dass die Stadt im September 1993 als Favorit in die Abstimmung gegen Hauptkonkurrent Sydney sowie die chancenlosen Mitläufer Berlin, Istanbul und Manchester geht. In den ersten drei Wahlrunden liegt Chinas Kapitale vorn, doch in der finalen Abstimmung folgt die große Enttäuschung: Peking verliert denkbar knapp gegen Sydney, mit 43:45.

Hintergrund dieser Niederlage ist ein Bubenstück, das erst später enthüllt wird. In den Wochen vor der Abstimmung hat Australiens Olympiachef John Coates, später IOC-Vize, Präsident des Sportgerichtshofes CAS und engster Gefährte von Thomas Bach, per Rundreise durch Afrika Förderverträge mit nationalen Olympiakomitees abgeschlossen – vor allem in Ländern, die IOC-Mitglieder haben. Der dreiste Dreh: Die Höhe der Unterstützung hängt davon ab, ob Sydney Olympiagastgeber wird oder nicht. Bei einer Niederlage gibt es für die afrikanischen Länder insgesamt knapp 200 000 Dollar. Bei einem Sieg das Zehnfache.[43]

Kurz vor der Vergabe wachsen im australischen Lager Zweifel, ob das bisher Getane ausreicht. Also wird in der Nacht vor der Abstimmung bei zwei IOC-Mitgliedern noch einmal nachgelegt. Coates verspricht Francis Nyangweso (Uganda) und Charles Mukora (Kenia) je 35 000 Dollar zusätzlich, falls Sydney anderntags gewinnt.

Abgerundet wird diese turbulente Kür von einem weiteren afrikanischen IOC-Mitglied. Bei der Abstimmung im Kongresssaal von Monte Carlo fehlt plötzlich eine Stimme – die von David Sibandze aus Swasiland. Der Ärmste musste plötzlich ganz dringend nach Hause, heißt es, angeblich zum Arzt. Zwar haben auch Pekings Werber neben ihren Ergebenheitsadressen an die IOC-Gottheit allerlei Geschenke parat, darunter kostbare Terrakottavasen für das neue olympische Museum.[44] Aber das reicht am Ende nicht.

In China sind sie empört über die Niederlage, aber Samaranch bleibt treu an Pekings Seite. Kurz nach dem Entscheid für Sydney erklärt der Spanier, dass die Spiele 2004 auf jeden Fall in Peking stattfinden sollen.[45] Was zwar dann aus anderen Gründen nicht passiert, aber 2008 der Fall ist. Auch in anderen Fragen hilft Samaranch kräftig nach. So zieht zum Beispiel Taiwans Kandidat für die Asienspiele gegen den Bewerber aus Südkorea den Kürzeren, nachdem die chinesische Parteiführung mit einem Boykott gedroht hatte. Und vor allem hält das IOC schützend die Hand über China, als die zunehmend erfolgreiche Athletenschar der Volksrepublik wegen diverser Dopingfälle immer häufiger ins Zwielicht gerät. Erst Jahre später wird ein präzises Bild entstehen, geschildert von einer geflohenen Trainerin, Xue Yinxian.[46] Mehr als 10 000 chinesische Sportler profitierten demnach von dem Betrug. Na und? Das IOC relativierte und stützte alles.

Nicht einmal die Drohung, dass China die Olympischen Spiele in Atlanta 1996 boykottieren werde, schadet den Beziehungen. Peking dankt dem Spanier die Treue später auf eine Art, die sie selbst in der Sowjetunion und in Russland nicht hinbekommen haben: In Tianjin nahe Peking entsteht ihm zu Ehren ein großes Samaranch-Museum; 25 000 Quadratmeter groß und mit mehr als 16 000 persönlichen Gegenständen bestückt, inklusive seines bevorzugten Rasierwassers. Eine kommunistisch-olympische Heiligenverehrung der besonderen Art.

Aber China dockt nicht nur bei Samaranch an. Es baut seinen Einfluss in der Sportwelt auch bei anderen Funktionären zügig aus. Zu den wichtigen Unterstützern gehört bald auch: Thomas Bach. Das zeigt sich erneut beispielhaft am Umgang mit dem Dopingproblem. Im Schwimmen geht es besonders wild zu, bei der WM in Perth Anfang 1998 ereignet sich ein Eklat. Bei der Einreise entdecken die australischen Flughafenkontrolleure im Gepäck der Athletin Yuan Yuan einen großen Vorrat des Wachstumshormons HGH – genug, um das komplette Frauenteam über die Zeit der Wettkämpfe zu versorgen.[47] Bei den Nachforschungen teilt der Fabrikant in Dänemark mit, dass die Substanzen von staatlichen chinesischen Stellen geordert worden seien. Und als Krönung der Affäre wird während der Wettkämpfe vier Schwimmern Doping mit einem Diuretikum nachgewiesen.

1998, bei der Session vor den Winterspielen in Nagano, muss das Betrugsszenario auf den Tisch. Chinas IOC-Mann He Zhenliang rechtfertigt die skandalösen Vorgänge, indem er alles herunterspielt. Ein Mann ist davon besonders angetan. Thomas Bach erzählt den Medien, er sei von Hes »persönlicher Glaubwürdigkeit« überzeugt,[48] und argumentiert leidenschaftlich für die Chinesen: Professionelle Doper seien doch nicht so dumm, das illegale Zeug im Koffer zu transportieren! Und außerdem sei die politische Situation Chinas nicht mit jener der DDR vergleichbar, wo seinerzeit ein gut dokumentiertes Staatsdopingsystem installiert worden war. »China muss sich nicht profilieren über den Sport!«

Richtig ist, wie so oft, das Gegenteil. Es gibt neben Russland kein Land, das sich nach dem Mauerfall stärker über den Sport profiliert als China. Peking wird sogar die erste Stadt der Welt, die sowohl Sommer- wie auch Winterspiele ausrichtet, und das innerhalb von nur 14 Jahren. Hand in Hand mit China geht, Zufall oder nicht, ein gut erkennbares Motto im weiteren Verlauf von Bachs IOC-Karriere.

Das erste große Projekt steht wenig später an: Nach der Pleite gegen Sydney bewirbt sich Peking erneut um die Sommerspiele, jetzt sollen es die im Jahr 2008 werden. Wieder dürfen sie auf Samaranch bauen; diesmal kann nichts schiefgehen: Die Vergabe dieser Spiele findet mit dessen Abschied vom IOC-Vorsitz 2001 in Moskau statt. So wird sie Teil des Wahlkampfes, der zwischen den Nachfolgekandidaten Jacques Rogge, Kim Un-yong und Richard Pound läuft und in dessen Schatten offenbar auch schon Bachs Zukunft behandelt wird.

Mehr noch als beim ersten Mal sind angesichts der Vorgänge in China und des Verhaltens der chinesischen Führung Menschenrechtsfragen ein Thema: die exzessive Zensur, die Arbeitslager, viele Tausende Todesurteile, die das Land verhängt und exekutiert. Vom US-Kongress über das EU-Parlament bis zu den Regierungen Skandinaviens formiert sich im Westen Widerstand, einzelne IOC-Mitglieder wie Englands Prinzessin Anne erklären offen, Peking nicht zu wählen.

Zu den Ausnahmen zählt: Deutschland. Bundesinnenminister Otto Schily findet Chinas Kandidatur »vorzüglich in politischer Hinsicht«, die Spiele sollten »der demokratischen Entwicklung guttun«.[49] Sportpolitiker streuen das Argument, ein Votum für Peking 2008 würde die Chancen für Olympische Spiele in Deutschland 2012 erhöhen. Bach sagt natürlich nicht offen, wen er wählt. Aber er gibt den Medien einen vielsagenden Hinweis: »Peking scheint seinen Vorsprung gefestigt zu haben.«[50] Die Analysten der verschiedenen Lager listen ihn klar in der Peking-Spalte.

China ist ein gutes Beispiel dafür, wie bei Bach die verschiedenen Bereiche des Lebens rein zufällig ineinanderlaufen können. Auch über andere Tätigkeiten baut er Drähte und Nähe zum Reich der Mitte auf. 1998 übernimmt Bach den Vorsitz im Aufsichtsrat der Tauberbischofsheimer Firma Weinig, die nur ein Jahr davor in der ostchinesischen Hafenstadt Yantai ein Werk errichtet hat;[51] sie produziert dort Kehlmaschinen für den chinesischen Markt. Es folgen weitere Millioneninvestitionen.

Bach selbst ist seit 2000 Berater von Siemens. Der Konzern macht rund um die Spiele in Peking ein gigantisches Geschäft. Er erhält Aufträge im Wert von 1,1 Milliarden Euro – vor allem für Energieversorgung, die Gepäckbeförderungsanlage am neuen Flughafen und die Steuerungstechnik für zwei U-Bahn-Linien. Bach bekommt, wie sich im Zuge des großen Siemens-Skandals herausstellt, eine Apanage von 400 000 Euro jährlich plus Tagesspesen. Doch mit China, beteuern er und Siemens, habe er dabei nie etwas zu tun gehabt.

Zugleich bringen es die vielfältigen Lebenssachverhalte Bachs mit sich, dass ihn kurz nach der Vergabe der Spiele an Peking der damalige Bundeskanzler Gerhard Schröder auf seine Reise nach Indien und China mitnimmt – wegen der »guten Zusammenarbeit der Bundesregierung mit dem IOC«.[52] Als Bach von der Reise zurückkehrt, ist es ihm ein Anliegen, eine positive Botschaft unters Volk zu bringen. Er habe von den Vorbereitungen Pekings einen »glänzenden Eindruck« gewonnen: »Die Organisatoren sind weiter als andere erfolgreiche Bewerber nach so kurzer Zeit.«[53]

Skandal am Salzsee, Deal in Moskau

Ende 1998 wird die olympische Welt in ihren Grundfesten erschüttert – und der Vorgang hat auch entscheidenden Einfluss auf Thomas Bachs künftiges olympisches Leben. Es ist ein Skandal, der zunächst auf leisen Sohlen daherkommt.

Am 24. November veröffentlicht der amerikanische Sender KTVX Informationen, wonach die Vertreter von Salt Lake City, die Jahre zuvor erfolgreich um die Ausrichtung der Winterspiele 2002 gekämpft hatten, der Tochter eines afrikanischen IOC-Mitgliedes ein Stipendium finanzierten. In einem Schreiben des Organisationskomitees hieß es, dass es nun 10 000 Dollar als »letzte Zahlung für Ihr Studium« in Washington gebe.

Als »Entwicklungshilfe« wird das Ganze von den Offiziellen relativiert – das ist eine Art Codewort für Bestechung im Sport. Rasant summieren sich nun allerdings diese Entwicklungshilfefälle für ehrwürdige IOC-Weltreisende, und als sie die Grenze zum schmutzigen Dutzend überschreiten, räumen die Organisatoren ein, dass seit einer früheren Bewerbungsniederlage gegen das ebenfalls offenkundig korrupte Nagano im Jahr 1991 aus einem speziellen Fonds 393 871 Dollar geflossen seien. 13 Personen hätten profitiert, »sechs waren direkt mit IOC-Mitgliedern verwandt«.[54]

Jetzt hat das Thema das IOC erreicht. In einer ersten Reaktion will es sich mit einer seiner beliebten Selbstuntersuchungen davonstehlen, eine Kommission unter Vorsitz des Kanadiers Richard Pound soll ran. Aber nur einen Tag nach dem Beschluss platzt einem der angesehensten Mitglieder in der olympischen Zentrale in Lausanne der Kragen.

Während hinter ihm schon Samaranch auf seinen Auftritt wartet, sitzt der Schweizer Marc Hodler vor der verdatterten Olympiapresse auf dem Podium und hält eine flammende Anklage. Hodler ist Mitglied in der IOC-Exekutive und das dienstälteste IOC-Mitglied, außerdem zuständig für Fairplay bei den Bewerbungen. 80 Jahre ist der Ewigkeitspräsident des Skiweltverbandes alt, die Karriere geht dem Ende zu, er hat alle Scheu verloren. Der Berner Rechtsanwalt befürchtet, dass die Affäre vertuscht werden soll.

Bei der Salt-Lake-Problematik handele es sich um »klare Korruption«, zürnt Hodler. Auch andere Vergaben der jüngeren Vergangenheit seien nicht sauber gewesen, von Atlanta 1996 bis Athen 2004. Laut Hodler bieten die Spindoktoren von vier internationa-

2 Das Netzwerk

len Agenturen bei Olympiabewerbungen Stimmen im Block an, dafür sei eine halbe bis eine Million Dollar fällig. Und im Erfolgsfall nochmal ein Aufschlag von drei Millionen Dollar.

Am Abend gibt es einen Maulkorberlass, Hodler murmelt nun etwas von einem Missverständnis. Zu spät, da ist schon alles im Gang. Eine glasklare Korruptionsanklage aus dem Inneren der Bewegung liegt vor. Sogar aus dem Innersten des olympischen Schweigekartells, von einem Schweizer IOC-Vorstand. So etwas hatte es bisher noch nicht gegeben.

Im eisigen Winter 1998/1999 brennt in Lausanne die Luft. Die Enthüllungen treffen das IOC in jeder Hinsicht unvorbereitet. Zwar sind derlei Vorwürfe nicht wirklich neu für das IOC und die ständigen Berichterstatter am Lausanner Hof. Aber jetzt stammen die Beschuldigungen nicht mehr von den paar Dauerkritikern, deren Storys man bisher ignorieren oder mit Jubelberichten zu den angeblichen Wohltaten von Samaranch, Kim, Bach und Co. für die Erziehung der Weltjugend überdecken konnte. In zwei Jahrzehnten Samaranch hat es der Ringe-Clan fast nie erlebt, mit harten Fragen, gar mit echten Recherchen kritischer Medien konfrontiert zu werden. Vielmehr verfährt der fest verbackene Hofstaat aus IOC-Kongressjournalisten stets sehr fürsorglich mit der frommen Familie – trotz der über Jahre anschwellenden Korruptionsgerüchte.

Da waren die Aktivitäten rund um den Zuschlag für Seoul 1988. Selbst Samaranch habe eine Ursache für den Sieg der Südkoreaner darin gesehen, dass »Seoul zu viele Einladungen an IOC-Mitglieder ausgesprochen habe und zu viele Versprechungen machte« – notierte der DDR-Sportchef Manfred Ewald nach einem Gespräch mit dem IOC-Präsidenten.[55] Und der Cheforganisator der Los-Angeles-Spiele von 1984, Peter Ueberroth, teilte mit: »Seoul schenkte jedem IOC-Mitglied, unbeachtet von der Öffentlichkeit, zwei Rückflüge erster Klasse. Es war ein Leichtes, die Tickets gegen Bargeld umzutauschen, was auch viele taten.«[56]

Oder der Zweikampf um 1992, als sich Samaranchs Heimatstadt Barcelona gegen Paris durchsetzte: Da entwarfen die Werber für fast 70 IOC-Leute passgenaue Programme, orientiert an den Vorlieben des Gastes. Insgesamt kostete das Umschmeicheln der IOC-Familie, »Reisen, Geschenke und Aufmerksamkeiten inklusive«, Barcelona rund zwei Millionen Euro.[57]

Toronto schickte nach der Pleite gegen Atlanta 1996 sogar eine Liste ans IOC, auf der notiert war, welches IOC-Mitglied sich mit unsittlichen Forderungen genähert habe.[58] Auf einem kursierenden Dokument waren 18 IOC-Namen vermerkt, die insgesamt 120 000 Dollar kassiert haben sollen, auf einem anderen 26 Funktionäre, die außergewöhnlich umfangreich beschenkt worden waren.[59] Wobei zugleich IM Möwe festhielt, dass sein Boxkollege Chowdhry 100 000 Dollar bekommen haben will – für sein Eintreten für Toronto.[60]

Und dann natürlich Nagano 1998. Hier hatte einer der damals reichsten Männer der Welt, Yoshiaki Tsutsumi, Patron des japanischen Winterspielortes, mal kurz zehn Millionen Dollar für Samaranchs steinernen Traum lockergemacht, das olympische Museum in Lausanne. Rein zufällig, als Nagano um die Winterspiele 1998 buhlte. Diese Gabe war ein Segen für das IOC, weil sie das Riesenloch bei den Baukosten stopfte. Als Jahre später diese Spielevergabe untersucht werden sollte, Tsutsumi war sogar im Knast gelandet, brannte ganz zufällig das Bewerberarchiv ab – rechtzeitig vor der kritischen Inaugenscheinnahme staatlicher Fahnder. Verloren gegen Nagano hatte übrigens Salt Lake City. Es zog die bekannten Konsequenzen.

Die Berliner Bewerbung um die Spiele 2000 wiederum war aufgefallen, weil die Verantwortlichen – ähnlich wie Salt Lake City und viele andere – eigens eine private Olympia Marketing GmbH gegründet hatten, um die IOC-Freunde mit den Freuden des Lebens zu umgarnen. 2,6 Millionen Mark gaben sie dafür aus.[61] Und bei der Vergabe für 2004 lockte Stockholm die IOC-Gäste mit Spottpreisen in seine Möbelhäuser. Kapstadt lud die Damen von 19 afrikanischen Olympiern zur Luxuswoche an den Genfer See.[62]

Endlose solcher Geschichten gab es da. Doch das IOC war blind

2 Das Netzwerk

und taub, und auch das Gros der olympischen Medienschaffenden ignorierte entschlossen das Offenkundige. Jetzt aber, nach der überraschenden Offenbarung Marc Hodlers, gibt es keine Ausflüchte mehr. Fast täglich dringt Neues ans Licht, auch die Behörden steigen ein. Die Bestechungsgelder, die Salt Lake Citys Leute den IOC- und Sportfunktionären gewährt haben, summieren sich auf Hunderttausende Dollar. Für mehrere Stipendien im fünfstelligen Bereich oder auch für medizinische Hilfen: mal für den Schönheitschirurgen (1581 Dollar), mal für eine Behandlung gegen Hepatitis (1862 Dollar) – oder, im höheren Preissegment, 24 234 Dollar für ein künstliches Knie. Spitzenreiter ist der Kongolese Jean-Claude Ganga, für den rund eine Viertelmillion abfiel.

Eine Untersuchungskommission des IOC kommt auf eine Gesamtsumme von 800 000 Dollar; eine Ethikgruppe des Organisators in Salt Lake City sogar auf zwei Millionen Dollar. Klingt fast nach einem Schnäppchen. Aber wer weiß, was wirklich alles unterm Tisch geregelt wurde?

Die olympischen Erschütterungen betreffen bald nicht nur Salt Lake City, sondern auch Städte, die sich um das anstehende Millenniumsevent gebalgt haben. So fliegt auf, wie Sydney durch Coates' Last-minute-Offerten an zwei afrikanische IOC-Mitglieder an die Spiele gekommen ist. In Schweden ermittelt die Staatsanwaltschaft wegen der Last-minute-Kontrakte, die Stockholms Werber mit sechs afrikanischen Staaten geschlossen haben – offizielles Stichwort »sportlicher Austausch«. Und gibt es eigentlich unter den rund drei Dutzend Städten, die sich in den 1990er-Jahren beworben haben, auch solche, aus denen keine Geschichten über Bestechungs- und / oder Geschenkeorgien zu vernehmen sind?

Das IOC durchlebt im Winter 1998/99 dramatische Wochen und Monate. Weil das Räuberstück am Salzsee die großen USA betrifft, wird der Skandal so gewaltig, dass das IOC an den Rand des Untergangs gerät. Die US-Justiz steigt ins Thema ein. Die Stadt Lausanne überlegt sogar, ob sie dem IOC diskret einen Umzug ans Herz legen soll. Unterlegene Kandidaten verlangen Kompensation.

Und schließlich muss Samaranch den Bußgang auf den Capitol Hill antreten, vor den US-Senat. Der Direktor des Topsponsors John Hancock tilgt die olympischen Ringe aus den Briefköpfen seines Unternehmens und stoppt die Verhandlungen über Anzeigen im Wert von gut 20 Millionen Dollar beim TV-Sender NBC. Aus der IOC-Untersuchung, publiziert am 10. Februar 1999 in einem 300 Seiten umfassenden Dokument, ergibt sich, dass mindestens 24 Mitglieder bestochen worden sein sollen.

Aber am Ende regelt das IOC das auf seine Weise. Vier Olympier treten zurück, weitere sechs werden Mitte März 1999 ausgeschlossen. Natürlich ist kein schweres Kaliber dabei, obwohl gegen solche ebenfalls ausreichend Material vorliegt: gegen Vorstände wie Smirnow oder Kim (dessen Sohn John einen hohen fünfstelligen Dollarbetrag für angebliche Firmenberatungen erhielt, bezahlt vom Bewerberkomitee). Die ehrwürdigen Geheimdienstler werden getadelt, für Kim wird gar eigens ein »strengstmöglicher Tadel« kreiert. Seiner IOC-Karriere tut das keinen Abbruch.

Der Gipfel der Absurdität allerdings ist erreicht, wenn man die Rolle betrachtet, die Thomas Bach bei all dem spielte. Er hat in der Salt-Lake-City-Affäre eindrucksvoll bewiesen, dass Korruption, selbst eine in solch gigantischem Umfang, spurlos an ihm vorbeigeht. Denn Bach war der Chef jener Prüfungskommission für die Winterspiele 2002. Zieht das Konsequenzen nach sich? Nein, ganz im Gegenteil. Samaranch beruft ihn in die Untersuchungskommission um Pound. Bach darf also zur Belohnung auch noch selbst im großen Scherbenhaufen rumstochern, statt, schon wegen seiner exponierten Rolle und Funktion als Chefprüfer der Salt-Lake-Bewerbung, von unabhängigen Leuten genau durchleuchtet und aus dem Prozess separiert zu werden.

Dass Bach auch in der frommen Ermittlerrolle keine Gelegenheit auslässt, nur einige unerklärliche Einzelfälle zu beklagen und zugleich die enorme Seriosität des Ringe-Clans zu lobpreisen: Ehrensache. Schließlich will er den Laden selbst einmal übernehmen. Die Medien bittet er darum, man möge nicht wegen des

2 Das Netzwerk

Fehlverhaltens einzelner Funktionäre »die gesamte Institution verteufeln«.[63]

Immerhin, eines bewirkt der Skandal durchaus: Samaranchs Tage an der IOC-Spitze sind gezählt. Sein Abschied wird eingeläutet. Zwar kann er noch das Nötigste regeln, manchmal wird das offenkundig: etwa, als er den italienischen Autotycoon Gianni Agnelli in eines der Reformkomitees beruft. Der Fiat-Boss kümmert sich um die neue Moral im Olymp, zugleich freuen sich immer mehr afrikanische Olympiakomitees über die netten Fiat-Busse, die ihnen aus einem neuen Entwicklungsprogramm zugeführt werden. Das Turiner Bewerberkomitee greift nun selbstverständlich auch die nächsten Winterspiele 2006 ab. Das vormals favorisierte Sion ist auf verlorenem Posten, seit der Schweizer Hodler den Skandal angestoßen hat.

Samaranchs Abgang steht bevor, nach 21 Jahren Regentschaft. Im Juli 2001 ist Moskau ausgeflaggt, als wäre Breschnew auferstanden. Doch es sind die Heldenbilder Samaranchs, die von russischen Plakatwänden grüßen. Der letzte Auftritt als Präsident des IOC. Wo alles Glück begann, soll nun alles offiziell enden. Und die neue Ära beginnen.

Das IOC steht vor einem Spagat: Einerseits muss es so tun, als wolle es sich erneuern, damit der Mythos vom olympischen Heiligtum fortgesponnen werden kann – andererseits will die alte Samaranch-Fraktion ihre Macht erhalten. Drei Kandidaten werden in Position gebracht, einer war vormals klar dem Samaranch-Lager zuzuordnen: der südkoreanische Ex-Agent Kim. Die zwei anderen sind der Kanadier Richard Pound, der als Chef der Marketingkommission großen Einfluss und gerade erst die Prüfkommission zu Salt Lake geleitet hat, sowie der Belgier Jacques Rogge.

Kandidat Kim wähnt sich als sicherer Sieger. Er glaubt das ganze Samaranch-Lager hinter sich, und tatsächlich zählt zu den drei Unterzeichnern, die jeder Kandidat für seine Kandidatur vorweisen muss, neben dem Chinesen He auch Samaranchs Zögling Thomas Bach. Doch bald schwant Kim, dass es nicht so läuft wie geplant.

Skandal am Salzsee, Deal in Moskau

Die Sünder, die der Skandal verschluckt hat, waren überwiegend seine Gefolgsleute, die Nachrücker gehen auf Distanz zu ihm. Am Tag vor der Wahl verliert er die Nerven. Kim verspricht allen Mitgliedern eine satte jährliche Apanage von 50 000 Dollar, falls er an die Spitze rückt. Das fliegt auf, der niederländische Kronprinz und heutige König Willem-Alexander meldet den Vorgang noch in der Nacht beim IOC-Apparat an, und Kim erhält anderntags, direkt vor der Abstimmung, einen weiteren Verweis. Was für Beobachter den zuvor in der Salt-Lake-Affäre verhängten »strengstmöglichen Tadel« endgültig zur Lachnummer macht.

Aber immerhin, jetzt ist jedem klar: Der Boss hat dem Koreaner die Gunst entzogen.

Samaranch hat begriffen, dass Kim mit seiner Skandalvita als Steuermann des schlingernden IOC-Tankers völlig ungeeignet ist – eher eine existenzielle Gefahr. Der Olymp braucht eine Phase der Beruhigung, die Spiele müssen wieder Vertrauen in der Weltregion finden, wo zu der Zeit immer noch das meiste Geld und das überragende Publikumsinteresse anzutreffen ist: im Westen.

Samaranch schwenkt um. Sein Favorit ist jetzt der Belgier Rogge, ein früherer Segler und Chirurg, eines der geachteten Mitglieder der olympischen Familie. Mit Rogge begibt er sich sogar auf eine Werbetour. Den dritten Kandidaten, den starken Kanadier Pound, hat er ja bereits subtil erledigt: Der Jurist aus Montreal machte sich mit dem Job als Chefermittler zur Salt-Lake-Affäre allerlei interne Feinde, keine Freunde – Pound weiß, dass ihn Samaranch auf diese Weise aus dem Weg räumen will. »Samaranch zitierte damals viele IOC-Mitglieder einzeln ins Hotelzimmer«, schilderte Pound später den Vorabend der Wahl. »Er sagte jedem: Ich habe dich ins IOC geholt, du bist mir einen Gefallen schuldig.«[64]

Samaranchs letzter Coup gelingt. Auf dem Kongress in Moskau siegt Rogge souverän; und selten wird eine Entscheidung des IOC so einhellig begrüßt wie diese.

Aber die Wahl von Rogge ist nur das, was im Vordergrund passiert. Es ist das, was eben getan werden muss, damit das IOC nicht

2 Das Netzwerk

im eigenen Sumpf untergeht. Am Rande dieser Sumpflandschaft basteln Samaranch und die Seinen schon an der Lösung für die Zukunft. Rogge soll ein Intermezzo bleiben, dann holt sich die Stammfamilie die Kronjuwelen zurück. Es ist der Moment, in dem Samaranchs Söhne ins Spiel kommen. Der eine, leibliche, heißt Juan Antonio Samaranch. Ihn ins IOC zu hieven, den eigenen Nachwuchs, ist die letzte offizielle Amtshandlung des Alten. Eine inoffizielle gilt nach Lage der Dinge Samaranchs sportpolitischem Ziehsohn: Thomas Bach.

Dazu gibt es sogar eine klare Aussage vor laufender Kamera – als Bach zwölf Jahre später tatsächlich kandidiert und gewählt wird. »Wir werden an unserer Vision, unserem Fahrplan festhalten, und wir haben eine Verabredung seit zwölf Jahren«,[65] sagt da sein einflussreicher Kollege Scheich Ahmad Al-Sabah. Eine Verabredung seit dem Kongress von Moskau.

Aber natürlich kann man auch Bachs Version glauben: Er wisse nicht, was der Kollege damit meint. Und hinter seiner Karriere habe nie eine Planung gestanden.

3 Der Durchbruch

Thomas Bach krönt seine Karriere und wird Olygarch

Russland übernimmt den Weltsport

Wladimir Putins offizieller Eintritt in die olympische Welt findet auf großer Bühne statt. Als Staatspräsident ist er 2001 Gastgeber jener Session, auf der sich Samaranch verabschiedet und Peking erstmals den Zuschlag für die Spiele erhält. Putin versteht sich als Sportler von Kindheit an, als er in den Hinterhöfen von Leningrad Judo erlernte. Kaum jemand dürfte den jungen Wladimir Wladimirowitsch so geprägt haben wie sein langjähriger Judotrainer Anatolij Rachlin. Putin hat ein sehr spezielles Motto in Sachen Körperertüchtigung: »Sport ist nur Sport, wenn er mit Schweiß, mit Blut, mit Schwerstarbeit verbunden ist!«

Aber Putin ist nicht nur Athlet, er gerät auch früh mit der Sportpolitik in Kontakt. Just im Jahr 1985, also zu der Zeit, in der IM Möwe die Stasi – und damit indirekt auch die Genossen in der KGB-Zentrale – detailliert über die Umtriebe von Dassler, Chowdhry & Co. informiert und in dem Thomas Bach in Dasslers Dienste tritt, wird der 33-jährige Putin vom KGB nach Dresden abkommandiert. Erst nach dem Zusammenbruch der Sowjetunion kehrt er nach Sankt Petersburg zurück und beginnt dort im Umfeld des Bürgermeisters Anatolij Sobtschak seine politische Karriere; an seiner Seite Vertraute, die ihn das ganze politische Leben lang begleiten.

1994 kommt es in Sankt Petersburg zu einem einschneidenden Erlebnis: Der amerikanische Medienunternehmer Ted Turner rich-

3 Der Durchbruch

tet in Putins Heimatstadt die »Goodwill Games« aus – ein Event, das er gemeinsam mit der sowjetischen Staatsführung nach den beiden Boykottspielen der frühen 1980er-Jahre ins Leben gerufen hat. Die erste Auflage steigt in Moskau (1986), die zweite in Seattle (1990) und die dritte in Sankt Petersburg.

Dort ist Putin Vizebürgermeister und für die Veranstaltung mit zuständig. Dadurch lernt er Turner kennen, der später in Putins ersten Jahren als Präsident im Kampf um Russlands privaten Fernsehsender NTW auftauchen wird, und auch hohe Vertreter der internationalen Sportpolitik. Allen voran: Juan Antonio Samaranch, der zur Eröffnungsfeier kommt.[1]

Russlands Sportpolitik nimmt in diesen Jahren einen besonderen Status ein. Noch immer ist viel Einfluss vorhanden und sind die alten Haudegen aktiv, etwa der ewige IOC-Mann Smirnow. Oder Samaranchs Privatpilot Guelfi. Oder Leute wie Schamil Tarpischtschew, ein Tennisfunktionär, der zum persönlichen Tennislehrer von Putins Vorgänger Boris Jelzin aufsteigt. Er verdankt dem russischen Präsidenten zweierlei: kräftige Unterstützung im Kampf um einen Platz im IOC – und eine Lizenz zum Gelddrucken.

Tarpischtschew darf den Nationalen Sportfonds (NSF) gründen, eine Organisation mit bemerkenswerten Rechten. Sie kann die Rohstoffreichtümer des Landes exportieren und die Differenz zwischen den heimischen Preisen und den Erlösen auf dem Weltmarkt einstreichen. Überdies darf sie Alkohol und Tabak zollfrei einführen. Nach Schätzungen kommt damit ein Profit im fast zweistelligen Milliardenbereich zustande.

Auch Olympiabewerbungen werden eingereicht. So ist Sotschi zweimal für die Ausrichtung der Winterspiele in den Ring gestiegen (und aussortiert worden). Aber kein Problem. Gerade im olympischen Kosmos der 1990er-Jahre passiert es durchaus, dass Länder oder Städte Bewerbungen nur vorschieben, um darüber transnationale Geldkreisläufe in Gang zu bringen und staatliche Kassen anzuzapfen. In vielen Sportfragen mischt die Mafia mit, die Mitspieler können viel abgreifen.

Russland übernimmt den Weltsport

Mit Blick aufs große Ganze aber hat Russland keine echte Strategie. Doch kurz nach den Goodwill Games tut sich Bemerkenswertes: Sankt Petersburg meldet eine Olympiabewerbung an, für die Sommerspiele 2004. Auch im Fall von Sankt Petersburg kommen kritische Fragen zur Finanzierung auf, auch hier mischt im Dunstkreis die Mafia mit.[2] Trotzdem scheint die Absicht diesmal ernsthafter zu sein. Offiziell ist es vor allem Bürgermeister Sobtschak, der das Projekt vorantreibt. In Sankt Petersburg entsteht der »Club 2004« – und ein Konzept. Das historische Zentrum der Stadt soll die Bühne sein, alle Sportstätten in relativer Nähe zueinander liegen. Mit an Bord ist auch: André Guelfi, Samaranchs alter Flugpartner.

Im September 1996 ist eine Prüfkommission des IOC zu Gast in Sankt Petersburg. Putin ist gerade in den Kreml gewechselt, als Chef der Liegenschaftsverwaltung. Die lokalen Zeitungen schreiben, dass sich das Gremium beeindruckt zeigte von der öffentlichen Unterstützung. Der Kopf auch dieser Runde ist: der Chefprüfer der Skandalbewerbung Salt Lake Citys, Thomas Bach. An der Newa führt er viele Gespräche, auch mit Premierminister Viktor Tschernomyrdin.[3] Russlands Präsident Boris Jelzin klingelt in der Sache sogar bei Bundeskanzler Helmut Kohl durch.[4]

Am Ende aber scheitert die Bewerbung. Das IOC lässt nur fünf Städte für die finale Kür zu – Sankt Petersburg ist nicht dabei. Aber Russland hat sich zurückgemeldet, und Putin hat dabei Kontakte in den Sport geknüpft und Einblicke erhalten. Und als er nach Zwischenstationen als Chef des Geheimdiensts und russischer Ministerpräsident in der Silvesternacht 1999/2000 Jelzin an der Staatsspitze ablöst, wird dem Sport auch in der Politik wieder ein zentraler Stellenwert zuteil.

2001 hat Putin selbst seinen ersten großen Auftritt. Wie Breschnew 21 Jahre zuvor Gastgeber bei Samaranchs Wahl war, ist Putin jetzt der Gastgeber bei Samaranchs Abschiedsgala – und der Wahl des Nachfolgers. Der Kremlchef lädt alle Kandidaten auf ein Glas Champagner in den Georgssaal des Kreml ein, später eröffnet er im

3 Der Durchbruch

Bolschoitheater diese wegweisende Session mit allerlei dankenden Worten. Samaranch bekommt einen russischen Ehrenorden. Eine Einheit der Ballettcompagnie muss sogar vorzeitig aus der Sommerpause zurückkehren, damit der Spanier noch einmal sein Lieblingsballett »Giselle« sehen kann.[5] Und so ein Zufall: Für die Tage nach der Session, auf der Peking gewählt werden will (und wird), hat sich Putins chinesischer Amtskollege Jiang Zemin angekündigt. Er signiert einen neuen Freundschaftsvertrag, zur Stärkung der Achse Moskau–Peking.

Schon im Jahr darauf zeigt sich, dass Putin nicht nur umsichtigen Gastgeber für die Sportfürsten spielen, sondern selbst einer sein will. Bei den Winterspielen in Salt Lake City reiht sich ein Eklat an den nächsten – sehr oft sind Russen beteiligt. Bereits vor der Eröffnung geht es rund: Tennisfreund Tarpischtschew bekommt zunächst kein US-Visum für die IOC-Session, dafür wird der Langläuferin Natalja Baranowa nach einer Dopingkontrolle ein Positivbefund attestiert. Bei der Eröffnungsfeier spielen die Musikanten beim Einmarsch der russischen Mannschaft die falsche Hymne, und vollends empört ist Russland, als ausgerechnet die Eishockeycracks von 1980 das olympische Feuer entzünden dürfen – jenes Team, das die rote Erfolgsmaschine damals im Goldfinale von Lake Placid so gedemütigt hat. All das ist aber nur das Vorspiel.

Der erste große Skandal ereignet sich zu Beginn beim Eislaufwettbewerb der Paare. Die Kanadier Jamie Salé und David Pelletier verzücken das Publikum – nur irgendwie nicht die Preisrichter. Die Juroren setzen die Russen Jelena Bereschnaja und Anton Sicharulidse auf Platz eins. Die Fachszene ist außer sich. Tage später folgt die spektakuläre Auflösung dieses Affronts: Das französische Jurymitglied Marie-Reine Le Gougne räumt ein, unter Druck für die Russen gestimmt zu haben – damit im Gegenzug die beiden französischen Starter Marina Anissina und Gwendal Peizerat die Eistanzkonkurrenz gewinnen können. Monate später stellt sich heraus, dass die Spuren des Skandals zur Russenmafia führen – zu Alimsan Tochtachunow alias Taiwantschik, einem Dunkelmann, der enge Verbindungen in die Welt des Sports pflegt. Zu Verbänden, Sportstars und auch Figuren wie Tarpischtschew.

In Salt Lake City entscheidet sich das IOC nach dem Geständnis der Preisrichterin, zwei Goldmedaillen zu vergeben. Das russische Duo darf seine behalten, das kanadische bekommt auch eine. In Russland sind sie sauer über die vermeintliche Entwertung der Trophäe. Doch bald gibt es noch mehr Nahrung für den russischen Volkszorn. Im Langlauf wird die russische Frauenstaffel ausgeschlossen – wegen erhöhter Blutwerte bei der Vorzeigeläuferin Larissa Lasutina. Und für ebenso helle Wut sorgt die internationale Eishockeyföderation. Denn die Sbornaja, standesgemäßer Anwärter auf die Goldmedaille, scheitert im Halbfinale mit 2:3 am Gastgeber USA – und fühlt sich betrogen. Die Russen glauben, im dritten Drittel habe ein Schuss von Sergej Samsonow die Torlinie überquert. Doch der Oberschiedsrichter lässt ohne Videoanalyse weiterspielen – und der stammt zufällig aus den USA.

Zorn herrscht im russischen Lager. »Wenn Russland in der Familie des Weltsports nicht mehr gebraucht wird, können wir das olympische Dorf sofort verlassen«, droht NOK-Chef Leonid Tjagatschow, der alte KGB-Mann. Am Ende bleibt die russische Mannschaft – nach einem Ukas des Präsidenten Putin, wie aus der Delegation verlautet.

Manche Mitglieder der olympischen Bewegung sind ungemein angetan vom Wirken des KGB-Mannes an der russischen Staatsspitze. »Ich habe von Anfang an auf den russischen Staatspräsidenten Wladimir Putin vertraut, der den Sport kennt und selbstverständlich die Interessen Russlands im Blick hat. Und der in der Regel auch Vernunft über Emotionen stellt. Er griff mäßigend ein.«[6] Der Mann, der das sagt, ist zu jener Zeit IOC-Vizepräsident. Sein Name: Thomas Bach.

Doch lesen wir nach, was dieser mäßigende Geist, der Vernunft über Emotion stellt, zu Protokoll gab, als ihn in den aufgewühlten Salt-Lake-Tagen in Moskau Journalisten befragten. Er stimme völlig zu, dass »unsere Sportler« bei den Winterspielen einer voreinge-

3 Der Durchbruch

nommenen Richterschaft unterworfen seien, erklärte Putin – und er sei über manches »gelinde gesagt überrascht«.[7] Für die neue IOC-Führung sei »der erste Pfannkuchen ein Klumpen geworden«, wie es in einem russischen Sprichwort heißt, wenn etwas im ersten Anlauf misslingt.»Der Prozess der übermäßigen Kommerzialisierung der olympischen Bewegung steht im Widerspruch zu den Prinzipien des Olympismus«, hält er fest; auch verblüffe ihn die passive Haltung des NOK und der russischen IOC-Vertreter. All das klingt eher nach aufwiegeln statt nach mäßigen.

Ausgerechnet im Haus der Gewerkschaften findet dieses Gespräch statt, dort, wo 22 Jahre zuvor Samaranch gewählt worden ist. Der Ort, an dem die neue Olympiaordnung entstand. Auf solche Zeichen versteht man sich in der Welt der Politik. Und dort streut Putin auch noch einen Satz ein, der wie eine Warnung klingt: Er sei bei Olympiavorstößen von Sankt Petersburg und Moskau Zeuge von »Manövern hinter den Kulissen« geworden.

»Manöver hinter den Kulissen«? Deutet Putin hier Unregelmäßigkeiten an, über die er etwas weiß?

Zwar werden Moskau und Petersburg vorerst keine Kandidaten für Olympische Spiele. Dafür reicht er eine andere Bewerbung ein: Sotschi 2014. Und anders als bei den Versuchen in den 1990ern, in denen die Seriosität des Begehrens im Nebel blieb, ist jetzt rasch klar: Russland meint es diesmal ernst.

Mehr denn je erklärt Putin Sport zum Teil der Politik. Er will Russland, nach dem Zerfall der Sowjetunion, den er als »größte geopolitische Katastrophe des 20. Jahrhunderts«[8] bezeichnet, wieder zurück zu alter Kraft führen. Politisch, wirtschaftlich, militärisch, wie sich schon bald in zahlreichen Konflikten zeigen wird.

Und nicht zufällig auch im Sport. Der liefert die ideale Showbühne für eine wiedererstarkte, kraftvolle Nation – und für die Propaganda nach innen. Sport passt in die Tradition, aber auch zu Putin persönlich. Er zeigt sich doch so gern bei sportlichen Aktivitäten: beim Eishockey, beim Judo, beim Tauchen nach alten Amphoren, beim Ritt durch die Steppe. Zig Milliarden investiert Russland in die Förderung des Spitzensports. »Wir dürfen nicht vergessen, dass die geistige und körperliche Gesundheit der russischen Nation auf dem Spiel stehen«, gibt Putin als Parole vor.[9]

Mitte der Nullerjahre rollt der russische Masterplan zur Eroberung des Weltsports an. Wie konzentriert das passiert und wie eng Politik und Sport verflochten werden, lässt sich am Personal nachvollziehen, das zum Einsatz kommt. Zahlreiche Politiker steigen ein – oder müssen in den Sport einsteigen.

Außenminister Sergej Lawrow wird Präsident im Kanuslalomverband. Verkehrsminister Igor Lewitin übernimmt den Vorsitz im Aufsichtsgremium des Tischtennisverbandes. Sportminister Witalij Mutko, der später das Dopingsystem zu verantworten hat, ist zugleich Präsident des Fußballverbandes. Verteidigungsminister Sergej Iwanow kümmert sich um den Basketball. Der Geheimdienstchef Nikolaj Patruschew steht dem Volleyballverband vor. Sergej Naryschkin, der die Präsidialverwaltung leitet und später zum Chef des Auslandsgeheimdienstes aufrückt, beaufsichtigt die Schwimmer. Der Oberbefehlshaber der Luftlandetruppen, Wladimir Schamanow, Taekwondo. Vizepremier Alexander Schukow steigt zunächst beim Schachverband ein und wird später Chef des Nationalen Olympischen Komitees. Umgekehrt treten immer mehr Sportler als Mitglieder von Putins Partei und Unterstützer von Putins Politik in Erscheinung: von der Sportgymnastin Alina Kabajewa über die Eisschnellläuferin Swetlana Schurowa und die Turnerin Swetlana Chorkina bis zum Boxer Nikolaj Walujew.

Selbstverständlich beschränkt sich die russische Politik nicht auf die heimischen Belange, sie will auf die internationale Bühne. Bisher sind russische Führungskräfte in den Weltverbänden eher die Ausnahme, wie im Fall des Kalmücken Kirsan Iljumschinow, der über Jahre mit vielen Skandalen den Weltschachverband führt und in einem Wettstreit um den ausgefallensten Sportfunktionär beste Karten auf Platz eins hätte: Er berichtet eines Tages sogar, wie er einmal von Außerirdischen entführt worden sei.[10]

3 Der Durchbruch

Überall treten jetzt russische Akteure auf, reiche Geschäftsmänner. Eine kleine, unvollständige Auswahl: Im Schießsport steigt Wladimir Lissin auf, der zeitweise als reichster Oligarch des Landes gilt. Im Fechten wird Alischer Usmanow zum entscheidenden Akteur, erst als Präsident des Europa-, später auch des Weltverbandes. Im Radsport mischt Igor Makarow mit. Im Judo ist Putins alter Freund Arkadij Rotenberg als Development Manager beim Weltverband dabei. Im Biathlon tritt Michail Prochorow in Erscheinung, der sich nebenbei auch den NBA-Klub Brooklyn Nets zulegt. Und so weiter. Es wirkt, als gebe es für jede Sportart einen russischen Geldgeber, der sich kümmert – mal direkt, mal indirekt aus dem Hintergrund, indem er eine genehme Person auf den Thron hebt.

Besonders viele Freunde des Kreml sind im Fußball unterwegs. Am sichtbarsten ist der Einstieg von Roman Abramowitsch, eigentlich Gouverneur auf der fernen sibirischen Halbinsel Tschukotka, beim FC Chelsea, wo er über die Jahre mehr als zwei Milliarden Euro investiert. Putins Tausendsassa Mutko rückt auch in den Vorstand des Fußballweltverbandes auf. In der Uefa-Exekutive ist Sergej Fursenko vertreten, der gemeinsam mit seinem Bruder Andrej zu jenem exquisiten Kreis zählte, der sich schon in den 1990er-Jahren im Datschenkollektiv »Osero« um Putin scharte.

Zugleich fließen immer mehr Staatsgelder in den Sport – meist über vom Kreml kontrollierte Firmen wie das Öl-Unternehmen Rosneft und vor allem über den Energieriesen Gazprom. Der ist nicht nur Mehrheitseigner von Zenit Petersburg und Sponsor von Klubs wie Schalke 04 oder Roter Stern Belgrad; er schafft es sogar, die verfeindeten Fußballgroßmächte Fifa und Uefa gleichzeitig zu unterstützen.

So baut sich aus Politik und Geld eine enorme Macht auf. Ein illustres Portfolio an Sportveranstaltungen landet in Russland. Kaum ein wichtiger Verband kann darauf verzichten, Russland zum Gastgeber einer Weltmeisterschaft zu machen. Die Leichtathleten sind 2013 in Moskau, die Schwimmer 2015 in Kasan, die

Fechter gehen in den Jahren 2014 / 15 gleich zweimal hintereinander in Putins Reich. Tischtennis kommt vorbei, Judo und Kanu ebenso, und der Winter darf von Eishockey über Biathlon bis Eiskunstlauf nicht fehlen. Kasan empfängt auch die Jugend der Welt zur Sommeruniversiade (2013), das fast 2500 Kilometer östlich gelegene Krasnojarsk richtet ein paar Jahre später das entsprechende Winterevent aus. Dazwischen sichert sich Sotschi einen festen Platz im Kalender der Formel 1.

Putin schafft ein russisches Sportgroßreich. Aber am wichtigsten sind zwei Dinge, die alles überragen: die Winterspiele in Sotschi und die Fußball-WM.

Späte Gäste in Guatemala

In Zone 10, dem Geschäftsdistrikt in Guatemala City, herrscht der Ausnahmezustand für die Dauer der 119. IOC-Session. Um ein Uhr nachts ist Schicht im Schacht, an den Straßenecken stehen mehr Sicherheitskräfte als Verkehrsschilder, die Regierung hat mit den ansässigen Kartellen der Waffen- und Drogenlords ein Stillhalteabkommen erwirkt. Hier wird, im Juli 2007, der Winterspielveranstalter 2014 gekürt. Im Ring steht die märchenhafte Sportkulisse des Salzburger Landes, Herausforderer sind die virtuellen Reißbrettträume von Pyeongchang und Sotschi.

Wladimir Putin plant seinen ersten ganz großen Coup: Die Winterspiele müssen ins subtropische Sotschi, wo er seine Datscha hat. Verlieren ist keine Option. Im IOC kann er sich einer gewissen Gefolgschaft sicher sein, im Kern sind es die alten Kräfte, die weiter gut in Verbindung mit dem vor sechs Jahren in Moskau abgetretenen Ehrenpräsidenten stehen, Juan Antonio Samaranch. Mit Onkel Juan ist alles stabil, aber der Nachfolger bereitet Kopfzerbrechen. Jacques Rogge, der belgische Chevalier, tritt reichlich liberal auf; auch bietet der Arzt dem weitverbreiteten Doping die Stirn. Und nach allerlei Korruptionsskandalen, nicht nur in Salt Lake City,

3 Der Durchbruch

wurde das IOC teilweise erneuert. Kurz: Samaranch hatte den Laden besser in Griff.

Die Tage von Guatemala City sind in den Augen der Russen das Finale einer Jahre währenden Schlacht, seit sie im Juli 2005 ihre Kandidatur offiziell eingereicht haben. Es ist Putins Projekt, stolze zwölf Milliarden Dollar Investitionen sind versprochen. So kommen sie zwar in diese finale Dreierrunde. Aber hier haben sie viel schlechtere Bewertungen als die Rivalen, vor allem im Vergleich zu Salzburg. Aber seit wann lesen IOC-Mitglieder die eigenen Prüfberichte? Für ein Votum sind andere Fragen entscheidend, frag nach in Salt Lake City oder sonst wo.

Putin und seine Leute ziehen ihr Programm durch. Schon 2006 bietet er Rogge an, über den Energiekonzern Gazprom als olympischer Topsponsor einzusteigen – mit 180 Millionen Dollar, dem Dreifachen des üblichen Preises. Rogges Mitarbeiter verweisen hastig auf ihr laufendes Sponsorenprogramm. Aber mit Putin legt sich keiner an, und vielleicht braucht man diese Unterstützung noch. Mit Händen zu greifen ist die russische Entschlossenheit: Sollte die Kandidatur von Sotschi für die Winterspiele 2014 scheitern, müsste 2016 auf jeden Fall seine Heimatstadt bedacht werden: Sankt Petersburg. Dort geht es dann um das Doppelte von Sotschi, um Investitionen von etwa 100 Milliarden Euro allein für das Olympiazentrum, dessen Arbeitstitel bereits steht: Gazprom-City.

Die Russen gehen planmäßig vor. In vielen Weltverbänden wurden Leute und Gelder in Position gebracht. »Dieses Thema, dass man Koffer mitbringen kann und alles wird passieren, ist Unsinn«,[11] sagt Wladimir Potanin, einer der Oligarchen, der die Bewerbung forciert und später auch als einer der wenigen reichen Geschäftsleute in Sotschi richtig investiert. Er sieht das Geld anders im Einsatz: »Wenn Sie dem Verband Geld spenden, erhalten Sie die Möglichkeit, Wettkämpfe zu organisieren, Athleten zu trainieren, Mitglied in den Leitungsgremien zu sein.«

Er denkt da etwa an das Investment der VTB-Bank beim Weltverband der Leichtathleten. Deren Präsident Lamine Diack gehört zu den einflussreichsten Mitgliedern des IOC, weil er entscheidend den afrikanischen Stimmblock dirigiert. Später verurteilt ihn die französische Justiz wegen Korruption.

Putin persönlich trifft Mitglieder des IOC, zum Beispiel Prinz Albert von Monaco, der nach einer Expedition am Polarkreis zum Plausch im Kreml vorbeischaut. Eine tolle Beziehung entwickelt sich, Wladimir und Albert urlauben nach der Vergabe sogar zusammen in der Taiga, wo sich Putin beim Angeln am Jenissei mit blanker Brust ablichten lässt. Als später die »Pandora Papers« und andere Leaks dunkle Geheimnisse enthüllen, führt manche Spur aus der hohen russischen Politik direkt nach: Monaco. Aber als ein früherer Mitarbeiter Bestechungsvorwürfe formuliert, weist der monegassische Palast ein Fehlverhalten des Prinzen zurück – dieser habe nie gegen den Ethikcode des IOC verstoßen.[12]

Auch wieder mit von der Partie: der usbekische Geschäftsmann Gafur Rachimow, der seine Kontakte in die olympischen Kreise der asiatischen Länder ausspielt, wie er selbst einräumt.[13] Russlands NOK-Chef Tjagatschow dankt dem Mann, den sie im Westen als Mafiaautorität einstufen, nach der Vergabe: Ohne Rachimow hätte es die Stimmen aus Asien nicht gegeben.[14]

Viele andere Männer des Kreml sind in diesen Tagen unterwegs, Lobbyisten, Agenten, Fachpersonal der Sicherheitsbehörden. Trotzdem sieht es so aus, dass Guatemala kein Spaziergang wird. Anders als drei Jahre später bei der Vergabe der Fußball-WM, sind hier ein paar Last-minute-Aktionen gefragt.

Die Russen holen das große Besteck aus der Schublade. Mit Guatemalas Behörden wird ein Tourismusdeal besiegelt, auf solchen Schienen lässt sich prima alles Mögliche aushecken und transferieren. Man muss schließlich auch Fachkräfte für Wahloperationen ins Land bringen. Die Männer des Kreml.

Es erwächst eine glänzende Idee. Für den IOC-Kongress soll ein kompletter Eisring angelegt werden, hier in dieser mittelamerikanischen Stadt. Eine Woche vor der Abstimmung fliegen die Russen eine Antonow-Spezialmaschine mit 70 Tonnen Ausstellungsmaterial ein: Prolyte-Dachsysteme, Kühlsysteme und Generatoren, Licht, Ton und Leinwand bis hin zu Utensilien für Eishockey- und Ballettshows. Natürlich braucht es für den Aufbau und Betrieb so eines Palazzos viele Fachleute. Da lassen sich leicht Agenten untermischen. Und als anfangs die Eisdecke in der südlichen Sommerhitze nicht richtig gefrieren will, wird einfach zusätzlich der Inhalt aus den Eisautomaten der Hotels in der Stadt aufgekauft und herangekarrt. Schon ist die Lauffläche startklar.

Einmal, am Wochenende, gerät die sorgsam organisierte Nachtruhe in Gefahr, als in der Calle 14, die die Herbergen der IOC-Gäste säumt, der Strom ausfällt. Zum Glück ist die Panne keiner kriminellen Großoffensive der Drogenbarone geschuldet, sondern nur dem Bemühen der Sotschi-Leute, die beim Betrieb ihrer großzügigen Eisfläche den umliegenden Bars und Tortillabratern den Saft abdrehten.

Der russische Palazzo steht, offen ist er natürlich nicht für alle, sondern nur für IOC-Gäste. Allabendlich locken Kaviar, Tanz und nette Damen, wenngleich der Besuch offiziell bald verboten wird. Aber nur vom eigenen IOC-Stab. Seit bekannt ist, dass Putin kommt, rennen hier viele ohnehin nur noch wie kopflose Hühner herum, sagt einer aus der Salzburg-Delegation. Tatsächlich sorgen dicke Limousinen und Geländewagen mit getönten Scheiben unterm Sotschi-Logo für ein filmgerechtes Straßenambiente. Putin kommt!

Schon bei der Vorbesichtigung im April hatte Sotschi rebelliert, als es hieß, dass der Herrscher den IOC-Sitzungssaal durch dieselbe Eingangstür betreten müsse wie jeder olympische Hinz und Kunz. Zwar wird kein standesgemäßer Privatzugang in die Hallenwand gemeißelt, dafür aber das nahe Marriott-Hotel in ein russisches Hilfskonsulat verwandelt. Putin schläft trotzdem zweimal andernorts in einer Villa, die eigens für die präsidiale Nachtruhe erworben wurde.

Aber auch das Nachtleben spielt sich jetzt in den Suiten, Lobbys und Privathäusern der Zone 10 ab, letzte Deals werden eingetütet.

Für den Sport steht mehr auf dem Spiel als für die Kandidaten: Geraten die Spiele, die nächstes Jahr schon in Peking gastieren, durch die Anwesenheit Putins endgültig unter die Knute politischer Willkür?

In Guatemala City baut sich parallel auch heftiger Widerstand auf. Der US-Sender NBC will den neuen Fernsehvertrag bis 2016 erst nach dieser Städtekür unterschreiben und droht mit Mittelkürzungen, falls die Reißbrettexperimente im Kaukasus oder Südkorea zum Zuge kämen. Die Amerikaner fürchten einen Quotenflop wie in Turin 2006 und zudem um ihre Chance mit Chicago 2016. Eine Geldschlacht mit Putin können sie nur verlieren.

Deshalb geht im IOC die Sorge um, die wütenden Amerikaner könnten ihre politische Karte spielen und damit mehr Druck auf Olympia ausüben, als es selbst Putins Shoppingtour vermag. Es bräuchte ja nur der US-Kongress ab Herbst die Frage zu erörtern, ob Amerikas Sportler 2008 überhaupt in ein Land wie China reisen können, das es, von Darfur über Tibet bis Taiwan, mit den Menschenrechten nicht so genau nimmt. Die Krise ließe sich beheben, würden dann die Lobbyisten streuen, wenn man sicher wüsste, dass Chicago die Spiele 2016 bekommt. Das IOC droht schwer in die Bredouille und zwischen die alten Kalte-Krieger-Fronten zu geraten.

Kurz vor der Wahl laden die Russen ins Hotel. In Sotschis Vorführsaal El Dorado strapazieren neun Kristalllüster im Ausmaß mittlerer Windkrafträder die Decke, fingerdicke Teppiche schlucken die Schritte des Personals, das die Spuren der letzten Nacht noch im Gesicht trägt. Auf der Bühne sitzen Kampagnenchef Dimitrij Tschernyschenko, IOC-Mann Smirnow und Sportminister Wjatscheslaw Fetissow, Eishockeylegende und zweimaliger Olympiasieger. Die Gruppe verbreitet Trübsinn, indem sie mit hängenden Köpfen die Texte vom Teleprompter am Fuße des Podests abliest. Was die Presse nicht sehen soll, sehen leider auch die Vortragenden kaum. Aber klar wird: Die Russen garantieren alles, sogar dopingfreie Spiele. Ihr Wintermärchen existiert ja eh nur virtuell, das erlaubt jede dichterische Freiheit. Noch Fragen?

3 Der Durchbruch

Was passiert, wenn Sotschi scheitert?, will ein Journalist wissen. »Dann kann ich hier Asyl beantragen«, brummt Smirnow wie ein Sprechautomat. Es klingt aber nicht so, als sei es als Witz gemeint.

Die Rivalen spüren etwas. Salzburg ist nur noch staunender Zaungast, im Mittelpunkt Kanzler Alfred Gusenbauer, wie er im Schutz von Motorrädern und mitlaufenden Sicherheitsleuten joggt. Pyeongchang aber kämpft. Es heißt, koreanische Nachrichtendienstler streuen jetzt im IOC-Hotel Details über russische Verhältnisse. Putin kümmert es offensichtlich nicht, dass die Koreaner petzen. Gleich nach einer filmreifen Landung in Guatemala, mit 400 Bewunderern im Schlepp, brechen alle Dämme. Er lädt wichtige IOC-Mitglieder zum Dinner, darunter die Verbandschefs von Ski (Gian Franco Kasper), Eisschnelllauf (Ottavio Cinquanta) und Eishockey (René Fasel), auch ein Oligarch ist dabei. Ein klarer Regelbruch, klagen die Salzburger, es kümmert niemanden. Norwegens IOC-Mann Gerhard Heiberg vermutet öffentlich, dass gerade wieder kräftig bestochen wird.[15]

Die Koreaner setzen mittlerweile auch die eigene Presse unter Druck. Es gibt Schreibhilfen: bloß kein kritisches Wort mehr zum IOC. Ein renitenter Reporter wirft gar die Frage der Pressefreiheit auf. Tags darauf setzt Pyeongchang zwei Pressetermine an. Einen für die internationalen Medien, bei der elfenhafte Begleiterinnen die Journalisten übers Parkett flankieren. Danach einen für das eigene unpatriotische Pack.

Manche halten diese Nervosität für übertrieben. Südkoreas Chaebols haben ihre Arbeit längst getan, Regie führte der Elektroriese Samsung, dessen Boss Lee Kun-hee zufällig selbst seit gut zehn Jahren im IOC sitzt – sofern nicht gerade zu Hause auf der Anklagebank.

40 Millionen Dollar sollen im Vorfeld des Guatemala-Treffens von koreanischer Seite in mildtätige Sportprojekte geflossen sein, wird gemunkelt, vor allem in Afrika und Lateinamerika, wo es keinen Wintersport gibt. Zudem hat Pyeongchang ein elektrisierendes Argument: Weltfrieden! Südkorea will in Pyeongchang 2014 ein

Team mit Nordkorea bilden. Könnte das IOC mit solchen Spielen nicht endlich, endlich den lang ersehnten Jackpot einsacken: den Friedensnobelpreis?

Weniger schön ist, wie das Fehlen des Mitglieds Nora von Liechtenstein in IOC-Kreisen erklärt wird: Die Koreaner sollen ihrer Stiftung eine Zahlung offeriert haben. Das sei nicht mehr ihre Welt, wird sie zitiert. Die Prinzessin pfiff auf Guatemala.

Putin hat zwar keinen Weltfrieden im Angebot, ist aber trotzdem eine andere Gewichtsklasse. Nach der Sessionseröffnung stehen die IOC-Mitglieder in einem Innenhof Schlange, um ihm die Hand zu schütteln. Und am Abend vor der Wahl erlebt die olympische Welt den entscheidenden Kunstgriff des Russen. Denn spät, fast zu spät angelandet wird ein letzter Ehrengast. Der Mann, der dem Kreml seit 1980 zutiefst verbunden ist: Juan Antonio Samaranch, 87 Jahre alt. Er jettet jetzt um den halben Globus, um ein paar Stunden dabei zu sein – weil er dem Kreml noch etwas schuldig ist?

In der Nacht vor der Wahl spielt er seinen enormen Einfluss aus. Er nimmt vier oder fünf IOC-Mitglieder ins Gebet, berichten später zahlreiche Quellen. Beispielsweise zwei IOC-Mitglieder, die am Tag nach der Wahl zerknirscht im Hotel der Salzburger Bewerber auftauchen. Sie bitten um Vergebung, weil sie in letzter Minute umfielen und für Sotschi gestimmt hätten. Samaranch, den die Russen einfliegen ließen, hätte sie daran erinnert, dass sie ihm noch etwas schulden. Die Last-minute-Aktion war derart unumgänglich geworden, dass Samaranchs Überzeugungsgespräche teils vor den Augen erstaunter Mitglieder und Delegierter stattfanden. Offenbar war die Nothilfe so kurzfristig geplant, dass für das Arrangement diskreter Rückzugsorte nun keine Zeit mehr blieb. Erinnerungen an ausstehende Gefälligkeiten: Das ist die olympisch-sizilianische Variante von Familiensinn.

Das Wahlsystem in Guatemala funktioniert elektronisch. Niemand bezweifelt, dass IT-Fachleute, vor allem aber die mitgereisten Aufklärer des Kreml das Abstimmverhalten mitlesen können.

3 Der Durchbruch

Denn nur so könnte Sotschi ja verhindern, dass ihnen potenzielle Verräter später vorflunkern, sie hätten sie gewählt – obwohl sie für Salzburg oder Pyeongchang stimmten. Liest der FSB mit, ist jeder gewarnt: Die Russen zählen die Stimmen aus. Stellen sie fest, dass sie belogen wurden, bedeutet es für den Betroffenen das Ende seiner Karriere als Sportfunktionär. Zumindest das.

Der Last-minute-Einsatz wirkt. In Runde eins scheidet Salzburg mit nur 25 Stimmen aus, trotz der Unterstützung des olympischen Haussenders NBC, der traditionell viele Milliarden für die TV-Rechte bezahlt. In der zweiten Runde triumphiert Sotschi knapp mit 51 : 47 Stimmen über Pyeongchang. Ein Triumph für den Kreml und für Samaranch. Seine Seilschaften im IOC haben noch einmal funktioniert. Glückselig liegt er in Witalij Smirnows Armen. Alte Kader von IOC und KGB unter sich, Masters of the Universe.

Präsident Rogge gibt sich cool. Bei der Unterzeichnung des Ausrichtervertrags attestiert er Sotschi eine exzellente Bewerbung – soweit dies an den Computerbildern erkennbar sei. Er hofft, dass aus den Winterspielen 2014 ein fantastisches Erbe für den Weltsport erwachse – das hat er zuvor auch Putin aufgetragen, per Telefon in die Regierungsmaschine. Russlands Regent war gleich nach der vormittäglichen Schlusspräsentation wieder abgereist. Im kleinen Kreis, bei einem Ausflug nach Antigua, beschreibt Rogge tags darauf den enormen Druck, den die Russen ausgeübt hätten: »Jedes falsche Wort von mir hätte eine internationale Krise auslösen können.«

Wie hat sich Thomas Bach positioniert in jener denkwürdigen Kür, die die olympische Welt grundlegend veränderte und Russlands neue Rolle im Weltsport zementierte?

»Das ist vielleicht der Beginn einer neuen Epoche«, teilte er damals mit.

Im russischen Sport geht man fest davon aus, dass der Deutsche in Guatemala für Sotschi votiert hat, er selbst sagt dazu nichts. Der frühere deutsche Ski-Alpin-Fahrer Christian Neureuther erinnert sich indes an eine bemerkenswerte Episode. Österreichs alter Ski-

Späte Gäste in Guatemala

recke Karl Schranz fragte ihn und seine Frau Rosi Mittermaier damals vor der Vergabe, ob er nicht in einer Sondermaschine mit nach Moskau kommen wolle, um bei einem hochkarätigen Abendessen mit Wladimir Putin Sotschis Bewerbung zu unterstützen. Neureuther zögert, weil bei Sotschis Rivale Salzburg Berchtesgaden im Beiboot sitzt, als Austragungsort für die Bob- und Rodelbewerbe, also zumindest ein bisschen Olympia in Deutschland stattfinden würde. Aber er will sich mit dem deutschen Oberolympier Bach besprechen. Und Neureuther ist über die Antwort erstaunt. »Er hat zu mir gesagt: Ist doch kein Problem, mach's doch, das ist eure Entscheidung. Wir sind dann aus Solidarität zu Berchtesgaden nicht geflogen, aber seine Haltung hat mich schon verblüfft.«[16] Bach beantwortet eine konkrete Frage dazu nicht.

Klar ist jedenfalls: Das Ergebnis von Guatemala passt zu Bachs Karriereplan. Weil Salzburg klar verloren hat, kann sich nun Deutschland für die Winterspiele 2018 bewerben. Das ist hilfreich, weil man so davon reden kann, dass in der Heimat wieder das olympische Feuer prasselt – und diese Entscheidung andererseits lange genug vor den IOC-Wahlen für die Rogge-Nachfolge fallen wird. Konkret: Eine deutsche Bewerbung kommt dem deutschen Kandidaten für den IOC-Vorsitz nicht in die Quere.

Noch einen Gewinner gibt es aus nationaler Sicht. Die deutsche Wirtschaft. Wie schon bei den Spielen in Peking darf sie auch in Sotschi gigantische Aufträge erwarten. »Sonnige Wirtschaftsaussichten in Sotschi«, titelt der Ost-Ausschuss der deutschen Wirtschaft in einem Bericht nach der Vergabe.[17] Und siehe da: Als es so weit ist, sind rund 100 Unternehmen bei den Bau- und sonstigen Arbeiten in Sotschi im Einsatz – für ein Auftragsvolumen von insgesamt rund 1,5 Milliarden Euro, wie die deutsch-russische Außenhandelskammer festhält.[18] Darunter sind viele Mittelständler, wie zum Beispiel der Maschinenbauer Herrenknecht oder die Wäschereitechnik-Spezialisten Kannegiesser – aber auch ein paar der ganz großen Player. Volkswagen wird Partner der Spiele, und besonders aktiv ist natürlich: Siemens.

3 Der Durchbruch

Der Konzern, bei dem zum Zeitpunkt der Vergabe Bach noch als Berater unter Vertrag steht, für den Bach aber nie etwas gemacht hat, was mit Sport zu tun hat, baut unter anderem die »Lastotschka«-Züge (deutsch: Schwalbe), die zwischen Sotschi und den Sportstätten in den Bergen im Einsatz sind.[19] Siemens kennt Russland bestens. Das Unternehmen ist dort seit Mitte des 19. Jahrhunderts aktiv und hat Mitte der 2000er-Jahre den Zuschlag für den Bau des Hochgeschwindigkeitszuges Sapsan, Wanderfalke, bekommen, der seit 2009 zwischen Moskau und Sankt Petersburg verkehrt.[20]

Sotschi ist abgehakt für Putin und die Kremlstrategen. Es ist ja nur die erste Etappe. 2018 soll der zweite Höhepunkt stattfinden: die Fußball-WM in Russland. Die WM-Vergaben der Fifa sind wie die Wahlen der Olympischen Spiele durch das IOC ein sprudelnder Quell der Korruption. Zu fast jeder Kür seit drei Jahrzehnten ist Anrüchiges dokumentiert – insbesondere auch zu der von Deutschland 2006.

Dreieinhalb Jahre nach dem Zuschlag an Sotschi steigt die Vergabe der WM 2018. Diesmal läuft der Wahltag ein bisschen anders. Die Russen zweifeln nicht mehr bei der Anreise, es braucht keine Last-minute-Aktion. Und Putin muss bei seiner Ankunft keine Wahlmänner mehr bezirzen oder eine »I promise«-Rede halten wie in Sotschi. Der Boden ist perfekt bereitet, Russland fährt gegen die Konkurrenten Spanien/Portugal, Niederlande/Belgien und England einen souveränen Sieg ein. Als der feststeht, reist Putin nach Zürich an. Der Imperator hat jetzt die Messehalle ganz für sich.

Die Wahl, bei der Russland den Zuschlag erhält, ist eine besondere. Denn an jenem Dezembertag 2010 werden zwei WM-Turniere auf einmal vergeben. Das für 2018 geht an Russland, und das für 2022 an – Katar. Das ist dermaßen absurd, dass nicht nur staatliche Ermittler aktiv werden – auch die Fifa ist genötigt, ihren Ethikchef Michael Garcia loszuschicken.

Das Hauptaugenmerk gilt allerdings Katar. Und in Russland heißt es bald augenzwinkernd, man wisse, wie man so was macht, ohne Spuren zu hinterlassen. Der Geheimdienst ist eben immer mit dabei. Aber zur Sicherheit verweigern sie Chefermittler Garcia trotzdem die Einreise. Und ihre Bewerbercomputer rücken sie auch nicht heraus. Leider, erzählen sie den Fifa-Fahndern, hätten sie diese nur geleast (!), und der Besitzer habe sie nach der Rückgabe vernichtet. Also: keine Dokumente, keine Mails, nichts.

So fällt der Report des Amerikaners Garcia, vormals Bundesanwalt in New York, mit Blick auf Russland mau aus. Er kann nur einige delikate Geschenke auflisten. Der skandalumtoste Jack Warner (Trinidad & Tobago) und Gattin durften sich über einen mehrtägigen Luxusaufenthalt in Moskau freuen, der Belgier Michel D'Hooghe über ein wertvolles Bild.

Der langjährige russische Spitzenfunktionär Wjatscheslaw Koloskow, viele Jahre Fußballchef und Fifa-Vorstand, berichtete einmal von einer »Standardgarnitur« für alle Funktionäre. Dazu zählten eine Uhr vom Präsidenten, Manschettenknöpfe mit russischen Symbolen und kleine Kästchen – »die Frauen lieben das«, ergänzte Koloskow,[21] einer, der selbst Geschenke zu schätzen wusste: etwa Zahlungen aus der Fifa zu einer Zeit, als er gar nicht mehr im Vorstand saß.[22]

Russland kennt viele Wege, Wähler zu überzeugen. So verpflichtet eine vom russischen Staatskonzern Gazprom angeführte Organisation Franz Beckenbauer als Gas-Botschafter – alle Seiten beteuern, dass das mit der WM-Bewerbung und -Vergabe rein gar nichts zu tun habe! Dummerweise publiziert das Portal »The Insider« später brisante Dokumente, die vom gehackten Account eines früheren Fußballfunktionärs stammen. Inhalt: interne Unterlagen des Bewerbungskomitees, die beschreiben, wie Vorständler zu beeinflussen seien.[23]

Da heißt es in einer Tabelle, dass nach Angabe verschiedener Quellen die Stimme des Zyprioten Marios Lefkaritis für eine bis anderthalb Millionen Euro zu haben sei; oder dass der Thailänder Worawi Makudi für eine Verständigung über eine finanzielle Gegenleistung zugängig sei. Auch der Name Beckenbauer taucht auf,

3 Der Durchbruch

samt der Bemerkung, dass dessen ewiger Berater Fedor Radmann auf die russische Seite mit dem Hinweis zugekommen sei, dass Beckenbauer Russland unterstützen könnte. Die Stimme gebe es für eine »großzügige Gegenleistung für seine Beratungstätigkeit – drei Millionen Euro«.

Beckenbauer hat stets bestritten, käuflich gewesen zu sein. Und Radmanns Anwalt teilte nach dem Ruchbarwerden des Dokumentes mit, dass die Behauptung, sein Mandant habe Beckenbauers Stimme zum Kauf angeboten, eindeutig falsch sei.[24] In Russland wird die Echtheit dieser Dokumente bestritten.

Radmann übrigens war nicht nur Cheflobbyist bei der anrüchigen deutschen WM-Bewerbung. Er hatte bis Januar 2007 die Salzburger Winterspielbewerbung angeführt. Dann wurde er plötzlich krank. So unfassbar krank, dass er über Nacht und unter Tränen zurücktrat. Es ging einfach nicht mehr, keinen Tag länger. Der Vertrag wurde aufgelöst.[25]

Dann tauchte er bald wieder putzmunter bei Empfängen und Kongressen auf. Wobei er stets zurückwies, was ihm die Salzburger Seite vorwarf: dass ihn Putins Sotschi-Leute aus dem Job rausgekauft hätten.

Die Botschaft dieser Jahre ist eindeutig: Russland kann im Sport alles. Moskau kann jeden haben. Nichts geschieht hier gegen Putins Willen. Fehlt eigentlich nur noch eine Position im Sportportfolio des Kreml: das Amt des IOC-Präsidenten.

Auf dem Thron – dank Putin und eines Scheichs

Thomas Bach hat die Wahl Rogges zum IOC-Chef auf seine Art genutzt. Selbstverständlich bleibt er – mit einer statuarisch bedingten kurzen Auszeit – durchgehend Vizepräsident. Aber er baut sich eine zweite Position auf, als Sprungbrett für die Kandidatur zum IOC-Vorsitz: Er wird deutscher Olympiachef. Dafür braucht es einen raffinierten Dreh. Denn im deutschen Sport existieren seit

Auf dem Thron – dank Putin und eines Scheichs

dem Zweiten Weltkrieg zwei Organisationen, der Deutsche Sportbund (DSB) und das Nationale Olympische Komitee (NOK), die in mal mehr, mal weniger heftiger Rivalität zueinander stehen – aber zugleich auch eine Balance bilden. Schon in den 1990er-Jahren ist von interessierter Seite eine Fusion forciert worden, dazu kam es nicht. Nun läuft der neue Versuch. Anlass ist die finanzielle Lage des DSB, geschickt wird alles so aufgestellt, dass am Ende zweierlei steht. Erstens: DSB und NOK wachsen zu einem Dachverband zusammen, dem Deutschen Olympischen Sportbund (DOSB). Und Gründungspräsident wird: Thomas Bach.

Bachs Interesse für den deutschen Sport ist seit jeher sehr überschaubar. Freundlich formuliert. Dafür gibt es in dieser Zeit so manchen diskreten Geldfluss: Satte Beträge gehen an Bachs Büro in Tauberbischofsheim. Offiziell bekleidet der Wirtschaftsanwalt den DOSB-Posten zwar ehrenamtlich. Aber was im deutschen Sport bis ins Jahr 2024 kaum einer weiß: Obwohl die maue Finanzlage ein Kernargument für die Gründung des DOSB ist, bekommt Bachs Büro an der lieblichen Tauber erkleckliche Summen zugewiesen. Als Zuschuss für »Personal- und Mietkosten (…), die im direkten Zusammenhang mit seiner Arbeit als DOSB-Präsident standen«, wie der DOSB erstmals auf Befragen Anfang 2024 mitteilt. Mehrere Hunderttausend Euro fließen so, natürlich formal abgesegnet von einem externen Gutachter und dem DOSB-Präsidium. Das ist erstaunlich, denn in der nur gut eine Autostunde entfernten Zentrale in Frankfurt gibt es genug Bürokräfte, auf die der neue Präsident zurückgreifen könnte. Im DOSB wird die Zusatzaufwendung als unnötiger Luxus empfunden, und zudem als störend für die Abläufe in Frankfurt. Wie viel Geld genau nach Tauberbischofsheim fließt, will der brave DOSB nicht einmal heute mitteilen. Klar ist aber: Es sind einige Hunderttausend Euro – und Bachs Nachfolger an der DOSB-Spitze erhalten keine solchen Zuschüsse.

In den Nullerjahren ist der Chefposten im DOSB die ideale Startrampe – spätestens, als zum Wechsel des Jahrzehnts der Kampf um die IOC-Präsidentschaft einsetzt. Bei der Session in Kopen-

3 Der Durchbruch

hagen 2009 wird Rogge für die letzten vier Jahre bestätigt, danach darf nach den neuen Statuten ein anderer ran. Auch das ist nicht mehr so wie unter Samaranch, der 21 Jahre herrschte und gern das Vierteljahrhundert vollgemacht hätte. Rogge ist aber auch gesundheitlich angeschlagen, und vom schneidigen Reformer der ersten Jahre ist wenig übrig geblieben. Die Sommerspiele in Peking waren, so kolportieren es Insider, bei seiner eigenen Kür 2001 in Moskau Teil des Gesamtpakets. Tatsächlich bringt er sie merkwürdig hilflos und zunehmend gereizt über die Bühne. Die neuen autokratischen Kräfte der Welt und ihre Verbündeten im IOC haben den belgischen Arzt, der nie Politiker sein wollte, niedergerungen.

Jetzt richten sich die Augen auf den deutschen Wirtschaftsanwalt, der rastlos wie ein Weberschiffchen durch den Olymp saust und überall bestens vernetzt ist. Die Herzen fliegen ihm nicht zu, Respekt gibt es durchaus. »Er hat eine große Zukunft im IOC. Vielleicht wird er 2013 Präsident«,[26] lässt sein alter Ziehvater in jener Zeit ausrichten. Es läuft nun das ab, was Bach später so emotionslos wie das Kleingedruckte einer Hausratsversicherung vorträgt: dass er sich »nach langen reiflichen Überlegungen und vielen Konsultationen und Gesprächen mit Freundinnen und Freunden im internationalen Sport«[27] zu diesem Schritt entschlossen habe.

Die Amigos pushen ihn. Das sind die Spitzenkräfte des Olymps, die ganze Stimmpakete hinter sich vereinen. Leute wie der Ire Patrick Hickey, der Chef der Europäer; der Senegalese Lamine Diack, Anführer der afrikanischen Welt; der Brasilianer Carlos Nuzman, der in Südamerika das Sagen hat; und vor allem der Chef des Asienverbandes, Scheich Ahmad Al-Sabah aus Kuwait. Alles Leute, die für Bach wichtige Unterstützer sein werden – und später in ganz anderer Weise Schlagzeilen machen. Letzterer, Scheich Ahmad Al-Sabah, wird 2021 zu einer Haftstrafe verurteilt, die bis Anfang 2024 noch nicht rechtskräftig ist, die anderen landen alle hinter Gittern oder in Arrest. Später mehr dazu.

Neben den Konsultationen mit den alten Sportsfreunden finden aber auch noch viele andere Gespräche statt. Und steigt die wichtigste aller Verabredungen nun dort, wo zu dieser Zeit mehr Kernfragen des internationalen Sports entschieden werden als irgendwo sonst: in Moskau?

Im Februar 2011 ist Bach bei der alpinen Ski-WM in Garmisch zugegen. Die Münchner Bewerbung um die Winterspiele 2018 tritt in die heiße Phase, im Sommer wird im südafrikanischen Durban gewählt, es gibt jetzt einiges zu tun für Deutschlands olympischen Häuptling. Aber er bleibt nicht die ganze Zeit dort.

Der langjährige deutsche Sportfunktionär Alfons Hörmann, von 2013 bis 2021 Bachs Nachfolger an der Spitze des DOSB, ist damals noch deutscher Ski-Präsident. Und er ist auch Chef der Garmischer WM-Veranstaltung. Er erinnert sich daran, Bach habe sich zur Mitte der WM-Periode »für den Folgetag als abwesend abgemeldet und dabei mir gegenüber mit dem Hinweis auf absolute Vertraulichkeit geäußert, dass er auf Einladung von Wladimir Putin nach Moskau fliegen würde. Herr Bach hat damals explizit davon gesprochen, dass er hierfür mit einem Privatflieger nach Moskau eingeflogen und auch wieder ausgeflogen werde.«

Nach der Rückkehr nach Garmisch, berichtet Hörmann weiter, habe ihm Bach gesagt, dass das Gespräch mit Putin in Moskau sehr erfreulich und erfolgreich verlaufen sei. »Herr Putin habe, so Herr Bach mir gegenüber weiter, ihm gesagt, dass er mit seiner Kandidatur als IOC-Präsident einverstanden sei und diese aktiv unterstützen werde.« Dann habe Bach ihm gegenüber auch noch sinngemäß angefügt: »Jetzt bin ich sicher, dass ich es werden kann.« Mit »es« sei in der Gesprächssituation gemeint: Präsident des IOC.

Diese gesamte Darstellung hält Hörmann in einer eidesstattlichen Erklärung fest, die den Buchautoren vorliegt. Aber: Ist es so gewesen?

Bach antwortet wiederholt nicht inhaltlich auf vielerlei Fragen dazu. Ob es zutrifft, dass er in den Anfängen des Jahres 2011 zu einem Treffen mit Putin nach Moskau gereist ist, um dort über seine Kandidatur zu sprechen? Ob es stimmt, dass er einem Sportfunktionär berichtete, dass er auf Einladung von Putin nach Mos-

3 Der Durchbruch

kau fliegen werde? Ob er nach seiner Rückkehr erzählt hat, dass Putin mit seiner Kandidatur einverstanden sei? Dass er gesagt hat, nun sicher zu sein, Präsident werden zu können? Zu alledem will sich Bach inhaltlich nicht äußern. Stattdessen kommt vom IOC auf wiederholte Anfrage nur die Warnung vor Desinformationskampagnen. Aber keine einzige Stellungnahme, nicht ein Dementi zu all diesen Fragen. Und Hörmann ist ein Mensch, kein Bot.

Klar ist in jedem Fall, dass Putin ein gewaltiges Paket dirigiert – und dass dieses Paket später in Bachs Lager verortet wird. Das sind zuvorderst die drei russischen IOC-Mitglieder, die stimmberechtigt sind: der KGB-Mann Smirnow, der KGB-Mann Tarpischtschew und der frühere Schwimmolympiasieger Alexander Popow, der zugleich auch im Aufsichtsrat von Adidas sitzt. Ein anderer IOC-Funktionär, der zu dieser Zeit mit einer Kandidatur liebäugelt, bekommt aus diesem Trio zu hören, dass die Sache leider schon geklärt sei: Sie würden für Bach stimmen. Aber nicht nur diese drei hören auf Moskaus Befehle, sondern dank des russischen Einflusses in den Weltverbänden auch noch viele andere im IOC.

Selbst die Größen der Weltpolitik werden involviert. Immerhin hat das IOC auch ein ganz besonderes Mitglied: den früheren US-Außenpolitiker Henry Kissinger – der Einzige, für den das IOC den Begriff »honour member« erfunden hat, im Unterschied zu allerlei »honorary members«, zu denen das IOC Ex-Funktionäre ernennt, die aus dem regulären Betrieb ausscheiden. Kissinger trifft im Juni 2012 mit Putin zusammen. Rund um diesen Austausch erreicht amerikanische Sportpolitiker die vertraute Botschaft: Die Sache sei entschieden, Putin stehe bereits auf Bachs Seite.

Putin hat es also abgenickt. Das hilft Bach, gewisse Rückschläge wegzustecken – insbesondere Münchens Abstimmungsniederlage vier Monate später gegen Pyeongchang in Durban. Dass die Deutschen chancenlos sind, ist stets klar, auch wenn wieder alle im olympischen Hoffnungstaumel waren und hernach bitter enttäuscht sind. Aber diesmal ist auch Bach schockiert, die Gründe sind andere. München hat verloren, okay. Kein Problem fürs persönliche Fortkommen. Aber sein deutsches Team hat nicht einmal respektabel abgeschnitten, es wurde gleich in Runde eins abserviert: mit nur 25 Voten gegen 63 für Pyeongchang. Selbst Streichkandidat Annecy ergatterte sieben Stimmen.

Was hat das zu bedeuten? Mit so einem Desaster hatten die Deutschen nicht gerechnet, auch Bach nicht. Er kämpft tatsächlich sehr mit der Enttäuschung, der Schock ist ihm ins Gesicht geschrieben im Verkündigungssaal in Durban. Ist diese heftige Abfuhr durch die IOC-Kollegen womöglich auch ein Signal an ihn? Für die Präsidentenwahl, die in zwei Jahren ansteht?

Da ist es umso besser, den Königsmacher Putin hinter sich zu wissen. Und dazu eine andere Figur, die in der Zeit verstärkt die olympische Bühne besetzt: Scheich Ahmad Al-Fahad Al-Ahmad Al-Sabah, Abkömmling des Königshauses von Kuwait und eine der kuriosesten Figuren des Weltsports.

Er hat die Mitgliedschaft im IOC einfach geerbt. Schon sein Vater, der Bruder des Emirs von Kuwait, war neben seinen Regierungsämtern Sportfunktionär und Mitglied des IOC. Den legendärsten Auftritt hatte er 1982 in Spanien bei der Fußball-WM, als Präsident des kuwaitischen Fußballverbandes. Im Spiel seines Teams gegen Frankreich eilte er nach einer Schiedsrichterentscheidung zornig aufs Feld, bedrängte den Referee und jagte seine Mannschaft sogar kurz vom Feld. »Diese Fifa ist schlimmer als die Mafia«,[28] schimpfte er.

In der olympischen Welt war der alte Scheich Fahad Al-Sabah zeitweise eng an die Gruppe um Dassler angedockt. So war er laut Stasiberichten einer derjenigen, die für die Wahl von Boxpräsident Chowdhry zusätzliche Flugtickets für gedungene Wähler sponserten.[29] Und er hatte große Pläne. Ende der 1980er-Jahre saß er im Exekutivkomitee des IOC und war zugleich Vizepräsident der Fifa. Doch als 1990 irakische Truppen in sein Land einmarschierten, starb er am ersten Tag der Invasion bei der Verteidigung des Königspalastes von Kuwait. Im IOC wird erzählt, wie irakische Sol-

3 Der Durchbruch

daten die Familie im Speisezimmer überraschten, der junge Ahmad und seine Geschwister hätten sich unter den Esstisch retten können.

Der Einfachheit halber fiel der IOC-Posten an Ahmad junior, der nach eigenen Angaben selbst Offizier der Armee war. Wie Thomas Bach zog er Anfang der 1990er-Jahre in den Ringe-Clan ein – wo beide Anfängerdienste wie das Einsammeln der Stimmzettel bei der Wahl des Olympiagastgebers verrichteten.

Wie Bach ist auch der Scheich ein Mann mit »vielfältigen Lebenssachverhalten«. Zum einen macht er in der Politik seines Heimatlandes Karriere. Er ist unter anderem Informations-, Energie- und Sicherheitsminister sowie Generalsekretär des Öl-Förderkartells OPEC, zu dem auch Kuwait zählt. Wie er dabei ankommt, lässt sich dem Mailverkehr amerikanischer Diplomaten entnehmen, der durch WikiLeaks publik wurde. »Scheich Ahmad ist clever, ehrgeizig und gilt weithin als das einzige Mitglied der Herrscherfamilie mit dem Willen und der Fähigkeit zu regieren. Er gilt außerdem als korrupt«, heißt es darin.[30]

Doch neben der Politkarriere mischt Al-Sabah den internationalen Sport heftiger auf als einst der Vater; oft umrankt von Korruptionsvorwürfen, die er routiniert zurückweist. Schon als er ins IOC rückt, erzählen asiatische Sportpolitiker, dass beim Aufstieg Al-Sabahs zum Vorsitzenden des Zusammenschlusses aller asiatischen Olympiakomitees Bestechungsgelder geflossen seien.[31] In den 1990ern sitzt er dem Nationalen Olympischen Komitee ebenso vor wie dem kuwaitischen Fußballverband. In den Nullerjahren ist er Teil der handfesten Skandale in der Handballwelt, wo der Ägypter Hassan Moustafa alias »Pharao« sein Unwesen führt – inklusive manipulierter WM-Vergaben und getürkter WM-Spiele.

2012 stürzt Al-Sabah den Mexikaner Vázquez Raña als Präsidenten der ANOC, der Vereinigung aller Olympischen Komitees – auch dieser Coup findet wieder in Moskau statt. Mit dem russischen Block der olympischen Welt ist Al-Sabah eng vernetzt. Und er wird Chef des olympischen Solidaritätsfonds. Jetzt kann er eine halbe Milliarde Dollar pro Olympiade verteilen.

Sein Netzwerk umfasst vor allem Afrika und Asien, in Stimmen gezählt ist das im Sport oft die halbe Welt. Wichtiger Handlanger ist sein Landsmann Ahmad Muttaleb, der auch als Empfänger in Dasslers alter Schmiergeld-Agentur ISL vermerkt ist: Exakt 5,123 206 Millionen Franken gingen laut einer im Prozess validierten Schmiergeldliste an eine »Taora Anstalt« mit Sitz in Vaduz – bis auf eine Ausnahme sei das Geld an Muttaleb geflossen.[32] Später rückt Al-Sabah auch noch in den Fifa-Vorstand ein. Wer so viele Hüte aufhat, wer so viel Entwicklungshilfe verteilen kann und in den Vorständen der größten Weltsportverbände sitzt – dem fällt die Rolle als Königsmacher wie von selbst zu.

Ahmad Al-Sabah liebt sie. Er zelebriert dieses inoffizielle Privileg ganz ungeniert, auch vor Fernsehkameras und der Weltöffentlichkeit. Ab 2012 läuft vieles in der sportpolitischen Landschaft nach seinem Plan. Dank seiner Unterstützung wird der Italiener Francesco Ricci Bitti Präsident der Vereinigung aller Sommersportverbände, der Rumäne Marius Vizer Präsident von SportAccord, dem Zusammenschluss aller internationalen Spitzenverbände. Und dann steht das Meisterstück an: die Wahl des IOC-Präsidenten. Al-Sabah will das Amt nicht selbst, er strebt lieber zu Hause in Kuwait höchste Regierungspositionen an. So, wie es US-Nachrichtendienstler einschätzen, und wie es auch im Lager derer berichtet wird, die ihm nahestehen. Er hat sich einen Mann ausgesucht. Ahmads Mann ist Thomas Bach.

Bach und Al-Sabah haben wenig gemeinsam. Hier der niedrig temperierte Industrieberater – dort der arabische Lebemann. Al-Sabah mag Partys und liebt die Selbstinszenierung, er spaziert gern mit offener Lockenmähne und ein, zwei Handys am Ohr durch die Menagerie der olympischen Bussi-Gesellschaft. Anders als viele andere Kollegen aus der Ringe-Welt ist er nahbar – und spricht vieles offen aus. »Ich mag ihn. Er liebt den Sport, und er ist auch sehr wohlhabend. Daneben aber gefällt es ihm offensichtlich,

3 Der Durchbruch

die Fäden zu ziehen und die kleinen Intrigen zu beobachten, die dadurch entstehen. Er amüsiert sich köstlich.« So sagt das zum Beispiel Gian Franco Kasper.[33]

Bach und Al-Sabah kennen sich lange und gut – auch abseits des Sports. Der Scheich ist ja der »Freund und Kollege«, den er kontaktiert hat, als Siemens in Kuwait auf Investorensuche war.[34] Und spätestens durch diese Nähe fällt der Scheinwerfer auf einen anderen zentralen Bündnispartner des deutschen Wirtschaftsadvokaten: auf die arabische Welt.

Bachs Drähte dorthin sind legendär. Seit 1998 ist er Aufsichtsratschef der Firma Weinig in Tauberbischofsheim, nach eigenen Angaben ein Weltmarktführer für den Bau von Maschinen für die Holzverarbeitung. Dort stiegen bereits in den Achtzigerjahren kuwaitische Investoren ein. Und nicht irgendwelche.

An Bachs Seite im Aufsichtsrat sitzt über Jahre Ali Mohammed Thunayan Al-Ghanim, Chef der kuwaitischen Wirtschafts- und Handelskammer – und der Hauptinvestor. In Hannover hat er studiert, »der Deutsche« lautet sein Spitzname in Kuwait, gemäß Auskunft von Bach persönlich.[35] Er ist in vielen Firmen als Investor aktiv, zugleich vertrete er die »Mehrzahl der kuwaitischen Investments in Deutschland – sowohl für private als für öffentliche Investoren aus Kuwait«, wie die Bayernkapital nach einem gemeinsamen Deal festhält.[36] 2005 erhält er vom Bundespräsidenten das Große Verdienstkreuz der Bundesrepublik Deutschland, Bach ist natürlich dabei. Al-Ghanims Sohn Marzouq ist sogar Sprecher der kuwaitischen Nationalversammlung.

Bach selbst hat später einmal geschildert, wie es zu dem Einstieg kam. Der Erstkontakt sei zum damaligen Vorstandschef gewesen, »allerdings hatten die kuwaitischen Anteilseigner das letzte Wort«.[37] Mit Al-Ghanim habe er sich dann in Bad Mergentheim zu einem Gespräch unter vier Augen getroffen. »Kurz darauf fand die Aufsichtsratssitzung statt, zu der ich als Gast eingeladen war. Dort wählten sie mich – ohne mich vorher darüber zu informieren – zum Aufsichtsratsvorsitzenden.« Zu diesem Aufsichtsgremium von Weinig gehört für ein paar Jahre auch jener Arbeitnehmer-Vertreter Wilhelm Schelsky, der Bach einst bei Siemens empfohlen hat – so hängt wieder vieles eng miteinander zusammen. All diese Lebenssachverhalte.

Auch in Beraterdiensten für diverse deutsche Konzerne fährt Bach die Schiene in die Golfstaaten sehr erfolgreich, wie die Mails an die Siemens-Verantwortlichen zeigen. Mitte der Nullerjahre wird er Chef der Ghorfa. Das ist ein Verein zur Förderung der deutsch-arabischen Handelsbeziehungen – Slogan: »Ihre Brücke in den arabischen Markt«. Die maßgeblichen Gremien sind prominent besetzt. Bachs Vorgänger als Präsident war der frühere Wirtschaftsminister Günter Rexrodt (FDP), sein Nachfolger wird der vormalige Verkehrsminister Peter Ramsauer (CSU). Auch andere einflussreiche Wirtschaftslenker und Politiker finden sich dort, etwa der ehemalige Innenminister Otto Schily (SPD).

Aber der Verein ist auch hoch umstritten. Er ist verantwortlich für die sogenannte Vorlegalisierung von Produkten, die in die arabischen Staaten exportiert werden. Das heißt, die Ghorfa bescheinigt Firmen, die ihre Produkte in arabische Länder exportieren, dass mit ihren Waren alles in Ordnung ist. Das ist legal. Aber weil sich aus der Gesetzeslage von einigen arabischen Ländern ergibt, dass eine Legalisierung nur möglich ist, wenn die eingeführten Waren keine Bau- oder Bestandteile aus Israel enthalten, gilt der Ghorfa-Bescheid vielen Kritikern als »Anti-Israel-Stempel«. Und mehr: Zu der Zeit legalisiert die Ghorfa, je nach Vorgaben des importierenden Landes, auch Dokumente in Bezug auf Rüstungsgüter. Kurz vor Bachs Inthronisierung kritisieren Experten wie Reinhold Robbe, Chef der Deutsch-Israelischen Gesellschaft, und Mathias John von Amnesty International öffentlich den eklatanten Widerspruch, der sich aus der Rolle als Ghorfa-Boss und IOC-Friedensfürst ergibt.[38]

Damit nicht genug. Von den späten Nullerjahren an sitzt Bach dem Beirat der Melius GmbH vor. Diese Firma hat insbesondere den Zweck, die Kuwaiti German Holding Company (KSC) zu be-

3 Der Durchbruch

raten, wenn es um den Erwerb und die Beteiligung an Unternehmen in Europa geht.

Diese Nähe führt bisweilen zu erstaunlichen Szenen, wie sich 2012 beobachten lässt. 40 Jahre nach dem Angriff palästinensischer Terroristen auf die israelische Mannschaft während der München-Spiele wünschen sich die Hinterbliebenen bei den Sommerspielen in London eine Schweigeminute bei der Eröffnungsfeier. Die Idee erhält viel Unterstützung in politischen Kreisen, bis hin zu US-Präsident Barack Obama.[39] Das IOC aber ist zögerlich, und Bach packt gegenüber der *Deutschen Welle* den Klassiker aus. Der Sport müsse politische Neutralität wahren! Und das Nein sei auch in der Haltung arabischer Staaten begründet. Ein Boykott der Spiele durch diese Staaten »könnte eine Auswirkung sein, nach Ansicht vieler«.[40]

Die Aufregung ist riesig. Bach legt jetzt Wert darauf, dass er nicht der Auffassung sei, dass eine Schweigeminute bei der Eröffnung der Olympischen Spiele in London zu einem Boykott der arabischen Staaten führen würde. Aber eine Schweigeminute gibt es nicht, nur eine Gedenkveranstaltung am Rand der Spiele, bei der sich die Sprecherin der Hinterbliebenen empört. »Schande über dich, IOC«,[41] ruft Ankie Spitzer, die Witwe des 1972 ermordeten Fechttrainers André Spitzer.

Ist es bei all diesen Verquickungen und Vorgängen verwunderlich, dass Bach im Kampf um die Präsidentschaft als Mann der Scheichs und Emire gilt?

Nun marschieren Bach und Al-Sabah im Präsidentschaftswahlkampf gemeinsam und für alle sichtbar durch die Reihen der Olympioniken. Der langjährige Fifa-Präsident Sepp Blatter, der zu der Zeit auch im IOC sitzt, erinnert sich, wie ihn Bach im Zuge seiner Präsidentschaftskampagne in ein Restaurant auf dem Zürcher Sonnenberg bat. Plötzlich saß auch der Scheich am Tisch.

Bei Blatter ist die Überzeugungsarbeit trotzdem vergebens, versichert der Schweizer. Denn der Fifa-Präsident unterstützt seinen befreundeten Landsmann Denis Oswald, der ebenfalls antreten will. Deshalb sondiert der bestens vernetzte Blatter für seinen eidgenössischen Kollegen die Lage; insbesondere auf dem afrikanischen Kontinent, dem er immerhin einst das erste WM-Turnier beschert hat, Südafrika 2010.

Von einem Sportfunktionär, der sowohl in Blatters Fifa-Welt wie auch in der olympischen eine wichtige Rolle spielt, erhält er die Rückmeldung, dass in der Afrika-Fraktion nichts zu holen sei für Oswald. Dort hätte man »viel Sympathie« für Bach. In der Afrika-Fraktion scharen sich die Leute um den langjährigen Leichtathletikchef Lamine Diack; einer der Funktionäre, die Zuwendungen von Dasslers korrupter Agentur ISL erhalten hatten. Diack wird später von französischen Ermittlern festgesetzt und als Kopf eines Schmiergeldringes rund um die Vergabe von Olympischen Spielen auffliegen. Auch just in den Tagen, als es ums IOC-Präsidentenamt geht, laufen über Konten in seinem familiären Zugriffsbereich krude Geldflüsse, mit denen die auf der gleichen Session stattfindende Wahl zugunsten Tokios als Ausrichter 2020 beeinflusst wird.

In Afrika haben sie ganze Arbeit geleistet: Al-Sabah, der Popstar vom Golf, der eine subversive Note ins IOC bringt, und der olympische Musterschüler Bach. Und als der Schweizer Mitbewerber Oswald endlich bereit zur Kandidatur ist, erfährt Blatter von seiner Quelle: »Es ist zu spät, wir haben uns bereits zusammengetan!« Ein Block für Bach. Alle 15 afrikanischen IOC-Stimmen für Bach? Das deckt sich mit einem Beitrag eines afrikanischen Sportfunktionärs, den die ARD mit verborgener Kamera aufnimmt. »In Afrika ist die Wahl zum IOC-Präsidenten nicht mehr spannend und längst entschieden. Die Afrikaner wählen alle Thomas Bach. Das haben wir so besprochen. Die Sache ist klar.«[42]

Im Mai 2013 ist Bach der erste Kandidat, der seine Ambitionen offen formuliert. Ihm folgen bald fünf weitere: besagter Schweizer Jurist Oswald; dazu der Banker Richard Carrión aus Puerto Rico, der Bachs stärkster Rivale wird; Wu Ching-kuo aus Taiwan, der seit seinem Sieg über Bachs alten Adidas-Kumpel Chowdhry den Boxverband führt; Ng Ser Miang, ein Unternehmer aus Singapur; so-

3 Der Durchbruch

wie der insgesamt 35-malige Stabhochsprungweltrekordler Sergej Bubka (Ukraine). Sie alle wissen, sie sind nur Außenseiter; aber sie wittern auch eine Chance.

Denn obwohl Bachs Weg an die Spitze über Jahre aufgebaut wurde, ist er keineswegs beliebt im IOC. Seine glatte, unpersönliche Art stößt viele ab; der Slogan »Anyone but Thomas« macht die Runde; Hauptsache, es wird einer der fünf anderen.

Aber dann kommt es noch dicker. Scheich Al-Sabah breitet die alteingesessene Seilschaft, das ganze Freunderlsystem vor laufender Kamera aus. »Ich werde offen sein: Ich bin Unterstützer von Thomas Bach. Ich bin dafür, dass Dr. Bach der nächste IOC-Präsident wird. Ich finde, Dr. Bach hat die Fähigkeit, und ich glaube, er wird es werden. Er ist auf diese Position seit Samaranch vorbereitet worden«, sagt er in einem Beitrag, den die ARD Ende August 2013 ausstrahlt.[43] Auf Nachfrage der Reporter, wie seine Unterstützung konkret aussehe, sagt Al-Sabah: »Ich mache alles, was helfen kann. (...) Warten Sie ab.« Und weiter: »Es gibt eine Verabredung mit Dr. Bach und er muss auch seine Maßgabe erfüllen. Wir werden an unserer Vision, unserem Fahrplan festhalten und wir haben eine Verabredung, seit zwölf Jahren. Schon seit der Wahl von Jacques Rogge. Und wir werden diese Verabredung erfüllen und hoffen, dass die anderen das verstehen. Das ist meine persönliche Meinung und ich habe sie bereits allen mitgeteilt. Ich denke, die Leute kennen meine Position bei dieser Wahl.«[44]

Eine zwölf Jahre alte Verabredung? Was genau ist das?

Der Scheich bleibt nebulös. Und Bachs Lager tut, als habe es keinen Schimmer, was gemeint sein könnte. Seine Leute tun ihr Bestes. Der DOSB, dessen Präsident Bach damals ist, erklärt: »Hierbei handelt es sich um ein Interview, das Scheich Al-Sabah unseres Wissens zurückgezogen hat, weil er sich vor der Aufzeichnung Ende Mai nicht über die IOC-Regeln bewusst gewesen ist. Dementsprechend werden wir ein zurückgezogenes Interview nicht kommentieren.«[45] Wieder so ein Taschenspielertrick: Am Inhalt der Aussage, an ihrem Wahrheitsgehalt ändern ja die IOC-Regeln nichts – aber dazu schweigt der DOSB. Und dann stellt der WDR auch noch klar, es sei »schlichtweg falsch« zu behaupten, Al-Sabah habe das Interview zurückgezogen.[46]

Dass der Scheich so offen erklärt, Bach zu unterstützen, ist gegen die Regeln des IOC – und müsste die Abteilung Ethik und Compliance zum Eingreifen bewegen. Aber die lässt Al-Sabah letztlich unbehelligt. Das Gremium leitet damals schon Paquerette Girard Zappelli, die in Bachs Zeit für ihr Amt schließlich mit gut einer halben Million im Jahr entlohnt werden wird und im versilberten Job vor allem mit effektiver Untätigkeit auffällt.[47]

Die Thronrivalen sind erzürnt. Vor allem Oswald wird offensiv. »Ich will einen unabhängigen Kandidaten, der nicht an bestimmten Allianzen hängt und der seine Position für nichts anderes nutzt als den Sport«, erklärt er am Vorabend der Wahl im Schweizer Radio: »Die Mitglieder müssen ihre Wahl treffen und einigen gefällt die Abmachung zwischen Kuwait und Bach nicht. Auch kann der Druck, den politische Instanzen in Deutschland aufgebaut haben, nicht ignoriert werden.«[48] Mit Erstaunen hat er registriert, dass im Frühjahr rund zweieinhalb Dutzend IOC-Kollegen zu einem Empfang in Deutschlands New Yorker UN-Vertretung gebeten wurden – »in der Grauzone« dessen, was das Reglement gestatte, sei das gewesen, findet Oswald. Wenn es Bach hilft, kann plötzlich sogar deutsches Olympialobbying sehr zielführend sein.

Auch der Singapurer Ng ist angefasst: »Um unsere Rolle als oberste Autorität und Führungskraft der Bewegung erfüllen zu können, brauchen wir einen Präsidenten von höchster Integrität, der unabhängig, frei von jeglichem äußeren Einfluss und über jeden Vorwurf erhaben ist«, teilt er nach der Veröffentlichung des Scheich-Videos mit: »Unser nächster Präsident muss die olympischen Werte verkörpern, die Fähigkeit besitzen, einen Konsens zwischen den verschiedenen Interessengruppen herzustellen, und mit gutem Beispiel vorangehen.«[49]

So kommt am Río de la Plata unerwartete Unruhe auf. Oswald wird von den restlichen vier Mitbewerbern zu einem taktischen

3 Der Durchbruch

Rückzug gedrängt. Denn würde er das tun, könnten er selbst sowie vier weitere Schweizer IOC-Mitglieder, fast alle Bach-fern, zusätzlich abstimmen. Diese fünf Voten sind ja gesperrt, solange ihr Schweizer Landsmann Oswald im (aussichtslosen) Rennen ist. Aber der Sturkopf, den wegen seiner sachlich richtigen Bach-Kritik prompt die Ethikkommission getadelt hat, ist nicht zu überzeugen. Er tritt an. Und so kommen die Schweizer Voten gegen Bach bei dieser Wahl erst gar nicht zum Einsatz.

In Buenos Aires steht auch der afrikanische Block besonders unter Beobachtung. Offenkundig bricht kurz vor Torschluss große Nervosität aus – mit Blick auf die Wahl des Sommerveranstalters 2020, bei der die Afrikarunde eigentlich für Tokio stimmen soll. Am Abend vor der Kür wird sie, wie sich aus französischen Ermittlerakten ergibt, noch mal zusammengetrommelt.[50] Der Namibier Frankie Fredericks sagte später, so eine Zusammenkunft sei nicht üblich gewesen.[51] Diack will offenkundig sichergehen, wie die Haltung der Kollegen zu Tokio ist, und seine Kollegen noch einmal einschwören – auch wenn er beteuert, er habe niemanden beeinflussen wollen.[52]

Während der Session erhält er eine Mail von seinem Sohn: »Nach Informationen deines afrikanischen Kollegen scheint Scheich Ahmad alles zu tun, um die Afrikaner dazu zu bringen, für Madrid zu stimmen! Wir müssen das während der Pause klären.«[53] Der Herr Papa weiß den Sohnemann schnell zu beruhigen: »Wir können nach der Sitzung darüber sprechen.«

Aber ist es realistisch zu glauben, dass eine Runde afrikanischer Wahlmänner bei einem Notdinner nur das eine große Kongressthema behandelt – nicht aber das andere, noch größere, nämlich die Wahl des neuen IOC-Präsidenten?

Riesenwirbel hinter allen Kulissen kurz vor der Kür. Aber der Scheich bleibt cool. Argentinische Zeitungen karikieren ihn bereits in einem Thomas-Bach-Trikot. Er hält Hof in der Hotellobby. Den ganzen Tag schwirren alle um ihn herum, selbst wenn er abwesend ist, dreht sich alles um ihn. Und als zur Eröffnungsfeier der Session im Teatro Colón alle schnatternd in die Limousinen verschwunden sind, setzt er sich im Foyer nieder und schiebt die dunkle Brille über die Stirn. Der nachtblaue Maßanzug sitzt, ein Zopf zähmt im Nacken das lange, gewellte Haar. Um ihn ist jetzt nur noch die ständige Entourage; hinter ihm futtert sein Kofferträger Sunday eine Süßspeise. Einer wie der Scheich kann auch mal einen Pflichttermin sausen lassen, vor aller Augen.

Doch er ist allzu siegesgewiss. 48 Stimmen für Bach habe man sicher, schon im ersten Wahlgang, teilt ein Untergebener des Scheichs mit. Gegenüber anderen Mitgliedern der olympischen Familie streut das Lager noch höhere Zahlen, von bis zu 60 Stimmen ist die Rede. Aber 48 ist eine magische Zahl: Damit hätte Bach auf Anhieb eine absolute Mehrheit.

Doch aus dem erhofften Durchmarsch wird nichts. Nur 43 Voten bekommt er in der ersten Runde. Erst im zweiten Durchgang sind es 49 Stimmen, das reicht gerade so für die absolute Mehrheit – 20 mehr als sein schärfster Herausforderer Richard Carrión, der Rest verteilt sich auf die anderen Kandidaten. Hätte also zum Beispiel der afrikanische Block geschlossen für den Bankier aus Puerto Rico gestimmt, hätte dieser den Deutschen überflügelt. In der olympischen Spezialwelt bedeutet so ein Ergebnis, dass sich die Begeisterung über den Deutschen trotz all der Lehr- und Kärrnerjahre in Grenzen hält. Sei's drum. Für Bach ist die Erleichterung überwältigend.

Am Abend in Buenos Aires sind die Gräben zwischen den Fraktionen im IOC zu spüren. Auf einem Schiff im Yachtclub steigt die offizielle Feier, ein paar Kilometer weiter schmeißt der Scheich seine Siegesparty. Der gibt sich nach seinem Triumph ganz bescheiden. »Dr. Bach hat der Bewegung viele, viele Jahre gedient. Immer wenn es Schwierigkeiten gab, war er da«,[54] sagt er, und fügt schließlich an: »Allein kann ich niemanden zum IOC-Präsidenten machen.«[55]

Auch die Urkräfte, die Anfang der Achtzigerjahre zusammengefunden haben, können wieder zufrieden sein.

3 Der Durchbruch

Der Kreml in Moskau hat wieder einen IOC-Präsidenten, der offene Ohren und Türen hat. Die Samaranch-Gedächtnisfraktion hat wieder einen der Ihren an der Spitze. Und ein Vierteljahrhundert nach dem Tod des Adidas-Patrons regiert den Weltsport wieder ein einst glühender Dasslerist.

4 Die Skandale

Der Olygarch verkauft die Seele der Spiele

Ein Fest für Putin

Fünf Monate nach seiner Wahl betritt Thomas Bach zum ersten Mal die ganz große Bühne in seiner neuen Funktion. Im Februar 2014 stehen in Sotschi die ersten Spiele seiner Präsidentschaft an. Es ist das Event, das unter dem großen persönlichen Einsatz von Putin sieben Jahre zuvor an die russische Schwarzmeerstadt vergeben wurde. Diese Spiele werden zur größten Propagandashow in der jüngeren olympischen Geschichte – freundlich begleitet durch das IOC, das unter seinem deutschen Präsidenten so gern behauptet, es sei politisch neutral.

Sotschi ist Putins Land, die Spiele dort sind Putins Projekt, vom ersten bis zum letzten Moment, in unmittelbarer Nähe seiner luxuriösen Sommerresidenz. Putin selbst, so lässt er das russische Fernsehen passend zu Beginn der Spiele unters Volk bringen, habe bei einer Ausfahrt mit einem Geländewagen den Ort für das Bergcluster entdeckt, wo nun die Skiwettbewerbe stattfinden.[1] »Wir fuhren durch diese Orte, kamen an diesen Fluss und ich sagte: ›Lass uns hier anfangen.‹«

So entstand aus dem Nichts an der subtropischen Schwarzmeerküste und weiter oben in den Bergen bei Krasnaja Poljana die komplette Infrastruktur für Olympische Spiele.

Der Aufwand ist gigantisch. Ein Budget von 1,5 Billionen Rubel insgesamt vermeldet die Nachrichtenagentur Interfax unter Beru-

4 Die Skandale

fung auf Unterlagen, was Sportminister Witalij Mutko indirekt bestätigt;[2] zum Zeitpunkt des Events sind das mehr als 50 Milliarden Dollar – vier Mal so viel wie angekündigt. Es ist die teuerste Olympiaauflage der Historie, die fünf vorangegangenen Winterspiele zusammen waren günstiger. Wobei russische Offizielle stets beteuern, es seien für die Olympischen Spiele nur 325 Milliarden Rubel gewesen,[3] rund zehn Milliarden Dollar. Die Grundlage für die Gegenrechnung ist der bei Olympiaveranstaltern beliebte Trick, die Kosten für die unmittelbare Spielevorbereitung und die für allgemeine Infrastruktur zu trennen.

Putins Party belastet den Staatshaushalt immens. Die russischen Oligarchen steuern wenig bei. Im Gegenteil: Viele von ihnen machen gigantische Geschäfte, vor allem enge Weggefährten des Präsidenten. Der Oppositionelle Boris Nemzow und der Publizist Leonid Martynjuk, die über Jahre zur Korruption rund um Olympia recherchieren, beziffern den Anteil der gestohlenen Gelder auf 50 Prozent.[4] Nemzow wird wenig später erschossen. Keine 100 Meter entfernt von den Mauern des Kreml.

Aber es ist nicht nur diese Summe, die in den Monaten vor dem Event viel Kritik hervorruft – es gibt viele andere Gründe. Die Lage der Menschenrechte und der Meinungsfreiheit im Land. Das Gesetz gegen homosexuelle Propaganda, wie das in Russland heißt. Die Vertreibung von Menschen aus ihren angestammten Siedlungen, der Umgang mit Gastarbeitern beim Sportstättenbau oder die gravierenden Eingriffe in die Natur für die Errichtung der olympischen Anlagen.

In der westlichen Politik führt die Gesamtgemengelage zu einem klaren Schritt. Viele Länder verzichten darauf, ihre Spitzenrepräsentanten zu schicken: In der US-Delegation fehlen Präsident Barack Obama und sein Vize Joe Biden, Frankreichs Staatschef François Hollande bleibt fern, ebenso die deutsche Bundeskanzlerin Angela Merkel und Bundespräsident Joachim Gauck.

Das IOC? Kümmert das nicht. Oder quasi nicht. Es lässt die Gastgeber weitgehend machen. Eine der wenigen Ausnahmen ist der Schweizer Gian Franco Kasper, langjähriger Präsident des Skiverbandes und einer aus der Anti-Bach-Fraktion. Mehrmals trägt er seine Kritik vor, im Schweizer Fernsehen holt er zu einem Rundumschlag aus.[5] Er warnt, dass »dieser Gigantismus die Spiele auffresse« und den Sport zerstöre. Putin sei eine eiskalte Persönlichkeit, mit der er sicher nicht befreundet wäre. Dann fabuliert Kasper in breitem Schwyzerdütsch munter darüber, wie das in Sotschi mit den immensen Geldflüssen so läuft. Zwar habe er kein eigenes Wissen, aber bekannt sei doch, dass 30 Prozent des Spielebudgets abgezwackt worden seien und die Baumafia profitiert habe.

So viel Klarheit gegenüber einem Potentaten durch einen IOC-Vertreter ist selten. Und dass es Kasper sagt, ist bedeutsam. Denn er ist als Chef des Skiverbandes bei Winterspielen der Präsident des wichtigsten Fachverbandes. Zudem hat er rund um Sotschi vieles mitbekommen, als Mitglied der Koordinierungskommission. Ein Schweizer Skipräsident, der brisante Reden zu einem Olympiagastgeber hält – so wie Kaspers Vorgänger Marc Hodler gut 15 Jahre zuvor an jenem legendären Dezembertag in Lausanne? Kommt jetzt etwas ins Rollen, wiederholt sich die Geschichte?

Russlands Regierung reagiert prompt. Putin, der seit seiner Dresdner Geheimdienstzeit perfekt Deutsch spricht, lässt sich das Stenogramm der Sendung besorgen, um es persönlich zu studieren. Die Attacke gegen Kasper führt sein Vertrauter Wladimir Jakunin an, als Präsident der russischen Eisenbahn RZD eine der mächtigsten Personen im Land. »Wie kann man dazu stehen, dass ein offizieller Vertreter der Schweiz behauptet, dass ein Drittel der Gelder beim Olympiabau gestohlen wurde? Hat er etwa an den Diebstählen mitgewirkt?«, keift er zurück: »Wenn er irgendwelche Beweise hat, dass das wahr ist, auf den Tisch damit! Im gegenteiligen Fall ist er ein Verleumder und muss nach dem Gesetz verurteilt werden.«[6]

Ein IOC-Mitglied ein Verleumder? Jemand, der vielleicht sogar verurteilt werden muss? Muss Bachs IOC da nicht alarmiert sein und sein angesehenes Mitglied verteidigen? Beileibe nicht. Kaspers

4 Die Skandale

Beiträge, heißt es, »waren persönliche Kommentare und in keiner Weise repräsentativ für das IOC«.[7] Und zum Verleumdervorwurf des Putinvertrauten sagt es gar nichts.

Putin regelt das nach Lektüre des Sendungsstenogramms auf seine Weise. Er erklärt, dass die Übersetzung des Kasper-Beitrags durch einen US-Journalisten nicht präzise gewesen sei – immer dieses blöde Schwyzerdütsch. Und natürlich, erklärt er in einer Journalistenrunde: »Wenn es objektive Daten (über Korruption) gibt, geben Sie sie uns bitte so schnell wie möglich.«[8] Kasper wiederum schiebt es auch auf die Übersetzung, die Sache mit der Baumafia wiederholt er nicht mehr, ein bisschen Gigantismuskritik schon noch. Aber im IOC spielt er danach kaum noch eine Rolle. Das ist eine Erfahrung, die über die Jahre noch mehr Leute machen werden – von den wenigen, die sich dem Kurs des deutschen IOC-Patrons und des Kremlregenten entgegenstellen.

In Sotschi ist nach dem gigantischen Aufwand alles für die Party vorbereitet, jetzt muss Russland nur noch sicherstellen, dass die Sause ungestört abläuft. Heißt vor allem: keinen Protest zuzulassen. Ursprünglich hat Putin verfügt, dass in ganz Sotschi ein Demonstrationsverbot gilt.[9] Kurz vor den Spielen kommt es zu einer Korrektur:[10] Proteste in unmittelbarer Nähe der Sportstätten bleiben verboten – dafür entsteht eine »Protestzone«. Knapp 15 Kilometer und zwei Stationen mit der Bahn entfernt vom olympischen Zentrum liegt sie, im Stadtteil Chosta, im »Park des Sieges«. Ein unscheinbares Plätzchen, die Brücke der nahen Autostraße wirft einen riesigen Schatten. Dort können Demos steigen; aber nur angemeldet und unter drei Bedingungen.

Die Proteste dürfen nichts mit den Winterspielen zu tun haben. Teilnehmen dürfen maximal 100 Personen. Und es braucht einen Wust an Genehmigungen: von der Stadtverwaltung, der Polizei, dem Innenministerium und dem Geheimdienst FSB. Zur Mitte der Spiele teilt die Stadtverwaltung mit, es habe zwei Anträge auf Demonstrationen gegeben – einer sei genehmigt worden. Der lokale Ableger der kommunistischen Partei versammelt sich zu siebt, um auf das Schicksal der »Kinder des Krieges« aufmerksam zu machen.[11] Der geplante Protest der Umweltschützer findet nicht statt.

Das passt ins Gesamtbild. Kritiker werden mit fadenscheinigen Gründen schikaniert. Wie der Umweltaktivist Jewgenij Witischko. Der Geologe ist ein führendes Mitglied der Gruppe »Ökologische Wacht für den Nordkaukasus«, die vor den Spielen intensiv auf Fragwürdigkeiten hinwies. 2012 wurde er zu einer Bewährungsstrafe verurteilt, weil er mit Mitstreitern einen Zaun besprayt hatte, der ihrer Meinung nach illegal um die Residenz des Gouverneurs von Krasnodar errichtet worden war. Nur wenige Monate vor den Spielen wandelten die Behörden die Bewährungs- in eine Haftstrafe um: Witischko habe gegen die Auflagen verstoßen, so die Begründung. Und Wochen vor den Spielen verschoben sie die Berufungsverhandlung, die kurz vor der Eröffnungsfeier hätte stattfinden müssen. Stattdessen verhafteten sie kurz vor der Ouvertüre Witischko, weil er in der Nähe einer Bushaltestelle geflucht haben soll. Sein Anwalt bestreitet, dass sich Witischko überhaupt in der Nähe dieser Bushaltestelle befand.[12] Am Ende muss er für drei Jahre in Lagerhaft.

Und wie reagiert Bachs IOC auf diese Vorgänge? »Wir haben (das Organisationskomitee) Sotschi 2014 gebeten, uns mit mehr Informationen zu versorgen. Dessen Informationen deuten darauf hin, dass der Fall Witischko nichts zu tun hat mit der Vorbereitung der Olympischen Spiele«, teilt es mit. Man müsse derlei »den kompetenten Behörden überlassen«.[13] Bach selbst setzt noch einen drauf: »Nach unseren Informationen hat er gegen geltendes russisches Recht verstoßen«, sagt er.[14]

Die Behörden greifen also kompetent durch, das IOC schaut weg, Putins große Show kann beginnen. Natürlich spricht das Staatsoberhaupt die feierlichen Eröffnungsworte, und als ein Journalist am Tag vor der Feier von Bach wissen will, ob Putin dies nicht zur politischen Propaganda missbrauchen könne, dokumentiert Bach klar, welchem Lager er sich zugehörig fühlt: Die Staatsoberhäupter aller Länder hätten sich bei der Eröffnung ans Proto-

4 Die Skandale

koll gehalten – »bis auf den einen, der die Olympische Charta in Salt Lake City 2002 verletzt hat«.[15]

Eine Anspielung auf US-Präsident George W. Bush, der damals unter dem Eindruck der Terroranschläge vom 11. September 2001 zur vorgesehenen Formulierung »Ich erkläre die Spiele für eröffnet« noch den Halbsatz »stellvertretend für eine stolze, entschlossene und dankbare Nation« ergänzt hat. Bei Putin aber, führt Bach fort, sei er sicher, dass er sich an die Charta halten wird. Und natürlich hält der sich am nächsten Tag an die Charta; also zumindest an den Teil, in dem es um die fromme Eröffnungsformel geht. Nicht aber an den Teil, in dem das IOC sich über Menschenrechte und anderes auslässt.

Pausenlos setzt der Staatspräsident sich und sein Regime während dieser zwei Wochen in Sotschi in Szene. Die Bilder Putins prägen die Spiele. Mal kommt er im roten Skianzug im Österreich-Haus auf einen Schnaps vorbei. Mal jubelt er an der Seite russischer Goldgewinner. Zwischendrin entstehen Fotos, wie er und Bach gemeinsam in einem Café an der Küste sitzen. Blendender Laune sind die beiden.

Das IOC hilft kräftig und wo immer möglich, dass sich ja kein Schatten auf Putins Party legt. Während der Spiele verstärkt sich in der Ukraine der Protest auf dem Maidan, dem Hauptplatz von Kiew. Hunderttausende Menschen demonstrieren gegen den Moskau-nahen Präsidenten Viktor Janukowitsch, das Regime versucht, den Aufstand niederzuschlagen. Waffen sprechen, Menschen sterben, Kiew trägt Trauer – das strahlt auf das kleine ukrainische Team in Sotschi aus. Der Sport ist in der Ukraine wie in vielen Ländern hoch politisiert. Jetzt wünschen die Demonstranten ein Zeichen der Solidarität, am besten eine Abreise des verbliebenen Teams.

Die ukrainische Delegation, geleitet von IOC-Mitglied Sergej Bubka, entscheidet sich zu bleiben – sie reicht aber beim IOC die Idee ein, mit einem Trauerflor zu starten, einer unscheinbaren schwarzen Binde am Oberarm. Bachs IOC hat sich mit dem Thema in Sotschi ohnehin schon blamiert. Norwegens Langläuferinnen um die Rekordolympiasiegerin Marit Bjørgen tragen im Skiathlon eine Armbinde, weil kurz zuvor der Bruder von Teamkollegin Astrid Jacobsen unerwartet gestorben ist. Es ist ein Zeichen des Mitgefühls. Und das IOC? Erteilt den Läuferinnen eine Rüge: Wettkampfstätten mit festlicher Atmosphäre seien der falsche Ort für Trauer.

Auch im Fall der ukrainischen Delegation kommt es nicht dazu. Zwar gibt es informelle Gespräche, aber laut IOC sei man übereingekommen, dass es andere Arten gebe, sich der Opfer zu erinnern; etwa eine Schweigeminute im olympischen Dorf, fernab der Öffentlichkeit. Das ist sehr im Sinne Putins, der mit der Ukraine gerade völlig andere Pläne verbindet: die Annektierung der Krim.

Die hat er schon länger im Visier, jetzt wird der Plan finalisiert. Russische Geheimdienstler bereiten auf der Halbinsel den Boden. Am letzten Wochenende der Spiele bittet Putin in Moskau hohe Politiker und Militärs zur nächtlichen Krisensitzung. Laut seiner Darstellung fällt am Morgen des Schlusstages um 7 Uhr der Beschluss für den Einmarsch: »Wir sind gezwungen, die Arbeit an der Rückkehr der Krim in den Bestand Russlands zu beginnen, denn wir können dieses Gebiet und die Menschen, die dort leben, nicht dem Schicksal überlassen und der nationalistischen Dampfwalze ausliefern.«[16]

Damit beginnt nicht nur eine völkerrechtswidrige Annektierung. Schon zum zweiten Mal nach 2008, als Russland zum Auftakt der Spiele zwei georgische Provinzen besetzte, bricht Putin die olympische Waffenruhe. Gleich nach dem Beschluss für den Krim-Überfall reist Putin zur Schlussfeier nach Sotschi, wo sich der IOC-Präsident Bach ganz euphorisch für dessen Bemühungen rund um die Spiele bedankt – und eine Einladung nach Lausanne ausspricht. Kritik daran spielt das IOC mit dem Hinweis herunter, das sei eine protokollarische Frage, die allen Olympiagastgebern angeboten werde.

All das ist frappierend. Noch aber könnte es die übliche Anbiederung eines Sportführers an die Potentaten des Globus sein, der sich danach in ein paar Demokratien (Rio! Pyeongchang! Tokio!) verabschieden will. Niemand ahnt, dass da noch etwas ganz anderes ist, das diese Spiele überschatten und den olympischen Sport für immer prägen wird. Doch bis das bekannt wird, dauert es noch ein paar Monate.

Auf einmal klappt die Technik nicht

Zunächst einmal wirkt sich die Schwarzmeersause von Sotschi auf ein anderes akutes Problem von Bachs IOC aus. Denn das muss sich um die Vergabe der Olympischen Winterspiele 2022 kümmern. Und eigentlich herrscht in sportpolitischen Kreisen eine klare Erwartung, in welcher Region dieses Event landen soll: in Mitteleuropa. Denn es wartet ein Jahrzehnt, in dem sich die olympische Parallelwelt fern ihres Kernmarktes bewegt. Spiele in Sotschi, Rio de Janeiro, Pyeongchang und Tokio stehen nacheinander an – eine ganze Dekade ohne Spiele in Europa, das gab es noch nie. Aber die Suche nach einem Gastgeber gerät für das IOC zur exorbitanten Peinlichkeit.

Kritik an der Ringe-Organisation gibt es in demokratischen Gesellschaften schon lange. Der Gigantismus der Spiele, die Kosten, zahllose Affären und das abstoßende Gebaren des IOC selbst haben das Image der Bewegung bei der Bevölkerung zerstört. Sotschi wirkt noch als Brandbeschleuniger. Und nun bricht sich diese Ablehnung in einer nie gekannten Absagenflut für die Ausrichtung der Winterspiele 2022 Bahn.

Frühjahr 2013: Die Bürger des Kantons Graubünden stoppen die Bewerbung von St. Moritz. Oktober 2013: Barcelona zieht sich zurück. November 2013: Im Heimatland des erst seit wenigen Wochen amtierenden deutschen Präsidenten Bach werden per Bürgerentscheid alle Pläne für eine Winterbewerbung beendet, und das mit klaren Ergebnissen in allen beteiligten Kommunen von München bis Garmisch-Partenkirchen. Januar 2014: Stockholm verzichtet aufgrund unklarer finanzieller Folgen und des Protestes aus der Bevölkerung. Mai 2014: In Krakau votieren bei einem Volksentscheid fast 70 Prozent der Bürger gegen eine Bewerbung. Dann, im Oktober 2014, der K.-o.-Schlag: Auch die traditionelle Winterhochburg Oslo, letzte Hoffnung der olympischen Bewegung, scheidet aus, auch, weil der norwegischen Regierung all die Extrawünsche des IOC nicht passen.

Olympia? Ohne uns – das ist die Botschaft aus Europa.

Zu diesen Absagen gesellt sich der bemerkenswerte Rückzug eines weiteren Kandidaten. Ursprünglich hatte sich auch Lwiw in der Westukraine um eine Bewerbung bemüht. Dann kam es zu den Protesten auf dem Maidan, dem Sturz des Russland-nahen Präsidenten Janukowitsch und der Bildung einer neuen Regierung – und dem Angriff Putins auf die Halbinsel Krim. Mitte März signierte Putin das Dekret, dass die Krim ein Teil Russlands sei. Keine zwei Wochen später entschied das IOC, wer den Vorsitz für die neue Evaluierungskommission übernehmen – also: wer federführend beurteilen soll, ob Lwiw bereit ist als Kandidat für die Winterspiele 2022.

Nein, natürlich wurde nicht Putin selbst berufen. Sondern seine Allzweckwaffe Alexander Schukow, der unter anderem schon als Vizepremier, im Verwaltungsrat der russischen Eisenbahn und stellvertretender Vorsitzender der Duma gedient hat, 2010 an die Spitze des nationalen Olympiakomitees gerückt und erst bei Bachs Krönungssession ins IOC gelangt ist. Schukows Einschätzung der politischen Lage liegt voll auf Kurs des Kreml. »Dies ist wahrscheinlich das wichtigste Ereignis in der Geschichte unseres Landes seit 1991«, sagte er nach der Annektierung der Krim, »ich habe die Gesichter glücklicher Menschen gesehen, die ihren Traum verwirklicht haben. Ein Traum, den sie seit vielen Jahren leben, seit die Krim künstlich aus Russland herausgerissen wurde.«[17] Zur neuen Regierung in Kiew, gebildet aus den Vertretern verschiedener Maidangruppen, merkte er an, deren »Legitimation« sei »zweifelhaft«.[18]

4 Die Skandale

Dieser Mann ist nun also als unparteiischer Prüfer für die ukrainischen Bewerber und ihre Regierung der erste Ansprechpartner seitens des IOC. Die Ringe-Organisation verteidigt ihren Winkelzug mit dem Hinweis, Schukow genieße das Vertrauen des Präsidenten.[19] Ende Juni stampft Lwiw nach einem Gespräch Bachs mit dem ukrainischen Premierminister Arsenij Jazenjuk und dem ukrainischen IOC-Mitglied Sergej Bubka die Kandidatur ein – unter Verweis auf die schwierige politische und wirtschaftliche Situation im Land.[20]

Für das IOC sind die Absagen aus Deutschland, Norwegen & Co. eine gefährliche Entwicklung. Zwar wirft sich der Weltsport gern den Potentaten des Globus in die Arme. Und bei jeder neuen Destination hilft die Behauptung, man wolle neue Märkte erschließen. Aber ganz ohne die alten Märkte, ohne TV- und Werbegelder aus den USA sowie die Kundschaft aus Europa, kann der olympische Sport auch nicht existieren. Bei vielen Olympiern ist das Bedauern über den Trend erwartungsgemäß groß. Jetzt ist der Moment gekommen: Bachs IOC inszeniert eine »Agenda 2020«, durch die sich angeblich alles bessert. Tenor: Künftig sollen die Spiele günstiger und nachhaltiger sein.

Zugleich ist manche olympische Kraft nicht unzufrieden. Beim Blick auf die Winterspiele gilt im IOC das Bonmot des Urgesteins Dick Pound, dass »40 bis 50 Prozent« seiner Kollegen »schrecklich wenig Ahnung und Interesse an den Winterspielen« hätten.[21] Jetzt bietet sich die unverhoffte Chance, gewisse Allianzen zu pflegen. Denn nach dem kollektiven Nein aus Mitteleuropa bleiben nur zwei Kandidaten übrig: Kasachstans Hauptstadt Almaty. Und Chinas Hauptstadt Peking.

Der olympischen Welt steht ein Duell zweier Autokratien bevor, das in Anbetracht ihres Images wie Satire wirkt. »Ohne den beiden Kandidaten unrecht zu tun, das ist eine unglückliche Situation«,[22] sagt Skiboss Gian Franco Kasper.

Dabei sind die Kräfte in diesem Duell klar verteilt. Almaty ist als Standort zwar schwierig. Kasachstan spielt in der globalen Sportwelt eine untergeordnete Rolle, die Menschenrechtslage in dem seit dem Kollaps der Sowjetunion existierenden Regime von Präsident Nursultan Nasarbajew ist kritisch, die wirtschaftliche Situation angespannt. Dennoch ist Almaty unter den beiden Kandidaten die naheliegende Lösung. Immerhin ist es ein klassischer Wintersportstandort – zum Beispiel wegen seines renommierten Eisschnelllaufovals – und es gibt dort etwas, was für Winterspiele gar nicht so schlecht ist: Schnee.

Das unterscheidet den Bewerber von Peking. Dort ist nichts, keine Wintersporttradition, kein Skigebiet, keine Schneesicherheit. Der Aufbau eines Skigebietes wird so viele Eingriffe erfordern, dass dagegen selbst Sotschis Gigantismusprojekt wie die Anlage eines Schrebergartens wirkt. Experten gehen von einer, Achtung: dreistelligen Milliardensumme aus. Und in Menschenrechtsfragen distanziert China sogar Kasachstan um Längen.

Aber was kümmert das die fromme olympische Bruderschaft? China ist seit den 1990er-Jahren eine Macht im Sport geworden. Es hat die Sommerspiele 2008 ausgerichtet, und es hat Bach beim Sprung auf den IOC-Thron unterstützt. Internationale Sportpolitiker erinnern sich, wie sich Pekings Vertreter damals engagierten. Das Land blieb auch nach den Peking-Spielen in der Sportwelt aktiv; von der Schwimm-WM in Schanghai über die Jugendspiele in Nanjing bis zur Leichtathletik-WM in Peking.

Welche bedeutende Rolle das Verhältnis zu Peking für Bach als IOC-Präsident spielt, zeigt sich kurz nach seiner Wahl. Den Vizeposten, den er frei macht, übernimmt Yu Zaiqing, Chinas stellvertretender Sportminister. Später wird Yang Yang stellvertretende Präsidentin der Welt-Anti-Doping-Agentur (WADA). Und zu Bachs ersten Arbeitsnachweisen gehörte es, bei einem Trip nach Peking dem Staatspräsidenten Xi Jinping den olympischen Orden umzuhängen – für, klar: »Seine Verdienste um Olympia und den Weltsport!«[23]

Xi war Cheforganisator der 2008er-Spiele. Ein Event, bei dem nicht nur die übliche Korruption zu bestaunen war – wegen Kor-

4 Die Skandale

ruption im Kontext der Bauarbeiten wurde Wochen nach der Schlussfeier Pekings Vizebürgermeister Liu Zhihua zum Tode verurteilt, die Vollstreckung immerhin ausgesetzt. Das vom neuen Ordensträger Xi geleitete Peking hatte auch – mit Billigung des IOC – freien Internetzugang im Pressezentrum verhindert. Nicht aufrufbar waren China-kritische Seiten wie die von Amnesty International. Nach massiven Protesten, insbesondere am IOC, lockerte China die Zensur, einzelne Webseiten waren zugänglich. Aber die versprochene ungehinderte Internetnutzung blieb verwehrt. Wenn das mal kein »Verdienst um Olympia« ist!

Plaketten wie die vom IOC nehmen Staatenlenker immer mit Vergnügen. Aber China hätte gern mehr, und der frisch an die Spitze von Staat und Partei gerückte Xi Jinping denkt in größeren Linien. Für den Sport heißt das: Peking möchte die erste Stadt sein, die sich Gastgeber von Sommer- und Winterspielen nennen kann. Kaum ist Bach richtig im Amt und mit leerer Ordensschatulle wieder abgereist, verkündet China, dass sich Peking um das Winterevent 2022 bewirbt. Die Bewerbung kommt überraschend, weil eigentlich ja Mitteleuropa am Zuge ist. Aber die Absagen dort spielen den Chinesen in die Karten – jetzt muss nur noch Almaty geschlagen werden.

China hat die besseren Kontakte, bei einigen IOC-Mitgliedern noch etwas gut und viel mehr Geld. Auch den einflussreichen Scheich Al-Sabah verorten die Werber im Chinalager. Und die Sichtweise des Kreml kann ja schlecht der Neuolympier Schukow vortragen, der formal der strikt neutrale Vorsitzende der Prüfkommission ist. Also springt der alte KGB-Mann Smirnow ein: »China hat wiederholt und erfolgreich große Wettbewerbe abgehalten, es gibt keine Probleme mit der Infrastruktur und den Finanzen. Dies ist eine bewährte Option. Im Gegensatz zu Almaty, das nicht über solche Erfahrungen verfügt.«[24] Kurzum: China ist der klare Favorit.

Dabei erlebt die olympische Welt in diesem Zweikampf ein aufschlussreiches Intermezzo. Denn als Bach auf der IOC-Session die Vorzüge seiner neuen Agenda preist, die Olympia günstiger und

Auf einmal klappt die Technik nicht

nachhaltiger machen soll, legt Doyen Dick Pound einen interessanten Vorschlag auf den Tisch. Warum nicht die Bewerbungsphase für 2022 noch einmal öffnen? So erhalten andere Kandidaten die Chance, sich im Rahmen der neuen Regeln und Reformen, die ihnen ja zupasskommen könnten, erneut zu bewerben.»Es ist nicht fair, dass die neuen Regeln der Agenda nur die noch zwei übrig gebliebenen Städte betreffen. Es sollten alle Städte die Chance erhalten. Deshalb sollte der Bewerbungsprozess neu gestartet werden«, sagt Pound.[25]

Bach könnte glücklich sein über diesen Vorstoß. Immerhin böte dies die erste Möglichkeit, die angebliche Agendapolitik sofort umzusetzen. Aber er wiegelt den Vorschlag sofort ab. »Man hat immer einen Vorteil, wenn man in einem Wettbewerb bleibt. Wenn man nicht im Wettbewerb bleibt, kann man nicht gewinnen«, sagt er: »Man kann auch nicht bei einem 10 000-Meter-Lauf aussteigen, wenn es regnet, und wieder einsteigen wollen, wenn die Sonne herauskommt.«[26]

Es wirkt fast so, als würde es Bach gar nicht passen, wenn neben dem Favoriten Peking und Außenseiter Almaty noch ein dritter Kandidat auftauchen würde. Also bleibt es dabei, dass im Sommer 2015 in Kuala Lumpur die Entscheidung zwischen nur zwei Kandidaten fällt. Und obwohl Peking so viele Unterstützer hat, deutet sich eine enge Entscheidung an. Zudem muss China auch noch einen schweren Fall in den eigenen Reihen behandeln. Gegen den stellvertretenden Sportminister Xiao Tian wird ein Disziplinarverfahren der kommunistischen Partei eröffnet – offenkundig wegen Korruptionsvorwürfen. Rasch teilen die Werber mit, dass das mit ihrer Kandidatur nichts zu habe.[27] Almaty verkauft sich offensiv, das kommt gut an in der olympischen Welt; und das sogar in der Präsentation unmittelbar vor der Wahl. In seltener Direktheit erklären die Kasachen, dass es bei ihnen keine stundenlangen Zugfahrten geben werde. Aber echten Schnee.

Und so gerät die erste Wahl eines Olympiagastgebers in der Ära Thomas Bach zu einer Farce. Die Abstimmung in Kuala Lumpur findet elektronisch statt, wie in den Jahren zuvor. Die IOC-Mitglieder drücken also einen Knopf auf einem Tablet, das Ganze dauert viele, auffallend viele Sekunden, dann schließt Sitzungsleiter Christophe De Kepper das Votum. Der IOC-Generalsekretär aus Belgien, der oberste Hauptamtliche in der Zentrale in Lausanne, ist eigentlich ein Mann der Rogge-Zeit, aber überraschenderweise bleibt er auch unter Bach im Amt – und das nicht nur übergangsweise, wie viele erwartet hatten, sondern über die komplette Amtszeit. Gerüchten zufolge hat es bereits vor Bachs Wahl ein Treffen gegeben, in dem die beiden über einen möglichen Verbleib des Belgiers sprachen; Bach dementiert das auf Nachfrage nicht. Jedenfalls lohnt sich der Job prächtig für De Kepper: Er streicht letztlich bis zu 1,425 Millionen Dollar per annum ein.[28]

Die Wahl in Kuala Lumpur stockt, jetzt dauert es eine Weile. Dann folgt die erstaunliche Mitteilung: Sorry, diese Abstimmung ist leider ungültig gewesen! Wegen technischer Probleme. Mit den Olympiagreisen und der Technik ist es manchmal so eine Sache. Die Probeabstimmungen zum Systemcheck bringen bei Sportfunktionären tollste Geschichten hervor, etwa, wenn sie testweise angeben sollen, wo ihre Sitzung gerade stattfindet. Und Jahre vorher gab es helle Aufregung um die Vergabe der Spiele 2012. Das israelische IOC-Mitglied Alex Gilady warf seinem griechischen Kollegen Lambis Nikolaou vor, in einem Wahlgang den falschen Knopf gedrückt zu haben, damit London im Rennen blieb und Paris rausflog – was der Mann aus Athen mit dem Hinweis konterte, er habe gar nicht abgestimmt.[29]

Aber eine Neuwahl aufgrund technischer Probleme? Nein, das gab es noch nie. Die Mitglieder müssen jetzt noch mal ran. Und sieh an: jetzt nicht mehr elektronisch über Tablets. Statt mit den Wahlgeräten wird ganz altbacken per Handschrift abgestimmt. Als die Zettelchen ausgezählt sind, verkündet Bach ein superknappes Ergebnis: 44 Voten für Peking, 40 für Almaty, eine Enthaltung!

Der ganze Ablauf gleicht einer Posse. Aber Nachfragen dazu tut Bach als »unfair« ab. Nach Recherchen des *Spiegel* führten die

Auf einmal klappt die Technik nicht

Schwierigkeiten der Mitglieder mit den neuen Samsung-Tablets dazu, dass beim ersten Versuch 89 Stimmen gezählt wurden[30] – obwohl das nicht sein kann, denn abzüglich der elf entschuldigten Mitglieder sowie der drei nicht wahlberechtigten Chinesen können maximal 86 Stimmen abgegeben worden sein. Nur, selbst wenn das zuträfe: Das lässt sich leicht regeln, warum hat das IOC die elektronische Wahl nicht einfach wiederholt? Und wie viele Tablets sind eigentlich sonst defekt, wenn Sportfürsten abstimmen? Haben das IOC und/oder der Dienstleister Samsung keine Reservetablets?

In Kasachstans damaligem Bewerberkreis glauben sie bis heute, dass sie elektronisch besser abgeschnitten hätten. Scheich Al-Sabah tröstet mit dem Hinweis, Kasachstan sei »in der Lage, ein anderes Mal zu gewinnen«.[31] Und so erstaunlich wie der Ablauf ist die Tatsache, dass dieser seltsame Vorgang nie mehr eine Rolle spielt auf einer Tagung des IOC. Eine Anfrage zu den Details des Ablaufs beantwortet das IOC nicht konkret.

Im Sommer 2015 jubelt nach allerlei Wahlkuriositäten also China. Die Volksrepublik kann sich sogleich bei der olympischen Bewegung revanchieren: über den Einstieg von Großsponsoren. Im IOC achten sie sehr darauf, dass ein Kandidat Sponsoren bringen kann. Nach der Vergabe an Tokio 2020 fiel auf, dass unter allen Toppartnern der japanische Elektronikkonzern Panasonic seinen Vertrag als Erster bis 2024 verlängerte – und Monate später der japanische Reifenhersteller Bridgestone einstieg.

In China war vor den Peking-Spielen 2008 Lenovo Partner geworden. Und auch das Ja zu den Winterspielen 2022 honoriert nun Chinas Geschäftswelt. Der Online-Händler Alibaba steigt 2017 ein, gleich für elf Jahre. Zwei Jahre später betritt die China Mengniu Dairy die olympische Arena, ein Unternehmen, das auf Produktion und Vertrieb von Molkereiprodukten spezialisiert ist. Jetzt steigt es in einem ungewöhnlichen Joint Venture mit dem Traditionssponsor Coca-Cola zum größten IOC-Zahlpartner auf. Von geschätzt drei Milliarden Dollar über die komplette Vertragslaufzeit bis 2032 ist die Rede – tatsächlich »eine neue Dimension der Partnerschaft«, wie Thomas Bach hervorhebt. Happy End für den Olymp: Im Sport hängen die Milliarden halt manchmal an ein oder zwei Stimmen.

Die Doping-Kronzeugen packen aus

Es gibt auch sonst neue Dimensionen im Olymp: Während die Deals mit China eingespielt werden, wächst um einen anderen Herzensbruder die Unruhe. Ende 2014 erscheint in der ARD eine Dokumentation mit dem Titel »Geheimsache Doping – wie Russland seine Sieger macht«.[32] Es geht um manifeste Vorwürfe und skandalöse Vorgänge im russischen Sport; vor allem in der russischen Leichtathletik, aber nicht nur dort. Zwei russische Kronzeugen packen aus: Witalij Stepanow, früher Mitarbeiter der russischen Anti-Doping-Agentur (Rusada), und seine Frau Julia, eine frühere Mittelstrecklerin, die selbst wegen Dopings gesperrt worden war.

Detailliert schildert der Film, wie manipuliert wird, Doping verabreicht und vertuscht wird – und wie manche Funktionäre bei positiven Sportlern auch noch abkassieren. Im Zentrum der Anklage stehen zunächst die Chefs der russischen Leichtathleten, der medizinischen Kommission und vor allem der des Moskauer Labors, Grigorij Rodtschenkow. In den Interviews gibt Kronzeuge Stepanow, der aus Angst um das Leben der Familie mit Frau und Kind ins Ausland flüchtet, die Stoßrichtung vor: Es geht um »ganz oben«. Dort habe besonderes Interesse geherrscht, »dass Russland besser ist als andere Länder«.[33] Ganz oben in einem System, über dem Putin thront?

Die Story ist so dicht, dass letztlich nicht einmal die sportpolitisch vom IOC dominierte Welt-Anti-Doping-Agentur (WADA) umhinkommt, Betriebsamkeit zu entwickeln. Sie beruft eine Kommission ein, an deren Spitze einmal mehr Richard Pound steht, das altgediente IOC-Mitglied aus Kanada, der zugleich Gründungspräsident der WADA war. Der kanadische Anwalt hatte anderthalb

Die Doping-Kronzeugen packen aus

Jahrzehnte zuvor die Salt-Lake-Kommission geleitet, die sogar ein paar Kollegen sanktionierte – woraufhin er selbst den Kampf um die Samaranch-Nachfolge verlor. Einer der wenigen Männer im olympischen Zirkus, denen man zutraut, dass er der Sache wirklich nachgeht.

Während Pound beginnt, den Russen hinterherzuspüren, gibt es allerdings noch andere Kontakte des IOC mit Russland. Zuvorderst pflegt sie: Präsident Bach. Im Februar fliegt er nach Russland – zu einem Treffen mit Wladimir Putin.[34] Bach kommt laut den Protokollen des Kreml geradezu untertänig daher. Er gratuliert Putin zum »herausragenden Erfolg« bei den Spielen von Sotschi; er möchte Putin noch einmal ausdrücklich »gratulieren und danken, dass der Sport in Ihrem Land einen so wichtigen Platz einnimmt«; und er dankt für die Möglichkeit, »über die weitere gemeinsame Arbeit heute im Detail« zu sprechen. Und der Dopingvorwurf?

Keine zwei Monate später sehen sich die beiden erneut. Am Rande einer Veranstaltung von SportAccord in Sotschi kommt es zu einem persönlichen Gespräch.[35] Wieder ist Bach voll des Lobes, rühmt das Erbe von Sotschi und den russischen Sport im Allgemeinen. »Wir sind bereit und daran interessiert, unsere Zusammenarbeit mit Russland im Bereich des Sports weiter auszubauen«, sagt er laut den Kremlaufzeichnungen zu Putin: »Ich freue mich daher auf unseren bevorstehenden Meinungsaustausch, bei dem wir sicherlich über das eine oder andere gemeinsame Projekt sprechen werden.«

Die russische Seite bleibt in diesen Monaten sehr gelassen. Sportminister Witalij Mutko verspricht Kooperation und übergibt der WADA einige Proben. Der Leichtathletikchef wird ausgetauscht, der Cheftrainer auch. Neustart, liebe Genossen!, dröhnt es aus Moskau. Wobei der Neustart so aussieht: Cheftrainer Walentin Maslakow, in dessen Zeit es so viele Positivtests gab, kümmert sich jetzt um die Nachwuchssprinter. »Jemand mit seiner Erfahrung muss dem Verband erhalten bleiben«, sagt der neue Verbandspräsident.[36]

4 Die Skandale

Ob die russische Gelassenheit mit den guten Drähten in den Olymp zu tun hat? Nach den Treffen zwischen Bach und Putin laufen im Hintergrund verdeckte Kontakte. Und das sogar zwischen dem russischen Sportministerium und der Spitze der WADA, für die doch gerade Dopingermittler unterwegs sind.

Die WADA ist wie der Internationale Sportgerichtshof CAS eine Instanz, die der Sport gern wie eine Monstranz vorschiebt, um Unabhängigkeit in allen wichtigen Fragen zu suggerieren: sei es sportrechtlich beim CAS oder eben in Betrugsdelikten bei der WADA. Tatsächlich sind beide Institutionen keineswegs unabhängig – das IOC und die olympische Welt mischen entscheidend mit. Zu Beginn der Russlandaffäre stellt der Sport die Hälfte der Mitglieder in der WADA-Exekutive – darunter den Präsidenten: Craig Reedie, ein IOC-Schlachtross aus Schottland.

Er und Bach kennen sich schon lange gut. Reedie kam kurz nach Bach ins IOC, er ist nach Bachs Präsidentenkür dessen Vizepräsident – und rückt kurz darauf auch an die WADA-Spitze. Als Bach ihm 2023 im indischen Mumbai den olympischen Orden verleiht, singt er Hymnen auf Reedie: »Mit all Ihrem diplomatischen Geschick, Ihrem guten Sinn für Humor und Ihrer Offenheit haben Sie es geschafft, das Schiff durch die raue See zu steuern!«[37]

Käpt'n Bach und sein Lotse Reedie haben offenbar eine sehr eigene Definition von diplomatischem Geschick, Humor und Offenheit, wie die Abläufe im Jahr 2015 zeigen. Während WADA-Sonderermittler Pound den russischen Betrügereien hinterherermittelt, wächst ein stiller Gesprächskanal zwischen Reedie und Moskau heran. Dort arbeitet im Sportministerium eine Lady, die der Brite bestens kennt: Natalija Schelanowa, Abteilungsleiterin unter Sportminister Mutko. Und Mitglied der WADA-Finanzkommission. Mit Kollegin Schelanowa tauscht Reedie nun vertrauensvolle Nachrichten aus, die für Russland sehr beruhigend klingen müssen.[38]

»Auf persönlicher Ebene schätze ich meine Beziehung zu Minister Mutko und wäre Dir dankbar, wen Du ihm mitteilst, dass es nicht die Absicht der WADA ist, irgendetwas zu tun, was diese Be-

Die Doping-Kronzeugen packen aus

ziehung beeinträchtigt«, schreibt Reedie am 30. April, zehn Tage nach der Zusammenkunft zwischen Putin und Bach in Sotschi. Und mehr: Die WADA sei nach den medialen Enthüllungen von mehreren Anti-Doping-Organisationen unter Druck gesetzt worden, Ermittlungen aufzunehmen – deshalb, sorry, habe man »die unabhängige Kommission gezielt eingesetzt, um politische Probleme zu vermeiden«.

Reedie sendet das nicht nur nach Moskau. Er leitet die Mail auch an zwei andere Akteure der Sportwelt weiter – verbunden mit dem entlarvenden Hinweis: »Dies erklärt hoffentlich, was die WADA zu tun versucht, und dass wir in keiner Weise Russland attackieren.«[39] Die Empfänger der Mail sind die WADA-Führungskraft Olivier Niggli und der Schweizer Anwalt François Carrard. Der mischt seit einer Ewigkeit in den Verbänden des Weltsports mit, kennt alle Tricks und war unter Samaranch Generaldirektor des IOC. Reedie erklärt diese Mails später tapfer so: »Hochrangige Vertreter« des IOC hätten ihn gebeten, Kommentare aus Russland zu widerlegen, wonach sich die WADA im Krieg mit Russland befinde.[40]

Und auch die Kontakte des höchsten IOC-Mannes zum höchsten Kremlmann reißen in diesen Tagen nicht ab. Laut Kreml folgen auf die Treffen im Februar und im April zwei weitere Gespräche: ein telefonisches im Juli, eines bei einem Treffen im Oktober. Man habe am Hörer »aktuelle Fragen der Entwicklung der internationalen olympischen Bewegung und andere Themen im Zusammenhang mit der multilateralen Zusammenarbeit im Bereich des Sports« besprochen.[41]

Während also Pound mit seinem Team ermittelt, sind die Drähte zwischen IOC-Boss Bach und Putin sowie WADA-Chef Reedie und dem Moskauer Sportministerium eng. Vier persönliche Gespräche gab es zwischen Bach und Putin in dieser heißen Phase. Bach beantwortet die Anfrage nicht, inwieweit es bei dieser Konversation um das Dopingproblem ging.

Pounds Kommission lässt sich von den Störgeräuschen im Hintergrund aber nicht ablenken, sie geht der Sache nach. Und legt am

4 Die Skandale

9. November einen Bericht vor, der es in sich hat. »Es ist schlimmer, als wir dachten! Das ist ganz schön verstörend«, fasst der Kanadier die Ergebnisse zusammen.[42]

Es zeigt sich, wie konzentriert die Dopingvergabe durch die Verantwortlichen erfolgte; dass belastete Proben vertuscht wurden; dass der Geheimdienst im Labor mitmischte; dass ein zweites Labor im Einsatz war; dass viele aufbewahrte Proben vor der Untersuchung zerstört wurden und vieles mehr.[43] Und es gibt erste Hinweise auf eine Beteiligung des Sportministeriums. Jeder in Russland, so Pounds These, wusste es und war einverstanden. »Ja, der Staat hat Doping unterstützt, daran gibt es keinen Zweifel.«

Ein Torpedo ist scharf gemacht. Das IOC hält sich bedeckt. Russland reagiert gereizt, die Athleten fürchten jetzt um ihre Olympiateilnahme; weite, nicht alle Teile der Medien geifern, und auch Politiker wie Sportminister Mutko oder Kremlsprecher Dimitrij Peskow schlagen raue Töne an. Erstaunlich schnell legt sich das Ganze – denn Putin spricht, und er hat Kreide gefressen. Zwar dürften Kollektivstrafen nicht sein, aber bitte, liebe Freunde des russischen Sports: »Wenn unsere ausländischen Kollegen Fragen haben, ist es wichtig, dass keine offenbleiben«, teilt er mit.[44]

Die Ouvertüre für bewegte Tage. Denn aus Pounds Vortrag folgt eine erste harte Konsequenz: Am Freitag, 13. November, suspendiert der Leichtathletikweltverband, bei dem soeben der Brite Sebastian Coe das Präsidentenamt vom hoch korrupten Senegalesen Lamine Diack übernommen hat, die russische Föderation.[45] Es ist offenkundig der Versuch des ehemaligen Mittelstreckers, dem Sog der Affären zu entgehen und sich im Amt zu halten. Jetzt steht im Raum, dass Russlands Leichtathleten nicht bei den Sommerspielen in Rio de Janeiro starten dürfen. So, wie es Pounds Kommission empfiehlt.

Rio ohne Russen, in der Königsdisziplin Leichtathletik? Das ist brenzlig. Und jetzt wird – erstmals in diesem Dopingskandal – die haarsträubende Allianz Moskaus mit Lausanne offensichtlich. Bereits am Samstag eilt Russlands Olympiachef Schukow zu Bach.

Die Doping-Kronzeugen packen aus

Am Ende der Zusammenkunft veröffentlicht das IOC einen Vier-Punkte-Plan und zwei bemerkenswerte Mitteilungen.

Auftritt Bach: »Ich begrüße die Tatsache, dass das ROK [Russlands Olympiakomitee, d. V.] seine feste Zusage zum Ausdruck gebracht hat, die sauberen Athleten zu schützen und alle gedopten Athleten und Funktionäre zu bestrafen«, sagt er: »Ich habe die Offenheit der Diskussion sehr geschätzt und die Tatsache begrüßt, dass [das ROK] die führende Rolle spielen wird. Wir sind zuversichtlich, dass die vom ROK vorgeschlagenen Initiativen [dazu führen werden], die Teilnahme sauberer russischer Athleten an den Olympischen Spielen zu gewährleisten.«[46]

Und ROK-Präsident Schukow fügt hinzu: »Das Russische Olympische Komitee ist entschlossen, dass die sauberen Athleten in Rio de Janeiro antreten sollen. Jeder, der der Einnahme illegaler Mittel für schuldig befunden wird, und jeder, der den Konsum erleichtert oder sich daran beteiligt hat, muss bestraft werden.«[47]

Das ist ein Deal, den sie in Moskau in interner Runde groß feiern. Der Hase läuft jetzt so: Überführte Doper fliegen raus, alle anderen dürfen starten. Dann kann jede Seite einen Erfolg reklamieren. Bach kann erzählen, Sanktionen verhängt zu haben – und Russland wie üblich eine große Mannschaft schicken. Dem Kreml ist es ja egal, wer nun genau für Russland in Rio startet; Hauptsache, sie sind dabei.

Doch keine 48 Stunden später bringt ein diskreter Vorgang alles ins Wanken – ohne dass es zunächst jemand mitbekommt. Denn am 17. November 2015 setzt sich eine der Schlüsselfiguren dieser Betrugsgeschichte ins Flugzeug und flieht aus Moskau in ein Land, das er nie mehr verlassen wird: in die USA.[48] In Los Angeles landet Stunden später: Grigorij Michajlowitsch Rodtschenkow, der Chef des Moskauer Labors.

Rodtschenkow ist eine ungewöhnliche Figur. Schon äußerlich wirkt er wie ein wunderlicher Professor: angegrautes, wuscheliges Haar, große Brille, das rechte Auge flackert wegen einer Krankheit. Er war Leichtathlet, Spezialdisziplin Mittelstrecke, später studiert

4 Die Skandale

er Chemie an der Lomonossow-Universität in Moskau, dann steigt er in den Anti-Doping-Kampf ein. Seit Mitte der Nullerjahre leitet er das Moskauer Anti-Doping-Zentrum, wird auch Mitarbeiter des Geheimdienstes FSB, der Nachfolgeorganisation des KGB.

Rodtschenkow ist international anerkannt und ein gefragter Gesprächspartner. Dabei gibt es seit Langem Zweifel an seiner Integrität. 2010 und erneut im August 2012 melden sich russische Whistleblower bei der WADA mit Hinweisen.[49] Auch dazu, dass der Moskauer Laborchef Rodtschenkow Geld verlange, um positive Tests in negative umzumünzen. Im Juli 2013 berichtet die *Mail on Sunday* über solche Betrugspraktiken; auch dass Rodtschenkow und seine Schwester beim Drogenschmuggel erwischt und festgesetzt worden sind. Zu dieser Zeit wagt die WADA sogar ein Monitoring rund um das Moskauer Labor.

Im Herbst 2013 hat ein Autor dieses Buches ein Treffen mit ihm vereinbart. Der Weg dorthin ist angemessen verdunkelt. Das Labor liegt in Moskaus Osten, vom Fluss Jausa aus geht es den Yelizavetinskiy Pereulok entlang, rechter Hand das Stadion Sokol, dann links ums Eck in einen schwach beleuchteten Hinterhof, und schließlich durch einen unscheinbaren Eingang. Der Pförtner staunt über den Besuch, aber der Hausherr eilt herbei. Die übliche Anmeldung des Gastes sei nicht nötig, erklärt Rodtschenkow, und bittet den Besucher durch eine Nebentür ins Büro.

In diesem Gespräch weist Rodtschenkow alle Vorwürfe zurück. Er wirkt entspannt, natürlich habe er sich stets korrekt verhalten. Und bei der WADA-Prüfung? Da sei es um Banalitäten gegangen, wie die Frage, ob der Kühlschrank korrekt platziert sei. Pillepalle. Natürlich geht es um mehr als um Kühlschränke. Etwa um Unregelmäßigkeiten bei der Aufbewahrung von Proben, von denen viele kurzfristig zerstört werden, bevor die WADA-Prüfer kommen. Aber mit einem hat Rodtschenkow recht: Ihm geschieht nichts. Er macht einfach weiter, bis Sotschi, in Sotschi, nach Sotschi – so lange, bis er selbst in die USA flüchtet.

Aber Rodtschenkow kommt nicht allein. Im Gepäck hat er eine

Die Doping-Kronzeugen packen aus

Festplatte mit Unmengen an Dokumenten und Mails – unschlagbaren Beweisen für ein russisches Dopingsystem. Der Wissenschaftler und operative Kopf des Betruges ist aus Russland geflohen und beginnt, mit den US-Behörden zu kooperieren. Das scheint nicht einmal das dichte Agentennetz des russischen Geheimdienstes zu wissen.

Im Winter 2015/16 herrscht beim Thema »Doping in Russland« Alarmstufe Rot. Etwa wegen des exzessiven Genusses von Meldonium; ein Herzmittel, das in Russland traditionell populär und von der WADA neu auf die Verbotsliste gesetzt worden ist – nur leider von vielen Russen nicht (rechtzeitig) abgesetzt wurde. Und dann kommt auch noch auf mysteriöse Art Nikita Kamajew ums Leben, der lange in führender Position bei der Anti-Doping-Agentur Rusada gearbeitet hat und nach Beginn des Skandals ausgeschieden ist. Westlichen Journalisten hatte er Ungeheuerliches angekündigt: Er wolle ein Buch schreiben über »die wahre Geschichte der Pharmakologie des Sports und Dopings in Russland seit 1987 (…), als ich ein junger Wissenschaftler in einem geheimen Labor des sportmedizinischen Instituts der UdSSR war«.[50] Dazu kommt es nicht, leider verstirbt er nach einer Langlauftour nahe Moskau im Alter von nur 52 Jahren. Herzversagen.

All das erschüttert die russische Seite nicht. Exemplarisch zeigt sich das im Frühjahr 2016 bei einem Interview mit dem Mann, der nun in den Fokus rückt: Multifunktionär Witalij Mutko, noch so ein alter Bekannter Putins aus gemeinsamen Petersburger Jahren, unter anderem Sportminister, nationaler Fußballchef und Vorstandsmitglied im Weltverband Fifa. Er hat manche Affäre überlebt, sogar der russische Rechnungshof ist ihm hinterhergestiegen mit dem Vorhalt, er habe während seines 20-tägigen Aufenthalts bei den Winterspielen in Vancouver mehr als 30 000 Euro verprasst – was Mutko als »totalen Müll« zurückwies.[51]

Mutko sitzt nun in seinem Ministerium in der Uliza Kasakowa, ein schicker, aber kein protziger Raum mit hohen Decken, in der Ecke eine Vitrine mit Pokalen und Schiffchen aus Keramik; Mutko war bei der Marine. Im Gespräch wechselt er zwischen Scherz und Angriffslust, ständig redet er alles klein. »Wir haben eingesehen, dass es Probleme im Labor und bei der Rusada gibt. Beide Organisationen pausieren. Jetzt hat Russland gesagt: Bauen wir alles neu auf. Auf einer ehrlichen Grundlage. Gemeinsam mit der WADA und der IAAF (dem Leichtathletik-Weltverband).«[52] Ehrliche Grundlage? Russland wartet nur darauf, dass endlich der Bann aufgehoben wird. Gibt es da nicht diese tolle Vereinbarung mit Lausanne?

Aber dann hat im Mai, nur Wochen vor den Sommerspielen in Rio de Janeiro, der Mann seinen Auftritt, der Monate zuvor heimlich in Los Angeles gelandet ist. Grigorij Rodtschenkow gibt der *New York Times* ein Interview.[53] Er hebt alles auf die höchste Stufe. Denn er packt richtig aus über alles, was er weiß und was er mitgestaltet hat. Über das gigantische Staatsdopingsystem, das es jahrelang gab. Und darüber, wie Russland zur Krönung die Olympischen Spiele in nie gekannter Weise versaute, indem für Sotschi heimische Sportler gezielt gedopt und bei den Spielen ihre positiven Proben in einer filmreifen Aktion ausgetauscht wurden.

Russland – das ist der Olympiasieger im Sportbetrug.

Der größte Skandal der Sportgeschichte

Auftritt Richard McLaren. Während die russische Seite den Kronzeugen Rodtschenkow als Verleumder und Deserteur schmäht, beauftragt die WADA den nächsten kanadischen Anwalt mit einer Untersuchung. McLaren hat nur knapp zwei Monate Zeit, am 18. Juli 2016 ist Meldeschluss für die Spiele in Rio. Er legt los, und am letzten Tag sitzt er in Toronto auf dem Podium und gibt eine bahnbrechende Pressekonferenz. Danach ist der größte Skandal der Sportgeschichte amtlich verfügt: In Russland, teilt McLaren mit, habe es über Jahre ein »staatlich gesponsertes Dopingsystem« gegeben. Zentral beteiligt: die Leitung des russischen Sportministeriums, Agenten des russischen Geheimdienstes FSB, die russische Anti-Doping-Agentur Rusada und das Moskauer Kontrolllabor.

Doping im russischen bzw. zuvor im sowjetischen Sport ist wahrlich nichts Neues. Über Jahrzehnte, seit den Hochzeiten des Kalten Krieges, gab es viele auffällige Befunde und Tatsachen – und auch Systematisches. Schon rund um die Spiele 1980 in Moskau kam es nach Angaben des KGB-Oberstleutnants Popow zu flächendeckendem Betrug, indem Positivproben manipuliert wurden. Damals habe es ein KGB-Mann übernommen, belastete Proben sowjetischer Sportler wegzuschütten und durch saubere zu ersetzen.[54]

Popow hat dies bereits in den Nullerjahren öffentlich berichtet, es blieb fast unbeachtet. Insofern ist bemerkenswert, dass die Spiele in Moskau offiziell als die saubersten gelten, die es je gab. Klar: Nicht ein Athlet wurde positiv getestet, kein Sowjetsportler, die insgesamt 80 Goldmedaillen abräumten, aber auch kein ausländischer. Auch Rodtschenkow hält später fest, dass das Staatsdopingsystem schon in den 1980er-Jahren begann. »Als ich 1985 im Moskauer Labor anfing, war das ganze Dopingsystem schon an Bord.«[55]

Nun, im Sommer 2016, kann Ermittler McLaren dank des Kronzeugen Rodtschenkow, der vieles an Eides statt versichert, umfassend darlegen, wie diese russisch-sowjetische Dopingtradition in den Jahren nach 2010 fortlebte.[56] Folgt man Rodtschenkow, war das ein zwischen den Zeilen formulierter Auftrag an ihn, als ihn die russischen Behörden nach besagtem Drogenfund 2013 freilassen. Denn sportlich sieht es für die Russen gerade mau aus: Bei den Spielen in Vancouver 2010 haben sie lediglich drei Goldmedaillen eingefahren. Weniger denn je.

Nun braucht es ein neues System. Das Grundprinzip bei positiv getesteten Sportlern: Stellt Rodtschenkow einen Verstoß fest, erfolgt eine Rücksprache mit dem Sportministerium – und von dort ein Signal, ob der Athlet zu schützen sei oder nicht. Für manche Sportler entwickelt Rodtschenkow eigens einen Dopingcocktail: Drei anabole Steroide werden in Alkohol aufgelöst, Whiskey für

4 Die Skandale

die Männer und Martini für die Frauen. Mit dem Gemisch spülen die Sportler dann den Mund aus – das verringert die Zeitspanne, in der Tests positiv ausfallen. Laut Rodtschenkow waren schon bei den Sommerspielen in London 2012 mehr als die Hälfte der Russen gedopt.

Zugleich wird, wie einst im Kalten Krieg, eine Ausreisekontrolle eingeführt, um zu verhindern, dass russische Sportler bei internationalen Wettkämpfen auffliegen. Mehr als 1000 Athleten sollen davon profitiert haben. Quer durch alle Sportarten reicht das System, bis zum Fußball, wie sich kurz vor der WM 2014 in Brasilien zeigt. Rodtschenkow erhält eine Mail aus dem Sportministerium. »Sehr geehrter Grigorij Michajlowitsch«, heißt es, »ich sende eine Liste der ersten Fußballnationalmannschaft, die am 3. Juni getestet worden ist. Wir müssen herausfinden, ob sie gesund sind!«[57] Auf der Liste: die 23 Namen der WM-Teilnehmer und eines mittrainierenden Reservisten. Es soll vermieden werden, dass ein russischer WM-Kicker in Brasilien positiv auffallen kann.

Aber derlei Vorkehrungen sind nur die Basisversorgung des russischen Sports.

Und für Sotschi wurde ein noch effektiveres Betrugsmodell entwickelt.[58] Denn Putins Heimspiele sollten ein nie da gewesenes Medaillenfest werden. Das Problem damals: In einem Labor sind während der Spiele leider auch immerzu internationale Wissenschaftler unterwegs, und zudem werden die Proben zehn Jahre lang aufbewahrt. Da braucht es eine ganz besondere Art der Vertuschung, etwas wahrhaft Diabolisches: In diesem Fall sind Rodtschenkow und der Geheimdienst besonders gefragt. Sie kramen eine Betrugsvariante hervor, die die damaligen KGB-Leute schon bei den Spielen 1980 praktiziert haben – die Proben der Sportler gegen definitiv sauberen Urin auszutauschen.

Für Sotschi, so Rodtschenkow, entsteht unter enger Mitarbeit des Geheimdienstes ein ausgeklügeltes System. Zunächst werden Sportler aufgelistet, die in den Genuss besonderer Behandlung kommen – es entsteht die »Duchess list«, die Herzoginliste. Einige

Der größte Skandal der Sportgeschichte

Wochen vor Beginn der Spiele wird deren Urin eingesammelt – unbedingt sauberer, nicht dopingbelasteter Urin. Nach dieser Abgabe darf dann munter gedopt werden; selbst während der Spiele können sich die Athleten noch mit Pharmaka vollpumpen. Denn ihr kontaminierter Urin wird niemals durch die Kontrollapparate eines Sportlabors rinnen. Um das sicherzustellen, läuft während der Wettkämpfe von Sotschi Nacht für Nacht ein Programm ab, das es mit jedem Spionagethriller aufnimmt.

Bei den Spielen gehört es zum Standardprozedere, dass allabendlich die Proben an den einzelnen Wettkampfstätten eingesammelt und ins zentrale Labor gebracht werden. Dort lagern sie über Nacht und werden andertags analysiert. Die stillen Nachtstunden nutzt das russische Dopingsystem. Das Labor wird eigens so gebaut, dass sich neben dem Lagerbereich für die Proben ein winziger Raum befindet, offiziell als Abstellkammer ausgewiesen. Tatsächlich ist er mit einem Schloss versehen, das nur Mitarbeiter des FSB öffnen können. In dem Raum befindet sich ein gut getarntes Loch zum Aufbewahrungsraum der Proben.

Durch dieses Loch in der Wand werden die Proben der zu schützenden Athleten in den Nebenraum gereicht. Dort öffnet ein Geheimdienstmann die Flaschen, was äußerst kompliziert ist. Denn es sind spezielle Flacons, der Deckel ist versiegelt. Aber die Russen haben eine Methode entwickelt, wie sich die Flaschen öffnen lassen, ohne die Versiegelung zu brechen. Sodann wird der beim Wettkampf genommene, dopingbelastete Urin entleert und der saubere Urin hineingegossen, der Wochen und Monate zuvor gesammelt und aufbewahrt worden war. Wenn am Morgen die internationalen Laborexperten eintreffen und ihre Analysearbeit beginnen, ist nur noch sauberer Urin in den Testampullen. Rodtschenkow behauptet, Putin habe das alles gewusst. Der weist das zurück.

Die Spiele von Sotschi werden der vom Kreml geforderte strahlende Triumph: 30 Medaillen streicht das russische Team ein, mehr als jedes andere – darunter elf goldene! Bei den vorherigen Winter-

4 Die Skandale

spielen in Vancouver kam es nicht mal unter die Top Ten. Jetzt aber haben die Athleten von der 37-köpfigen Duchess List, von denen einige stets strikt bestreiten werden, je gedopt zu haben, den größten Anteil am Triumph.

Es ist der absolute Tiefpunkt der Sportgeschichte.

Die russische Seite weist die Enthüllungen empört zurück und erlaubt sich eine besondere Dreistigkeit. Moskau gründet eine Anti-Doping-Kommission, die von einer Person »mit tadellosem, absolut tadellosem Ruf« geleitet werden soll, einer Figur, »die das Vertrauen und den Respekt der olympischen Familie genießt«, wie Putin verfügt.[59] Als Chef dieser Kommission beruft er: Witalij Smirnow, den skandalgestählten IOC-Veteran. Das kann nur als Machtgeste an den Ringe-Clan gedacht sein – Publikum und große Teile des Weltsports reagieren mit stürmischer Entrüstung. Zahlreiche Sportminister, nationale Anti-Doping-Agenturen und Athletenvertreter fordern ein strenges Vorgehen und Russlands Komplettausschluss von Rio.

Das ginge ganz einfach: Das IOC suspendiert das nationale Olympiakomitee (ROK), damit können keine russischen Athleten starten. Doch Bachs Familien-Ring interessiert das nicht. Der 24. Juli ist der Tag der Entscheidung – und der Advokat aus dem Fränkischen und seine Moskauer (Gesprächs-)Partner finden eine Lücke. Das Argument: Es gebe keine Beweise, dass das ROK in das Dopingsystem involviert gewesen sei! Lächerlicher geht es kaum. Laut Aktenlage werden ja Instanzen des Staatsdopings beschuldigt, die in der Hierarchie weit über dem kleinen ROK stehen – und die alles tun, um diesem viele Medaillen zu verschaffen. Auch legt McLarens Report explizit dar, wie zwei ROK-Mitglieder in die Machenschaften verstrickt sind, darunter der stellvertretende Sportminister Juri Nagornych. Aber das IOC verbarrikadiert sich hinter der Behauptung, das ROK habe nichts mit dem Betrug zu tun.

Bach fährt sein nächstes Manöver – und lanciert einen Beschluss, nach dem russische Athleten unter zwei Bedingungen starten dürfen.[60] Erstens: Die Fachverbände sollen jeden einzelnen

Starter prüfen. Zweitens: Sie dürfen niemals als Dopingsünder aufgefallen sein.

Die zweite Bedingung mag streng wirken. Aber kaum jemand dürfte besser als Bach wissen, auf welch wackligen Beinen dieses Verdikt steht. Denn eine Regel, nach der ein früherer Sünder ausgeschlossen werden kann, hat der – von Bach maßgeblich mit aufgebaute – Sportgerichtshof CAS schon viele Jahre vorher gekippt.[61] Damit ist klar: So kommt es auch diesmal.

Und Bedingung eins ist ein klassisches IOC-Manöver. Es schiebt die Verantwortung den Fachverbänden zu, nimmt aber zugleich die Entscheidung vorweg. Denn in vielen Fachverbänden der olympischen Welt ist der russische Einfluss immens. Mal liegt das am Geld, das Gazprom und Co. als Sponsoren in den Sport pumpen, mal ziehen russische Funktionäre im Hintergrund die Fäden. Oder sie besetzen die Präsidentenposten im Weltverband gleich selbst – wie der Oligarch Alischer Usmanow im Fechten oder der Stahlmagnat Wladimir Lissin bei den Schützen.

Das Ergebnis der IOC-Rochade ist eindeutig: Nur zwei Verbände – Leichtathleten und Gewichtheber – bannen Russland komplett; vier andere schließen vereinzelt Sportler aus. Die überwältigende Mehrheit aber winkt Russlands Athleten einfach durch, wie vom Kreml erhofft, als sei nichts geschehen. Garniert mit herrlichen Gags: ROK-Präsident Schukow ruft seinen 32 Schwimmern hinterher, dass es »wahrscheinlich das sauberste Team in Rio«[62] sein werde. Die Auswahl der Fachverbände wird noch von einer dreiköpfigen Kommission überprüft, zu der zwei Bach-Vertraute zählen: Samaranch junior und der Türke Uğur Erdener – beide werden kurz darauf IOC-Vizepräsidenten. Fast 300 russische Sportler gehen in Rio an den Start und fahren insgesamt 56 Medaillen ein. Platz vier in der Nationenwertung: Das ist gar nicht so schlecht gelaufen.

Es ist selbst für sportinterne Gegner und hartgesottene Kritiker erstaunlich, wie rigoros Bach diese in der westlichen Welt höchst unpopulären Entscheidungen durchpaukt. Wer intern ausschert, bekommt ernste Probleme – wie die deutsche Athletensprecherin

4 Die Skandale

Claudia Bokel, die damals auch im IOC-Exekutivkomitee sitzt. Neben Samaranch und Erdener ergänzt sie das besagte Dreiergremium, das den letzten Segen erteilt. Bokel hat, gemeinsam mit ihrer Kollegin Beckie Scott, Athletensprecherin der WADA, die Sportler rund um den Globus befragt, mit eindeutigem Feedback: Eine überwältigende Mehrheit findet, Russland gehöre verbannt.

Doch im IOC dringt Bokel nicht durch. Bei der Abstimmung in der Exekutive enthält sie sich. Öffentlich schweigt sie zunächst, später berichtet sie über den enormen Druck, der auf sie und Scott ausgeübt worden sei.[63] Und intern wird ihr vorgehalten, dass Rückmeldungen von anderen Athleten eingegangen seien, die deckungsgleich mit der IOC-Linie seien. Auffällig ist nur, dass darunter viele sind, das beobachtet nicht nur Bokel, die in Rio für die IOC-Athletenkommission kandidieren.

Bachs olympische Spezialwelt belässt es nicht bei der Starterlaubnis für Russland auf Basis einer großzügigen Prüfpraxis. Sie setzt eins drauf. Unter den vielen russischen Anträgen auf eine Ausnahmeerlaubnis, die hereinflattern, ist ein ganz besonderer: von Julia Stepanowa, der Leichtathletin, die als Kronzeugin auftrat und alles ins Rollen brachte. In Russland gilt sie als Landesverräterin. Sie und ihr Mann Witalij erhielten Drohungen und flohen nach Nordamerika; Sportminister Mutko ruft ihnen hinterher, sie seien »Denunzianten«, die für Geld Gespräche abhören. Stepanowa will in Rio starten. Der Leichtathletikverband macht ihr Hoffnungen, zumal sie sich so sehr um den Kampf gegen Doping verdient gemacht habe.

Doch es wird kompliziert. Denn formal, nach den Regeln der Olympischen Charta, muss eine Starterin vom zuständigen nationalen Olympiakomitee nominiert werden – und das russische ist nicht gesperrt, das ROK müsste sie also nominieren. Für Stepanowa ist das aussichtslos. Olympiaboss Schukow schwafelt genüsslich, eine Starterlaubnis sei wegen Julias Dopingvergangenheit eine »extreme Ungerechtigkeit und Beleidigung« gegenüber allen sauberen Athleten.[64]

Aber beim IOC, dem Besitzer der Spiele, gäbe es natürlich auch für so eine Situation Lösungen. Eine wäre, sie einfach als neutrale Athletin starten zu lassen – unter der Flagge der olympischen Ringe, wie das Flüchtlingsteam. Aber dem schiebt Bachs Clan einen Riegel vor. Die hauseigene Ethikkommission kommt zu dem Schluss, Stepanowa wegen ethischer Defizite auszuschließen – sie habe doch selbst von dem Dopingsystem profitiert. Es ist einmal mehr eine Entscheidung von angeblich unabhängigen Ethikern, die sogar jeden Laien zum Lachen bringt.

Russland und das IOC stoßen also in brüderlicher Einmütigkeit die mutige Whistleblowerin Stepanowa aus. Die Sportwelt läuft Sturm, aber für den Kreml läuft alles nach Wunsch. Und bei der folgenden Session in Rio de Janeiro, so hält es der WADA-Boss Reedie fest, wird beobachtet, wie »ein hohes Mitglied der IOC-Leitung den Präsidenten des Russischen Olympischen Komitees, Alexander Schukow, mit den Worten umarmt: ›Wir haben es geschafft, nicht wahr?‹«[65]

Reedie selbst präsentiert sich in diesen Wochen deutlich kritischer gegenüber Russland als zu Beginn der Affäre, als er unterwürfige Mails nach Moskau gesandt hat. Offenkundig liegt das auch an dem Druck, den ihm die britische Politik und Öffentlichkeit bereiten. Er beklagt sogar, dass er die Folgen des Positionswechsels direkt zu spüren bekommt. So gibt es nach seiner Darstellung bei einer Sitzung des IOC-Exekutivkomitees in Rio viele kritische Kommentare zur Situation, »von denen mindestens drei persönliche Angriffe auf mich waren, und die Atmosphäre wurde angespannt und unangenehm«.[66] Als er später zwei Angreifer zur Rede gestellt habe, habe die Antwort gelautet: »Ich habe nicht von Ihnen gesprochen, sondern von Pound.«

Dass es auch anders geht, zeigen Wochen später die Verantwortlichen des Internationalen Paralympischen Komitees (IPC), das traditionell kurz nach Olympia seine Spiele ausrichtet: Es bannt Russland komplett. Chef des IPC ist der Brite Philip Craven, ein ungewöhnlicher Sportfunktionär. Er sitzt seit einem Kletterunfall in den 1960er-Jahren im Rollstuhl, leitet seit 2001 das Gremium und hat entscheidend dazu beigetragen, dass sich der paralympische Sport Anerkennung erarbeiten konnte.

Craven äußert sich dann auch in einer Form über Bach, die ihresgleichen sucht. Deutschland könne ihn nicht ausstehen, sagt er, auch Angela Merkel könne ihn nicht ausstehen. »Mich beunruhigt, dass einige führende Mitglieder des IOC anscheinend Angst vor Bach haben«, sagt Craven und ergänzt mit Blick auf die Russlandfrage: »Ich glaube nicht, dass Bach uns unter Druck setzen wird. Er hat es versucht und er ist gescheitert.«[67]

Craven hatte nicht vor, dass diese Worte öffentlich werden. Er wähnte sich in einem vertraulichen Gespräch mit einem prominenten Leichtathleten und ging dabei einem russischen Stimmenimitator auf den Leim, der das Gespräch aufzeichnete. Aber Zufall oder nicht: Ein Jahr nach seiner klaren Haltung gegen Russland und gegen Bach ist Cravens Zeit an der IPC-Spitze abgelaufen, nach 16 Jahren. Auch hier drängt sich der Eindruck auf: Wer sich gegen Russland und gegen Bach stellt, ist sein Amt bald los. Was aber von Craven publik gemacht wurde, ist die überwältigende Einschätzung, die man von sehr vielen Funktionären hinter vorgehaltener Hand hört. Gerade auch von vielen deutschen.

Mehr Tickets, bitte

Nach dem Propagandaspektakel von Sotschi ist im Sommer 2016 Rio de Janeiro an der Reihe. Doch aus der Party unterm Zuckerhut wird nichts. Das Land erschüttert ein gigantischer Korruptionsskandal rund um die Regierung, und es ächzt unter den Belastungen der Spiele und der Fußball-WM 2014 zwei Jahre zuvor. Weil beide Events enorme Kosten und Korruption verursachen – und so viele Sportstätten entstehen, die niemand braucht.

Das Olympiadorf wird nicht einmal rechtzeitig zu Spielebeginn fertig, die Zustände sind desaströs. Das Organisationskomitee heuert kurzfristig Hunderte Arbeitskräfte an, um schlimmste Mängel zu beseitigen. Weil auch das nicht reicht, bezahlen Olympiateams aus Brasilien, Italien, den USA und den Niederlanden aus den eigenen Budgets zusätzliche Arbeiter. Das OK ist so verschuldet, dass es noch im Folgejahr, 2017, nicht abgewickelt werden kann. Die Details des gesamten Chaos zu berichten, würde diesen Rahmen sprengen.

Aber es legt sich noch ein größerer Skandal über diese Spiele. Und es ist einer, dessen Schatten bis zu Bach persönlich reicht. Auslöser ist Patrick Hickey – ein hohes Mitglied der olympischen Gesellschaft. Seit Ende der 1980er-Jahre ist der Ire, Jahrgang 1945, Olympiachef seines Heimatlandes, 1995 rückt er ins IOC ein, dort macht er ordentlich Karriere. 2006 übernimmt Hickey die Präsidentschaft des Europäischen Olympischen Komitees (EOC), das unter seiner Verantwortung fragwürdige Entscheidungen trifft.

Es ruft die Europaspiele ins Leben, ein Event, bei dem allerlei Verbände parallel ihre Europameisterschaften abhalten. Als erste Gastgeber werden zwei der autoritärsten Länder Europas gewählt: Aserbaidschans Kapitale Baku, danach die belarussische Hauptstadt Minsk. Der belarussische Diktator Alexander Lukaschenko erhält einen Orden für »herausragende Verdienste um die olympische Bewegung«.

Hickey führt Europa in die Hände neuer, autoritärer Kräfte, im IOC kommt er so gut voran. Er paktiert auch mit Scheich Al-Sabah, der Bach an die Spitze verholfen hat. Der Kuwaiter stößt Vázquez Raña vom Thron der ANOC, und Hickey bekommt dessen Platz in der IOC-Exekutive. Stets ist der Ire an Bachs Seite, in SMS-Nachrichten nennt er ihn gern mal unterwürfig »Boss« oder flötet, dass Bach doch wissen müsse, »wo meine Loyalitäten liegen«.[68]

Hickey dürfte sich unter seinem deutschen Boss noch einiges erhofft haben. Aber dann platzt bei den Spielen von Rio, Tage nach der Eröffnungsfeier, die Bombe.

Am Morgen des 17. August 2016 kommt eine Einheit der brasilianischen Polizei zum Windsor Marapendi Hotel am Strand von

4 Die Skandale

Barra, wo der damals 71-jährige Europachef residiert. Er wird verhaftet. Im Bademantel muss er das Zimmer verlassen, draußen surren die Fernsehkameras. Die Verhaftung des IOC-Vorstands findet live im TV statt – ganz so, wie an einem denkwürdigen Morgen ein Jahr zuvor, als die Schweizer Polizei im Züricher Nobelhotel Baur au Lac sieben Funktionäre des Fußballweltverbandes Fifa abgeführt hatte. Damals bahnte das mitfühlende Hotelpersonal den überwiegend lateinamerikanischen Korruptis mit aufgespannten Bettlaken einen diskreten Weg in die Polizeiautos, in Rio aber steht Hickey ungeschützt im weißen Frottee da. Stunden später erhebt die Staatsanwaltschaft Anklage: Hickey sei Teil einer kriminellen Bande, die auf dem Schwarzmarkt mit Tickets handele.

Das Ticketgeschäft ist ein Klassiker für sinistre Sportfunktionäre, die nach fetter Beute nebenbei gieren. Und Brasilien ist ein gebranntes Kind. Zwei Jahre vor den Sommerspielen gab es auch schon bei der Fußball-WM eine Kartenaffäre. Zwischen Achtel- und Viertelfinale setzte die Polizei elf Verdächtige fest, »Jules Rimet« hieß die Spezialoperation, nach dem ehemaligen Fifa-Präsidenten und Namensgeber des ersten Weltpokals. Dabei erwischte es auch einen Mann aus dem engen Fifa-Umfeld: Ray Whelan, Schwager des mexikanischen Brüderpaares Enrique und Jaime Byrom – die wiederum Chefs des Fifa-Dauerpartners Match waren. Ein Jahr später wurde das Verfahren eingestellt.[69]

Nach der Aufregung um die Fifa und die WM nun also auch das IOC und Hickey. Der Ire steht ohnehin im Zwielicht. Schon 2012 hatte Brasiliens Fußballikone Romario, mittlerweile Parlamentarier für die Partido Socialista Brasileiro, behauptet, Hickey wolle am Ticketgeschäft mitverdienen[70] – der Mann, der damals Mitglied der Koordinierungskommission für Rio 2016 war.

Rund um die Spiele läuft dieses Business so ab: Jedes Nationale Olympische Komitee wählt einen offiziell autorisierten Ticketverkäufer (ATR), das IOC und das Organisationskomitee müssen den Partner absegnen. Traditioneller Ticketpartner für Hickeys irisches NOK ist die Firma THG Sports – eine Agentur, für deren Ableger zeitweise Hickeys Sohn Stephen arbeitete. Die Zusammenarbeit erweist sich als ergiebig für beide Seiten; THG fungiert auch als Sponsor des irischen NOK. Nun soll die Firma Partner für Rio de Janeiro werden. Doch im März 2015 lehnt das Rio-Organisationskomitee THG ab – offenkundig, weil die Firma schon im Kontext der Vorjahresaffäre rund um die Fußball-WM aufgefallen ist.

THG ist raus. Das irische Olympiakomitee stellt Monate später einen neuen Partner vor: Pro10Sport. Offiziell haben Pro10 und THG nichts miteinander zu tun. Doch als irische Journalisten eine Kontaktnummer des neuen Ticketpartners anfunken, hören sie auf der Mailbox Erstaunliches: »Dies ist die Nummer von Marcus Evans.«[71] Evans? Das ist der Gründer von THG. Die Polizei ist alarmiert – und erwischt während der Spiele tatsächlich den THG-Direktor Kevin Mallon und Mitarbeiter mit Hunderten Tickets aus dem irischen Kontingent. Für die Ermittler erwächst ein klarer Verdacht: Eine Scheinkonstruktion war fabriziert worden, um das Geschäft mit THG weiter zu betreiben. Das Pro10Sport-Management indes beteuert, es habe ordnungsgemäß gehandelt – Mallon habe die Tickets in ihrem Namen verteilt, da sie keinen eigenen Vertreter in Rio gehabt hätten. Auch Mallon und Hickey bestreiten ein Fehlverhalten.

Der mächtige Olympiafunktionär siedelt um, vom Fünf-Sterne-Resort geht's ins gefürchtete Hochsicherheitsgefängnis Bangu von Rio de Janeiro. Erst Wochen später darf er ausreisen. Die Kaution von 1,5 Millionen Real (gut 400 000 Euro) stellt ihm das ANOC als Kredit zur Verfügung: der Verbund aller nationalen Olympiakomitees, in dessen Vorstand er selber sitzt – und dessen Chef Ahmad Al-Sabah den gestrauchelten Europachef gern unterstützt. »Aus humanitären Gründen«, heißt es, damit der herzkranke Ire in der Heimat eine angemessenere medizinische Versorgung erhalten kann. Später wird ihm dieser Kredit erlassen.[72]

Aber die ganze Chose ist nicht nur ein Fall Hickey, sondern auch des IOC und seines Präsidenten. Der bleibt auch hier defensiv, sein IOC reagiert zunächst gar nicht. Hickey selbst verkündet nur eine

4 Die Skandale

»Selbst-Suspendierung«, was immer das sein soll – und verbleibt in diesem Status bis Ende 2022. Dann tritt er als IOC-Mitglied zurück und Bachs Exekutive ruft ihm ein herzliches Dankeschön hinterher, für all die wunderbare Arbeit![73]

Doch Bach gerät auch inhaltlich in den Kontext dieser Geschichte. Zwar hat ein IOC-Präsident formal nichts mit dem Ticketthema zu schaffen, wie das IOC beteuert. Doch als die Polizei Hickeys elektronische Geräte durchsucht, findet sie auch Konversationen mit Bach. Drei davon fallen im Ticketkontext besonders auf.

Die erste davon stammt vom 12. Juli 2015.[74] Da bittet Hickey um ein »Gespräch unter vier Augen«, weil die Situation mit den autorisierten Ticketverkäufern (ATR) »in eine Sackgasse« steuere. Das ist genau in der Phase, als das Organisationskomitee von Rio den vertrauten Ticketpartner abgelehnt hat und das irische Olympiakomitee auf der Suche nach Ersatz ist.

Gut zwei Wochen später beschwert sich Hickey bei Bach, weil ihm die bisherige Ticketzuteilung missfällt.[75] Hintergrund: Jedes Land meldet vor den Spielen Kartenwünsche. Gerade bei großen Wettkämpfen ist es logisch, dass mehr Wünsche vorliegen, als es Plätze gibt. Dann wird nach einem Kriterienkatalog entschieden, der nicht allzu transparent ist. Hickey passt die Lösung nicht. Er wendet sich direkt an Bach, obwohl der doch angeblich gar nichts mit der Ticketvergabe zu tun hat.

In einer SMS[76] listet Hickey auf, wie sich die Kontingente gegenüber den vorherigen London-Spielen verändert hätten – zu Ungunsten seines irischen Komitees. Für die Eröffnungsfeier in Rio seien 38 Tickets vorgesehen, in London waren es noch 84. Für die Schlussfeier: 28 statt vorher 88. Für die Leichtathletikfinals insgesamt: 648 statt 2358. Allein beim 100-Meter-Finale, dem wichtigsten Wettkampf: 42 statt 139. Fußballendspiel: 0 statt 52.

Das will Hickey nicht akzeptieren, deshalb formuliert er in der Protestnote gleich seine Forderungen. Es ist wie bei einer McDonald's-Bestellung: Bitte 150 zusätzliche Karten für die Eröffnungsfeier, 100 für die Schlussfeier, 30 fürs Basketballfinale der Männer, 200 fürs 100-Meter-Finale und 500 Tickets für das Fußballendspiel. Plus zweimal Mayo und dreimal Ketchup. Macht insgesamt fast 1000 zusätzliche Tickets für die ganz besonderen Veranstaltungen.

Dann sendet Hickey, nach der Unterzeichnung mit dem neuen Kartenpartner, eine dritte auffällige Nachricht an Bach. Am 16. Januar 2016 schreibt er ihm, er werde vier Tage später in Lausanne sein und erbitte ein Treffen, weil er von Bach zu verschiedenen Themen gern »advice and guidance« haben würde. Es geht um Wünsche für seine Karriereplanung: Hickey will bei der Session in Rio wieder in die Exekutive rücken; er möchte erneut als EOC-Präsident antreten und wieder als Vize für die ANOC, die Vereinigung der Nationalen Olympischen Komitees, kandidieren. Obendrein noch dies: Er überlege, wegen des im Zuge seiner »anderen Aktivitäten« steigenden Drucks auf ihn die Präsidentschaft des irischen NOKs abzugeben. »Dein kluger Rat zu all dem oben Genannten würde sehr erfreuen«, schließt Hickey die Nachricht.[77]

Das sind bemerkenswerte Funde. Die brasilianischen Ermittler sind im Sommer 2016 elektrisiert. Wird Bach nun interessant für sie? »Ja, wir wollen seine Zeugenaussage haben«, teilt das Betrugsdezernat von Rio de Janeiro damals mit.[78] Die Ermittler haben auch schon einen Termin im Auge: die Paralympischen Spiele, die kurz nach dem Ringe-Event am selben Ort stattfinden. Es ist fester Brauch, dass auch der IOC-Chef diesen Spielen die Ehre erweist und zumindest bei der Eröffnungsfeier zugegen ist. Noch am 31. August erklärt das IOC auf Presseanfrage, dass der IOC-Präsident eine Reise zu den Paralympics plant.

Doch als die Feier am 7. September stattfindet, warten Rios Ermittler vergebens. Bach sagt seine Reise nach Brasilien kurzfristig ab – er nimmt in Berlin am Staatsbegräbnis des Altbundespräsidenten und langjährigen FDP-Parteikollegen Walter Scheel teil. Die Ermittler sind verstört: Sie hätten nicht gewusst, dass Bach seine Reise so zackig gecancelt habe, teilen sie mit. Und sieh an: Bach macht

4 Die Skandale

auch nach der Trauerfeier keine Anstalten, nach Brasilien zu reisen. Er habe, teilt das IOC mit, »seit Langem anderweitige Verpflichtungen«.[79] Ausgerechnet der Mann, der ständig auf Achse ist und immerzu betont, wie wichtig die Einheit des Sports sei, schafft es jetzt nicht zu den zwölf Tage laufenden Paralympischen Spielen.

Da interessiert umso mehr: Wie ging Bach mit den Botschaften seines irischen Kompagnons um? Hat er sie einfach gelöscht – oder in irgendeiner Form reagiert? Als die Sache auffliegt, drückt sich das IOC um eine klare Aussage. Auf Anfrage zu den beiden Sommernachrichten teilt es mit, es »erübrigten sich die hierauf bezogenen Fragen und darum auch die Antworten«,[80] weil der Präsident weder in die Auswahl der jeweiligen ATR noch in die Gestaltung der Verträge und schon gar nicht in die Umsetzung der Verträge eingebunden gewesen sei. Zu Hickeys Januarnachricht heißt es, das IOC werde »keine Nachrichten kommentieren, die angeblich einer internen, initiativen Kommunikation von Herrn Hickey entstammen«.[81] Und auch heute sagt das IOC auf Anfrage nichts mehr dazu.

Das ist der schlichte rhetorische Kniff der Olympier, auf Medienanfragen lässt er sich bis zur Erschöpfung anwenden: Das IOC erklärt journalistische Fragen einfach mal selbst für unzulässig, für obsolet oder für beantwortet – und damit tschüss. Medien müssen solche Bauerntricks hinnehmen. Staatsanwälte nicht. Die lassen sich ungern sagen, dass ihre Fragen unpassend, unerwünscht oder schon beantwortet sind.

Beim Ticketthema ist dieses Schweigeverhalten besonders erstaunlich. Denn Schiebereien mit Eintrittskarten betreffen das Publikum unmittelbar. Zahllose Menschen reißen sich um den Zugang zu solchen Events, finanziell schwächer gestellte nehmen solche Highlights oft genug in ihre Arbeits- und Lebensplanung auf. Meist werden enorme Beträge gezahlt. Zumal auf den Schwarzmärkten, wo sich seit Jahrzehnten permanent Spuren zurück zu Funktionären und Verbänden finden lassen.

Nach dem Skandal von Rio befasst sich nicht nur die brasilianische Justiz mit der irischen Kartenfrage – sondern auch eine Untersuchungskommission in Irland. Richter Cearbhall Moran publiziert nach knapp einem Jahr einen 226-seitigen Report. Zwar spricht er Hickey von kriminellem Verhalten frei, rügt ihn aber massiv. Und beklagt, dass seine Arbeit »behindert wurde durch mangelnde Kooperation« diverser Schlüsselakteure: von Hickey selbst, von den Rio-Organisatoren – und vom Internationalen Olympischen Komitee.[82] Die Frage, warum es nicht mit dem irischen Richter kooperiert habe, lässt das IOC unbeantwortet.

Da drängt sich die Frage auf: War dem IOC die Sache zu heiß, weil ein enger Wegbegleiter von Thomas Bach in so eine Affäre verstrickt ist?

Dubiose Zahlungen vor dem Wahltag

Pat Hickey sitzt nicht allein auf dem Sünderbänkchen der olympischen Familie. Viele Mitglieder des IOC machen in Bachs Amtszeit einschlägige Erfahrungen mit der Justiz.

Schon im November 2015 holen französische Ermittler zu einem besonderen Schlag aus. Es ist das Jahr, in dem der Sport massiv in den Fokus staatlicher Behörden rückt, vor allem der Fußball. Der Weltverband Fifa liegt in Trümmern, beim Wahlkongress in Zürich kommt es dank des Zusammenspiels eidgenössischer und amerikanischer Ermittler zu Verhaftungen und Razzien. In New York wird wegen zahlloser Vorgänge in der Sumpflandschaft des Weltfußballs Anklage erhoben. Zwar wird der langjährige Fifa-Patron Sepp Blatter wiedergewählt, er muss das Amt aber auf Druck der US-Justiz gleich wieder abgeben, nach 17 Jahren auf dem Fifa-Thron. Auch in Deutschland lösen mysteriöse Millionenzahlungen rund um die Fußball-WM 2006 staatsanwaltschaftliche Ermittlungen aus.

Und derlei Turbulenzen erfassen auch das IOC. In Paris setzen im November 2015 Strafermittler der neu geschaffenen Finanz-

4 Die Skandale

staatsanwaltschaft Parquet National Financier (PNF) den Senegalesen Lamine Diack fest. Er ist der über viele Jahre einflussreichste afrikanische Funktionär im olympischen Sport. Von 1999 bis 2015 war er Präsident des Leichtathletikweltverbandes IAAF (heute World Athletics) und Mitglied (bzw. Ehrenmitglied) im IOC. Diack konnte Stimmen des ihm ergebenen afrikanischen Blocks liefern oder verweigern – bis zu 15 Voten waren das zeitweise im IOC. Diack zählte auch zu denjenigen, die 2013 zentralen Einfluss auf Bachs Wahl zum IOC-Chef nahmen.

Im Zwielicht steht Diack schon länger. Wiederholt tauchte sein Name in Affären auf, der Olymp blickte stets gnädig beiseite. Sogar als sich 2011 herausstellte, dass Diack zu den Profiteuren der ehemaligen Dassler'schen Schmiergeldagentur ISL zählte, die über die Jahre mindestens 142 Millionen Franken an hohe Sportamtsträger ausgereicht hat. Bis dato konnte nur ein Bruchteil der Empfänger identifiziert werden – das gelang immer nur dann, wenn die Buchhalter der Korruption geschlampt hatten. So ließ sich bei Diack eine Zahlung von fast 60 000 Schweizer Franken aus dem Jahr 1993 nicht kaschieren. Als Erklärung trug er vor, er habe das Geld angenommen, weil sein Haus abgebrannt sei.[83] Das IOC und der Ethikertrupp an seinem Rockzipfel beließen es bei einer Verwarnung.

Aber im November 2015 ist der olympische Spaß vorbei. Jetzt knöpfen sich französische Ermittler den Sportsfreund vor. Ihr Vorwurf: Der Spitzenfunktionär habe gemeinsam mit seinem Sohn Papa Massata und anderen Vertretern des Weltverbandes über Jahre ein florierendes System zur Erpressung und Bereicherung aufgebaut. Darin konnten sich positiv getestete Sportler – speziell, aber nicht nur aus Russland – gegen Geldzahlungen einer Sperre entziehen. Die Marathonläuferin Lilija Schobuchowa zahlte fast eine halbe Million Euro. So ein Umgang mit Athleten ist selbst in der korruptionsgesättigten Sportwelt atemberaubend.

Beide Diacks weisen die Vorwürfe zurück, aber das beeindruckt die 32. Strafkammer des Pariser Gerichtshofs nicht. Sie verurteilt

Dubiose Zahlungen vor dem Wahltag

das Familiengespann wegen Beteiligung an einem Korruptionsnetzwerk zu mehrjährigen Haftstrafen: den Senior zu vier Jahren, davon zwei auf Bewährung, den Junior in Abwesenheit zu fünf. Der Senior starb 2021, mit 88 Jahren, der Junior hat sich in Senegal verschanzt, das ihn trotz eines Haftbefehls von Interpol nicht ausliefert.

Trotzdem ist das für die olympische Welt noch der ungefährlichere Teil, der aus der Arbeit der französischen Ermittler erwächst. Denn deren Nachforschungen zu den Diacks münden am Ende in einen ungeheuren Verdacht: Es finden sich Hinweise auf Schmiergeldzahlungen, die rund um die Vergabe mehrerer Olympischer Spiele geflossen sind.

Zum ausgeklügelten Imperium von Vater und Sohn Diack gehören weltweit Strohfirmen, die als Drehkreuze fürs große Geld fungieren. Eine davon: die Pamodzi Consulting. Kurz vor der Vergabe der Sommerspiele 2016, bei der sich Rio de Janeiro im Oktober 2009 überraschend deutlich gegen Madrid, Tokio und Chicago durchsetzt, gehen bei dieser Agentur über ein Offshorekonto in der Karibik 1,5 Millionen Dollar ein. Absender: der brasilianische Milliardär Arthur Soares, Spitzname »King Arthur«. Die französischen Ermittler schalten sich mit ihren brasilianischen Kollegen zusammen – und im Herbst 2017 kommt es in Südamerika zu einer groß angelegten Razzia und zahlreichen Verhaftungen. Operationsname: »Unfair Play« oder in Brasilien: »Jogo Sujo« – schmutziges Spiel. Drei Personen stehen zentral im Visier der Ermittler: »King Arthur« Soares, dazu der frühere Gouverneur des Bundesstaates Rio de Janeiro, Sérgio Cabral – und der olympische Spitzenfunktionär Carlos Nuzman.

Der spielt zuhause viele Jahre eine ähnlich tragende Rolle wie Diack in Afrika. Nuzman ist der Chef des brasilianischen und des südamerikanischen Olympiakomitees, auch er gilt bei Bachs Kür in Buenos Aires als wichtiger Helfer. Überdies lässt er sich an die Spitze des Organisationskomitees für die Rio-Spiele setzen, sogar bei der Eröffnung drängt er gemeinsam mit Bach aufs Podium und

4 Die Skandale

hält eine neunminütige Ansprache. Äußerst umstritten ist er da schon wegen des Chaos rund um die Spiele. Aber jetzt, die Spiele sind vorbei und das Land schlittert in die Wirtschaftskrise, stuft ihn die Staatsanwaltschaft als »zentrales Element« in einer Betrugs- und Geldwäscheoperation ein: Nuzman sei die Spinne im Netz eines »internationalen Korruptionsnetzwerks«. Bei der Razzia finden die Ermittler einen Schlüssel. Der passt zu einem Bankschließfach im Genfer Zollfreilager. Darin versteckt: 16 Kilobarren Gold, heutiger Wert fast eine Million Euro.[84]

Nuzman hat viel zu erklären. Und es kommt noch dicker für ihn und die olympische Welt. Denn Ex-Gouverneur Cabral verliert in der Untersuchungshaft die Nerven. Er räumt ein, dass er Stimmen gekauft habe – gemeinsam mit Nuzman und Soares.[85] Nuzman stecke hinter dem Deal: Er habe berichtet, dass Diack offen für eine Vorteilsnahme sei und zum Preis von 1,5 Millionen Dollar fünf oder sechs Stimmen garantieren könne. Laut Gouverneur Cabral war die Bestechung eine veritable Staatsangelegenheit; sogar der damalige brasilianische Präsident Lula sowie Rios Bürgermeister Eduardo Paes seien unterrichtet gewesen.

Die Beschuldigten weisen die Vorwürfe zurück. Lula und Paes wollen nichts davon gewusst haben. Nuzman aber, dem Mittelsmann zum IOC und langjährigen Mitglied, helfen alle Beteuerungen nichts. Er wird zu 30 Jahren und elf Monaten Gefängnis verurteilt. Das ist ein einmaliger Vorgang in der olympischen Geschichte: Die Justiz eines Gastgeberlandes hält per Gerichtsurteil fest, dass ihr Korruption den Zuschlag für diese Spiele gebracht hat.

Und es hört nicht mehr auf. Die Anschlussfrage für die Justiz lautet, wer am Ende profitiert hat von den brasilianischen Millionen. Ex-Gouverneur Cabral beschuldigt konkret zwei hohe namhafte IOC-Vertreter: den Ukrainer Sergej Bubka, die Stabhochsprunglegende, und den Russen Alexander Popow, früher Weltklasseschwimmer und parallel zur IOC-Tätigkeit Aufsichtsrat bei Adidas. Beide weisen das strikt zurück.

Bei einem dritten IOC-Mitglied sieht die Sache noch brisanter

Dubiose Zahlungen vor dem Wahltag

aus: bei Frankie Fredericks, einstiger Spitzensprinter aus Namibia. Denn den Strafermittlern in Paris liegen Dokumente vor, dass eine Firma von Fredericks auf den Seychellen just am 2. Oktober 2009 – am Tag des IOC-Zuschlages für die Spiele in Rio – 299 300 Dollar erhielt. Absender: Pamodzi, die Agentur von Diack junior.[86]

Jetzt ist Fredericks in Erklärungsnot – und er präsentiert ein Argument, das Sportfunktionäre in solchen Fällen gern ziehen. Das Geld sei für Beratungsleistungen geflossen, erzählt er den Ermittlern. Aber schon der Ablauf der Ereignisse klingt seltsam.[87] Laut Fredericks verbindet ihn mit dem Diack-Gespann seit Langem ein gutes Verhältnis. 2007 habe er Verbesserungsvorschläge für die Leichtathletik unterbreitet. Daraus sei ein Vertrag erwachsen, aber zunächst kein Geld geflossen, weshalb er 2009 von Diack junior 120 000 Dollar verlangt habe. Dass dann an jenem 2. Oktober – am Tag der Rio-Kür, zugleich sein Geburtstag – sogar 299 300 Dollar eintrudelten, habe ihn selbst gewundert. Aber Diack habe ihm bedeutet, dass das eine Art Vorschuss für weitere Konzepte sei. Versteht man Fredericks Vortrag bei den Ermittlern richtig, dann hätte er lieber weniger erhalten, weil manche seiner Dienstleistungen doch gar keine richtigen Beratungen gewesen seien – sondern Ausfluss seiner »Liebe zum Sport«. Aber eines sei sonnenklar: Er sei nicht für seine Stimmabgabe bezahlt worden.

Die gekauften Spiele von Rio de Janeiro sind ein Musterfall. Die Diacks bleiben am Ball. Zwei Jahre nach den pünktlichen Überweisungen an und von Pamodzi geht es um die Vergabe der Spiele 2018, bei der sich Pyeongchang im Sommer 2011 gegen das ambitionierte München (und Annecy) durchsetzt. Die Südkoreaner sind Favorit. Sie haben über all die Jahre im IOC eine gewaltige Rolle gespielt, mit ihrem Ex-Geheimagenten Kim und dem Samsung-Chef Lee Kun-hee; und sie haben all die Jahre über den Elektronikweltkonzern gigantische Summen ins IOC und parasitäre Funktionärskreise gepumpt.

Bei den Wahlen um den Austragungsort sind sie trotzdem zweimal gescheitert. Nun geben ihnen gewichtige Kräfte im IOC zu ver-

4 Die Skandale

stehen, dass sie endlich dran seien. Kurz vor der Vergabe begnadigt der damalige Staatspräsident Lee Myung-bak sogar den wegen Steuervergehen verurteilten Lee Kun-hee – er könne die Bitte aus Sport und Wirtschaft nicht ignorieren, wonach dieser entscheidend sei für eine erfolgreiche Bewerbung, heißt es. Auch das IOC will dem heimgekehrten Mitglied nicht verbieten, die Kampagne zu unterstützen.

Dennoch haben die Südkoreaner noch Sorgen – und sind so einfallsreich, dass sie sogar eine Verwarnung des IOC-Ethikkomitees kassieren, was selten genug vorkommt. Der Grund: Sponsorendeals von Samsung und Korean Air mit verschiedenen Weltverbänden.[88]

Nach den Spielen legt der südkoreanische Sender SBS eine heikle Recherche vor.[89] Er ist bei Untersuchungen gegen den ehemaligen Staatschef Lee Myung-bak auf eine umfangreiche Mailsammlung gestoßen. Die offenbart, dass vor der Spielevergabe eine Namensliste mit 27 IOC-Mitgliedern kompiliert wurde, deren Gunst zu erwerben sei: über Marketing- und andere Verträge mit Samsung. Unter den 27 seien zwölf Afrikaner, beteiligt an der Erstellung der Liste waren Vertreter von Samsung sowie: Diack junior. Der Elektronikkonzern weist jedes Fehlverhalten von sich, ebenso Diack. Aber eine Mail mit dem Begriff »confidential list« existiert. Auch finden sich Mails zwischen Samsung-Führungskräften und Papa Diack über das Sponsoring von IAAF-Großveranstaltungen. Samsung wird Titelsponsor der IAAF Diamond League in den Jahren 2010 und 2011, in der heißen Bewerbungsphase von Pyeongchang.

Und dann steht auch 2013, am Vorabend der Bach'schen Krönungsmesse in Buenos Aires, die Vergabe von Sommerspielen an. Diesmal ringt Tokio mit Istanbul und Madrid um 2020. Die Japaner gewinnen deutlich. Aber bald finden die französischen Ermittler heraus, dass auch kurz vor dieser Abstimmung satte Geldbeträge geflossen sind: aus Japan an eine Firma namens Black Tidings in Singapur. Die Staatsanwälte ordnen sie erneut dem Umfeld der

Dubiose Zahlungen vor dem Wahltag

Diacks zu. Zunächst, im Juli 2013, landen dort 950 000 Dollar, im Oktober folgen weitere 1,38 Millionen Dollar. Als Betreff ist angegeben: »Tokyo 2020 Olympic Games Bid«.[90]

Nun richtet die Justiz ihr Augenmerk auf ein weiteres prominentes IOC-Mitglied: Tsunekazu Takeda. Ein japanischer Jurist und früherer Dressurreiter, der über seinen Vater sogar mit dem Kaiserhaus verwandt ist. Takeda ist der ranghöchste Sportfunktionär des Landes: Als Vorsitzender des japanischen Olympiakomitees und Bewerbungschef hat er die Spiele nach 1964 zum zweiten Mal nach Tokio geholt, er leitet auch das Organisationskomitee. Im olympischen Kosmos ist er eng an der Seite Bachs zu verorten. Nach dessen Wahl wird er Chef der wohl wichtigsten Kommission: für Marketing.

Takeda beteuert, sich stets korrekt verhalten zu haben. Ja, gibt er zu, er habe die Zahlungen freigegeben. Aber keine Ahnung gehabt, dass damit etwas nicht in Ordnung sei.[91] Diack junior weist auch hier den Verdacht des Stimmkaufs zurück. Dennoch endet Takedas Zeit als Organisationschef und als IOC-Mitglied im Jahr 2019 – es soll kein Schatten auf die Spiele fallen. Dann fliegt auf, dass Tokios Bewerber eine schillernde Persönlichkeit mit einem hohen einstelligen Millionenbetrag ausgestattet haben, um IOC-Mitglieder zu umgarnen: den Geschäftsmann Haruyuki Takahashi. Das ist ein besonders guter alter Bekannter aus der Epoche, als im Olymp die große Korruption Fahrt aufnahm.

Takahashi pflegte seit den 1970er-Jahren für den japanischen Marketingkonzern Dentsū guten Kontakt mit dem olympischen Puppenspieler Horst Dassler. Ohne Dentsūs Teilhaberschaft, auf 49 Prozent begrenzt, hätte Dassler seine Schmiergeldagentur ISL nicht aufbauen können. Die Firma aus Tokio war der kongeniale Doppelpartner. 2016 wurde Dentsū in Japan mit dem sogenannten Black Company Award für das »teuflischste« Unternehmen (Most Evil Corporation) des Landes bedacht.[92] Der Preis geht an Firmen, die für Ausbeutung und Schikanen am Arbeitsplatz bekannt sind.

Nun wird Takahashi erneut eingespannt, seine Firma erhält

4 Die Skandale

8,2 Millionen Dollar. Nach seiner Verhaftung im August 2022 räumt der schon 78-Jährige ein, Geschenke verteilt zu haben, unter anderem an Diack. »Man geht nicht mit leeren Händen aus. Das ist gesunder Menschenverstand«, sagt er.[93] Aber auch höflich gefüllte Hände müssen nicht gleich kostbare Seiko-Uhren verteilen.

Zwei Jahrzehnte nach dem Skandal um die Spiele in Salt Lake City erwächst während Bachs Präsidentschaft ein Bild, das sogar den Sumpf um den Wintergastgeber von 2002 verblassen lässt. Von Diack bis Nuzman, von Fredericks bis Takeda. Vier olympische Schwergewichte und ihre Gefolgsleute haben die Ermittlungen schon erfasst. Vier Leute, die im Bach-Lager verortet werden, die seine Kür unterstützt oder sehr begrüßt haben. Und es liegt nahe, dass mehr Personen rund ums IOC an dunklen Deals beteiligt sein müssen.

Die Pariser Behörde hat weit mehr als ein Dutzend IOC-Leute konkret im Visier, rund um den Globus, auch Europäer. Um drei Spiele kümmern sich Staatsanwaltschaften, und auch die Vorgänge rund um die beiden anderen Spiele in der Bach-Ära (Sotschi 2014, Peking 2022) schreien nach Ermittlungen. Doch das IOC macht über die Jahre: fast nichts. Offenbar will es davon nichts wissen.

Das große Wegschauen beginnt schon lange vor den französischen Ermittlungen. Im Jahr 2014 veröffentlicht der brasilianische Eislauffunktionär Eric Maleson einen ungewöhnlichen Brief. Man habe dem IOC »harte Beweise für Korruption, Regelverstöße und Wahlbetrug« vorgelegt, auch schriftliche.[94] Schon damals im Zentrum: Südamerikas Oberolympier Carlos Nuzman. Doch leider habe das IOC die Anschuldigungen nie untersucht, klagt Maleson. »Sie hätten vieles verhindern können, aber sie taten es nicht.« Das IOC stellt den Sachverhalt so dar, dass es bei Malesons Kontaktaufnahme nur um eine persönliche Sache gegangen sei; ein Streit zwischen dem Eissportverband und Brasiliens NOK.[95]

So stoßen Malesons Attacken gegen Nuzman ins Leere und wieder einmal verpuffen Hinweise auf dubiose Machenschaften. Und als dann die Pariser Ermittler ihre Arbeit intensivieren, reagiert das

IOC geradezu rituell. Wiederholt beteuert es, mit der Strafbehörde zu kooperieren, und dass sich auch die eigenen Ethiker um die Sache kümmerten. Dabei wirkt diese Ethikkommission wie ein Anhängsel, die Ethikstrukturen des IOC hängen weit hinter denen anderer Sportverbände zurück, selbst hinter der Fifa.

Selbst beim Salt-Lake-Skandal gab es mehr Konsequenzen, trotz der Mitwirkung des jungen, ahnungslosen Chefprüfers und Selbstaufklärers Bach. Jetzt aber vergibt das IOC unter dem Präsidenten Bach, inmitten der internationalen Strafermittlungen um die Diacks, die Jugendspiele 2018 in deren Heimat: nach Senegal. Also an das Land, in dem der Leichtathletikchef großes politisches Gewicht hat, das Land, das Papa Massata konsequent nicht ausliefert – trotz der Red-Flag-Fahndung von Interpol. Solche Vorgänge zeigen, was das IOC unter Kooperation mit den Behörden versteht. Bleibt nur die Frage, wie weit es zu gehen bereit ist? Da liefert der Fall Fredericks einen haarsträubenden Fingerzeig.

Am 4. März 2017, am Tag, nachdem die Medien erstmals über die Pariser Ermittlungen zur Zuwendung der Diacks berichten, erhält der Namibier einen Anruf. Am Apparat: IOC-Generalsekretär Christophe De Kepper und, hoppla – der Präsident höchstselbst. Sie wollen nur mal so durchklingeln. Sie erkundigen sich nach Fredericks' Wohlbefinden. Und Bach deutet an, dass sich bald auch noch Paquerette Girard Zappelli melden würde, die Leiterin der Abteilung Ethik und Compliance. Als es dann zu dem avisierten Anruf der Französin kommt, eröffnet diese Fredericks, dass sie ihm im Namen des Präsidenten noch etwas auszurichten habe. »Ich solle mich davor hüten, nach Frankreich zu reisen!«, so Fredericks.[96]

Wie bitte?

So hält das Fredericks unmittelbar nach dem Vorfall fest, und so bestätigt er es Jahre später auch noch einmal. Bach stellt diesen Vorgang explizit nicht in Abrede. Eine Reisewarnung von ganz oben an ein frisch korruptionsbelastetes Mitglied, dessen Fall gerade durch die Medien geht? Das ist ein höchst delikater Vorgang.

Als die Sache publik wird, bestreitet das IOC vehement, dass man Fredericks per Reisewarnung dem Zugriff staatlicher Ermittler entziehen wollte. Auch sei der Namibier ja erst acht Monate später offiziell angeklagt worden. »Da es zu dem fraglichen Zeitpunkt keine juristischen Ermittlungen gegen Herrn Fredericks gab, konnte auch niemand, mit dem er damals sprach, sich auf angebliche legale Verfahren gegen ihn beziehen.«

Eine klassische Nebelkerze. Natürlich besteht, zumal in laufenden Korruptionsermittlungen und im Falle neuer Presseveröffentlichungen, sofort und unmittelbar die Gefahr, dass eine für die Ermittler interessante Person zur Vernehmung gebeten wird. Der Zeitpunkt einer Anklage ist dabei so irrelevant wie die Behauptung, dass niemand, der mit Fredericks zu jenem Zeitpunkt sprach, sich auf ein legales Verfahren hätte beziehen können. Dass in dem Moment gegen den Namibier noch nicht ermittelt wird, dass es logischerweise auch noch keine Anklage gibt, ist völlig unerheblich.

Davon abgesehen: Wenn das keine Reisewarnung der IOC-Spitze war angesichts brandgefährlicher neuer Entwicklungen bei der französischen Justiz in Sachen Fredericks – welchen Sinn macht dann ein derart aufwendig übermittelter Reisetipp überhaupt?

Diese Frage beantwortete Bach damals nicht – und auch nicht auf erneute Nachfrage für dieses Buch.

Staatsdoping? Macht doch nichts

Im September 2016 reisen zwei Männer in heikler Mission nach Lausanne. Der eine quartiert sich im Hotel Palace ein, der andere ein paar Meter unterhalb im Alpha Palmiers. In der Stadt am Genfer See, Heimsitz des IOC und vieler anderer Sportorganisationen, steigt ein Kongress der Welt-Anti-Doping-Agentur (WADA). Aber diese beiden Männer sind weder Kongressteilnehmer noch Sport-

Staatsdoping? Macht doch nichts

funktionäre. Sie sind, so rekonstruieren es Ermittler aus den USA und der Schweiz später, Mitglieder des russischen Militärnachrichtendienstes GRU, Einheit 26 165. Ihr Spezialgebiet: Hacking.[97]

Der GRU ist eine sehr spezielle Organisation in der russischen Geheimdienstwelt. Er ist zuständig für die geheimdienstliche Akquise militärisch bedeutsamer Informationen und die Spionageabwehr, aber auch für operative Auslandseinsätze. Schon zu Zeiten der Sowjetunion gab es die Organisation, traditionell steht sie in Konkurrenz zu den anderen russischen Geheimdiensten. Die Mitarbeiter heißen in Russland in Verlängerung der namensgebenden Abkürzung gern »Gruschniki« – das geht auf das russische Wort für Birne zurück. In den Zehnerjahren wird der GRU häufig mit zentralen russischen Spezialoperationen in Verbindung gebracht.

Die Gruschniki halfen mit, die Krim zu besetzen. Später sollen die Agenten für eine Vielzahl von Hackerangriffen verantwortlich sein: im US-Präsidentschaftswahlkampf, auf den Bundestag oder auf den Sitz der OPCW, der Organisation für das Verbot chemischer Waffen. Auch im Fall des ermordeten Überläufers Sergej Skripal, vormals selbst ein Gruschnik, bevor er sich vom MI6 anwerben ließ, führen die Spuren zu GRU-Vertretern.[98] Russland weist derlei Annahmen meist als Fantasieprodukte zurück.

Aber nun soll sich im Spätsommer 2016 dieser spezielle Geheimdienst offenkundig auch um den Sport kümmern. In der olympischen Welt ist klar, dass für den Ringe-Clan das Dopingthema mit dem Kniefall von Rio de Janeiro noch nicht vorbei ist. Bachs IOC spielt wieder auf Zeit. Es setzt Kommissionen ein. Die eine soll unter der Leitung des IOC-Mitglieds Denis Oswald prüfen, welchen russischen Sportlern konkret etwas nachzuweisen ist – ein origineller Ansatz, weil ja der ganze Betrugsapparat darauf abzielte, dass eben nichts nachweisbar sein wird. Die zweite Arbeitsgruppe, die dem früheren Schweizer Bundesrat Samuel Schmid angetragen wird, soll das Gesamtsystem prüfen. Und zugleich läuft auch noch die Arbeit der WADA weiter.

Doch parallel werden nun die Geheimdienstspezialisten vom

4 Die Skandale

GRU aktiv. Schon während der Rio-Spiele wurden gezielt Mailadressen von WADA- und IOC-Mitgliedern angezapft.[99] Und im September machen sich in Lausanne die beiden Gruschniki ans Werk. Offenbar haben sie leichtes Spiel. Flott dringen sie in das WLAN-Netz des Konferenzhotels ein – und gelangen von dort auf den Laptop eines Konferenzteilnehmers, der für das kanadische Anti-Doping-Zentrum arbeitet. Sie installieren Schadsoftware. Und als der Mitarbeiter dann zu Hause seinen Rechner ins kanadische Anti-Doping-Datenbanksystem einloggt, haben die Russen für einige Wochen Zugriff auf heikle Dokumente.[100]

Offenkundig ist die diskrete Arbeit ertragreich. Schon im September publiziert die Hackergruppe Fancy Bears geheime Daten aus dem WADA-Inneren, die zeigen, wie prominente westliche Athleten sogenannte TUEs erhalten haben, also spezielle, oft sehr umstrittene Ausnahmegenehmigungen für bestimmte Dopingmittel. Später folgen weitere Enthüllungen dieser Plattform, die beteuert, eine regierungsunabhängige internationale Gruppe zu sein, die aber dem GRU angehört. Vom Radprofi Christopher Froome über die Tennisspielerin Serena Williams bis zu einigen Spielern der deutschen Fußballnationalmannschaft reicht die Liste der Sondergenehmigungen. Insgesamt 250 Namen. Viele dieser TUEs sind in der Tat sehr fragwürdig, und die russische Seite nutzt das ausgiebig, um darauf hinzuweisen, dass überall auf der Welt nicht sauber gespielt wird.

Es bleibt nicht bei diesem einen Angriff. Später finden amerikanische Ermittler auch Attacken auf die Netzwerke anderer Sportorganisationen, darunter die Weltverbände von Leichtathletik und Fußball.[101] Rund um den Globus gehen sie der Sache nach; die USA klagen sieben Personen wegen des Hackings gegen Sportorganisationen und die OPCW an.[102] Die Schweizer starten ihre Ermittlungen zunächst gegen zwei Personen und weiten sie gegen eine dritte aus.[103]

Wieder mischt in dieser olympischen Geschichte der russische Geheimdienst mit. Wieder gilt: In Moskau wissen sie genau, was im Sport vor sich geht. Der Wind beginnt sich zu drehen, Russland rüstet sich mit allen Mitteln für die anstehenden Schlachten.

Im Dezember 2016 legt WADA-Spezialermittler Richard McLaren sein Abschlusswerk vor. Zu den 97 Seiten aus dem Sommer kommen 144 hinzu.[104] Ganz konkret zeichnet er nach, wie Sportministerium, Geheimdienst und russische Anti-Doping-Instanzen über Jahre ihren Masterplan umgesetzt haben. Er publiziert unzählige Dokumente, Mails, Excel-Tabellen und Bilder. Mehr als 1000 Athleten hätten profitiert: Sommersport, Wintersport, Parasport, darunter viele Medaillengewinner. Auch den Coup mit dem Mauerloch, durch das in Sotschi die Fläschchen zwecks Urinaustausch in den Nebenraum wanderten, kann er glasklar aufzeigen. An den Fläschchen sind Kratzer nachzuweisen, und manchmal ist selbst den Geheimdienstprofis ein Malheur passiert. So zeigt sich bei Nachtests in Proben, die Eishockeyspielerinnen zugeordnet waren, eindeutig männliche DNA.

Das Bild ist dichter denn je, die operative Rolle des Staats steht außer Frage. Nur wird nun parallel dazu die politische Deutung immer harmloser. Sogar McLaren wechselt die Tonlage. Statt von einem »staatlichen gelenkten System« wie im Report vor den Rio-Spielen spricht er nun von einer »institutionellen Verschwörung« – obwohl doch die Beteiligung des Staates und dessen Lenkung zweifelsfrei belegt sind. Der Grund? Zwischen den Berichten, sagt McLaren, hätten ihm russische Vertreter klargemacht, der Begriff »staatlich« würde heißen, dass es sich um den inneren Machtzirkel handle. Und weil er zwar Beweise vorlege, dass der stellvertretende Sportminister involviert war, nicht aber Putin selbst, habe er den Begriff geändert.[105]

Kein staatliches Doping mehr? Trotz der gravierenden Faktenlage knallen in Russland ob dieser Publikation die Korken. »Mir scheint, dass das IOC seinen Kurs eingeschlagen hat – dass es in diesem Fall keine Kollektivstrafe geben soll«, sagt Multifunktionär Mutko,[106] der als Sportminister das System repräsentiert. Der Mann, der laut McLaren-Report in mindestens einem Fall eines

4 Die Skandale

Fußballers sogar eine konkrete Anweisung gab. Und der wie zur Belohnung zum Vizepremier aufrückt. Dadurch soll er aus dem Blickfeld der Öffentlichkeit geraten.

Putin hat gewonnen, das ist die Botschaft. Russlands Staatspräsident gibt sich aus der Ferne zerknirscht. »In Russland hat es nie, und ich hoffe, wird es nie ein staatlich gesponsertes Dopingsystem geben«, sagt er. Ganz im Gegenteil, »es wird nur Anti-Doping-Aktivitäten geben.« Leider habe das Anti-Doping-System versagt, »das ist unsere Schuld, das müssen wir direkt sagen und zugeben.«[107]

Fast ein Jahr lässt das IOC seine Kommissionen werkeln. Alles spielt sich so ein, dass vor den Winterspielen im südkoreanischen Pyeongchang eine günstige Entscheidung für Russland fallen kann. Aber wieder grätscht der geflohene Laborchef Rodtschenkow in die Parade: Er versorgt die WADA mit Informationen aus einer Datenbank namens Lims (Laboratory Information Management System). Dieses System hat über die Jahre sämtliche Vorgänge im Moskauer Labor registriert; es hat also dokumentiert, bei welchem Sportler welches Ergebnis wie geändert worden ist. Vor seiner Flucht hat er eine Kopie erstellt – und die landet über die WADA jetzt auch bei den Kommissionen des IOC. Hatte es noch eines Beweises bedurft? Jetzt liegt er vor! Selbst das IOC kann das nicht mehr ignorieren.

Aber ein Hütchentrick findet sich immer. Die Strategie diesmal: Gegen einzelne Athleten, gegen die vermeintliche Beweise vorliegen, wird Härte demonstriert. Verhängt werden 43 lebenslange Sperren gegen Sportler – viele gehen erfolgreich dagegen vor. Zumal sich zeigt, dass die Darstellungen des Kronzeugen Rodtschenkow zum Gesamtsystem zwar nicht widerlegt werden können, die Darstellungen über die konkrete Verstrickung und Mitwirkung einzelner Sportler bisweilen aber schon. Auch sperrt das IOC nun endlich zwei Funktionäre, Olympiachef Schukow und Multifunktionär Mutko. Worüber sich Letzterer offen amüsiert und später vor dem CAS auch recht bekommt.

Staatsdoping? Macht doch nichts

Doch gegenüber dem System bleibt das IOC milde. Der Schmid-Report bestätigt zwar die Darstellungen von Sonderermittler McLaren. Aber die Schlüsselstelle findet sich auf Seite 26 des Schmid-Reports: Man könne nicht mit Sicherheit feststellen, wer das Betrugsschema initiiert oder geführt habe. Und: Zwar sei auf die Beteiligung des Sportministeriums verwiesen worden, weshalb Mutko einen lebenslangen Olympiabann erhält. Aber es gebe keine Hinweise oder Beweise, »die eine Beteiligung oder Kenntnisse auf einer höheren Ebene des Staates bestätigen würden«.[108]

Eine bizarre Deutung: Als wäre ein Staatsdopingsystem nur dann eines, wenn Putin persönlich in der Abstellkammer von Sotschi den kontaminierten Urin gegen sauberen getauscht hätte.

Russlands Olympiakomitee muss für die Spiele in Pyeongchang gesperrt werden, das lässt sich jetzt nicht mehr verhindern. Eigentlich bedeutet die Suspendierung eines NOK, dass dann auch keine Sportler dieser Nation teilnehmen dürfen. Aber im russischen Fall gelten andere Regeln. Verboten werden nur die russische Fahne und die Hymne. Das IOC erzählt fortan, dass Russland nicht teilnehmen werde. Zugleich lässt es ein Riesenkontingent an russischen Sportlern zu, die nicht einmal – wie anfangs debattiert – als »neutrale Athleten« antreten, sondern als »olympische Athleten aus Russland«.

168 russische Sportler sind in Südkorea dabei, nach einer angeblichen »strengen Prüfung«, ob sie gedopt gewesen seien. »Diese 168 sauberen russischen Athleten haben mehr Rechte als jeder andere zu sagen, dass sie sauber sind, weil nur sie so einer Prüfung unterzogen worden sind«, gibt Bach einen weiteren Schenkelklopfer zum Besten.[109] Die Russen wissen, wem sie ihren riesigen Teilnehmerkader zu verdanken haben: »Wir sollten objektiv sein: Ohne die Unterstützung Bachs wäre es schwer für uns geworden, an den Olympischen Spielen teilzunehmen«, stellt der alte olympische Frontmann Witalij Smirnow fest.[110]

Bevor es losgeht, erlebt das IOC noch eine denkwürdige Session. Denn, selten genug, ein gestandener Olympier will nicht länger zuschauen, wie sich die Ringe-Zunft vor aller Welt blamiert. Der Kanadier Richard Pound spart in seinem zehnminütigen Vortrag nicht mit harten Formulierungen und Vorwürfen gegen die IOC-Spitze. »Das IOC hat keine angemessene Antwort gegeben«, sagt er. In weiten Teilen der Welt und unter den meisten Sportlern habe es »an Ansehen verloren«. Whistleblower hätten »keinen Schutz durch die olympische Bewegung. Er sei zwar für eine Rückkehr Russlands, »aber zu unseren Bedingungen, nicht zu ihren«. Pounds Fazit: »Wir reden mehr, als wir tun. Unsere Zukunft hängt davon ab, was wir tun, nicht davon, was wir sagen.«

Pound ist nicht irgendein IOC-Mitglied. Er hatte viele Funktionen inne, fast wäre er IOC-Präsident geworden, hätte Samaranch das nicht verhindert. Und er ist der Doyen, das dienstälteste Mitglied der Bewegung. Das bedeutet in einer Hierarchie wie dem IOC einiges. Aber jetzt zählt das alles nicht. Sofort beginnt die Gegenattacke, angeführt von einem der engsten Alliierten des Präsidenten Bach. Richtig aufgebracht ist der Argentinier Gerardo Werthein, er schimpft, dass Pound »ein Umfeld des Zweifels« schaffe, und jammert: »In gewisser Weise diskreditiert es die Arbeit, die im IOC geleistet wird!« Donnernder Applaus dafür.

Wieder wird, wer in der Russlandfrage vom Kurs abweicht, abgekanzelt von der Russland-freundlichen Familie – wie zuvor Kasper, wie Bokel, wie Craven. Einzig der britische Athletenvertreter Adam Pengilly äußert sich unterstützend. Pound ist so wütend, dass er die Spiele verlässt. Es ist, auch das gehört zum Bild, seine letzte große Attacke in Richtung IOC. Danach zieht er sich zurück, und als später Bachs Wiederwahl ansteht, da lobpreist er ihn. Familie ist eben ein festes Band.

Wer diese Winterspiele verfolgt, käme im Traum nicht auf die Idee, dass Russland formal nicht präsent sein darf. Überall werden die 168 Teilnehmer bejubelt und gefeiert (vor allem für ihre insgesamt 17 Medaillen) – und das gern mit russischen Fahnen. Denn den Fans sind solche Fahnen natürlich nicht verboten. Auch gibt es einen besonderen russischen Ort für Feierlichkeiten. Bei den Spie-

Staatsdoping? Macht doch nichts

len hat jede Nation ein eigenes Haus. Ein »russisches Haus« ist ja diesmal nicht erlaubt, also gibt es jetzt ein »Haus des Sports«[111] – als Sammelpunkt »für alle russischen Fans und für alle, die sich für russische Kultur interessieren«, schreiben die Organisatoren. Überall sind russische und sowjetische Insignien, in der Ecke hängen Bilder, die Putin beim Händeschütteln mit Südkoreas Staatspräsidenten zeigen oder bei der Einweihung eines Denkmals von Alexander Puschkin in Seoul.

Beim emotionalen Höhepunkt der Spiele, dem Eishockeyfinale zwischen Russland und Deutschland, bilden die Anhänger in ihren Russlandtrikots eine rote Wand, und nach ihrem knappen Sieg steht die Sbornaja auf dem Eis und singt mit den Fans nun doch die russische Nationalhymne: »Russland, unsere geheiligte Macht, Russland, unser geliebtes Land!« Das IOC, klar, sieht darüber hinweg – und schwurbelt, das sei der Aufregung von Athleten geschuldet, die gerade unter außergewöhnlichen Umständen die Goldmedaille gewonnen hätten.[112] So viel Mitgefühl hat das IOC für andere, wie die aufrechte Athletin Stepanowa, nie aufgebracht.

Das IOC will das Thema für erledigt erklären. Schon bei der Schlussfeier, so ist es vorgesehen, darf das Kremlteam wieder als Russland einziehen – das hätte sogar einen besonderen Effekt. Auch attestiert eine Kommission der russischen Abordnung, sich vorbildlich verhalten zu haben.[113] Alle Bedingungen seien erfüllt, Entschuldigungen abgegeben und eine 15-Millionen-Dollar-Strafe bezahlt. Dann nimmt die nächste Realsatire ihren Lauf. Es gibt zwei Dopingfälle im russischen Team: Curler Alexander Kruschelnizkij und Bobfahrerin Nadeschda Sergejewa. Damit ist der fromme Plan der olympischen Heimholung gescheitert.

Das sei »sehr enttäuschend«, sagt Bach, es habe das IOC »von der Aufhebung der Suspendierung abgehalten«.[114] Aber klar, das seien »individuelle und isolierte Fälle«, keineswegs Teil einer »systematisch organisierten Dopingaktivität«. Also muss Russland zur Schlussfeier nochmals in grauen Jacken als »olympische Athleten aus Russland« einziehen – die Suspendierung von Russ-

4 Die Skandale

lands Olympiakomitee endet halt erst ein paar Tage später. Aber dann ist es endgültig: Russland gehört wieder regulär zur olympischen Familie.

Der britische Athletenvertreter Adam Pengilly brachte es schon in der IOC-Session auf den Punkt: Eine Sperre für einen einzelnen Doper beträgt vier Jahre – eine Sperre für ein ganzes dopendes staatliches System zwei Wochen.

Aus Sicht des Westens haben sich Bach und seine Bewegung unter Putins Knute weggeduckt. Das IOC verbreitet dazu eine andere, weit verstörendere Sichtweise: Es beklagt im Januar 2024, dass es bereits »Angriffe aus Russland gegen das IOC und seinen Präsidenten seit der Suspendierung des russischen NOKs vor den Winterspielen 2018« gegeben habe – die sich durch die spätere IOC-Haltung zum russischen Ukraine-Krieg noch verschärft hätten.[115] Demnach kam das IOC dem im Sport fast allwissenden, topvernetzten Kremlherrscher noch zu einer Zeit gut erkennbar entgegen, als sich das Verhältnis bereits eingetrübt hatte und der Olygarch langsam in Ungnade zu fallen begann. Wenn es so war: Wie hat sich Putin dieses Wohlverhalten verschaffen können?

Der Trick mit der Doppelvergabe

Eigentlich ist es zu heiß für einen kleinen Spaziergang. Das Thermometer zeigt mehr als 45 Grad Celsius an, erinnert sich einer der Teilnehmer. Die Luftfeuchtigkeit ist unangenehm hoch. Aber die zwei Männer gehen trotzdem die Uferpromenade von Doha entlang, am Rande einer Sportveranstaltung im November 2016, und führen ein folgenreiches Gespräch. Der eine ist der Bürgermeister von Los Angeles, Eric Garcetti, und der andere – Thomas Bach.

Parallel zu all den russischen Pirouetten muss der IOC-Präsident mit einem anderen großen Problem fertig werden. Denn das IOC muss wieder einen Olympiagastgeber küren, und das gestaltet sich schwierig. Die Absageflut für die Spiele 2022 war peinlich genug – aber nicht das Schlimmste. Denn dabei ging es nur um Winterspiele. Jetzt aber ist der Sommer dran, und es zeigt sich, dass der Protest auch das Premiumprodukt erwischt. Erst beerdigt Boston seine Ambitionen, es folgen Hamburg und Rom, und in Budapest zeichnet sich das Nein auch schon ab. Die Gründe sind überall dieselben: Die Bürger sind mehrheitlich dagegen und/oder die Verantwortlichen scheuen die immensen finanziellen Kosten. »Ich weigere mich, die Zukunft der Stadt zu verpfänden«, sagt Bostons Bürgermeister Marty Walsh.[116]

Wieder bleiben nur zwei Bewerber übrig: Paris – und Amerikas kurzfristig für Boston eingewechselter Ersatzkandidat, Los Angeles. Es ist ein stark ausgedünntes Feld, aber politisch bedeutsam – wegen der USA.

Bachs Blick geht in seiner Amtszeit vor allem gen Osten, nach Moskau und Peking, und auch zu den alten Freunden in Seoul. Aber auch die Amerikaner spielen im IOC traditionell eine Schlüsselrolle. Seit dem Kommerzialisierungsschub in den Achtzigerjahren unter Samaranch pumpen sie das meiste Geld ins IOC. Das funktioniert über gigantische Fernsehverträge und über Sponsoren. Zu Beginn von Bachs Amtszeit sind unter den zwölf Topsponsoren sechs US-Großkonzerne: Coca-Cola als ältester Partner des Ringezirkels, dazu Dow Chemical, General Electric, McDonald's, Procter & Gamble und Visa. Aber mit Blick auf Großveranstaltungen sieht es inzwischen mau aus. Zwischen 1980 und 2002 fanden noch vier der 14 Spiele in den USA statt: in Lake Placid (1980), Los Angeles (1984), Atlanta (1996) und Salt Lake City (2002). Atlanta wurde sogar das Etikett »Coca-Cola-Spiele« aufgepappt – deutlicher ließ sich die Abhängigkeit nicht illustrieren. Aber seither gehen die Amerikaner leer aus.

Diese Entwicklung hat viele Hintergründe: den Bestechungsskandal um Salk Lake City; einen traditionellen Streit zwischen dem US-Olympiakomitee und anderen Teilen der Bewegung um die Geldverteilung, bei der aus historischen Gründen die Amerikaner überdurchschnittlich gut wegkommen; die Entwicklungen in

4 Die Skandale

der Welt- und der amerikanischen Außenpolitik; dazu diese Mischung aus erschreckender sportpolitischer Naivität und übertriebenem Selbstbewusstsein, mit der die Amerikaner durch den olympischen Kosmos irrlichtern. Amerikas Dollar werden gebraucht im IOC. Geliebt wird Amerika nicht.

So scheitern die USA mehrfach beim Versuch, wieder an Spiele zu kommen. Im Kampf um 2012 unterliegt New York gegen Moskau, Madrid, Paris und Sieger London; nur die Russen bekommen weniger Stimmen. Das ist auch eine persönliche Pleite für Hillary Clinton, damals Senatorin von New York und Anführerin der Bewerbung. Vier Jahre später reisen US-Präsident Barack Obama und Gattin Michelle persönlich zur Session nach Kopenhagen, die den Sommergastgeber 2016 bestimmt. Obamas Heimatstadt Chicago scheitert in der ersten Runde mit nur 18 Stimmen. Der Sieger heißt Rio de Janeiro, dessen Bestechungsaktivitäten später auffliegen.

Die krachenden Niederlagen im Olymp werden ergänzt durch eine Demütigung im Fußball. Hier bewerben sich die USA um die Ausrichtung der Fußball-WM 2022 – und unterliegen Ende 2010 dem winzigen Wüstensprengel Katar; einem Emirat ohne Fußballtradition und große Stadien, das selbst nach dem Prüfbericht der Fifa-Kommission wegen der hohen Temperaturen in der üblichen WM-Spielzeit im Sommer ungeeignet ist, so ein Event auszurichten. Aber all das kümmert das Gros der Fifa-Vorständler nicht, Katar siegt in der Endabstimmung mit 14:8.

Die USA sind blamiert. Die Pleite gegen Katar liegt zum einen an politischen Allianzen. So hat Frankreichs damaliger Staatschef Nicolas Sarkozy seinen Landsmann und Fifa-Vorständler Michel Platini bei einem Dinner mit dem heutigen Emir von Katar zum Umschwenken ins Lager des Wüstensprengels bewegt. Der frühere Weltfußballer ist als Präsident von Europas Fußball-Union (UEFA) Anführer des europäischen Blocks, er holt noch zwei, drei Kollegen ins arabische Lager.

Aber vor allem scheitern die USA, weil bei dieser Wahl noch viele andere Merkwürdigkeiten stattfinden – auch wenn Katars

Der Trick mit der Doppelvergabe

Leute ständig beteuern, alles sei korrekt gelaufen. Schon vor der Kür werden zwei Mitglieder des 24-köpfigen Vorstandes suspendiert, weil sie in vertrauten Gesprächen ihre Stimmen feilbieten; ihr Pech ist, dass die Gespräche heimlich mitgeschnitten werden.[117] Später entblättert sich eindrucksvoll, wie die Millionen nur so um den Erdball sausten, um Entscheider zu bezirzen.

Aber jetzt ist Schluss. Die Amerikaner nehmen all das nicht länger hin. In Zürich, am Ort der Fifa-Niederlage, wirft der wütende Delegationschef Bill Clinton sogar einen Aschenbecher durchs Hotel. Bald kommt Bewegung in das Thema, speziell im einflussreichen Umfeld der Clintons – die ja nun beide, Bill wie Hillary, von den Patronen des Weltsports gedemütigt worden sind. Und auch das Ehepaar Obama hat diese Erfahrung gemacht, ein Jahr zuvor mit Chicago.

Die Amerikaner haben neben der Sportpolitik, dem riesigen Kundenmarkt und ihren potenten Sponsoren noch einen besonderen Hebel: die heimische Justiz und deren fast unbegrenzte Möglichkeit, ganze Staaten unter Druck zu setzen, wenn irgendwo auf der Welt ein Geschäft in Dollar abgewickelt wird. Ein mächtiges Instrument, es wird nur selten ausgepackt. Der Skandal um Salt Lake City war diesbezüglich noch Peanuts: Er versandete juristisch, nachdem ein Richter eine Anklage gegen die Bewerberchefs gleich zweimal zurückwies, weil keine Beweise vorlägen.[118]

Das ist jetzt anders, nach all den heftigen Blamagen. Das FBI beginnt in der Woche nach der WM-Kür von Russland 2018 und Katar 2022 mit der Arbeit. Federführende Staatsanwältin ist Loretta Lynch, sie wird später Justizministerin. Als Erstes nehmen sie einen US-Funktionär ins Visier: Chuck Blazer. Er ist eine zentrale Figur in vielen Skandalen rund um die Fifa.

Äußerlich wirkt Blazer, ein schwerer Mann mit grauem Rauschebart, urgemütlich. »Sie sehen aus wie Karl Marx«, sagt Wladimir Putin einmal zu ihm.[119] Aber den Gemütsmenschen treibt eine enorme Geschäftsgier an. Blazer gilt in der Branche als »Mister Ten Percent«, weil er sich als Generalsekretär des Nord- und Mittel-

4 Die Skandale

amerika-Verbandes Concacaf mit schöner Regelmäßigkeit zehn Prozent der Marketingdeals privat abzweigte, gern auf karibische Offshorekonten. Er häuft Millionen an. Die Concacaf beherrscht er zwei Jahrzehnte lang gemeinsam mit dem noch unverschämteren Handaufhalter Jack Warner; der ehemalige Geschichtslehrer von der Karibikinsel Trinidad ist Concacaf-Präsident.

Das FBI hat Blazer schnell am Wickel. Viel Material liegt vor gegen den Mann aus Queens, der gleich zwei Luxusapartments im Trump Tower bewohnt. Er räumt ein, bei den WM-Vergaben 1998 und 2010 Schmiergelder angenommen zu haben; ebenso bei der Vergabe von TV-Rechten für Turniere der Kontinentalmeisterschaft »Gold Cup« zwischen 1998 und 2003.[120] Dem erkrankten Bonvivant droht eine lange Haftstrafe wegen Korruption und Steuerhinterziehung.

Doch es gibt eine Möglichkeit, dass er seinen Lebensabend nicht in der Zelle verbringen muss: Blazer wird Kronzeuge der US-Justiz, und er stimmt verdeckten Kooperationen zu. Der Rauschebart ist jetzt ein Spitzel der US-Justiz.[121]

Bei den Spielen 2012 in London hat er seinen ersten großen Auftritt. Der Amerikaner sitzt im Rollstuhl, und wenn er mit Funktionärskollegen zusammentrifft, pflegt er den Schlüssel seines Gefährtes auf den Tisch zu legen. Jetzt befindet sich darin: ein winziges Mikrofon. So hört die US-Justiz mit, was die Funktionäre an schmutzigen Deals besprechen. Blazers Gespräche damals betreffen in erster Linie Fußballfunktionäre. Aber die Welt der Sportpolitik ist ja eher klein. Klar ist: Unter seinen Gesprächspartnern sind auch IOC-Mitglieder – oder Personen, die im olympischen Zirkus großen Einfluss haben. Als Blazers Kooperation auffliegt, rast bei vielen Sportfunktionären der Puls.

Die Amerikaner hecken einen Masterplan aus, um die Welt des Fußballs auf den Kopf zu stellen. Sie holen ihre Schweizer Justizkollegen ins Boot. Stück für Stück machen sich US-Firmen in und um die Fifa breit, Kanzleien und Kommunikationsprofis. Als dann im Mai 2015 beim Fifa-Kongress alles explodiert, in Zürich Funk-

Der Trick mit der Doppelvergabe

tionäre und Marketender festgenommen werden und eine voluminöse Anklageschrift gegen diverse Fifa-Funktionäre publik wird, steuern diese die weiteren Abläufe. Sie wollen ihre Leute installieren, und zwingen Blatter zum Rücktritt, der langjährige Fifa-Chef muss, nur vier Tage nach seiner Wiederwahl, einen Sonderkongress zur Kür seines Nachfolgers anberaumen.

Monate später ist auch Blatters designierter Nachfolger fällig: UEFA-Präsident Platini, an dessen Last-minute-Schwenk ins Lager Katars die Amerikaner letztlich gescheitert waren. Die Umstände jedoch, wie Platini demontiert wird, sind mysteriös. Denn die Schweizer Ermittler picken aus einem gigantischen Datenberg just das eine Dokument heraus, das Platini betrifft. So ein Zufall! Es geht um eine Zahlung von zwei Millionen Franken, die der Franzose im Jahr 2011 aus Blatters Fifa erhielt. Die Ermittler eröffnen ein Verfahren gegen Blatter; Platini ist nicht mal Beschuldigter, nur Auskunftsperson. Jahre später verpufft die Sache. Aber für Platini viel zu spät: Die Fifa-Ethikkommission sperrt ihn in einem fragwürdigen Eilverfahren wegen dieser Causa.

Damit ist der Weg frei für Gianni Infantino, Platinis Generalsekretär in der UEFA. Zwar liegt den Ermittlern auch zu dieser Figur damals bereits ein handfester Verdacht vor, doch eine Vielzahl von Ungereimtheiten und Absurditäten sorgt dafür, dass er an der Fifa-Spitze landet statt im Aus. Die Affärendichte, die sich um ihn legt, stellt die Skandalchronik Blatters bald völlig in den Schatten. Infantino zieht in Rekordzeit allerlei Strafermittlungen auf sich, aber die Schweizer Justiz pflegt im Sport traditionell eine fürsorgliche Einstellungspolitik, und die Amerikaner interessiert das nicht mehr. Schließlich hat Infantino auch ihnen prompt geliefert: Bei der Vergabe der WM 2026 – dem ersten Turnier mit einem auf 48 Teams aufgestockten Teilnehmerfeld – an die USA spielte er eine höchst dubiose Rolle als massiver Fürsprecher.

Donald Trump plaudert als US-Präsident Jahre später bei einem Dinner in Davos aus, wie wichtig Infantino für den Zuschlag gewesen sei. »Sie haben einfach nicht aufgehört! Sie wollten es dort

4 Die Skandale

haben«, lobt er Infantino vor Wirtschaftsbossen aus aller Welt. Dabei ist ein Fifa-Präsident statuarisch zu strikter Neutralität verpflichtet. Trumps Aussage wird noch brisanter: »Und wir haben es wirklich getan, bevor wir ins Amt kamen. Bevor ich ins Amt kam, haben wir das gemacht!«[122]

Bevor wir ins Amt kamen? Bevor ich ins Amt kam? Infantino ist seit Februar 2016 Fifa-Boss, Trump wurde im Januar 2017 US-Präsident; die Vergabe der WM fand erst im Sommer 2018 statt. Infantino beteuert, er habe sich bei der Vergabe stets korrekt verhalten. Aber die Amis können halt auch anders. Zur Not auf die brutale Tour.

Und bei den Olympischen Spielen? Läuft es so: Zu Beginn von Bachs Amtszeit schließt der TV-Sender NBC einen Rekorddeal ab. 7,65 Milliarden Dollar garantiert für die Olympiaden zwischen 2021 und 2032. Es ist eine immense Steigerung – und bringt die USA in die Poleposition für ihr Ziel: die Spiele 2024, die ersten Sommerspiele, die unter Bach vergeben werden. Treuherzig betont der Deutsche auf einer Pressekonferenz, dieser Milliardenbetrag bedeute nicht den Zuschlag für die USA.

Richtig ist: Auch vor früheren Vergaben haben die USA dicke Fernsehdeals abgeschlossen, es hat ihnen nichts genutzt. Dazu kommt ihre Mühsal mit der internen Kandidatensuche, der Rückzug der Bewerberstadt Boston, die kurzfristige Einwechslung von Los Angeles. Und zudem sind die Vorbehalte gegen die USA noch größer, seit Donald Trump mit »America first«-Attitüde durch die Welt zieht.

Insofern ist Los Angeles kein Selbstläufer. Und der Gegenspieler Paris ist ein nobler Kandidat. 2024 wären die letzten Spiele an der Seine exakt 100 Jahre her, das hätte Symbolkraft, und auf Symbolik steht das IOC. Auch Paris ist wiederholt gescheitert bei Spielevergaben, zuletzt unter dubiosen Umständen an einem angeblich falschen Knopfdruck bei der Kür des Ausrichters 2012. Und zudem ist nun auch in Frankreich die Justiz zugange, mehr als die Amerikaner konzentriert sie sich auf die olympische Welt; auf

Bachs alten Gefährten Lamine Diack zum Beispiel und auf dessen bizarre Kontobewegungen. Reift da in den Köpfen mancher IOC-Leute die Idee, ein Oui für Paris könnte den Druck ein wenig mildern?

»Es schien dieses wirklich starke Gefühl zu geben, dass sie zu Frankreich nicht Nein sagen konnten«,[123] sagt Los Angeles' Bürgermeister Eric Garcetti. Und so forcieren die Amerikaner einen Gedanken: eine Doppelvergabe für 2024 und 2028. Im November 2016 trifft Garcetti Bach zum Spaziergang in Doha. Zwei Wochen später trägt Bach öffentlich vor, dass der bisherige Bewerbungsprozess zu viele Verlierer produziere. Die Doppelvergabe reift. Und als Budapest zurückzieht, steht einem Drei-Parteien-Deal zwischen dem IOC, Paris und Los Angeles nichts mehr im Wege. Offiziell wird noch um die Reihenfolge gefeilscht, aber den Amerikanern ist klar, dass Paris den Vortritt hat. Dafür handeln sie finanzielle Zugeständnisse aus. Und neue Sportarten dürfen auch debütieren.

Dabei bleibt es nicht. Auch für die darbenden Winterspiele melden die USA Interesse an – im Frühjahr 2023 verkündet ihr Olympiakomitee, dass es die Spiele 2034 anpeilt. Dem IOC kommt das zupass: Die Winterspiele will kaum noch jemand haben. Salt Lake kann durchstarten.

Fußball-WM 2026, Sommerspiele in Los Angeles 2028, danach Winterspiele in Salt Lake City. Unter den IOC- und Putin-Freunden Infantino und Bach haben sich auch die USA wieder fett auf die Landkarte gesetzt. Sie haben begriffen, wie's geht.

Der Diktator dankt

Das Olympiastadion von Pyeongchang erlebt ungewöhnliche Szenen. Oben auf der Bühne treffen sich bei der Eröffnungsfeier der Winterspiele 2018 zwei Personen, die sonst nie zusammenkommen. Auf der einen Seite Südkoreas Staatspräsident Moon Jae-in, Gastgeber dieser Veranstaltung. Auf der anderen Kim Yo-jong, die

4 Die Skandale

Schwester des nordkoreanischen Diktators Kim Jong-un und Propagandachefin ihres Landes. Sie hat Kim Yong-nam dabei, das formale Staatsoberhaupt Nordkoreas. Es ist das erste Mal seit Ende des Koreakrieges 1953, dass so hohe Vertreter des Regimes im Norden nach Südkorea kommen. Natürlich erzeugen die Vertreter der verfeindeten Bruderstaaten hier ganz besondere Bilder.

Schon beim Betreten der VIP-Tribüne gibt es einen herzlichen Handschlag, und als Nordkoreas Eishockeyspielerin Hwang Chung-gum und der Bobfahrer Won Yun-jong aus Südkorea die Vereinigungsflagge ins Stadion tragen und Jubel aufbrandet, dreht sich Moon zu Kim. Er reicht die Hand, sie lächelt zurück. Politiker wie US-Vizepräsident Mike Pence verfolgen die Show mit großer Skepsis, aber ein Mann schaut mit tiefer Genugtuung auf die Szenerie: der IOC-Präsident Thomas Bach.

Die Athleten beider Koreas senden ein »kraftvolles Zeichen des Friedens an die Welt«, erzählt er: »Wir sind alle berührt von dieser wundervollen Geste!« Zum Abschluss der Eröffnungsfeier singen koreanische Künstler »Imagine«, die Friedenshymne von John Lennon. Da ist das IOC in seiner Lieblingsrolle: als Friedensengel für die Welt!

Das Winterevent in Pyeongchang markiert den Auftakt eines ungewöhnlichen Triples. Dreimal nacheinander finden die Spiele in Asien statt – das gab es noch nie. Das IOC erzählt wieder von neuen Märkten, die es zu erschließen gälte. Tatsächlich ist in Pyeongchang vielerorts gar nichts zu spüren von einer olympischen Stimmung. Die Südkoreaner haben traditionell vor allem an Eiswettbewerben Interesse. Zudem haben die IOC-Macher das Programm und die Startzeiten mit Blick auf die Fernsehmärkte in den USA und Europa optimiert, was etwa dazu führt, dass die Eiskunstläufer früh morgens und die Skispringer bei eisiger Kälte um Mitternacht antreten müssen. Kein Wunder, dass die Tribünen bei den Alpinfahrern, Biathleten oder Skispringern oft ziemlich leer bleiben. Aktive und Trainer ärgern sich über das Trauerspiel. Die Athleten im Zentrum aller Bemühungen, wie das IOC gern erzählt? Die Abläufe in Pyeongchang bilden eindrucksvoll ab, wie gering der Stellenwert der Sportler wirklich ist.

Aber die Wettkämpfe sind eh nicht so relevant. Das IOC verfolgt ein höheres Ziel: die Selbstinszenierung als globaler Friedensstifter. Denn der Friedensnobelpreis – das ist nicht nur bei der Fifa die Endstation Sehnsucht, sondern auch im IOC. Spätestens im Oktober 1986 fing das Buhlen an, die Kampagne sollte den Nobelpreis zur olympischen 100-Jahres-Feier 1994 herbeischaffen.[124] Der damalige IOC-Präsident Samaranch selbst soll den Sonderetat genehmigt haben. In den Neunzigerjahren heuerte das IOC sogar eine Lobbyfirma an, um beim Nobelpreiskomitee in Oslo zu punkten. Dazu passte die Spielevergabe 1994 an die norwegische Stadt Lillehammer – zufällig das Land, in dem der Friedensnobelpreis vergeben wird.

Aber all das fruchtete nicht. Das Image der Verbände ist zu desaströs.

Jetzt, unter Bach, heißt das friedensstiftende Projekt: Annäherung von Süd- und Nordkorea dank olympischer Vermittlung. Der Konflikt zwischen den Staaten beschäftigt auch das IOC fortwährend. Schon rund um die Seoul-Spiele 1988 gab es Debatten, weil Nordkorea darauf drängte, Mitausrichter zu werden. »Grenzüberschreitende Olympiawettbewerbe« wurden diskutiert[125] – bis hin zu einem Marathonlauf über die hermetisch abgeriegelte Grenze. Aber Samaranch bremste – was seinen sowjetischen Freunden gepasst haben dürfte. Allenfalls einige Vorrunden- und Qualifikationsaktivitäten wollte man genehmigen. Am Ende blieb Nordkorea fern.

In den Neunzigerjahren nahm das Thema Fahrt auf. 1996 rückte Chang Ung ins IOC ein, als erster Nordkoreaner. Kim Dae-jung führte in Südkorea die Sonnenscheinpolitik ein, die zur Verständigung mit dem Norden beitragen soll. Und Bach selbst war Ende der Neunziger schon auf Mission. Erst flog er mit Samaranch zum Staatschef in Südkorea, von dort ging's weiter nach Pjöngjang.[126] Bei den Spielen in Sydney 2000 liefen Nord- und Südkorea erst-

4 Die Skandale

mals gemeinsam ein, desgleichen 2004 in Athen und 2006 in Turin.

Doch vor Peking 2008 sah die Welt anders aus. Unter Lee Myung-bak als neuem Staatspräsidenten in Seoul endete die Sonnenscheinpolitik; er hatte den Wahlkampf auch mit dem Versprechen gewonnen, dass Nordkorea für weitere wirtschaftliche Hilfen Zugeständnisse bezüglich des Kernwaffenprogramms machen muss. Der Norden attackierte ihn heftig. Zwar liefen die koreanischen Teams bei der Eröffnungsfeier noch hintereinander ins Stadion ein, aber das verdanke sich diesmal »nur noch dem Mandarin-Alphabet«, sagte IOC-Boss Rogge.[127]

Diese Trennung galt erst mal. Aber jetzt, vor den Winterspielen in Pyeongchang 2018, startet Bach seine Initiative – zu einem überraschenden Moment. Denn in Nordkorea hat sich die Lage weiter verschärft. Kim Jong-un führt die wohl schlimmste Diktatur des Erdballs. Die Brutalität, mit der das Regime die eigene Bevölkerung tyrannisiert, erscheint grenzenlos. Folter und Willkür sind an der Tagesordnung. Ehemalige Häftlinge berichten von Vergewaltigungen, systematischen Qualen, provozierten Toden durch Hunger oder Krankheit. Kim lässt morden, um sein System zu erhalten.

Zugleich baut er sein Atomprogramm aus. Und er droht mit dem Einsatz von Raketen: Der Atomknopf sei direkt auf seinem Schreibtisch. Weil US-Präsident Donald Trump dem Nordkoreaner ausrichtet, sein Atomknopf im Weißen Haus sei »much bigger and more powerful«,[128] spitzt sich die Sicherheitslage dramatisch zu. Der Spielort Pyeongchang liegt nur 80 Kilometer von der koreanisch-koreanischen Grenze entfernt. Frankreichs Sportministerin Laura Flessel bringt schon einen Olympiaverzicht ins Gespräch: »Wenn sich die Situation verschlimmert und keine definitive Sicherheit gewährleistet ist, wird die französische Olympiamannschaft zu Hause bleiben.«[129] Vertreter anderer Nationen äußern sich ähnlich.

Jetzt also kommt Bach. Der Mann, der endlich etwas Applaus hören will nach dem Russlanddesaster und angesichts der Abkehr der demokratischen Länder dieser Welt. Der Mann, der seit Jahrzehnten beste Drähte nach Seoul hat, zu Ex-Geheimdienstlern und Konzernbossen. Und der schon in den Neunzigerjahren in Pjöngjang geweilt und Beziehungen aufgebaut hat. Auch das IOC-Mitglied Chang aus Nordkorea ist im Bach-Lager verortet. Er rühmt den Deutschen als »weisen Führer der olympischen Bewegung«, während Bachs Scheichfreund Al-Sabah den Nordkoreaner als »guten Freund« umschmeichelt.[130]

Die Friedensshow von Bach und seinem IOC wird als telegener Schmachtfetzen arrangiert, Nord und Süd stets Hand in Hand, es fehlt nur eine nord-südliche Eheschließung unterm gewaltigen Fackelturm. Und sieh an, etwas in der Art passiert tatsächlich – und zeigt erneut, wie bedeutungslos der Sport ist, wenn es um große Symbolpolitik geht. Kurz vor Spielebeginn wird beschlossen, dass im Fraueneishockey 23 Süd- und zwölf Nordkoreanerinnen in einem gemeinsamen Team antreten sollen.

Es ist eine Vereinigung am Reißbrett. Ganz klar, dass das sportlich nicht funktioniert. Stinksauer reagiert Südkoreas Trainerin Sarah Murray, die ihr Team so lange auf die Spiele vorbereitet hat. »Es ist eine harte Situation, dass unser Team aus politischen Gründen benutzt wird!«[131]

Symbolpolitik aus der untersten Schublade. Doch welches Signal kommt an? Die Nordkoreanerinnen bleiben ein Team im Team. Zwar spielen, trainieren und essen sie mit denen aus dem Süden; auch erhalten sie eine Unterrichtung in K-Pop. Aber die Verständigung ist schwierig, die Nordkoreanerinnen schlafen in einem separaten Gebäude und fahren sogar separat im Bus zum Spiel. »Ich glaube, das war eine Anordnung der Regierung«, sagt Murray.[132]

Die Öffentlichkeit hat viele Fragen. Sie will wissen, wie es den Spielerinnen aus Nordkorea so geht; hier in Pyeongchang, aber noch mehr zu Hause, in einem abgesperrten Land. Gleich zum Auftakt macht bei einer Pressekonferenz mit der Spielerin Jong Su-hyon die Medienverantwortliche klar: keine Fragen zu »politics«.[133] Auch sonst sind die Sportlerinnen abgeschirmt.

4 Die Skandale

Umso auffälliger ist eine andere Gruppe von Nordkoreanerinnen, die in Pyeongchang antritt. Cheerleaderinnen, die sich bei jedem Spiel der gesamtkoreanischen Mannschaft auf der Tribüne zusammenfinden. Im Einheitslook, alle in roten Jacken und offenbar sogar mit dem gleichen Lippenstift.

Sie sind mindestens so gut gecastet wie die Sportlerinnen, die unten auf dem Eis spielen. Die kolportierten Bedingungen für eine Teilnahme am Polittrip in den Süden: Sie müssen mindestens 1,64 Meter groß sein, die Schönheit Nordkoreas repräsentieren und aus einer Familie stammen, deren Regimetreue außer Frage steht. Dann tanzen und singen sie, was das Zeug hält. Teile der internationalen Presse verlieben sich fast in Kims anmutige »Army of beauties«. Nahe bei den Cheerleaderinnen sitzt einmal die Diktatorenschwester Kim Yo-jong samt Delegation. Es kommt erneut zum Tête-à-Tête mit Südkoreas Staatspräsident Moon. Und zwischen den beiden hockt: er, der Fürst des Friedens, IOC-Chef Thomas Bach.

So wird der Welt ein olympisches Love-and-Peace-Sandwich präsentiert. Kims Schwester, Direktorin des Ministeriums für Propaganda, darf ihren Job als erledigt betrachten: Bachs IOC gibt ihr eine globale Bühne, auf der Nordkorea ein strahlend ungezwungenes Bild von sich zeichnen kann. Worum es hier geht, spricht irgendwann das amerikanische IOC-Mitglied Angela Ruggiero aus: Wäre doch großartig, diese gemischte nord-/südkoreanische Eishockeymannschaft für den Friedensnobelpreis zu nominieren![134]

Bachs Nordkoreamission ist mit der Schlussfeier nicht beendet. Prompt düst er zu Diktator Kim. Die »starke Botschaft des Friedens«, die von den Spielen in Pyeongchang ausgegangen sei, soll wiederholt werden, erzählt er. Nordkoreas Propagandamaschine läuft erneut heiß: Bach und Kim beim Handschlag, Bach und Kim beim Spaziergang. Bach habe »gegenüber dem geschätzten Vorsitzenden seinen herzlichsten Dank« ausgerichtet, dass dieser so freundlich war, seine Athleten für ein starkes Zeichen des Friedens nach Pyeongchang zu schicken, texten die Parteiorgane.[135] Menschenrechtler sind entsetzt. Aus dem Ganzen erwächst flott der Impuls zur gemeinsamen Bewerbung von Nord- und Südkorea für Olympische Spiele.

Aber natürlich haben die olympischen Nobelträume nichts mit der Wirklichkeit zu tun. Rasch verschlechtert sich die Nord-Süd-Beziehung wieder. Dann sprengt Nordkorea sogar das Verbindungsbüro in die Luft, das in der grenznahen Stadt Kaesŏng für einen offenen Dialog eingerichtet worden war. Für die Spiele in Tokio ist ein gemeinsames Team kein Thema mehr; zur Krönung suspendiert das IOC Nordkorea sogar, weil das Land wegen der Coronaumstände die Spiele boykottiert.

Das schrille Friedensgedöns ist schnell verhallt. Was bleibt, ist eine seichte Show – und ein irrlichternder Diktator, dem das IOC die Weltbühne zur propagandistischen Selbstdarstellung gegeben hat.

Der große Datenbetrug

Nach dem Willen der olympischen Bewegung soll der russische Dopingskandal mit den Spielen von Pyeongchang erledigt sein. Doch ein paar Kleinigkeiten sind da noch. In der Frühphase hat die WADA die russische Anti-Doping-Agentur ja für »non compliant« erklärt, das will sie erst ändern, wenn Moskau Bedingungen erfüllt hat. Da ist zunächst die Anerkennung des McLaren-Reports. Das ist happig. Moskau hat stets betont, den werde man nie akzeptieren. Monatelang wird an einem Dreh getüftelt.

Im Juli 2018 trifft sich Bach mit Putin am Rande der Fußball-WM in Moskau, um über »die Interaktion zwischen dem Russischen Olympischen Komitee und dem IOC zu sprechen«,[136] wie das nach Darstellung des Kreml heißt. Zwei Monate später geht ein Brief bei der WADA ein, den der neue Sportminister Pawel Kolobkow signiert hat.[137] Der Spin ist gefunden: Moskau akzeptiert die

Entscheidung des IOC aus dem Dezember – die ja auf der Basis des Schmid-Reports getroffen wurde.

So kann Moskau zu Hause weiter behaupten, es erkenne den McLaren-Report nicht an. Und die WADA kann das Gegenteil erzählen, weil der von Moskau anerkannte Schmid-Report ja den McLaren-Bericht bestätige. Ein schäbiges Manöver, das erneut die hilflose Abhängigkeit der WADA zeigt: Zwar hat sie, auf hauptamtlicher Ebene, viele Experten, die einen Ruf haben und den Pharmasaustall entschlossen ausmisten wollen. Aber darüber spannt sich die sportpolitisch gesteuerte Führung um Präsident Reedie, der sogar im IOC sitzt.

Und die ächzt jetzt wieder unterm Joch des Ringe-Clans, wie in alten Zeiten. Die kurze Phase rund um die Rio-Spiele, als sich sogar Reedie kritisch gab, war die Ausnahme. Im September 2018 hebt die WADA Russlands Suspendierung auf. Leider geht das nur auf Bewährung, denn eine Bedingung ist noch zu erfüllen: Russland muss die Originaldaten des Laboratory Information Management System (Lims) aushändigen.

Diese Datenbank ist hoch brisant. Sie dokumentiert alle Vorgänge im Moskauer Labor zwischen Januar 2012 und August 2015, und auch alle Operationen, wenn eine positive Probe als negativ weitergemeldet wurde. Die WADA ist zwar seit Oktober 2017 im Besitz einer Lims-Kopie, die ihr der Whistleblower Rodtschenkow zugespielt hat, aber sie benötigt das Original, um die Authentizität zu prüfen und juristisch valide Verfahren gegen einzelne Sportler anstrengen zu können.

Ende des Jahres reist eine fünfköpfige Delegation nach Moskau – zunächst vergeblich. Sie bekommt die Daten erst zweieinhalb Wochen später. Damit verstößt Russland gegen die Bewährungsauflagen – und kommt wieder ungestraft davon. Für die WADA ist die Fristverletzung nicht erheblich.

Monate später erleben die WADA-Ermittler ihr nächstes blaues Wunder: Forensische Untersuchungen und Abgleiche mit der Whistleblowerkopie zeigen, dass das ausgehändigte Material weder »vollständig noch vollständig authentisch« ist.[138] Noch im Januar 2019, als die WADA-Delegation vergeblich auf die Daten wartete, gab es Manipulationen an den Einträgen – nach Lage der Dinge, um eine dreistellige Zahl an Sportlern zu schützen. Auch seien Daten bewusst so verändert worden, um Whistleblower Rodtschenkow zu belasten. Das hilft, die kleine Verspätung zu erklären.

So sieht es auch ein Report des CRC, ein Gremium, das den Ablauf für die WADA evaluiert[139] – und das nun harte Konsequenzen befürwortet. Dabei ist es schon kabarettreif, dass das Labor und die Daten seit Enthüllung des Skandals 2015 unter Aufsicht des staatlichen russischen Ermittlungskomitees standen – das wiederum faktisch der Präsidialverwaltung des Landes untersteht. Russland hat also nicht nur 2014 mit einem staatlich gesteuerten Dopingsystem betrogen. Es hat immer weiter geschummelt, bis ins Jahr 2019. Jetzt gehen die Ausflüchte aus, es wird die Notbeleuchtung eingeschaltet: Leider, erzählt Moskau, habe es Hackerangriffe von außen gegeben. Mit IP-Adressen, die auf Manipulatoren aus den USA und Deutschland hindeuten![140]

Der russische Staatsdopingskandal ist nicht beendet. Er ist jetzt, fast fünf Jahre nach seinem Beginn, auf dem Höhepunkt.

Und was treibt Bachs IOC? Das verurteilt zwar die Datenmanipulation. Aber es weist eilig darauf hin, »dass der Bericht feststellt, dass die Sportbewegung nicht in diese Manipulationen verwickelt war und dass der Bericht keine Hinweise auf ein diesbezügliches Fehlverhalten der Sportbewegung, insbesondere des Russischen Olympischen Komitees oder seiner Mitglieder, enthält«.[141] Der nächste Klassiker. Nach IOC-Lesart darf man sich Russlands Olympiakomitee als Kleinkind vorstellen, das die Bescherung unterm Weihnachtsbaum bestaunt: Wie ist es dem Christkind nur gelungen, diese wunderschöne Doping- und Datenmanipulation dorthin zu legen, ohne dass irgendjemand im Hause das Geringste davon mitbekam?

Die Dreistigkeit ist zu groß. Und die Welt schaut zu, also kann

4 Die Skandale

Russland aus der Geschichte nicht völlig straffrei herauskommen. Der nächste Trick muss her. Diesmal soll die WADA entscheiden, die politisch dominierte Organisation mit dem alten IOC-Kameraden Reedie an der Spitze. Für den Briten laufen die letzten Wochen an der WADA-Spitze, im neuen Jahr übernimmt den Job turnusgemäß ein Vertreter aus der Politik: der Pole Witold Bańka.

In den WADA-Gremien wird verzehrend diskutiert. Insbesondere die norwegische Vizepräsidentin Linda Helleland kämpft für harte Konsequenzen, einen Komplettausschluss, ebenso das Gros der WADA-Athletenkommission. Aber Reedies Russland-freundliche Linie setzt sich durch. Formal verhängt die WADA vier Jahre Sperre, in denen Russland weder an Großveranstaltungen teilnehmen noch welche ausrichten darf. Und wie immer in dieser Affäre gilt auch hier: Was vordergründig streng wirkt, bietet in der Realität jede Menge Schlupflöcher.

Denn die WADA beschließt auch, dass Sportler, die nicht gedopt sind, teilnehmen dürfen – im beliebten Format als sogenannte neutrale Athleten. Es dürfen sich sogar elf russische Fußballer zu einer Mannschaft zusammenschließen, um sich als ein Team unabhängiger Fußballer an der WM-Qualifikation für Katar zu versuchen. Natürlich gelten die Neutralitätsvorschrift und die Ausrichtersperre nur für Olympia und Weltmeisterschaften. Ein Highlight des ersten Jahres nach der Sperre ist die Fußball-EM 2020 (wegen Corona auf 2021 verschoben): Die ist ja ausnahmsweise auf zwölf Länder verteilt, und Russland ist mit dem Spielort Sankt Petersburg als Co-Veranstalter dabei. Hier kann es ganz regulär mitwirken, sowohl als Ausrichter wie als Team. Denn eine EM fällt unter die Rubrik »regionales/kontinentales Ereignis«, argumentiert die WADA. Dafür gelte die Sperre nicht.

So beinhaltet das Verdikt der WADA nur das beliebte Wimpel- und Hymnenverbot. Kritiker sind empört. »Ich habe nicht den Eindruck, dass die WADA noch existiert. Zu viele politische Machtspiele, zu viele Konflikte und zu viele Eigeninteressen haben zu viele schlechte Entscheidungen, Kompromisse und gebrochene Versprechen zur Folge«, sagt die britische Parasportlerin Victoria Aggar,[142] die in der Athletenkommission der WADA sitzt – frustriert legt sie das Amt nieder.

Die Athletenvertreter sind nicht nur wegen des Spruchs empört, sondern auch, weil von WADA-Seite suggeriert wird, dass die Entscheidung dem Wunsch der Athleten entspreche. Man habe einen Komplettausschluss debattiert, sagt der CRC-Vorsitzende Jonathan Taylor bei der offiziellen Präsentation – aber dann habe die südafrikanische Schwimmolympiasiegerin Penelope Heyns das Gremium zu einem einstimmigen Votum gegen den generellen Bann bewegt.[143] Tatsächlich war Heyns nur ein Mitglied in dieser CRC-Runde. In der Athletenkommission der WADA gibt es eine – knappe – Mehrheit von 9:8 für einen Komplettbann, obwohl der Kampf für die Ausschlussbefürworter schwer ist. Denn auch in diesem Gremium sitzen IOC-Mitglieder wie die Slowakin Danka Barteková oder Kirsty Coventry aus Simbabwe, beiden ist Bach zugetan. Und die WADA weigert sich nach der Entscheidung, eine Erklärung der neun Ausschlussbefürworter auf ihrer Website zu veröffentlichen. Originelle Begründung: Auch die anderen acht hätten dann eine Erklärung veröffentlichen wollen.[144]

Hier zeigt sich ein weiteres typisches Machtelement in der olympischen Welt: Man greift sich die Athletenstimme, die man gerade braucht, und setzt sie entsprechend ein.

Die Russen aber stört selbst diese überschaubare Strafe. Sie ziehen vor den Sportgerichtshof CAS, ein formal angeblich unabhängiges Gremium, das tatsächlich noch mehr vom organisierten Sport dominiert ist als die WADA. Rein technisch bedeutet dies, dass das ohnehin weiche Sanktionspaket erst einmal nicht in Kraft tritt. Im Jahr darauf entscheidet der CAS dann im Sinne von Russland. Die Sperre wird von vier Jahren auf zwei Jahre reduziert. Und die Schlupflöcher bleiben nicht nur bestehen; sie werden geschützt und teilweise erweitert. Auch ermöglicht er – im Unterschied zum ursprünglichen WADA-Verdikt – eine Bewerbung um die Olympischen Sommerspiele 2032; ein Ziel, das russische Sportkreise in diesen Zeiten gern vorbringen. Und mit dem angeblichen Besuchsverbot für russische Offizielle ist es auch so eine Sache. Der NOK-Chef darf zwar nicht bei den Spielen dabei sein, aber natürlich dürfen Wladimir Putin oder sein Ministerpräsident mitfeiern, wenn Freund Xi sie zu den Spielen nach Peking einlädt.

Alles ist wieder so geregelt, dass Russland damit leben kann. Ende des Jahres 2020, am 29. Dezember, ruft Putin beim IOC-Boss an[145] – es ist Bachs Geburtstag. Das Kremlprotokoll vermerkt solche Anrufe penibel, und es fällt auf, dass Bach sich demnach am 7. Oktober oft bei Putin gemeldet hat, um zu dessen Geburtstag zu gratulieren. Nicht andersherum. Aber diesmal schon. Ging es dabei auch um die aktuellen Entscheide von WADA und CAS? Bach sagt dazu nichts Konkretes. Aber worum auch immer es gegangen sein mag, nur Geburtstagswünsche oder mehr: Putin darf sehr zufrieden sein mit dem Olygarchen.

So treten auch bei den Sommerspielen in Tokio 2021 und den Winterspielen 2022 in Peking russische Athleten an, unter dem Teamnamen »ROC«, der englischen Abkürzung für Russisches Olympisches Komitee. Auf der Flagge sind die olympischen Ringe zu sehen, aber in Form einer stilisierten Flamme auch die russischen Nationalfarben rot, blau und weiß.

Das ist albern. Es geht nur um folkloristische Details. Weil dieses russische Team eine Hymne benötigt, wenn einer der Ihren eine Goldmedaille erkämpft, landet als Vorschlag »Katjuscha« auf dem Tisch – eine sowjetische Volksweise, in der eine junge Frau den im Krieg befindlichen Geliebten besingt. Nur heißt Katjuscha auch ein Raketenwerfer, den die Sowjetunion im Zweiten Weltkrieg einsetzte. Der CAS untersagt das; es dürfe kein Lied sein, das »mit Russland in Verbindung steht«, heißt es in einem Urteil. Also wählen Russlands Olympiabosse Tschaikowskis erstes Klavierkonzert.

Ausdauernd erzählt das IOC, dass nicht Russland bei den Spielen starte, sondern neutrale Athleten. Dabei gibt es für die Lächerlichkeit dieser These den besten Kronzeugen der olympischen

Welt: Thomas Bach selbst. Der wurde nämlich drei Jahre zuvor gefragt, warum er in Pyeongchang die Russen als »olympische Athleten aus Russland« starten lasse – während die Leichtathleten nur »neutrale Athleten« aus Russland erlaubten, also ohne Bezug auf ihr Herkunftsland im Mannschaftsnamen.

»Ich war bei den Leichtathletikweltmeisterschaften in London. Da kam der autorisierte neutrale Athlet, ANA (Authorised Neutral Athletes), und jeder wusste, dass das Athleten aus Russland sind. Und so ist es auch in den Medien transportiert worden und in der Wahrnehmung der Zuschauer gewesen«, erläuterte Bach.[146] Und auf den Einwand, dass die Abkürzung ANA nicht das Wort Russland enthalte, entgegnet Bach treffend: »Aber es haben alle gewusst, es haben alle so aufgefasst. Die Realität sollte man nicht ignorieren!«

Es sei denn, sie passt nicht ins politische Konzept.

Wir sind das Licht der Welt

In Tokio sollen 2020 zum zweiten Mal nach 1964 Sommerspiele stattfinden. Jetzt ist, nach dem Gigantismus von Sotschi, dem Chaos in Rio de Janeiro und der Retortenshow von Pyeongchang, der Ringe-Karawane anzumerken, dass sie nach normalen Spielen lechzt. Als die *Welt am Sonntag* Bach Ende 2019 in einem Interview fragt, mit welchen Gefühlen er nach Tokio reise, wird der IOC-Präsident überschwänglich.

»Mit einer Vorfreude, die ich so vor Olympischen Spielen noch nicht hatte. Tokio ist so gut vorbereitet wie keine Olympiastadt zuvor«, sagt Bach. »Die Effizienz der Japaner ist sagenhaft. Bei ihnen ist alles durchdacht bis ins kleinste Detail: Hinzu kommen das einzigartige Engagement der japanischen Unternehmen und der riesige Enthusiasmus in der gesamten Bevölkerung.«[147]

Diese Einschätzung ist schon zu dem Zeitpunkt erstaunlich. Tatsächlich sind die Kosten im Laufe der Jahre explodiert. Überdies ist

4 Die Skandale

die Vergabe an Tokio Teil eines Skandals, dem die französische Staatsanwaltschaft nachgeht – weil der Verdacht auf Stimmenkauf im Raum steht und Organisationschef Takeda, auch ein IOC-Mitglied, deswegen zurücktreten musste.

Wochen später ist Bachs Vorfreude dahin. Anfang 2020 verbreitet sich überall das Coronavirus. Irgendwann steht die Welt still, und auch auf den Sport kommen große Herausforderungen zu. Dabei gibt kaum jemand ein so umstrittenes Bild ab wie das IOC.

In Japan sind die Auswirkungen früher zu spüren als fast überall sonst auf der Welt. Ende Februar empfiehlt die Regierung, alle größeren Sport- und Kulturveranstaltungen abzusagen. Profispiele finden ohne Zuschauer oder gar nicht statt, beim Tokio-Marathon dürfen nur 200 Eliteläufer starten. Museen und Zoos sind gesperrt. Aber an die Spiele, da geht niemand ran.

Am 27. Februar kündigt Japans Regierung Schulschließungen an. Am selben Tag sagt Bach japanischen Medien, dass sich das IOC voll und ganz für die planmäßige Ausrichtung der Spiele einsetze – man wolle nicht über Alternativen spekulieren.[148]

Am 3. März spricht Japans Olympiaministerin Seiko Hashimoto darüber, die Spiele zu verschieben.[149] Die IOC-Position lautet: »Wir gehen davon aus, dass die Spiele am 24. Juli beginnen.«[150] Weder das Wort »Absage« noch das Wort »Verschiebung« seien auch nur ein einziges Mal gefallen, sagt Bach nach einer Exekutivsitzung.[151]

In der Woche bis 13. März sagen immer mehr große Sportorganisationen ihre nächsten Wettbewerbe ab, von der nordamerikanischen Basketballliga (NBA) über die Formel 1 bis zur deutschen Fußballbundesliga. Auch die Sportwelt steht jetzt quasi still. Das IOC aber feiert in Athen die traditionelle Zeremonie, mit der das olympische Feuer auf die Reise geschickt wird. »Seit den alten Zeiten waren die Spiele immer ein Symbol für Frieden und Hoffnung«, predigt Bach.[152] In den ARD-Tagesthemen trägt er vor, man habe »ernsthafte Probleme mit den Qualifikationswettbewerben«.[153]

Am 16. März beschließt die deutsche Bundesregierung den ersten Lockdown; wie viele andere europäische Regierungen. Das IOC aber startet in London Qualifikationswettkämpfe für das olympische Boxturnier. Bachs Intimus John Coates erklärt mit Blick auf die Spiele: »Alles beginnt am 24. Juli.«[154] Auch nach einer weiteren Exekutivsitzung heißt es, das IOC bleibe den Spielen »uneingeschränkt verpflichtet«, es seien »keine drastischen Entscheidungen notwendig«.[155]

Fassungslosigkeit macht sich breit, vor allem unter den Sportlern. Eishockeyspielerin Hayley Wickenheiser, als Athletenvertreterin im IOC und von Beruf Ärztin, hält das Beharren auf dem Olympiaplan für »unverantwortlich und gefühllos«.[156] Die griechische Stabhochspringerin Ekaterini Stefanidi, Olympiasiegerin und Athletensprecherin im Leichtathletikweltverband, teilt mit, das IOC gefährde die Gesundheit der Athleten.[157] Der deutsche Athletensprecher Max Hartung sagt, er verzichte auf eine Teilnahme – und geht einen Schritt, wie ihn sich viele deutsche Sportler wünschen. Kanada und Australien kündigen an, keine Athleten zu den Spielen zu schicken, falls sie nicht verlegt werden.[158]

Das Motiv für die Haltung des IOC ist klar. Mancher sagt es offen, mancher flüstert nur: Es geht ums Geld. Für den vierjährigen Olympiazyklus bis 2020 rechnet das IOC mit rund sechs Milliarden Dollar an Einnahmen, vor allem durch Sponsoren und Fernsehanstalten. Eine Absage oder auch nur eine Verschiebung könnte Hunderte Millionen kosten. Viele Mitglieder der Bewegung wiederum sind abhängig von den Zuwendungen des IOC.

Je 600 Millionen Dollar erhalten die nationalen Olympiakomitees sowie die 28 Sommersportverbände ungefähr – gestaffelt nach Größe und Bedeutung. Kernsportarten wie Leichtathletik und Schwimmen können mit rund 40 Millionen rechnen, kleine Verbände mit einem Drittel davon. Aber gerade bei den kleineren machen diese Zuwendungen einen erheblichen Anteil am eigenen Budget aus. Sie brauchen die Spiele, um zu überleben.

Es vergeht Tag um Tag, Woche um Woche. Erst am 24. März folgen das IOC und die japanischen Organisatoren dem breiten Pro-

4 Die Skandale

test – sie verschieben die Spiele um ein Jahr. Und Bach? Tut so, als sei alles total fix gegangen. Befragt, wie er sich angesichts der weltweiten Kritik für sein Zögern fühle, entgegnet er: »Wir hatten eine breite Zustimmung für unsere Vorgehensweise.«[159] Kaum ist die Verschiebung beschlossen, beginnt der IOC-Präsident mit einer Erzählung, die bis zum Start der Spiele ein Jahr später durchgezogen wird: Tokio sei »das Licht am Ende des Tunnels«.[160]

Es ist das olympische Denken in der Nussschale: Erst hat das IOC wochenlang demonstriert, dass es sich für wichtiger hält als das Gros der Menschheit. Dann will es plötzlich Sinnstifter dieser Menschheit sein.

Die Japaner haben andere Sorgen als die Spiele. Rund 80 Prozent sprechen sich in Umfragen gegen die Veranstaltung aus.[161] Nie dürfte die Stimmung in einem Gastgeberland mieser gewesen sein als in jenen 14 Tagen, in denen sich die Sportler 2021 dann tatsächlich in Tokio treffen. Mit einem Sportfest hat das nichts zu tun, alles ist hermetisch abgeriegelt, Zuschauer sind nicht zugelassen. Tokio ist eine Fernsehveranstaltung für die olympische Blase, die einschwebt. Seit vielen Jahren zeigt Olympia, dass es in einer Parallelwelt stattfindet – jetzt klappt das in Vollendung.

Viele Athleten wollen nur nach Hause, auch viele Japaner wollen, dass die olympischen Gäste flott abziehen; zumal während der Spiele die Infektionszahlen im Land erheblich anwachsen. Hotspot ist Tokio, wo sie von 1359 am Tag der Eröffnungsfeier auf mehr als 4000 steigen,[162] im ganzen Land wird es während der Spiele erstmals fünfstellig – und das just vor den Sommerferien und dem traditionellen Obon-Fest. Für Japans obersten Coronaberater Shigeru Omi ist es die heftigste Situation seit Ausbruch des Virus: Die Spiele würden den Anstieg beschleunigen. Das IOC tut so, als hätte das nichts mit den Spielen zu tun.[163]

Stattdessen lautet Bachs Fazit: »Wir können selbstbewusst sagen, diese Olympischen Spiele kamen zur richtigen Zeit!« Es seien »Spiele der Hoffnung, der Solidarität und des Friedens« gewesen.[164]

Natürlich sind auch diese Spiele nicht mit der Schlussfeier beendet. Kaum sind Sportler und Funktionäre weg, befasst sich der Rechnungshof mit der Partyrechnung. Er kommt zu einem harschen Urteil. Viele Vorhaltungen macht er dem Organisationskomitee, insbesondere seien Kosten falsch berechnet und angegeben worden. Die Olympiamacher waren inklusive der Aufwendungen für die Infrastruktur auf insgesamt 2,72 Billionen Yen gekommen – umgerechnet rund 18 Milliarden Euro. Das war ohnehin erheblich mehr als ursprünglich erklärt. Die Prüfer indes addieren die Ausgaben nun auf fast ein Drittel mehr.[165]

Neben den Rechnungsprüfern wird auch die Staatsanwaltschaft aktiv. Bis in den Sommer 2023 gräbt sie jede Menge Unregelmäßigkeiten aus. Fast zwei Dutzend Personen werden angeklagt. Im Zentrum stehen Spitzenakteure der olympischen Welt: die Werbeagentur Dentsu, die einst schon an Dasslers Seite dessen Schmiergeldtankstelle ISL aufstellte und in Japan als Netzwerk zwischen Politik, Wirtschaft und Sport agiert. Und ihr langjähriger Manager Haruyuki Takahashi, der die IOC-Mitglieder mit Preziosen und Präsenten umgarnte.

Dentsu war bei den Spielen die zentrale Vermarktungsagentur, Takahashi Vorstandsmitglied des Organisationskomitees. Nun bringt die Staatsanwaltschaft, vereinfacht gesagt, zwei Komplexe vor Gericht. Zum einen wurden Aufträge für die Organisation von Wettbewerben nicht in offenen Verfahren, sondern nach Absprachen vergeben – Gesamtwert: rund drei Millionen Euro.[166] Zum anderen soll Takahashi Schmiergeld in Höhe von fast 1,5 Millionen Euro eingesteckt haben, um Firmen Verträge und Lizenzen zuzuschanzen. Der schillernde Manager bestreitet das, aber im April 2023 legt ein betroffener Firmenchef ein Geständnis ab.[167]

Derlei Machenschaften rund um einen Spielegastgeber sind längst Standard. Auch vor den Spielen in Rio 2016 gab es heftige Korruption, und im Organisationsbüro von Paris 2024 sind die Ermittler ebenfalls schon einmarschiert: wegen des Verdachts auf unlautere Absprachen bei der Auftragsvergabe.[168]

In Tokio aber haben all die Anklagen, Strafen, Geständnisse und

4 Die Skandale

Razzien nicht nur für Beteiligte Konsequenzen – sondern für die olympische Bewegung generell. Die Bevölkerung wendet sich angewidert ab vom Ringe-Kosmos, auch die Politik will nichts mehr mit Olympia zu tun haben. Es stoppt den Bewerbungsplan mit Sapporo für die Winterspiele 2030. Das ist für das IOC bitter. Denn für 2030 gilt das, was schon für 2022 und 2026 galt: Kaum jemand will noch die Winterspiele.

5 Der Anfang vom Ende

Der Olygarch verläuft sich im Dickicht der Politik

Vom IOC zum IBK

Die Huldigungen aus dem Fußvolk nehmen kein Ende. »Sie sehen frisch aus! Sie haben uns stärker gemacht denn je zuvor! Wir sind alle auf dem richtigen Weg«, flötet die Afghanin Samira Asghari. »Sie haben als Kapitän die starke Führung übernommen. Sie bringen uns alle zusammen«, schwadroniert der Ukrainer Sergej Bubka. »Ihre Eröffnungsrede war herrlich. Dieses Mal herrlicher als je zuvor. Ihre diplomatischen Fähigkeiten: Einfach wunderbar«, jubiliert die Schwedin Gunilla Lindberg. Und als die Amerikanerin Anita DeFrantz das Wort ergreift und seine lange visionäre Schaffenskraft preist, da ist es um Thomas Bach geschehen. Es fließen Tränen.

Herrlich, herrlich, wunderbar! Zahlreiche solcher Lobpreisungen sind von den Mitgliedern des IOC zu hören, als sich ihr Präsident im Frühjahr 2021 nach seiner ersten achtjährigen Amtszeit zur Wiederwahl stellt. Im Hochgefühl der Würdigungen wird lediglich darauf verzichtet, Bach die Füße zu küssen – aber dafür gibt es gute Gründe. Wegen Corona findet Bachs Wiederwahl nicht in einer Präsenzveranstaltung statt, die Mitglieder sitzen zu Hause vor ihren Monitoren. Also beklatschen und besingen sie ihn digital. Kurz darauf ist Bach mit nur einer Gegenstimme für eine weitere, diesmal vierjährige Amtszeit bestätigt.

Wobei: Einen besonders wichtigen Olympier trifft Bach doch

5 Der Anfang vom Ende

persönlich bei dieser bewegenden Veranstaltung. Er berichtet nämlich, wie er durch den Garten des olympischen Hauses spaziert sei und ihm beim Lustwandeln Pierre de Coubertin zugelächelt habe.[1] Der französische IOC-Urahn, der Ende des 19. Jahrhunderts die Olympischen Spiele der Neuzeit wiederbegründet hat.

Nun ist postreligiöser Personenkult bei großen Weltsportverbänden nichts Neues. Auch Bachs Vorvorgänger Samaranch nahm Ergebenheitsadressen wie Erdnüsschen zu sich, und beim Fußballweltverband Fifa sind skurrile Anekdoten überliefert, wenn die Kür von einst Sepp Blatter oder heute Gianni Infantino ansteht. Aber so sektiererisch wie unter Bach hat sich eine Organisation selten präsentiert. Was für ein Unterschied zu seiner ersten Wahl, die doch etwas holprig verlief.

Seit 1894 gibt es das IOC, nur neun Präsidenten hat es erlebt – selbst die katholische Kirche kommt in der Zeit auf elf Päpste. Aber kaum einer hat die Organisation und damit die komplette Sportwelt so sehr auf sich zugeschnitten wie Bach. Unter Rogge, selbst unter Samaranch gab es immer eine Reihe Funktionäre, die eine breitere Spitze abbildeten – und sich in einer Art olympischem Checks-and-Balances-System belauert, attackiert oder gepusht haben. Mal schwamm der eine höher, mal der andere. Unter Bach gibt es im IOC nur: Bach. Als hätten ihn all die umhegten Autokraten und Diktatoren infiziert, verwandelt er das IOC in eine One-Man-Show: das Internationale Bach-Komitee (IBK).

Wer die IOC-Zentrale in Lausanne am Genfer See betritt, hat schon in der Empfangshalle wenig Zweifel, wer Herrscher des Olymps ist. Drei mannshohe Porträt-Grafiken begrüßen den Besucher, in der Mitte: Pierre de Coubertin, der Doyen. Aber links und rechts flankiert ihn ein Mann, dessen Kopf gut zweimal so groß abgebildet ist wie der des modernen Spielebegründers. Es ist ein und derselbe: Thomas Bach. Mal den Blick staatstragend in die Ferne gerichtet, mal freundlich auf den Betrachter. Zwischen diesen Bach-Plakaten wirkt der alte Schnurrbartträger Coubertin ein wenig wie Charlie Chaplin.

Dieses ganz subtile Arrangement der olympischen Herrschaftsgewalt erscheint aufschlussreich.

Wer die nackte Macht liebt, wird beeindruckt davon sein, wie dem fränkischen Advokaten der Aufbau des IBK über die Jahre gelingt. Ein paar Pflöcke sind schon vor seiner Wahl 2013 eingeschlagen, Bach ist sich ja der Unterstützung wichtiger Politiker wie Putin und im IOC vieler einflussreicher Funktionäre wie Al-Sabah bewusst. Aber er baut sein System rasch aus. Seine erste Session als IOC-Präsident in Sotschi 2014 ist die perfekte Finte: Sie wird als eine Art basisdemokratisches Debattencamp inszeniert. Jedes IOC-Mitglied darf vortragen, was es will, Bach vermittelt bei jedem Beitrag, wie sehr ihn dieser erfreue. Er ist offen für alles. Er lädt quasi die ganze Welt ein, Vorschläge zu schicken.

Im Dezember 2014 kommt es in Monaco zum Spezialkongress, jetzt stellt Bach seine Agenda 2020 vor. Er präsentiert sein neues Testament der heiligen IOC-Bibel. Genauer: Er peitscht es durch. Monte Carlo, Europas teuerste Meile, liefert die Kulisse für die angeblichen Bemühungen des IOC, bei den Spielen Kosten und Gigantismus zu reduzieren sowie Nachhaltigkeit, Transparenz und all das zu implementieren, was die abtrünnige Kernkundschaft zurückholen könnte.

Die sitzt ja nicht an Osteuropas Rändern oder in der Golfregion, wo immer mehr Sportevents stattfinden, sie sitzt in der westlichen Welt, wo sich bei Bürgerentscheiden kaum noch Mehrheiten finden für die Ausrichtung. Jetzt versucht Bach ein flüchtiges Gut zu erhaschen: Glaubwürdigkeit. Eine zweitägige Reformsession soll sie zurückbringen.

Der Zeitpunkt ist etwas ungünstig, weil Tage zuvor die erste große Enthüllung über Russlands Dopingsystem ins fromme Reformtheater geplatzt ist: inklusive der Beteiligung von Trainern, Ärzten und Verbandsfürsten sowie Hinweisen auf Vertuschungsabsprachen beim Leichtathletikweltverband, den Bachs Wahlhelfer Lamine Diack führt. Es geht sogar ganz konkret um dessen Sohn Papa Massata und eine Strohfirma, die als Schweigegeldstelle

5 Der Anfang vom Ende

fungiert. Ist es Zufall oder Witz, dass der Weltverband der geschäftstüchtigen Diacks just hier, im edlen Monaco, residiert?

Der atemberaubende Betrugsthriller um Olympiaathleten, die sich von Dopingbefunden bei ihren korrupten Funktionären freikaufen müssen, lässt es absurd erscheinen, noch ernsthaft über Reformen im Sport zu reden. Aber es muss ja sein – also findet an der Côte d'Azur ein kollektiver Verdrängungsprozess statt. Für Bach ist die Affäre zusätzlich unangenehm, weil sie von deutschen Medien enthüllt wurde. Zunächst tut er die Vorgänge, die sogar die amtierende 800-Meter-Olympiasiegerin von London betreffen, als ein Problem aus der Vergangenheit ab.[2]

Doping ist das Letzte, was den Geschäftsbetrieb stören soll. Der verläuft natürlich trotzdem reibungslos. 40 Agendapunkte lässt Bach in Monaco im Sprinttempo durchwinken. Keine Gegenstimme, nicht eine Enthaltung. Als bei der vorletzten Empfehlung, manchen setzt schon der Sekundenschlaf zu, die Hand der Indonesierin Rita Subowo kurz und unkontrolliert hochfährt, registriert der Versammlungsleiter Bach das Zucken sofort. »Ist das ein Nein?«, kommt es von oben. Rita Subowo erstarrt. »Oder haben Sie nur mit Ihrem Schreibgerät gefuchtelt?« Letzteres selbstverständlich! Niemand hier würde den olympischen Einheitskonvent mit einer Gegenstimme beflecken.

Bach triumphiert. Die Kopfnickerorgie geht an einem einzigen Tag über die Bühne. Als Inszenierung empfinden sie viele Teilnehmer. »Das war alles längst durchgekaut«, sagt der Skipräsident Gian Franco Kasper. Und Klaus Schormann, Weltverbandschef der Modernen Fünfkämpfer, ist beeindruckt von der Vorarbeit des IOC: »So läuft das. Die Abstimmung ist nur Formsache.«[3]

Die »Agenda 2020« steht. Noch weiß niemand, was damit anders werden soll. Klar ist nur: Der Coup von Monte Carlo stärkt Bachs IOC enorm. Er reißt alles an sich. Die als Reform etikettierte Machtergreifung verschafft ihm viel Spielraum. Formal herrscht bei Spielebewerbungen jetzt größere Flexibilität, tatsächlich thront das IOC mehr denn je über den Entscheidungen. Ein Bollwerk entsteht, weiter gestärkt werden soll es durch einen eigenen Fernsehkanal, den »Olympic Channel«: Mediale Kontrolle ist immer gut. Und zur Darstellung des erstarkten Selbstbewusstseins braucht es einen neuen Prachtbau in Lausanne. Denn im Zuge der Reform muss der Verwaltungsapparat stark ausgebaut werden. Der neue Stammsitz soll 450 Mitarbeiter statt wie bisher rund 150 beherbergen, es werden bald 600.

Bachs Vorgänger Rogge, so analysiert es Scheich Ahmad Al-Sabah, habe die Macht »unter Verbänden, Athleten und dem IOC aufteilen wollen, jetzt sind wir zurück auf unserem Weg: Das IOC braucht eine starke Führungsposition.«[4] Al-Sabah war Bachs Wahlhelfer, auch in Monaco sind sie noch gut miteinander. Er springt dem Präsidenten zur Seite, wenn sich im IOC-Rund ein Anflug von Skepsis regt. Dieses Agieren ruft in Erinnerung, was er mit Bachs Wahl verbunden hat: einen Langzeitplan für die Zeit nach Rogge, mit Bedingungen, die auch Bach zu erfüllen habe.

Neben der Agendareform nimmt Bach im Jahr nach seiner Krönung noch ein paar Weichenstellungen vor. Die olympische Welt lebt ja von ihren vielen Gremien und Kommissionen, da lassen sich viele IOC-Mitglieder mit Posten versorgen. Diese Welt sortiert sich jetzt neu – und die Tendenz ist unverkennbar. Bachs eigene Funktion als Vize-Präsident übernimmt nach seiner Wahl der Chinese Yu Zaiqing, den Vorsitz der Evaluierungskommission für die Winterspiele 2022 der Russe Alexander Schukow, die Marketingkommission der Japaner Tsunekazu Takeda und die Finanzkommission Ng Ser Miang aus Singapur, der bei der Wahl in Buenos Aires noch einer seiner Herausforderer war.

Das ist ein doppeltes Signal: Bach bindet einen Rivalen großzügig mit ein, zugleich bootet er damit einen viel gefährlicheren Rivalen aus. Bis dahin hat Richard Carrión, ein Bankier aus Puerto Rico, diese im IOC wichtige Kommission geführt und großen Anteil daran gehabt, dass die Organisation ihre Rücklagen ausbauen konnte. Bei der Wahl war er Bachs gefährlichster Gegenspieler. Jetzt stürzt Carrión in der IOC-Hierarchie ab.

5 Der Anfang vom Ende

Bachs nächste Maßnahme zur Machtsicherung ist noch raffinierter: Kurz nach Amtsantritt wird ein neues Gremium ausgeheckt. »Olympic Summit«, heißt der exquisite, in der Anfangszeit in seiner Besetzung leicht wechselnde Kreis von rund 20 Sportfunktionären.[5] Quasi handverlesen und formal sorgsam austariert. Einige vertraute Vizepräsidenten sitzen darin, dazu die Präsidenten jener Vereinigungen, die die Olympischen Komitees oder die Spitzenverbände vertreten, außerdem die Chefs der drei wichtigsten Nationalen Olympischen Komitees: Russland, China und die USA.

Es ist ein Gremium, das die IOC-Satzung nicht kennt und über dessen Einsetzung sich mancher altgediente IOCler wundert. Normalerweise ist das Exekutivkomitee das höchste Gremium. Aber nun erreicht dieser »Summit« eine ungeheure Machtfülle. Seine erste Zusammenkunft dient noch dazu, die angeblichen Reformbemühungen des IOC voranzubringen. Doch bald übernimmt es eine zentrale Rolle in der Angelegenheit, die Bachs Amtszeit so wesentlich prägt: dem russischen Staatsdopingskandal. Denn diese Runde soll künftig alle Beschlüsse vorbereiten. Das mutet nicht nur kurios an, weil ein Teil der Runde auch der jeweilige Präsident des russischen Olympiakomitees ist: zunächst Alexander Schukow, später Stanislaw Posdnjakow.

Bach baut sich sein IOC auf allen Ebenen, wie es ihm gefällt. In seiner Anfangsphase scheiden viele Mitglieder altersbedingt aus. Bach nutzt das, um ihm genehme Leute ins IOC zu holen. Jeder Berufene weiß, wem er das zu verdanken hat. Laut Statuten besteht das IOC aus maximal 115 Personen; 70 persönlichen Mitgliedern sowie je 15 Vertretern aus der Athletenschar, den internationalen Fachverbänden und den NOKs. Aber in den ersten Bach-Jahren bleiben auffallend viele Plätze frei, gerade auch im Kontingent der internationalen Föderationen.

Dabei wartet vor der Tür ein Funktionär, der zwingend ins IOC gehört: Sebastian Coe. Der hat 2015 den korrupten alten Bach-Freund Lamine Diack an der Spitze des Leichtathletikweltverbandes abgelöst. Leichtathletik ist die olympische Kernsportart. Traditionell hat der Chef der Leichtathleten einen Sitz im IOC. Doch der frühere Mittelstreckler muss lange auf die Aufnahme warten, er rutscht erst 2020 in den Elitezirkel.

Der Leichtathletikverband ist unter Coe in der Sportwelt der klarste Verfechter eines harten Kurses gegen Russland, er verfolgt den gegenteiligen Ansatz des Russland-freundlichen IOC. Offizieller Grund für die Verzögerung bei Coes Berufung ins IOC: Die berühmte Ethikkommission sehe dessen Tätigkeit für das Beratungsunternehmen CSM Sport & Entertainment kritisch und als möglichen Interessenkonflikt.[6] Ein Argument, das selbst Entertainment der Extraklasse ist: Das ganze IOC ist ja ein austernschlürfender Interessenkonflikt. Und nun treten ausgerechnet bei einem Kritiker des Russlandkurses solche Bedenken auf.

Auch sonst dealt Bach mit IOC-Mitgliedschaften wie auf dem Bahnhofsvorplatz. Da wird dann William Blick aus Ruanda von einem Mitglied aus dem NOK-Kontingent[7] zum persönlichen Mitglied, ähnlich wird auch seine Vertraute Kirsty Coventry aus Simbabwe von der Athletenvertreterin zum Vollmitglied. Oder die Sache mit dem Alterslimit. Eigentlich ist das – für die Mitglieder, die erst in diesem Jahrtausend ins IOC gekommen sind – auf 70 Jahre festgelegt. Aber im Einzelfall schert das offenkundig nicht, wenn Verbündete bedient werden können.

Der Chinese Yu Zaiqing: darf vier Jahre länger bleiben angesichts seiner wichtigen Rolle in Chinas Sport und Gesellschaft.[8] Der Argentinier Gerardo Werthein: darf ebenfalls bleiben. Er hat sich bei Pounds Angriffen auf den Russlandkurs des IOC und auch in anderen Fragen als einer der eifrigsten Prätorianer von Thomas Bach erwiesen. Der offizielle Grund: Einer wie Werthein sei unverzichtbar wegen seiner Position als Vorsitzender der Verwaltungsräte von Olympic Broadcasting Services SA und SL, »wo aufgrund der digitalen Revolution die Entwicklungen konsequent verfolgt werden müssen«.[9] Und wer könnte die digitale Revolution besser im Auge behalten als ein Ü70-Vertreter aus dem fast bankrotten Buenos Aires?

5 Der Anfang vom Ende

Wie im Märchenbuch bastelt Bach seine Olympiawelt zusammen – und wehe, es schert jemand aus. Der wird am Bahnhofsvorplatz schnell vergessen.

Bach macht an den Grenzen des IOC nicht Halt. Zu seinem System gehört es auch, die Macht vom IOC auf andere Bereiche auszudehnen. Und wie er sportpolitisch mit Gegnern umzugehen pflegt, das zeigt er bald nach der Amtsübernahme.

Die globale Sportwelt kennt viele Interessengruppen, die um Macht und vor allem um die milliardenschweren Einnahmen kämpfen. Aber zwei ragen besonders heraus: Die eine ist die ANOC, der Verbund der rund 200 Nationalen Olympischen Komitees. Die andere ist die GAISF, die zentrale Dachorganisation der rund 100 Spitzenverbände, von denen knapp 40 olympisch sind. IOC, ANOC und GAISF sind die drei Säulen der olympischen Bewegung.

Die ANOC ist in den Monaten nach Bachs Wahl kein Problem. An der Spitze sitzt Bachs Königsmacher, der kuwaitische Scheich Al-Sabah. Komplizierter sieht es bei der GAISF aus – die zu jener Zeit für einige Jahre den Namen SportAccord trägt. Dieses Bündnis führt seit 2013 ein interessanter Funktionär: Marius Vizer, rumänischer Geschäftsmann mit österreichischem Pass, der sich in der Sportpolitik als Präsident des Judoweltverbandes einen Namen gemacht hat.

Eigentlich stammen Bach und Vizer aus derselben sportpolitischen Ecke, sie haben dieselben Unterstützer. Seinen Judojob verdankte Vizer nicht zuletzt Putin, seine Wahl zum SportAccord-Boss Scheich Al-Sabah.[10] Ins Präsidium des Weltjudoverbandes holte er als Entwicklungsmanager den russischen Oligarchen Arkadij Rotenberg, seit gemeinsamen Petersburger Tagen einer der engsten Vertrauten von Putin. Rotenberg verdiente nach Recherchen russischer Oppositioneller am olympischen Umbau von Sotschi mit einem fast zweistelligen Dollarmillionenbetrag mit.[11]

Und auch zu Übervater Putin hat Vizer ein enges Verhältnis. Kaum ist er globaler Judochef, ernennt er diesen zum Ehrenpräsidenten des Weltjudoverbandes – ein Amt, das Putin bis zum russischen Überfall auf die Ukraine 2022 ausübt.

Eines aber lehnt Vizer ab: sich Bach unterzuordnen. Er will die Stellung der Verbände stärken und strebt ein besonderes Event an: eine Multi-WM von vielen seiner rund 100 Verbände. Parallele Welttitelkämpfe von so vielen Sportarten? Das wäre also so etwas Ähnliches wie Olympische Spiele, vermutlich nur viel größer. Das kann dem IOC nicht gefallen.

Im Frühjahr 2015 eskaliert der Konflikt: Auf offener Bühne attackiert Vizer den IOC-Präsidenten. »Das IOC-System ist abgelaufen, veraltet, falsch, unfair und überhaupt nicht transparent«,[12] schimpft er. Die Stimmverteilung unter den IOC-Mitgliedern – Athleten, Verbandschefs und NOK-Vertretern stehen ja nur jeweils 15 Stimmen zu, der Rest und damit die Mehrheit wird nach Gutdünken verteilt – sei ungerecht. Die Interessen der Spitzenverbände würden nicht genügend berücksichtigt. Und, noch eine Baustelle: Die Kosten für die Einführung des olympischen Senders, des Olympic Channel, mit 450 Millionen Dollar – das sei völlig übertrieben.

Es ist eine offene Attacke, eine offene Kriegserklärung. Und Bach kontert, öffentlich, aber auch hinter den Kulissen, wo er so meisterlich die Strippen ziehen kann. Von Vertrauten erhält er eindeutige Nachrichten: Vizers Auftritt habe »wie eine Selbstmordmission«[13] geklungen. Und in der Tat geht es bald Vizers sportpolitischem Ende entgegen.

Plötzlich protestieren diverse Verbände gegen Vizer. Die Vereinigung der olympischen Sommersportverbände mit ihren 28 Mitgliedern setzt die Verbindung aus – bei nur einer Gegenstimme, der von Vizers Judoföderation selbst. Im Mai legt der gebürtige Rumäne noch einen 20-Punkte-Plan dazu vor. Bach-Freund Patrick Hickey schreibt dem Boss, er sei »geschockt«, und außerdem habe er, so von einer ANOC-Führungskraft zur anderen, den Scheich angewiesen: »Er muss ein Statement abgeben.«[14] Auch der Scheich ist ja ein Bachianer.

5 Der Anfang vom Ende

Bald darauf knickt Vizer ein, er tritt als Präsident zurück. Mit der GAISF/SportAccord-Vereinigung geht es ebenso rasch bergab. Das IOC steigt aus, Sponsoren wenden sich ab, das Budget sinkt, nach einer kurzen Interimspräsidentschaft wird das in der Sportwelt ungewöhnliche System installiert, dass die Präsidentschaft unter den Vorstandsmitgliedern rotiert. Es kann also gar keinen starken Gegenspieler mehr geben.

Ein mächtiger Akteur ist damit ausgeschaltet. Einige Jahre später folgt für die einst so wichtige Organisation der finale Knockout. 2021 übernimmt der Italiener Ivo Ferriani die Präsidentschaft, ein ehemaliger Bobfahrer, der erst unter Bach ins IOC kam, aber gleich in die Exekutive aufgerückt ist und dem Boss viel zu verdanken hat. Ende 2022 geschieht in Lausanne Denkwürdiges: Die GAISF beschließt auf Vorschlag ihres Vorstandes um den neuen Präsident Ferriani die eigene Auflösung. Bald darauf folgt die Mitteilung, dass eine außerordentliche Generalversammlung die »endgültige Liquidation« der GAISF genehmigt habe.[15]

Es gibt vor allem einen ganz entscheidenden Grund, warum sich die Fachverbände in dieser wie in anderen Fragen so gut mit dem IOC stellen: das Geld. Viele sind existenziell abhängig von den Zuwendungen, die das IOC aus den Olympiaerlösen weiterreicht. Insbesondere die kleineren Verbände, bei denen der Anteil des IOC-Geldes schon mal 80 oder 90 Prozent am eigenen Budget ausmachen kann. Für alle Verbände zusammen fließen rund 600 Millionen Dollar pro Vierjahreszyklus, die konkrete Höhe bemisst sich nach der Bedeutung und der Größe einer Sportart. So einen Geldgeber verprellt man nicht.

Aber jetzt, da die Fachverbände keine übergeordnete Interessenvertretung mehr haben, kann man schon mal fragen, wie es um die Zukunft der ANOC steht. Die führt inzwischen nicht mehr der vielfältig belastete Al-Sabah. Sondern Robin Mitchell, ein Arzt von den Fidschi-Inseln, der 2017 in die IOC-Exekutive aufrückte.

Bei seiner Wahl erfolgte eine ungewöhnliche Einlassung von Alfred Emmanuel, dem Präsidenten des Olympiakomitees von

St. Lucia. Er kritisierte die Nähe zwischen IOC und ANOC. Bach zeigte sich »irritiert« über diese Wortmeldung. IOC und ANOC würden sich doch ergänzen, und Emmanuel solle »froh sein, dass wir uns ergänzen und zusammenarbeiten und dass wir nicht gegeneinander konkurrieren und keine künstlichen Interessenkonflikte schaffen, die Sie mit Ihrer Sichtweise andeuten«.[16] Dabei haben grundsätzlich das IOC als Ganzes und die ANOC als Vertreterin der nationalen Olympiakomitees durchaus unterschiedliche Interessen – ganz besonders, wenn es um die Verteilung von Geldern geht.

Ein anderes Beispiel für die Machtspiele: Weltweit nimmt die Kritik von Athleten am IOC zu, insbesondere von westlichen Athletenvertretern. Deshalb gehört die Athletenkommission besonders gut kontrolliert – was dazu führt, dass etwa Putins politische Verbündete und Wahlkampfhelferin Jelena Issinbajewa einrückt, am Siedepunkt der russischen Staatsdopingkrise 2016. Kritische Athleten haben hier einen schwierigen Stand. Claudia Bokel, Beckie Scott, Adam Pengilly und andere fühlten sich regelrecht gemobbt, als sie schärfere Russlandsanktionen forderten.

Wie sich Athleten positionieren, so etwas merken sich Sportbosse. Wie hat es Patrick Hickey, der irische IOC-Vorstand, intime Bach-Zuträger und Olympiahäftling im Frotteebademantel bei den Rio-Spielen, per SMS mal seinem Boss gesteckt? Wegen seiner Unterstützung für Bach und das IOC in seiner Rolle als Chef der europäischen NOKs hätten ihn Leute »wie irre Hunde angegriffen«, darunter die Athletensprecher aus Deutschland, Holland und England. »Lass uns das für die Zukunft in Erinnerung halten!«, hetzte Hickey, der auch einen Parteigänger namentlich lobte.«[17]

Rache ist Ehrensache! Bach konnte den tobenden Freund und Denunzianten beruhigen: »Danke – meine Erinnerung ist nicht die schlechteste (sagen manche Leute). Bis bald.«[18]

Und als würde der Einfluss auf die Athletenkommission nicht reichen, will Bach noch mehr Zugriff auf die Athleten. 2021 gründet das IOC auch noch ein Athletendepartment, das rasch auf zwei Dutzend Mitarbeiter anwächst.

5 Der Anfang vom Ende

Alle Macht nach Lausanne, das ist das Motto der neuen olympischen Welt. Alles bündelt sich im kleinen Kreis um Thomas Bach, die Gestaltung des olympischen Programmes wie viele andere Fragen. Alles wird in trauter Runde ausgekartelt, fast jede Personalentscheidung so eingespielt, dass es keine Auswahl, sondern nur noch einen Kandidaten gibt. Nicht unter Rogge, schon gar nicht unter Samaranch war das IOC eine demokratisch-transparent arbeitende Institution, aber nun verkommen IOC-Sessionen zu schlichten Abnickrunden. »Es ist alles aufgestellt. Wir können nur noch yes oder no sagen«, hält beim Kongress in Mumbai 2023 ein renommiertes IOC-Mitglied fest. Viele haben resigniert.

Zum engen Kreis gehören nicht nur ein paar IOC-Mitglieder wie John Coates – sondern auch ein paar Vertreter der IOC-Zentrale. Die erleben unter Bach einen gehörigen Machtgewinn – und vor allem einen gewaltigen Finanzgewinn, die Spitzenkräfte verdienen ungeheure Summen.[19] Das zeigen die Gehaltslisten, die bei der US-Steuerbehörde IRS vorliegen. Der Generaldirektor Christophe De Kepper erhielt demnach im Jahr 2021 als Gesamtpaket für Gehalt, Boni und Zahlungen auf Rentenansprüche 1,426 Millionen Dollar. Lana Haddad als Chief Operating Officer: 920 089 Dollar. Der olympische Direktor Christophe Dubi: 706 869 Dollar. Der Sportdirektor Kit McConnell: 699 712 Dollar. Der Pressechef Mark Adams: 583 541 Dollar. Der Kommunikationsdirektor Christian Klaue, früher Redakteur beim Nachrichtendienst SID, dann Sprecher beim DOSB: 525 649 Dollar. Paquerette Girard Zappelli, seit 2002 Chefin der famosen Ethik- und Complianceabteilung, die in aller Unschuld auch mal präsidiale Reisewarnungen an nervöse Mitglieder übermittelt: 519 180 Dollar. Alle 21 IOC-Direktoren zusammen landen bei fast 13 Millionen Dollar pro Jahr. Und das zu den Schweizer Steuersätzen, von denen man in Deutschland und den meisten anderen Ländern Europas nur träumen kann. Und der IOC-Präsident? Bach kassiert, auch dies ist eine interessante Zahl, offiziell nur eine Aufwandsentschädigung in Höhe von 275 000 Euro; also nur knapp ein Fünftel dessen, was nach den

Steuerunterlagen sein oberster Hauptamtlicher bekommt, gut die Hälfte seines deutschen Sprechers – und kein Zehntel von dem, was der Fifa-Kollege Infantino einstreicht. Wie gesagt, offiziell.

Auf die Athleten, die angeblich im Mittelpunkt der olympischen Bewegung stehen, wirken diese Summen wie ein Hohn. Vor ein paar Jahren hat die Stiftung Deutsche Sporthilfe die Einkommenssituation der deutschen Kadersportler analysiert. Das Ergebnis: Im Durchschnitt stehen einem deutschen Kaderathleten 18 680 Euro pro Jahr zu Verfügung; selbst bei den A-Kadern, also den aussichtsreichen Olympiafahrern, sind es nur 33 000 Euro.[20] Grob über den Daumen gepeilt: 20 Olympiafahrer bekommen zusammen in etwa so viel wie der deutsche Kommunikationsdirektor des IOC. Und ein deutscher Olympiaathlet muss exakt 25 Goldmedaillen abräumen, um so eine Prämie zu kassieren wie der IOC-Direktor: Pro Goldstück gibt es 20 000 Euro.

Kein Wunder, dass sich Athleten in aller Welt über die Bezüge im olympischen Wohlfahrtsverband empören. Die Vereinigung Athleten Deutschland forderte angesichts der Mondgehälter »detailliert Rechenschaft für die Verwendung der Olympiamilliarden« sowie eine wirtschaftliche Beteiligung der 13 000 Sportler, die an den Sommer- und Winterspielen teilnehmen. »Wenn das IOC zehn Prozent seiner Umsätze für interne Zwecke und Gehälter verwendet, wäre es nur angebracht, auch Athletinnen und Athleten diesen Anteil in Höhe von fast 800 Millionen US-Dollar direkt und ohne Umwege auszuschütten«, so die Interessenvertretung der Kaderathleten.[21]

Die neue Machtlosigkeit der rund 100 Mitglieder des IOC indes manifestiert sich am deutlichsten dort, wo sie traditionell das Sagen hatten: bei der Vergabe der Spiele. Schon in den chaotischen Anfängen der Organisation zu Beginn des 20. Jahrhunderts war das so, wenngleich es auch mal wild oder per Briefwahl zuging. Aber nach dem Zweiten Weltkrieg entstand ein System, in dem die Ringe-Vertreter fünf, sechs oder zuletzt sieben Jahre vor der Austragung der Spiele über den Austragungsort entschieden.

5 Der Anfang vom Ende

Das führte zwar zu zahlreichen Skandalen, die oft früh zu erahnen waren – etwa, wenn absurde Außenseiter klare Favoriten schlugen. Trotzdem fußten die Vergaben bis dahin auf einer gewissen Verlässlichkeit: Es gab einen Zeitplan, jeder Bewerber wusste, bis wann die Kandidatur stehen musste, wann ihn der IOC-Vorstand aussortieren konnte, wann und wo die Vergabe erfolgte. Und ein bisschen Wettbewerb war es ja auch.

Zumindest das Publikum und der saubere Teil des Weltsports konnten vergleichen, welcher Kandidat welches Konzept verfolgt, warum das eine besser ist als das andere – und man konnte umso mehr daraus ableiten, wenn sich die Mehrheit der IOC-Mitglieder mal wieder trotz klarer Prüfberichte anders entschied. Die Vergaben füllten das olympische System mit Korruption, aber auch mit Spannung, Leben – und mit einer speziellen Art von Transparenz.

Spannung, Lebendigkeit und jeglicher Durchblick sind jetzt weg. Bach stellt alles auf den Kopf, und die Gelegenheit dafür bietet just die Krise selbst, der bedrohliche Rückgang der Olympiabewerbungen. Das Gebaren des IOC hat ja dazu geführt, dass kaum noch jemand die Spiele will, vor allem westliche Demokratien winken ab. Aus allen möglichen Ecken kommen Absagen und Neins bei Bürgerentscheiden. Die Bürger wollen ihre Steuergelder nicht mit Korruptis verhandeln – und auch in vielen Städten setzt sich die Erkenntnis durch, dass man vermintes Gelände betreten müsste: Wieso sollte man, angesichts all der Skandale, die einzige Kommune sein, die das Ringe-Event ohne den Einsatz unlauterer Mittel zugeschlagen bekommt?

Für die Abstimmung über die Winterspiele 2022 können sich die IOC-Mitglieder nur noch zwischen Peking und Almaty entscheiden. Und für die Sommerspiele 2024 bleiben nur Los Angeles und Paris übrig.

Das ist der Moment, in dem Bach ein gerissenes Manöver vollzieht. Er schafft das traditionelle Vergabesystem ab und stellt eine Doppelvergabe auf die Füße: Das IOC vergibt die Spiele für 2024 und die für 2028 gleichzeitig. Es ist eine »Win-win-win-Situation«, verkündet er dabei.

Wobei der dritte Winner der Situation weniger das IOC ist als Bach selbst. Es gibt keine klaren Abläufe und Daten mehr für die Vergabe von Spielen. Stattdessen läuft alles vage ab, weniger reglementiert – und alles gesteuert von einem Zirkel um den Präsidenten. Eine Stadt kann jetzt nur noch ihr Interesse anmelden, sogar so diskret, dass es die Öffentlichkeit gar nicht mitkriegt. Sie tritt in einen »continuous dialogue« mit dem IOC. Und irgendwann entscheiden Bachs Leute, wer für eine Austragung in den »targeted dialogue« aufrücken darf. Die Session hat am Ende nur noch eines zu tun: die Sache brav abzunicken.

Ein Bewerber muss also nicht mehr die Mehrheit der Mitglieder überzeugen, sondern nur den Boss samt Entourage. Die übrigen IOC-Mitglieder sind ihrer entscheidenden Instrumente beraubt. Und die Öffentlichkeit müsste nicht mal mehr erfahren, wer überhaupt alles in der Tombola ist. Und schon gar nicht, was die IOC-Spitze mit ihrem jeweiligen Favoriten so ausheckt. Das ist erstaunlich, wenn man bedenkt, dass der Mangel an Transparenz und Demokratiefähigkeit zu den zentralen Kritikpunkten am IOC zählen. Das neue Vergabesystem macht alles noch intransparenter und völlig undemokratisch.

Erstes Resultat des neuen Prinzips ist die Doppelvergabe an Paris und Los Angeles. Ein paar Jahre später folgt Brisbane, Ausrichter der Sommerspiele 2032. Nach alter Logik wäre erst 2025 gewählt worden, also auf der Session, auf der auch Bachs Nachfolger gewählt worden wäre. Stattdessen schafft Bach schon im Februar 2021 (!) Fakten, also gut elf Jahre, bevor diese Spiele stattfinden. Das schockiert ganz besonders die Sportfunktionäre in Deutschland, die sich mit einer Bewerbung von Rhein/Ruhr in Stellung bringen wollen.

Der Potentat an der Spitze entscheidet alles. Die Vorgänge beim IOC gleichen immer mehr denen bei Bachs Verbündeten in Russland und der Volksrepublik China.

5 Der Anfang vom Ende

Im Dienst von Pekings Propaganda

Der Blick auf die Tribünen des Olympiastadions und die Teilnehmerliste beim Festbankett sprechen eine klare Sprache. Peking hat zur Eröffnung der Winterspiele 2022 eine bemerkenswerte Gruppe von Politikern versammelt, um Staatsführer Xi Jinping zu beehren. Der saudische Kronprinz Mohammed bin Salman gehört dazu, Ägyptens Präsident Abdel Fattah Al-Sisi, der Emir von Katar, dazu Spitzenvertreter aus Kasachstan, Kirgisistan, Usbekistan, Tadschikistan, Turkmenistan. Der Pole Andrzej Duda hat sich wahrscheinlich verlaufen, jedenfalls ist er der einzige Vertreter aus einem Land der Europäischen Union. Der Rest bleibt fern, wie die US-Regierung.

Und noch ein Spitzenpolitiker ist dabei. Einer, der Standards darin gesetzt hat, wie man sich die Bühne der Spiele zu eigen macht: Wladimir Putin. Vor den Augen der Welt nutzen er und Xi das Momentum, um ihre Achse zu stärken. Ein spektakulärer Energiedeal wird geschlossen, über zehn Milliarden Kubikmeter Gas und 30 Jahre Laufzeit. Und wenig später wirkt es so, als hätten sie noch eine Verabredung getroffen: Solange die Spiele laufen, lässt Putin die Ukraine, um die herum schon Zehntausende seiner Soldaten für den großen Überfall aufmarschiert sind, noch in Ruhe. So fällt kein Schatten auf Chinas Show – danach darf dann gern geschossen werden. Putin sitzt auf der Tribüne des Vogelnests beim Einmarsch der Nationen; und als die ukrainische Delegation kommt, fangen die Kameras Putin mit verschlossenen Augen ein.

In der Amtszeit von Thomas Bach entstehen unzählige Bilder, die ihn in der Nähe von Autokraten, Diktatoren und Kriegsverbrechern zeigen. Aber Peking 2022, das ist die ultimative Unterwerfung der olympischen Welt. Passenderweise im selben Jahr, in dem auch die Fußball-WM in Katar steigt; viele im Sport und darüber hinaus empfinden dieses Jahr als ein Jahr der Schande.

Im Dienst von Pekings Propaganda

Bei allen Spielen zuvor konnte Bach noch argumentieren, sie seien vergeben worden, als er noch nicht Präsident war. Peking 2022 aber sind seine Spiele. Es werden – politisch betrachtet – die schlimmsten seit den Nazispielen von 1936.

China mag wirtschaftlich und geopolitisch immer stärker werden, aber es ist auch mehr denn je zur Diktatur geworden. Die Situation der Menschenrechte ist katastrophal. Das zeigt sich überall, am Umgang mit Tibet und am Sicherheitsgesetz, das ein hartes Vorgehen gegen Demonstranten in Hongkong ermöglicht; an der Zensur des Internets und an der radikalen No-Covid-Politik.

Besonders übel ist der Umgang mit den Uiguren, einer muslimischen Minderheit im Land.[22] Ihre Heimat ist Xinjiang, eine Provinz im Nordwesten Chinas. Über Jahre haben Menschenrechtsorganisationen, Geflüchtete und Datenleaks das perfide System dokumentiert, das Chinas Behörden im toten Winkel des öffentlichen Interesses dort installiert haben. Mehr als eine Million Menschen, besagen die Schätzungen, wurden in Umerziehungslager gesteckt und dort zur Aufgabe ihrer Religion, Sprache und Kultur gezwungen. Experten sprechen von der größten Masseninternierung seit dem Zweiten Weltkrieg.

Mit Stacheldraht und Wachtürmen sind die Lager abgesichert, ehemalige Insassen berichten von Misshandlung, Vergewaltigungen und Zwangssterilisation. Die Chinesen verteidigen das damit, es handele sich um Aus- und Fortbildungszentren, die notwendig seien, um die Uiguren vor dem islamistischen Terror zu bewahren. In Regierungsdokumenten steht, dass es darum gehe, »Gehirne zu waschen« und »Herzen zu säubern«. Nicht nur viele Menschenrechtler prangern einen Genozid an; selbst Staaten wie die USA stufen das offiziell so ein.[23] Die Spiele in Peking sind Genozidspiele.

Das IOC lässt diese Vorgänge offenbar kalt. »Alle möglichen Menschen behaupten Dinge. Ich habe keine Ahnung, ob sie richtig oder falsch sind«, sagt Dick Pound, sonst einer der Vernünftigeren in der olympischen Welt. Bach sagt Sätze wie: »Wir fahren zu die-

5 Der Anfang vom Ende

sen Spielen, um dort großartige, sportliche Wettkämpfe zu erleben, die unter den IOC-Regularien ablaufen. Das heißt, dass dort alle Rechte aus der Olympischen Charta und aus dem Ausrichtervertrag dann respektiert werden.« Kein kritisches Wort über die Lage der Uiguren von ihm.

Peking darf das Thema auf die Spitze treiben: Bei einer Pressekonferenz erzählt die Sprecherin des Organisationskomitees, Berichte über die Internierungslager in der Uigurenregion seien »Lügen«. IOC-Sprecher Mark Adams, der mehr als eine halbe Million Dollar an Gehalt einstreicht und gern nimmermüde betont, wie politisch neutral Olympia doch sei, schafft keinen Widerspruch. Und bei der Eröffnungsfeier darf die 20-jährige Skilangläuferin Dinigeer Yilamujiang das Feuer entzünden – eine Vertreterin der uigurischen Minderheit. Eine besonders niederträchtige Propaganda-Botschaft an die Welt: Schaut her, wenn sie das Feuer entzünden darf, dann muss doch alles gut sein in Xinjiang! IOC-Sprecher Adams findet den Dreh »reizend«; das Gros der Beobachter erkennt das Human-Rights-Washing und ist entsetzt.

Es ist das zweite Mal binnen kurzer Zeit, dass Peking die Spiele ausrichten darf. 2008 war Chinas Hauptstadt schon mal Gastgeber. Die Menschenrechtslage war auch damals ein Dauerthema. »Don't mix sport with politics«, galt bei kritischen Fragen als Motto; vorgetragen von Hu Jintao, dem damaligen Staatspräsidenten. IOC-Vertreter erzählten bei jeder Gelegenheit, wie zukunftsweisend es sei, Olympia dorthin zu vergeben: Denn unter den kritischen Augen der Weltöffentlichkeit könne sich die Lage nur zum Besseren wenden.

Auch Bach erzählte das gern. Nach den 2008er-Spielen trug er vor: »Die Spiele haben auch in Sachen Menschenrechte ihre Wirkung nicht verfehlt. Die Lage ist sicher nicht zufriedenstellend, sie war aber auch noch nie so gut wie zurzeit. Aus meiner Sicht ist die Saat gepflanzt, und die Saat wird aufgehen.«[24]

Nun, 14 Jahre später, ist klar: Keine Saat ist aufgegangen. Nichts hat sich zum Guten gewendet – eher das Gegenteil ist der Fall. Was auch mit den Spielen zu tun hatte. Denn sie dienten ja nicht nur der Repräsentation nach außen, sondern vor allem der Propaganda nach innen.

Rückschritte zeigen sich auch bei den Spielen selbst. Zwar gab es bei der Premiere 2008 auch Repressalien gegenüber Presse und Opposition, und sogar einen Panzer, der vor dem Hauptpressezentrum aufkreuzte, aber man konnte sich als journalistischer Beobachter des olympischen Treibens durchaus frei bewegen. Jetzt findet Olympia in der Blase statt; Corona ist das perfekte Instrument dafür.

China hat keine Kosten gescheut. Aus dem Nichts zog es in der Region um Zhangjiakou und Yanqing ein Winterwunderland hoch; in einer Region, in der es bitterkalt ist, aber fast nie Schnee fällt. Nur für die künstliche Berieselung der Anlagen während der Spiele braucht es nach Kalkulationen der Regierung 1,6 Milliarden Liter Wasser,[25] das dann an anderer Stelle fehlt – so viel zum Motto »Nachhaltigkeit bei Olympischen Spielen«.

Bachs IOC stellt sich in den Dienst des chinesischen Propagandaapparates. 300 Millionen Chinesen, verkündet der Clan, könnten für den Wintersport gewonnen werden – wie auch immer die Zahl zustande kommt. Selbst für Chinas große Bevölkerung sind 300 Millionen ein fantastischer Wert: mehr als ein Viertel. Aber das Verbreiten toller Zahlen und angeblicher Effekte gehört zum olympischen Handwerk. Nicht dazugehören soll die Kritik von Athleten an den Zuständen. Diesbezüglich verweist der Oberolympier auf die Charta, die politische Äußerungen untersagt.

Ein Athlet wagt sich trotz der Ansage des Chefs aus der Deckung. Der ukrainische Skeletonfahrer Wladislaw Heraskewitsch zeigt nach dem Lauf ein Schild mit der Aufschrift »No war in Ukraine«. Das IOC greift ein. »Wir haben sofort mit dem Team gesprochen, dann mit dem Athleten«, sagt Sprecher Adams: »Wir haben ihm die Situation erklärt. (…) Er hat das verstanden. Wir wollen alle Frieden. Aber wir sind uns alle einig, dass die Wettkampfstätte kein Ort für ein politisches Statement ist, weil wir politisch neutral bleiben müssen.«[26]

5 Der Anfang vom Ende

All die Anbiederung an das chinesische System krönt Bach, indem er zum Freestyle-Big-Air-Finale eine besondere Begleitperson mitbringt: die Tennisspielerin Peng Shuai. Deren Schicksal bewegte in den Wochen vor den Spielen die Sportwelt. Anfang November 2021 warf sie einem früheren hohen Politiker des Landes sexuellen Missbrauch vor – durch einen Beitrag auf Weibo, eine Art chinesisches Twitter. Minuten später war der Beitrag verschwunden, die Zensurrädchen hatten gegriffen. Wer den Namen der Tennisspielerin suchte, erhielt eine Fehlermeldung, vorübergehend war selbst der Begriff »Tennis« nicht verfügbar.[27] Aber: Mit dem Beitrag verschwand auch Peng Shuai, wochenlang gab es kein Lebenszeichen von ihr. Die Welt war zutiefst besorgt, Tennisspielerinnen forderten Aufklärung, die Profiserie WTA setzte die für China geplanten Turniere aus.

Ein ungeheuerlicher Vorgang, zumal in jenem Land, das wenige Monate später die Spiele ausrichten wird – das IOC müsste einschreiten. Das verwies aber nur auf angeblich stille diplomatische Aktivitäten. Als der internationale Druck zu groß wurde, wurden Schnipsel gestreut: eine angebliche Mail, Fotos und Videos, die Peng mitten im Leben zeigen, etwa bei einem Restaurantbesuch.[28] Dann betrat Bach die Bühne.

Am 21. November verbreitete das IOC eine Meldung, dass sich der IOC-Chef eine halbe Stunde per Video mit Peng Shuai unterhalten habe – und klemmte ein Foto dazu.[29] Die Botschaft: Peng gehe es gut, sie sei in Sicherheit in ihrem Haus in Peking. Sie bedanke sich für die Sorgen um ihr Wohl, wolle aber gerade viel Zeit mit der Familie verbringen. Und Bach lade sie zum Essen ein, wenn er bald nach Peking kommt zu den Spielen. Das IOC tat so, als helfe es. Tatsächlich waren nach dem Video mehr Fragen offen als zuvor; es wirkte ja wie ein weiterer Mosaikstein in einem Gesamtbild, das Chinas Führung von dem Fall gern zeichnen möchte. Die internationale Kritik ist enorm, Human Rights Watch wirft dem IOC »Kollaboration« mit dem chinesischen Staat vor.[30]

Und nun der öffentliche Auftritt Bachs mit der Sportlerin. So führt der IOC-Chef der Welt vor, was Chinas Kader gern vermitteln wollen: Peng geht es doch prima. Wie es aussieht, kann sich China auf Bach verlassen.

Gekrönt werden natürlich auch diese Spiele durch einen spektakulären Dopingfall: Kamila Walijewa, eine gerade mal 15-jährige Eiskunstläuferin.

Der Teenager ist der größte Star der russischen Eiskunstlaufszene, die traditionell international dominiert. Walijewa entstammt der gefürchteten Petersburger Drillschule von Eteri Tutberidse, die schon viele große Talente hervorgebracht, aber auch verschlissen hat. In Peking gilt sie als Topfavoritin auf die Goldmedaille, schon im Teamwettbewerb zu Beginn der Spiele verzückt sie alle, als sie ihre Mannschaft zum Olympiasieg führt.

Am nächsten Tag wird eine Trainingsprobe von ihr aus dem Dezember als positiv auf das Herzmittel Trimetazidin gemeldet. Verantwortlich für den Test: die Rusada. Erstaunlich, dass es so viele Wochen dauert, bis das Ergebnis verkündet wird. Die russische Seite erklärt das mit Coronafällen im Stockholmer Labor, wo russische Proben wegen der Sperre des eigenen Labors kontrolliert werden; die WADA hält dagegen, Russland hätte die Probe als dringlich deklarieren müssen.[31]

Jetzt liegt sie vor. Formal ist die Rusada am Zug. Sie sperrt Walijewa – und hebt den Bann sofort wieder auf: Als Minderjährige bedürfe sie eines besonderen Schutzes. Dagegen geht die WADA vor, die Sache landet vor dem CAS. Russlands Erzählung ist herzerweichend: Walijewa habe das Mittel versehentlich genommen, womöglich als sie an einem Glas nippte, das zuvor der herzkranke Großvater benutzt hatte.

Der CAS lässt Walijewa wegen der, nun ja, unklaren Beweislage starten. Aber die 15-Jährige ist nach dem tagelangen Hin und Her völlig am Ende, sie verpatzt ihre Sprünge. Platz vier bleibt am Ende, kaltherzig kanzelt die Trainerin sie ab. Und die olympische Sportmaschinerie hat unter Beweis gestellt, wie brutal sie auch mit Kindern umgeht.

5 Der Anfang vom Ende

Es dürfte allerdings kaum das gewesen sein, was Bach meint, als er zum Abschluss Peking »wahrhaft außergewöhnliche«[32] Spiele attestiert.

Lavieren im Krieg

Vier Tage nach dem Erlöschen des olympischen Feuers in Peking überfällt Russland die Ukraine. Nun bemüht sich Bach doch deutlicher denn je um den Anschein, er habe nichts zu schaffen mit diesem Wladimir Putin. Man rede ja schon »seit einigen Jahren« nicht mehr wirklich miteinander, sagt er Anfang März in einer Medienrunde[33] – dabei stieg das letzte verbürgte Gespräch am 29. Dezember 2020, keine 15 Monate zuvor. Außerdem wird dem Kremlchef der olympische Orden entzogen. Und die Meldung nachgereicht, Bach seinerseits habe einen nach den Sotschi-Spielen von russischer Seite avisierten Orden »nie angenommen«.[34]

Zugleich beginnt der Weltsport in weiten Teilen, die Aufführung zu wiederholen, die er schon im Dopingskandal präsentiert hat: alles möglichst so zu gestalten, dass Russland und die russischen Vertreter bestmöglich wegkommen. Das zeigt gleich eine der ersten Entscheidungen in dieser Sache. Das IOC empfiehlt zwar den Weltverbänden, Sportler aus Russland und dem Kriegspartner Belarus nicht mehr teilnehmen zu lassen – und wenn, dann nicht unter russischer bzw. belarussischer Flagge. Aber daran ist einiges bemerkenswert.

Da ist zunächst die Begründung. Der Kern ist nicht, dass Russlands Sportler ein Land vertreten, das einen völkerrechtswidrigen Krieg führt. Es geht vielmehr um die Integrität der Wettkämpfe und darum, »die Sicherheit aller Teilnehmer« zu gewährleisten.[35] Später führt das IOC aus, was es damit meint: »Aufgrund der sehr emotionalen Situation in einer Reihe von Ländern bestand auch die Möglichkeit eines Sicherheitsrisikos für russische oder belarussische Athleten, die an den Wettkämpfen teilnahmen.«[36]

Lavieren im Krieg

Und dann, besonders auffällig: Es geht, man höre und staune, nur um die Sportler – nicht um die vielen Funktionäre, die sich im Weltsport ausgebreitet haben, auch im IOC. Dort sind der alte KGB-Mann Schamil Tarpischtschew, der in den USA zuweilen Visaprobleme hatte, und auch die frühere Stabhochspringerin Jelena Issinbajewa weiterhin reguläre Mitglieder, dazu firmieren als Ehrenmitglieder der alte KGB-Mann Witalij Smirnow sowie der frühere Schwimmer und Adidas-Aufsichtsrat Alexander Popow.

Auch in vielen Verbänden sind und bleiben die Funktionäre in ihren Spitzenämtern; dass jemand wie der Fechtpräsident Alischer Usmanow sich vorübergehend selbst suspendiert,[37] ist die Ausnahme. Auch das Olympiakomitee ROK bleibt, wie schon im Dopingskandal, unangetastet. Bachs Argument: Die IOC-Mitglieder seien Einzelpersonen und könnten nichts für den Krieg, so wenig wie das russische Olympiakomitee.

Aber die Sportwelt belässt die Vertreter Russlands nicht nur in ihren Ämtern. Manche werden sogar noch aktiv gewählt. Wieder fällt der Weltboxverband AIBA auf, bei dem einst ja schon Horst Dasslers Turnschuhgang ihren Mitarbeiter Anwar Chowdhry auf den Thron hob; wo sich über Jahrzehnte Skandal an Skandal reihte und schließlich der Usbeke Gafur Rachimow höchstselbst das Präsidentenamt übernahm. Es wurde so wild, dass der Verband 2019 vom IOC suspendiert wurde und keine olympischen Boxturniere mehr ausrichten darf.

Im Mai 2022 applaudieren die Delegierten der AIBA nun den Russen Umar Kremljow für die nächste Legislaturperiode ins Amt. Der Verbandschef weist eine besondere Kremlnähe auf. Er war Mitglied bei den »Nachtwölfen«, einer Rockergruppe, die Putin unterstützt. In den Aufsichtsgremien des russischen Boxverbandes, den Kremljow vor seiner Wahl an die AIBA-Spitze als Generalsekretär anführte, sitzen unter anderem enge Putin-Vertraute wie Igor Setschin, Chef des Öl-Konzerns Rosneft, oder Alexej Rubeschnoj, lange eine Art oberster Leibwächter des Staatschefs. Und während seiner ersten Amtszeit bei der AIBA ist der staatlich gelenkte

5 Der Anfang vom Ende

Energiekonzern Gazprom eingestiegen, um die Geldprobleme des Verbandes zu lösen.

Aber die Wiederwahl hat ein Nachspiel. Denn kurzfristig war der einzige Gegenkandidat, Boris van der Vorst, per Bauerntrick aus dem Verkehr gezogen worden. Begründung: Er habe gegen Statuten verstoßen. Der Niederländer zieht vor den Sportgerichtshof CAS und bekommt recht; sein Ausschluss war unrechtmäßig. Also muss der Boxkongress Monate später erneut tagen und die Frage klären, ob die Wahl wiederholt werden soll. Die Stimmung ist gereizt. Plötzlich fällt der Strom aus. Als er wieder da ist, sind auch ein paar Leute mehr da. Die Zahl der stimmberechtigten Personen hat sich plötzlich von 127 auf 151 erhöht – wegen einiger verspäteter Ankünfte, heißt es offiziell.[38] Von den 151 Anwesenden stimmen knapp 75 Prozent gegen eine Neuwahl. Kremljow bleibt im Amt.

Ein anderes Beispiel liefert der Schachweltverband Fide: Dort wählen die Delegierten Arkadij Dworkowitsch im August 2022 in eine neue Amtszeit. Der Wirtschaftswissenschaftler war einst stellvertretender Ministerpräsident, entscheidend in die Organisation der Fußball-WM 2018 involviert und Aufsichtsratschef von Skolkowo, ein Projekt, das ein Silicon Valley auf russischem Boden werden sollte. Seine erste Wahl lieferte ein Beispiel dafür, wie sich Russlands Politik bei Wahlen im Sport einschaltet. Russische Botschaften warben in ihren Gastländern für Dworkowitsch.[39] Und in Israel wurde eine Mail publik, in der eine Abteilungsleiterin des Außenministeriums festhielt, dass sich Putin höchstpersönlich bei einem Treffen mit Ministerpräsident Benjamin Netanjahu für die Wahl von Dworkowitsch stark gemacht habe[40] – aus Russland hieß es sofort, dass alle Regularien stets beachtet worden seien.

Dabei zählte Dworkowitsch traditionell zur »liberalen« Fraktion, auch wenn die nie wirklich liberal war und über die Jahre erheblich an Einfluss verlor. Als der Krieg gegen die Ukraine ausbricht, benutzt er in einem Gespräch das Wort Krieg, obwohl das in Russland verboten ist.[41] Aber eine klare Distanzierung vom Kreml erfolgt nie. Der wiederum nach Dworkowitschs neuerlicher Kür im

August 2022 mitteilt, dieser Sieg sei »eine sehr gute Nachricht«.[42] Dass er gegen einen ukrainischen Herausforderer mit einem glatten 157:16 erzielt wird, verstärkt das Triumphgefühl noch.

Boxen und Schach, das sind zwei Sportarten, die in Russland große Bedeutung haben. Beide Wahlen zeigen, wie ungebrochen Russlands Einfluss in der Sportwelt ist – und dass der Kreml in der Sportwelt alles andere als isoliert ist. So wie er auch in der politischen Welt nicht isoliert ist, wenn man den Blick von Europa und dem Westen ab- und anderen Regionen zuwendet: nach China und in die übrigen BRICS-Staaten, nach Afrika und in den kompletten globalen Süden. Da können Sportpolitik und echte Politik nun Hand in Hand gehen.

Die Funktionäre werkeln ungestört weiter, jetzt geht es darum, die aus Sicherheitsgründen suspendierten russischen und belarussischen Athleten zurück auf die Bühne zu bringen. Wobei: In vielen Sportarten sind sie nie von der Bühne weg gewesen. Vom Tennis bis zum Golf, vom Schach bis zum Radsport haben die Profis immer mitmachen können. Gleiches gilt für Russen, die bei europäischen oder nordamerikanischen Klubs in einer Profiliga unter Vertrag stehen: sei es Fußball, Basketball oder Eishockey. Russlands Kicker können sogar weiter Länderspiele bestreiten.

Aber nun geht es auch um die olympische Welt. Dort haben die Überlegungen, wie die Sportler wieder integriert werden können, wohl an dem Tag begonnen, an dem empfohlen worden war, sie vorerst nicht mehr starten zu lassen. In den Sommermonaten des Jahres 2022 verstärken sich die Gedankenspiele, und dann läuft alles so gut getaktet ab, als habe jemand ein Skript dazu verfertigt.

Mitte September geht beim IOC ein Brief ein. Absender sind zwei Sonderberichterstatterinnen der UN, Alexandra Xanthaki (zuständig für kulturelle Rechte) und E. Tendayi Achiume (zuständig für zeitgenössische Formen von Rassismus, Diskriminierung, Fremdenfeindlichkeit und Intoleranz). Die UN sind in der olympischen Welt immer dann gern zu Diensten, wenn Bach eine vermeintliche Autorität benötigt, mit der er Handlungen legitimieren kann. Berüchtigt

5 Der Anfang vom Ende

ist der frühere Generalsekretär Ban Ki-moon; der Südkoreaner fühlt sich nach seiner UN-Zeit so pudelwohl im IOC, dass er seit 2017 dessen Ethikkommission vorsitzt. Jetzt schreiben also Xanthaki und Achiume einen Brief, dessen Kernbotschaft lautet: Ein pauschales Verbot für russische und belarussische Sportler wäre diskriminierend und würde eklatant die Menschenrechte verletzen.

Xanthaki sagt, sie habe vor diesem Schreiben nie Kontakt mit dem IOC gehabt. Der Ringe-Clan hat jetzt ein Argument in der Hand. Zunächst wird es dezent behandelt – aber es dient als Rückendeckung, als Bach Ende September die Rückholaktion erstmals auf öffentlicher Bühne anspricht. »Russische Sportler haben den Krieg sicher nicht begonnen. Diejenigen, die sich von dem Regime distanziert haben, sollten unter neutraler Flagge antreten dürfen. Unser Ziel ist es, Sportler mit russischem Pass, die den Krieg nicht unterstützen, wieder antreten zu lassen«, sagt er.[43]

Grundsätzlich sind bei diesem schwierigen Thema Überlegungen zur individuellen und gesellschaftspolitischen Mithaftung, gar zu Sippenhaft durchaus angebracht. Im Sport aber ist das eine erstaunliche Erklärung. Denn Russland hat ja nun über Jahre, mit Blick auf die sowjetische Zeit sogar über Jahrzehnte demonstriert, wie sehr es Athleten steuert und instrumentalisiert. Viele sind indirekt oder gar direkt vom Staat abhängig. Viele werden auch rund um den Krieg eingesetzt, dienen etwa bei Kriegsfeierlichkeiten als Statisten, wie Schwimmer Jewgenij Rylow oder Langläufer Alexander Bolschunow.

Auch passt nicht zu dem Statement, was Russlands Olympiachef Stanislaw Posdnjakow ein paar Tage vorher erklärte. Anlässlich Putins Teilmobilmachung und zu der Frage, wie sich das auf den Sport auswirke, sagte er: »Aus der Sicht des ROK betrachten wir, als Bürger des Landes, den Dienst am Vaterland als ehrenvolle Aufgabe und ehrenvolle Pflicht eines jeden Bürgers, einschließlich der Mitglieder der Nationalmannschaften.«[44]

Bachs Einlassung ist der Startschuss für ein monatelanges Getrickse. Russland muss wieder in den internationalen Sport zurückkehren, das ist die Botschaft. Die Boxer Kremljows lassen sofort russische Sportler zu. Als sich bei der ANOC-Versammlung in Seoul der Vertreter des dänischen Olympiakomitees über die Anwesenheit des ROK mokiert, erklärt ihm Bach, dass in einer demokratischen Organisation wie dem IOC bitte die Mehrheiten zu akzeptieren seien.[45] Und das IOC beruft für Dezember einen jener »olympischen Gipfel« ein, die so gar nicht in der olympischen Verfassung stehen. Bach hat sie kurz nach Beginn seiner Präsidentschaft erfunden. Kurios: Russlands Olympiachef Posdnjakow ist dabei, sein ukrainisches Pendant nicht.[46]

Und, so ein Zufall: Auf diesem Summit schlägt das indische IOC-Ehrenmitglied Randhir Singh als Präsident aller asiatischen Olympiakomitees vor, die ursprünglichen Empfehlungen zu prüfen. Denn die Schutzmaßnahmen, die es – wegen der emotionalen Situation in einigen Ländern – für Athleten aus Russland und Belarus gab, die brauche es jetzt offenkundig nicht mehr. Das IOC sagt eine Prüfung zu; die Rädchen greifen ineinander. Ein paar Wochen lässt das IOC ins Land ziehen, für einen sogenannten Konsultationsprozess mit verschiedenen Akteuren. Dann beschließt die Exekutive am 25. Januar 2023: Russische und belarussische Sportler sollen wieder teilnehmen können. Niemand soll wegen seines Reisepasses diskriminiert werden.

Der Protest im Westen ist immens. Fast drei Dutzend Staaten versuchen einen Block zu formieren. »Wir haben starke Bedenken, wie es möglich sein soll, dass russische und belarussische Athleten als »Neutrale« antreten, wenn sie direkt von ihren Staaten finanziert und unterstützt werden«, heißt es in einer Erklärung.[47] Das Europaparlament verabschiedet eine Resolution, mit überwältigender Mehrheit. Die Ukraine droht mit Boykott der Spiele, wenn es zu einem solchen Beschluss kommt.

Bachs Reaktion? Eine Ermahnung an die Ukraine. Und ein immer offensiveres Auftreten für die Interessen Russlands. »Es steht den Regierungen nicht zu zu entscheiden, wer an welchen Sportwettbewerben teilnehmen darf, denn das wäre das Ende der

5 Der Anfang vom Ende

internationalen Sportwettbewerbe«, sagt er.[48] »Die Geschichte« werde »zeigen, wer mehr für den Frieden tut. (...) Diejenigen, die versuchen, Grenzen offen zu halten und zu kommunizieren. Oder diejenigen, die isolieren und spalten wollen.«

Der Mann, der wie kein anderer den Sport politisiert; der sich Putin an den Hals wirft, Xi und vielen anderen Autokraten; der mit Assad in die Kamera winkt und Kim in Nordkorea den verbindlichen Handschlag gibt, den dieser ausnutzen kann; dieser Mann verwahrt sich nun gegen die Einmischung von Regierungen in den Sport. Und positioniert sich zugleich selbst eindeutig.

Bach und das IOC strapazieren in diesen Wochen die Argumente, wie es gerade passt. Ein Beispiel: Das IOC verweist auf das Jahr 1992, als während des Balkankrieges Athleten aus Serbien bei den Spielen starten durften, obwohl die Vereinten Nationen Sanktionen verhängt hatten. Und es meint noch anfügen zu müssen: »anders als in der heutigen Situation«.[49] Klingt fast so, als sei Russlands Krieg weit weniger schlimm als der in Jugoslawien damals; und es ignoriert, dass bei der jetzigen Architektur der Vereinten Nationen und wegen des russischen Vetorechtes es dort niemals zu einer Sanktion kommen kann.

Immer öfter bringt das IOC nun die Stellungnahme der beiden Sonderberichterstatterinnen ins Spiel. Dabei ist die wenig überzeugend. Die Völkerrechtlerin Patricia Wiater nimmt dieses Schreiben unter die Lupe. Ihr Urteil: Ein Ausschluss sei »im Ergebnis trotz der damit verbundenen Ungleichbehandlung aufgrund von Nationalität nicht als Verstoß gegen internationale Diskriminierungsverbote zu klassifizieren und somit zulässig«.[50]

Sonderberichterstatterin Xanthaki wird nun selbst erstaunlich politisch. »Ich kann mich nicht erinnern, dass die Leute Michael Phelps das Schwimmen verbieten wollten«, schreibt sie[51] – in Anspielung auf den Krieg der USA gegen den Irak im Jahr 2003. Und im Laufe der Beratungen mit den verschiedenen Akteuren der olympischen Welt geht Xanthaki nach Teilnehmerangaben sogar noch weiter: »Ich glaube nicht, dass es sinnvoll ist, russische Soldaten und das gesamte russische Militär auszuschließen.«[52] Xanthaki ist offenkundig nicht wirklich neutral, sondern Partei, aber so ist das oft bei den vermeintlich unabhängigen Experten des IOC.

Bachs IOC paukt die Nummer durch – und Ende März trifft es eine abschließende Entscheidung. Es empfiehlt den Fachverbänden, dass russische (und belarussische) Sportler wieder mitmachen dürfen – nach gutem alten Brauch: als sogenannte neutrale Athleten, ohne Flagge und Hymne. Und wenn sie zwei Bedingungen erfüllen: Draußen bleibt, wer den Krieg aktiv unterstützt – oder wer »contracted to the military« ist.

Es herrscht wieder Hochbetrieb im olympischen Generalstab. Erstens fragt sich, was aktive Unterstützung heißt. Diese Klärung schiebt das IOC, wie schon im Dopingskandal, einfach an die Fachverbände ab. Zweitens fragt sich, wie die Formulierung »contracted to the military« definiert wird.

Russlands Armee umfasst mehr als eine Million Soldaten, davon sind nicht einmal die Hälfte Vertragssoldaten – auf Russisch »kontraktniki«. Den größeren Teil machen die Wehrpflichtigen aus, Männer zwischen 18 und 30 Jahren. Russische Sportler, die bei der Armee sind, sind in der Regel wehrpflichtig – keine »kontraktniki«. Hinzu kommen weitere Militärgruppen: zivile Mitarbeiter (aktuell ca. 800 000 Mann), fast zwei Millionen Reservisten – und im Sport besonders wichtig: die Mitglieder von ZSKA, dem Armeesportsportklub. Athleten können sich hier anschließen, um dem Wehrdienst zu entgehen; er zählt knapp 700 Mitglieder aus nahezu allen olympischen Sportarten. In Tokio holen ZSKA-Athleten mehr als die Hälfte aller russischen Medaillen, darunter elf goldene. Als »kontraktnik« gelten viele davon nach russischer Lesart nicht.

Im anschwellenden Proteststurm lässt Bach alle Zurückhaltung fallen. Denn nach dem Exekutivbeschluss erklärt die ukrainische Regierung, Wettkämpfe zu boykottieren, wenn dort Russen starten dürfen. Das müsste die olympische Welt konkret vor die Frage stellen: Spiele in Paris mit Russen – oder mit Ukrainern? Bach positioniert sich eindeutig: pro Russland. Er verschärft die Kritik

5 Der Anfang vom Ende

an der Ukraine. Die Regierung in Kiew würde ihre Athleten bestrafen. »Die russische Seite will, dass wir den Krieg ignorieren. Die Ukraine will, dass wir jeden mit russischem oder belarussischem Pass isolieren«, sagt Bach. »Beide Positionen stehen in diametralem Gegensatz zu unserem Auftrag und zur Olympischen Charta.«[53] Eine Gleichsetzung des russischen und des ukrainischen Verhaltens?

Allerdings hat dieser Prozess ein bemerkenswertes Ergebnis. Bach setzt sich durch. Im Sommer 2023 korrigiert die Ukraine ihre Drohung – und erlaubt ukrainischen Athleten die Teilnahme an Wettkämpfen mit russischen Sportlern, wenn diese nicht eindeutig als Repräsentanten erkennbar sind. In den westlichen Regierungen wird jetzt auch nicht mehr viel über Boykott geredet. Ob es daran liegt, dass die anstehenden Olympiaveranstalter Frankreich, USA, Australien und Italien heißen? Und sie in Deutschland immer noch diesem Gespinst anhängen, nun aber bald wirklich Olympische Spiele auszurichten – mag die globale sportpolitische Realität noch so klar dagegenstehen?

In der olympischen Welt herrscht jedenfalls Chaos. Die ukrainische Fechterin Olga Charlan erlebt das, als sie bei der WM in Mailand auf die Russin Anna Smirnowa trifft. Sie gewinnt souverän, danach reicht sie der Gegnerin nicht die Hand, sondern bietet an, die Säbel zu kreuzen – kurz darauf wird sie disqualifiziert: Verstoß gegen das Regelwerk, das einen Handschlag vorschreibt. Charlan ist empört, zumal in Coronazeiten noch gegolten hatte, dass eine angedeutete Verabschiedung okay sei. Aber nun verlangt der Fechtverband FIE, der jahrelang vom russischen Geschäftsmann Alischer Usmanow regiert worden ist, die ganz korrekte Ausübung. Ex-Fechter Bach eilt herbei und verkündet, Charlan werde ein Startplatz bei den Pariser Spielen freigehalten, falls sie sich nicht qualifiziere.[54]

Die Verbände sind hilflos. Sie sollen beurteilen, wer als Kriegsunterstützer und Kontraktnik einzustufen ist und wer nicht. Manche setzen Firmen für Hintergrundchecks ein, andere strecken die

Waffen: Sie fühlen sich schlicht überfordert. Wirkliche Unterstützung vom IOC? Fehlanzeige. Das alles führt zu bemerkenswert kuriosen Entscheidungen. Bei der Ringer-WM zum Beispiel treten russische Sportler an, die ein Jahr zuvor an den Feiern zur Krim-Annektierung teilgenommen haben, darunter der Medaillengewinner Saurbek Sidakow. Demnach zählt bei den Ringern nicht mal die Teilnahme an einer Kriegspropagandashow als Unterstützung für den Krieg.

Wie das IOC in eigener Sache verfährt? Die Mitglieder Schamil Tarpischtschew und Jelena Issinbajewa dürfen selbstverständlich bleiben. Eine Überprüfung durch die Ethikkommission ergibt angeblich, dass sie keine vertraglichen Bindungen mit den russischen Militär- oder Sicherheitsorganen haben; sie unterstützten auch nicht den Krieg in der Ukraine, erzählt Bach.

In Wirklichkeit ist Tarpischtschew seit Jahren eng mit der russischen Staatsspitze verbandelt, nicht nur damals, als er Tennislehrer von Putins Gönner Boris Jelzin war und mit dem Sportfonds Hunderte Wodkamillionen scheffeln durfte. Er gehört auch unter Putin zum präsidentiellen »Rat für die Entwicklung von Körperkultur und Sport«, den der Staatschef persönlich leitet und in dem Schlüsselfiguren sitzen: von Verteidigungsminister Sergej Schojgu bis Gazprom-Boss Alexej Miller.

Bekannt ist auch Putins enger Draht zu Jelena Issinbajewa. Sie leitete sogar zeitweise die Rusada, bei Putins Wiederwahl 2018 machte sie Wahlkampf für ihn und saß später in jener illustren Runde, die eine Verfassungsreform erarbeitete, damit er länger als geplant an der Macht bleiben kann. Zu Russlands Flugzeugeinsätzen gegen die syrische Bevölkerung teilte sie mit: »Jeder Start eines Jets war wie ein Wiegenlied für uns, auf das wir warteten, um einschlafen zu können.« Außerdem ist Issinbajewa – wie viele andere Sportler – bei der russischen Armee angestellt, sogar im Dienstgrad einer Majorin. Sie erklärt nun, dies sei nur nominell, sie sei eine »Weltbürgerin«. Diese Weltbürgerin hält sich viel in Teneriffa auf. Für den Kreml ist das okay. »Sie hat nichts verurteilt, nieman-

5 Der Anfang vom Ende

den kritisiert, sie erfüllt ihre Funktionen, wo sie lebt«, sagt Putins Sprecher Dimitrij Peskow.[55]

Bei der Session 2023 in Mumbai schließt das IOC dann zwar das russische Olympiakomitee aus. Das ROK hat zu stark provoziert, indem es die regionalen Sportverbände aus den von Russland besetzten Regionen Cherson, Donezk, Luhansk und Saporischschja als Mitglieder annektiert hat. Nur hat das lediglich symbolischen Charakter und keine Konsequenzen für die Starterlaubnis russischer Athleten. Ein Szenario, in dem das ROK suspendiert ist, hat es in der langen Dopingcausa ja auch schon gegeben: Es änderte nichts daran, dass Russland die stolze Armada von 168 Athleten nach Pyeongchang entsenden konnte.

Es heißt also auch nichts fürs russische Paris-Kontingent im Sommer 2024. Die Sportler können auf persönliche Einladungen des IOC zählen – im Dezember verfügt das Exekutivkomitee dies offiziell. Der Boden dafür ist über Monate bereitet worden. Widerstand gibt es in der olympischen, aber auch in der politischen Welt quasi keinen mehr. Formal gelten dieselben Spielregeln, wie sie schon zu Jahresbeginn beschlossen worden sind. Unterstützer von Krieg, Staat und Militär sollen ausgeschlossen bleiben, wobei das IOC immer noch kein Konzept präsentieren kann, wie das eigentlich geprüft werden soll. Und formal sind die Russen (und auch die Belarussen) nur als neutrale Athleten dabei und nicht als Repräsentanten ihrer Länder.

Aber stopp: Was erzählte Bach damals von der Leichtathletik-WM in London? »Da kam der autorisierte neutrale Athlet, ANA (Authorised Neutral Athletes), und jeder wusste, dass das Athleten aus Russland sind.«[56]

Russland hat wieder gesiegt. Und doch ist diesmal eine Sache anders: die Reaktion der russischen Seite. Während der Dopingmanöver haben sich die Öffentlichkeit und verschiedene politische Vertreter zwar auch empört, aber Putin selbst blieb letztlich eher zurückhaltend. Jetzt machen die Russen klar: Das alles reicht uns nicht mehr.

Was ist nur mit den alten Freunden?

Alexander Schukow bittet am Telefon um etwas Geduld. Die Plenarsitzung der Duma zieht sich länger als gedacht – und da ist seine Anwesenheit gefordert: Immerhin ist er der stellvertretende Sprecher des russischen Parlaments. Der Wirtschaftswissenschaftler hatte im russischen Machtgefüge schon einige Positionen inne. Er ist Putins Mann für alle Fälle. Und insbesondere war er jahrelang Putins oberster Mann für den Sport.

2010 rückte Schukow nach dem Debakel der Russen in Vancouver an die Spitze des nationalen Olympiakomitees (ROK), er hat es in all den Jahren geleitet, in denen das Staatsdopingprogramm auf Hochtouren lief. 2013 zog er ins IOC ein und erhielt dort sofort eine privilegierte Position: als Chef der Evaluierungs- und später der Koordinierungskommission für die Winterspiele 2022. Er gehörte dem von Bach erfundenen »Olympic Summit« an, nach dem Aufkommen des Dopingskandals dealte er mit Bach aus, wie Russlands Sport doch noch mit enormer Kadergröße in Rio antreten konnte.

Mehr als vier Jahre arbeitete er eng mit dem IOC zusammen, erst Ende 2017 wurde er suspendiert, als Bauernopfer neben Sportminister Mutko, weil ja, wie beschrieben, der vom IOC in Auftrag gegebene Schmid-Report nicht feststellen konnte, wie weit nach oben in Putins Machtpyramide die Kenntnis über das Staatsdopingsystem reichte. Die ROK-Präsidentschaft gab er ein Jahr später zwar ab, aber als Ehrenpräsident mischt er im Sport immer noch entscheidend mit.

»Unsere Sportler nicht zuzulassen, ist gegen die Olympische Charta. Das ist zweifellos eine Diskriminierung der russischen Sportler«, sagt er im Gespräch mit einem Buchautor im Herbst 2023. Die Zeit der Zurückhaltung ist vorbei – die russische Seite bläst zur Attacke. Schukows ROK-Nachfolger Stanislaw Posdnjakow

5 Der Anfang vom Ende

spricht von einem »sportlichen Genozid«.[57] Putin selbst wirft dem IOC vor, es betreibe »ethnische Diskriminierung«.[58]

Aber Russland belässt es dabei nicht. Es ergeht eine klare Drohung. »Was Bach macht, ist sehr gefährlich«, sagt Schukow über seinen einstigen olympischen Kumpel: »Wenn Bach diesen Weg weitergeht, wird die internationale olympische Bewegung zerfallen!« Das ist nicht einfach so dahergeredet. Es ist eine Ansage mit Substanz.

Tatsächlich gerät das Jahr 2023 zu einer unerwarteten Zäsur im olympischen Wirken von Thomas Bach. Sein ganzes olympisches Leben hat er bestimmten Allianzen zu verdanken. Er hat es brav zurückgezahlt, vor allem der russischen Seite. Aber jetzt scheinen die mächtigsten Allianzen zu zerbrechen.

Das betrifft zum einen seine Beziehung zum alten Königsmacher, Scheich Ahmad Al-Sabah. Das ist der Mann, der ihn dank der zugeführten Stimmpakete ins Amt gebracht hat und der damals öffentlich auf die »requirements« verwiesen hat, denen Bach unterliege. Und er ist der Mann, der den unscheinbaren Advokaten überstrahlt und in den Folgejahren immer öfter den Eindruck vermittelt hat, der Zweitpräsident neben dem Mann zu sein, der ihm den Thron zu verdanken hat.

Bachs legendäre Drähte in die arabische Welt bleiben auch während seiner Zeit als IOC-Präsident bestehen, wie er gleich zu Beginn in einem bemerkenswerten Schritt demonstriert. Da legt er nämlich allerlei Ämter nieder, von der DOSB-Präsidentschaft bis zum Aufsichtsmandat bei der Bartec GmbH; insgesamt rund ein Dutzend Posten. Aber ein Sessel bleibt: der Aufsichtsratsvorsitz bei Weinig. Das ist der Konzern mit den kuwaitischen Investoren, der sich seit 2013 auch immer stärker in Russland engagiert.

Aber natürlich bleibt Bach nicht wegen dieses engen Drahtes zum Golf, sondern nur wegen der lieben Mitarbeiter. »Auch bei Weinig wollte ich ausscheiden«, erzählt er den heimatlichen *Fränkischen Nachrichten*. »Als dann aber sowohl die Aktionäre als auch die Mitarbeitervertreter im Aufsichtsrat sagten, sie würden es sehr begrüßen, wenn ich weitermache, war mir klar, dass ich doch nicht alles falsch gemacht habe.«[59]

Auch der Ghorfa, dieser umstrittenen deutsch-arabischen Handelskammer, bleibt Bach eng verbunden. Schon ein Jahr nach seiner Wahl zum IOC-Boss kursieren in der Ghorfa Planspiele, ihn zum Ehrenpräsidenten zu machen – betrieben von seinem alten Weinig-Bekannten Al-Ghanim. Präsidium und Generalversammlung stimmen dem zu, Bach klingt gegenüber dem *Spiegel* auch nicht ablehnend.[60] Am Ende wird nichts draus. Warum nicht? Auch auf diese Frage sagt er nichts Konkretes. Aber 2016 hält er dort noch eine Rede, als sein langjähriger Ghorfa-Generalsekretär Abdulaziz Al-Mikhlafi von Bundespräsident Joachim Gauck das Verdienstkreuz am Bande erhält.[61] »Er hat nicht nur die Wirtschaftsbeziehungen zwischen Deutschland und den arabischen Ländern maßgeblich bereichert, sondern vor allem die Menschen zusammengebracht«, begründet er die Auszeichnung. Ach ja. Die Menschen.

Auch mit Blick auf einen alten arabischen Traum sendet Bach eindeutige Signale: den von Olympischen Spielen. Vorgänger Rogge hat zwei Anläufe von Katars Hauptstadt Doha vorzeitig gestoppt; obwohl die technischen Kriterien gar nicht so schlecht waren. Aber der Belgier wollte, so erzählen es IOC-Mitglieder, Doha unbedingt draußen halten, er ahnte, was bevorsteht, wenn Katar in die Finalrunde einzieht: ähnliche Geldschwemmen wie rund um die Vergabe der Fußball-WM 2022. Bei Bach klingt das bald nach Amtsantritt so: Doha werde eines Tages Kandidat sein.

Zugleich bringt sich neben Katar auch Saudi-Arabien in Stellung. Es kauft von Cristiano Ronaldo bis Neymar den internationalen Fußballmarkt leer, und es stellt den Golfsport auf den Kopf, indem es eine komplette Konkurrenzliga zur etablierten PGA hochzieht. 2029 wird es die asiatischen Winterspiele ausrichten, in dem noch zu bauenden Zukunftsland Neom, und die Fußball-WM 2034 ist quasi fix zugesagt. Und ins IOC beruft Bach eine Prinzessin aus Saudi-Arabien, die dort neben dem Emir von Katar sitzt. Da stellt

5 Der Anfang vom Ende

sich gar nicht mehr die Frage, ob die ersten Olympischen Spiele der arabischen Welt bevorstehen – sondern nur: wo und wann.

Doch trotz – oder wegen? – der Pflege dieser arabischen Bande entwickelt sich das Verhältnis zu seinem Wahlhelfer Al-Sabah erstaunlich. Dass Bach so sehr als dessen Gehilfe wahrgenommen wird, lässt den Unmut wachsen, wie altgediente IOCler beobachten. Zunächst aber geschieht dem Kuwaiter lange nichts – obwohl ihn schon im Frühjahr 2017 die Tentakel des großen Fifa-Fußballskandals erreichen.

Richard Lai, Chef des Fußballverbandes von Guam in der Südsee und witzigerweise Mitglied des Audit & Compliance-Komitees, das die Saläre für die Fifa-Spitzenleute festlegt, packt aus. Und zu seinem Geständnis gehört die Aussage, er habe zwischen 2009 und 2014 insgesamt 850 000 Dollar von einer Fraktion des asiatischen Fußballverbandes bekommen. Um »Geld für Trainer« habe er gebeten, dies sei das Signalwort für Zuwendungen an ihn persönlich gewesen. Zwar wird der Mann, der dafür verantwortlich sein soll, im Indictment der US-Justiz nur anonymisiert als »Co-Conspirator #2« aufgeführt.[62] Aber aufgrund der Beschreibungen ist er klar identifizierbar: Ahmad Al-Sabah.

Der teilt mit, er weise die Vorwürfe energisch zurück und arbeite mit den Behörden zusammen, um diese überraschenden Vorwürfe zu widerlegen.[63] Aber seine Fußballämter gibt er ab. Spätestens jetzt müsste das IOC tätig werden. Doch es passiert: nichts. Al-Sabah bleibt dem Olymp erhalten, als sei nichts geschehen.

Erst Ende 2018 tut sich etwas, eineinhalb Jahre später. Diesmal aber in der Politik, in der Al-Sabah ja auch mitmischt. In der verzweigten kuwaitischen Herrscherfamilie ringen einzelne Sippschaften hart um die Macht, um Posten und die Gunst des Emirs. Al-Sabah ist mittendrin. Er behauptet, dass es in seinem Land einen Putschversuch gegen den Emir gegeben habe, initiiert unter anderem vom Cousin des Scheichs, Nasser Al-Sabah, und vom früheren Parlamentspräsidenten Jassem Al-Kharafi. Al-Sabah überreicht Unterlagen und sogar Videoaufzeichnungen, die in verwa-

Was ist nur mit den alten Freunden?

ckelter Qualität zeigen sollen, wie das Duo einen Umsturz bespricht. Angebliche Banker berichten von Milliardentransaktionen zugunsten der Verschwörer.[64]

Der Emir weist eine Untersuchung an. Ergebnis: alles falsch, einen Putschplan gab es nie.[65] Der Scheich muss sich entschuldigen.[66] Ein kuwaitisches Gericht spricht ihn letztlich frei. Doch damit ist die Sache nicht erledigt.

Die Sache landet nämlich auch in der Schweiz vor Gericht – nicht zuletzt auf Betreiben der Familie des inzwischen verstorbenen Ex-Parlamentschefs Al-Kharafi. Und Ende 2018 erhebt die Staatsanwaltschaft Genf Anklage gegen den Scheich und vier weitere Personen. Sie wirft ihnen vor, dass sie in der Schweiz ein Schiedsverfahren erfunden hätten, das die Echtheit eines Fake-Videos bekräftigen sollte. Für die Ermittler hat sich der Scheich der Urkundenfälschung schuldig gemacht. Auch hier beteuert Al-Sabah seine Unschuld, spricht von einem politisch motivierten Hintergrund.

Aber der Moment ist da, in dem er sich im IOC »selbst suspendiert«. So, wie es schon Sportsfreund Hickey tat. Wobei das zunächst keine weiteren Konsequenzen hat. »Ich möchte Scheich Ahmad Al-Sabah noch einmal meinen Respekt zollen (…) und dem Beispiel, das er gibt, indem er diese Verantwortung übernimmt, um uns alle zu schützen«, sagt Bach. »Wir hoffen, dass wir ihn sehr bald wieder hier sehen können, wenn sein Fall gelöst ist.«[67]

Drei Jahre später wird Al-Sabah von einem Genfer Strafgericht zu mindestens 15 Monaten Gefängnis und weiteren 15 Monaten zur Bewährung verurteilt. Der Scheich legt Berufung ein. Und dem IOC samt seinen Ethikern reichen weder Anklage noch Urteil aus, um sich vom Königsmacher zu trennen. Al-Sabahs Mitgliedschaft bleibt einfach als »selbst suspendiert« bestehen. Trotz Anklage lassen sie sogar seine Tätigkeit als Präsident des asiatischen Olympiakomitees (OCA) weiter zu; dieses Amt legt er erst nach dem Urteil nieder.

Um seine Nachfolge entbrennt ein bizarrer Kampf. Es ist ein

5 Der Anfang vom Ende

innerkuwaitisches Duell: Auf der einen Seite Al-Sabahs Bruder Talal, auf der anderen Husain Al-Musallam, der in den Jahren der Herrschaft Al-Sabahs stets an dessen Seite stand und sogar selbst zum Chef des Schwimmweltverbands aufstieg. Selbstbewusst mischt sich Al-Sabah ein. Jetzt wirbt er im Kampf um seine Nachfolge an der OCA-Spitze für seinen Bruder. Der die Wahl letztlich gewinnt.

So viele Affären hat der Scheich überstanden, aber nun reagiert das IOC: In Windeseile verfasst es ein sechsseitiges Schreiben, in dem es heißt, man könne nicht akzeptieren, wenn sich ein suspendiertes Mitglied aktiv einmische.[68] Das Ergebnis: Al-Sabah wird für drei Jahre gesperrt.

Der mächtige Königsmacher, er ist raus aus dem Spiel. Gibt es im IOC die Sorge, dass er erneut den Königsmacher machen möchte – aber diesmal nicht im Sinne Bachs? Ein Rauswurf aus dem IOC: Das dürfte ganz sicher nicht das »requirement« gewesen sein, das Al-Sabah bei Bachs Inthronisation im Sinn hatte. Aber der Scheich, das ist eine alte Regel des olympischen Business, ist nie erledigt. In der Heimat geht es trotz all der Verwicklungen bald wieder bergauf, er wird erneut Minister, diesmal für die Verteidigung, sogar Vizepremier. Und in der olympischen Welt? Da muss sich Bach fortan in Acht nehmen.

Nicht nur deshalb. Es gibt ja nun eine Konstellation, die für ihn noch dramatischer ist als das zerstörte Verhältnis zum Scheich: das Verhältnis zu Putin. Irgendwie ja nicht ganz fair. Da hat sich der IOC-Präsident stets heftig ins Geschirr gelegt, um alles so Kremlfreundlich wie möglich herzurichten. Aber es reicht nicht. Diese ganzen Verrenkungen um die Teilnahme russischer Sportler mögen zur Dopingskandalzeit gepasst haben – aber nicht mehr, wenn Russland eine aus seiner Sicht legitime »Spezialoperation« in der Ukraine durchzieht. Die Beziehung zwischen Kreml und Olygarchen ist in einer neuen Phase angelangt: am Tiefpunkt.

Aus russischer Sicht ist klar: Bach hat nicht ausreichend geliefert. Und klar ist auch: Russland braucht das IOC und die Olympischen Spiele nicht mehr.

Was ist nur mit den alten Freunden?

Mitte August 2023, nur Tage vor dem Gipfel der BRICS-Staaten in Südafrika, wirft Putin Bach den Fehdehandschuh hin. Er erklärt, dass eine oder mehrere neue Organisationen entstehen werden, die den internationalen Sport »über das Internationale Olympische Komitee hinaus« regeln werden. Die russische Nachrichtenagentur TASS zitiert ihn so: »Durch die Politisierung der internationalen Sportstrukturen und die weitere Kommerzialisierung der internationalen olympischen Bewegung erleben wir dort leider eine gewisse Degradierung.«[69] Das will er nicht hinnehmen, das könne nur »dazu führen, dass im internationalen Sport Parallelstrukturen entstehen«.

Putin spricht aus einer Position der Stärke. Im Westen mag die Empörung über den Krieg groß sein, in vielen Teilen der Welt ist sie es nicht. Dort baut Russland seinen Einfluss aus. Der Draht zu China wird noch kürzer, das Gas verkauft es nun nach und über Indien statt direkt nach Deutschland, wo es am Ende ja trotzdem landet, in Afrika sind immer mehr Länder abhängig vom Kreml. Der Krieg? Interessiert da nicht.

Zudem wird die Staatengruppe BRICS erweitert. Der erste Gipfel fand 2009 statt, 2024 werden aus fünf Ländern sogar zehn: Zu Brasilien, Russland, Indien, China und Südafrika gesellen sich nun Saudi-Arabien, die Vereinigten Arabischen Emirate, Iran, Ägypten und Äthiopien. Gemeinsam stellen sie nicht nur etwa die Hälfte der Weltbevölkerung, sie erreichen in den ökonomischen Rankings auch ungefähr die Werte, auf die die G7 (USA, Kanada, Japan, Großbritannien, Frankreich, Deutschland, Italien) kommen. Tendenz steigend.

Auch mit Blick auf den Sport gilt, dass sich die Kräfteverhältnisse zugunsten der BRICS-Staaten verschoben haben. In den vergangenen anderthalb Jahrzehnten haben sie bei der Organisation von Sportveranstaltungen eine viel wichtigere Rolle gespielt als die G7. Allein von den größten drei Veranstaltungen (Sommerspiele, Winterspiele, Fußball-WM) fanden zwischen 2008 und 2023 sieben in den BRICS-Staaten statt. Nur vier in den G7-Staaten. Die

5 Der Anfang vom Ende

globale Sportwelt ist längst eher eine BRICS-Welt denn eine G7-Welt.

Und nun geht Putin einfach hin und erfindet neue, eigene Spiele – als Gegenpol zu den olympischen. Er kesselt die Sommerspiele von Paris, von denen er sich und seine Athleten trotz aller Verrenkungen der Bach-Administration ausgeschlossen fühlt, einfach ein.

Schon im August 2023 steigen in der belarussischen Hauptstadt Minsk modifizierte GUS-Games. Das ist ein zwei Jahre zuvor für Sportler aus den früheren Sowjetrepubliken erfundenes Format. Jetzt wird es ausgedehnt. Nicht nur Russen, Belarussen und andere der Gemeinschaft Unabhängiger Staaten (GUS) sind dabei, sondern insbesondere auch die Staaten der Shanghaier Organisation für Zusammenarbeit (SCO), von Iran bis Malaysia.

Zur Eröffnung der GUS-Spiele erklärt Diktator Alexander Lukaschenko: »Das Motto unserer Spiele lautet ›Starker Charakter – strahlendes Spiel‹. Es geht nicht nur um Sport. Es geht um jeden von uns. Die Zeit ist reif für mutige und entschlossene Menschen. Es ist unsere Zeit!« Dann wendet er sich explizit an Bachs Ringe-Konzern: »Athleten, ich möchte euch sagen, macht euch keine Sorgen! Es ist unmöglich, uns aus der internationalen olympischen und sportlichen Bewegung auszuschließen, weder die Russen noch die Belarussen noch andere. Ihr werdet immer gefragt sein. Ihr werdet immer im Spiel sein.«[70]

Stufe zwei: die BRICS-Ebene. Im Juni 2024 sind in Kasan BRICS-Spiele geplant, eine viertägige Veranstaltung in 25 Sportarten. Die gibt es schon seit einer Weile – immer organisiert in dem Land, das den Vorsitz der Gruppe hält. Aber jetzt sollen sie aufgebohrt werden, nach der Erweiterung der Gruppe werden es dann schon Teilnehmer aus zehn Ländern sein, und selbst dabei soll es nicht bleiben.

Putin lockt aber nicht nur wegen dieser BRICS-Spiele nach Kasan, sondern auch wegen eines zweiten Events: den »Games of the Future« – einem Turnier im phygitalen Format, also einer Sportshow, die klassische und digitale Sportarten in einem Wett-

Was ist nur mit den alten Freunden?

bewerb vereint. »Diese Wettbewerbe sind eine einzigartige Kombination dynamischer Sportdisziplinen mit den beliebtesten Videospielen und technischen Geräten«, rühmt Putin. Er greift direkt nach der Jugend der Welt.

Und doch ist das alles nur als Vorspiel gedacht. Das eigentliche Gegenevent ist für den September 2024 avisiert, wenige Wochen nach den Olympischen Spielen: die »Igry druzhby«, die Spiele der Freundschaft. Im Herbst 2023 unterzeichnet Putin den offiziellen Ukas.[71] Auch diese Veranstaltung soll eine ordentliche Hausnummer werden: Zwei Wochen dauern diese Games – so lange wie die Olympischen Spiele. Moskau und Jekaterinburg sind die Austragungsorte, Wettkämpfe in insgesamt 30 Sportarten vorgesehen, darunter in 20 olympischen. Rund 5500 Athleten aus der ganzen Welt sollen kommen, immerhin halb so viele wie bei den Olympischen Spielen.

Das Ganze wird gewürzt mit einem gepfefferten Preisgeld: Rund 50 Millionen Dollar loben die russischen Organisatoren aus. So etwas zieht. In der olympischen Welt fließt von den gigantischen Sponsoren- und TV-Einnahmen zwar ziemlich viel in fragwürdige Programme und an die Mitarbeiter in der IOC-Zentrale – aber an die Athleten ziemlich wenig. Preisgelder gibt es bei Olympischen Spielen überhaupt keine, sondern nur Prämien aus den jeweiligen Heimatländern.

Und dieses Event soll keine einmalige Sache sein. Der Ausbau ist schon fix geplant: Winterfreundschaftsspiele in Sotschi 2026 – und Sommerfreundschaftsspiele in einem anderen Land 2028. Je nach Sportart kann es sogar passieren, dass das Event anspruchsvoller besetzt ist als das olympische Konkurrenzprodukt.

Echte Gegenspiele! So etwas elektrisiert die olympische Bewegung immer. Das sah man schon an SportAccordchef Vizers Versuch, eine Multi-WM zu organisieren, den Bach Mitte der Zehnerjahre niederschlug. Aber jetzt sind es nicht rebellische Verbandsführer, diesmal sind mächtige Regierungen die Gegner. Allen voran: Wladimir Putin. Dessen Trolle Bach und Co. nun ja als Faschisten, Spione und Russenfeinde schmähen, wie das IOC betont.

5 Der Anfang vom Ende

Auch hat das Thema Gegenspiele in der sowjetisch-russischen Sportpolitik Tradition. 1980 waren diverse westliche Länder den Spielen in Moskau ferngeblieben, 1984 revanchierte sich der Ostblock und boykottierte das Event in Los Angeles. Parallel dazu lud die Sowjetführung zu den sogenannten Freundschaftsspielen ein, die vom 2. Juli bis zum 16. September nicht nur in der Sowjetunion, sondern auch in den sozialistischen Bruderstaaten stattfanden – bis hin nach Nordkorea und Kuba.

Athleten aus mehr als vier Dutzend Nationen waren dabei, auch aus dem Westen, die direkt von den LA-Spielen einflogen. Sportler aus der BRD gewannen sogar drei Medaillen. Und stolz vermeldeten die Sowjets eine Orgie an Weltrekorden, insbesondere im Gewichtheben. Wie das lief, kann man sich vorstellen, wenn doch die Ex-KGB-Männer Popow und Rodtschenkow selbst berichten, dass es seit 1980 ein funktionierendes Dopingsystem gab.

Wie notierte es DDR-Sportspion Möwe, der als Funktionär im Gegensatz zu den Sportlern bei den LA-Spielen weilen durfte? »Der allgemeine Tenor der internationalen Funktionäre« war folgender: »Einen dritten Boykott, gleich von welcher Seite, kann es nicht geben. Tritt ein solcher Zustand ein, ist die olympische Bewegung für immer kaputt.«[72] Das sehen viele Beteiligte so. Und tatsächlich machte sich sogar Horst Dassler persönlich ans Werk, um zwischen Sowjets und Südkoreanern für die Seoul-Spiele 1988 zu vermitteln.

Aber diese »Freundschaftsspiele« waren nicht alles. Dazu kamen ab 1986 die »Goodwill Games«, die »Spiele des guten Willens«. Die Sowjets gewannen sogar den amerikanischen Medienunternehmer Ted Turner als Finanzier, der sich einst als »Kommunistenfresser« gerühmt hatte. Aber hier geht's ums Geschäft. 50 Millionen Dollar spendierten die Sowjets, 50 Millionen legte Turner drauf. »Das ist Ost gegen West«, sagt er jubilierend – etwas, was es bei Olympia seit 1976 nicht mehr gab, »nur nicht mit Raketen, sondern mit Athleten. Da steckt Sex-Appeal drin!«[73]

Der Ostblock schickte zur ersten Ausgabe dieses Events selbstverständlich seine erste Garde, aber auch die USA waren mit Helden von Carl Lewis bis Edwin Moses vertreten – Turner hatte den Pott der Athletenvertretung so gefüllt, dass jeder 3000 Dollar Startgeld kassierte. Die sportliche Bilanz: sechs Weltrekorde, null Dopingkontrollen. Das IOC verfolgte das Treiben argwöhnisch, Patron Samaranch weilte sicherheitshalber selbst bei diesen Spielen; zumal dieser Kotau auch auf das sowjetische Verhalten für die 88er-Spiele einzahlte. Zudem hatte der KGB ja manche Notiz in seinen Akten.

Samaranchs Kompagnon Dassler bemerkte gegenüber dem Sportspitzel Möwe erleichtert, dass sich die Spiele unter finanziellen Gesichtspunkten als schwierig erwiesen – und dass sie keine Konkurrenz zu den Olympischen Spielen darstellen können.[74] Dassler mutmaßte sogar, dass es keine Wiederholung geben würde; da irrte sich der Adidas-Patron. Noch fünf Folgeausgaben gab es: 1990 in Seattle, 1994 in Sankt Petersburg, 1998 in New York, 2000 eine Winterausgabe in Lake Placid und 2001 in Brisbane. Allerdings standen die nach dem Zusammenbruch der Sowjetunion weniger unter dem Eindruck Moskauer Kraftmeierei, sondern waren eben Sportwettkämpfe, die als west-östliches Aussöhnungsprojekt verkauft wurden und Turner viel Geld kosteten. Auf eine harte Konfrontation verzichtete das IOC, weil Turner mit seinem Medienunternehmen ja auch immer ein willkommener Mitbieter für die TV-Rechte war.

2001 war Schluss mit den Goodwill Games. Über zwei Jahrzehnte dachte im Kreml niemand an Freundschafts- oder vergleichbare Spiele. Da machte man sich lieber gleich die olympische Sportwelt untertan. Aber jetzt ist der Bogen überspannt, und angesichts der IOC-Sanktionen wegen des Ukraine-Kriegs erinnert sich Moskau an das alte Drohgebilde.

Russland hat gezeigt, dass es im Sport alles erreichen kann. Es wirkte entscheidend darauf ein, wer den IOC-Thron besteigt. Es hat Spiele, Fußball-WM und viele andere Events organisiert. Und es hat das IOC und die Fifa viele Jahre am Nasenring durch die

5 Der Anfang vom Ende

globale Sportarena geführt. Jetzt will es zeigen, dass es noch mehr kann: ein eigenes Sportimperium aufbauen. Eines, vor dem sich das IOC fürchten muss. Beim IOC haben sie die Botschaft verstanden.

Wie dieser Konflikt enden wird? »Es hängt alles von der Führung des IOC ab«, droht Putins Sportmann Schukow.

Deutschland – ein olympisches Trauerspiel

Ende 2023 tritt der deutsche Sport in Frankfurt zur jährlichen Mitgliederversammlung zusammen. Das bestimmende Thema ist ein Dauerbrenner: Deutschlands Bemühungen um Olympische Spiele. Diesmal schickt der DOSB eine »Frankfurter Erklärung« ins Land. Inhalt: Deutschland hätte sooo gerne wieder die Spiele, vorzugsweise im Sommer 2036 oder 2040.

Der deutsche Sport und seine Olympiabewerbungen, das ist längst ein Thema fürs Kabarett. 1972 fanden zum letzten Mal Spiele in Deutschland statt. Seitdem sind sieben Anläufe nacheinander gescheitert, aber das hält ihn nicht ab, erneut in die Vollen zu gehen. Viel Geld wird wieder eingesetzt. 1,75 Millionen Euro stellt der DOSB aus seinem eigenen Haushalt zur Verfügung. Inklusive einer fünfköpfigen Stabsstelle und den Aufwendungen für eine Agentur, die schon bei diversen gescheiterten Anläufen dabei war – zugleich aber auch fürs IOC tätig ist. Was der DOSB lieber nicht macht: eine externe Evaluierung der sieben gescheiterten Anläufe zu beauftragen. Der Grund: die hohen Kosten.

Also rauscht der deutsche Sport schon wieder in diesen Tunnel. Olympische Spiele sind ein Projekt, das man sich so lange schönredet, bis man wirklich völlig überzeugt ist, sie zu bekommen. Eine olympische Halluzination.

Tatsächlich ist das Unterfangen des deutschen Sports erstaunlich. Die Chancen sind mau. Das räumen die DOSB-Oberen rund um ihren neuen Anlauf selbst ein. Fast ein Dutzend Städte und

Regionen in aller Welt haben sich in Position gebracht, darunter Indien und Katar, die beide im IOC einen ganz anderen Stellenwert genießen. Auch kommt bei Spielen 2036 das prekäre Datum hinzu – exakt 100 Jahre nach den Nazispielen von Berlin. Da mögen sich noch so viele Beteiligte in Deutschland einreden, dies sei eine tolle Chance, um der Welt vorzuführen, wie sich Deutschland gewandelt habe. 36er-Spiele in Berlin: Das lädt Konkurrenten in aller Welt förmlich ein, ein so bizarres Jubiläum in ihrem Sinne zu nutzen.

Aber es ist nicht nur das »Auswärtsspiel«, wie sie beim DOSB sagen, also der internationale Konkurrenzkampf, der sich schwierig gestaltet. Es ist zuvorderst das »Heimspiel«, wie sie den Kampf um die Zustimmung der Bevölkerung nennen. Die hat im vergangenen Jahrzehnt schon zwei Spielebewerbungen gestoppt: die für München 2022 ebenso wie die für Hamburg 2024. Und das in einer Zeit, in der die wirtschaftliche Lage des Landes komfortabel war und Inflation und Energieversorgung noch nicht die Schlagzeilen beherrschten. Inzwischen aber hat das Land tatsächlich große Sorgen.

Monatelang zieht der DOSB in der zweiten Hälfte des Jahres 2023 durchs Land, um für die Kandidatur zu werben, mitsamt einem breiten Gesprächsangebot. Dazu gehören digitale Foren, in denen über Aspekte von Spielen diskutiert wird. Diese Formate erweisen sich als Rohrkrepierer. Beim ersten Fachgespräch zum Thema ökologische Nachhaltigkeit schalten sich ganze 62 Zuschauer ein – maximal.[75] Auf einem eigenen Kanal bei YouTube stellen die DOSB-Verantwortlichen alle Runden noch einmal online. Die Zugriffszahlen bis Ende des Jahres laut DOSB: rund 2000, für alle sieben zusammen.[76]

Nicht viel besser sieht es bei den analogen Veranstaltungen aus. Die zieht der DOSB in allen fünf Städten durch, die als Olympiagastgeber infrage kommen (Berlin, Hamburg, Leipzig, München, Rhein/Ruhr). Bisweilen erscheinen nur ein paar Dutzend Leute, beim bestbesuchten Event um die 500, aber darunter stets viele, die

5 Der Anfang vom Ende

im weiteren Sinne zur Sportgemeinschaft zählen, also ohnehin mit dem Thema zu tun haben. Na und? Nach den ersten schwach besuchten Veranstaltungen grübelt Kampagnenchef Stephan Brause allen Ernstes: »Eine gewisse Gleichgültigkeit kann auch ein Indiz dafür sein, dass die Leute es akzeptieren, was wir da machen.«[77] Auch im Sport leben die Deutschen in ihrer Welt.

Die grundsätzliche Strategie ist klar. Die DOSB-Oberen hoffen darauf, dass ein sommerlicher Doppelschlag die Stimmung im Laufe des Jahres 2024 aufhellt: erst die Heim-EM der Fußballer, dann die Sommerspiele in Paris, inklusive schöner Bilder vom Eiffelturm und der Seine. Und dann sollte es 2025 endlich mal wieder klappen mit einem Ja der Bevölkerung.

Dabei ist die Beziehung der Deutschen zur olympischen Welt längst eine abgründige. Das Image des IOC und der Spiele ist zwar in vielen westlichen Gesellschaften mau, aber in kaum einem Land so ramponiert wie in Deutschland. Verbrieft ist dieses tiefe Misstrauen in ablehnenden Volksabstimmungen, aber auch in der Zurückhaltung bei der neuen Olympiabewerbung. Und generell in Umfragen.

Den Satz »Ich habe Vertrauen, dass deutsche Sportfunktionäre moralisch integer handeln und die Einhaltung von Regeln sowie Fair Play und Unbestechlichkeit beachten«, beantworteten in einer Befragung der Sporthochschule Köln nur 27 Prozent mit Ja. Bezogen auf internationale Funktionäre sind es sogar nur 16,9 Prozent.[78] Und das war im Jahr 2016, vor all den weiteren Skandalen rund um Bach und sein IOC. Eine neue Umfrage dürfte kaum ein besseres Bild erzeugen, eher das Gegenteil.

Dabei sind die Deutschen nicht per se gegen sportliche Großveranstaltungen. Das zeigt sich immer wieder, etwa im Jahr 2022, als die European Championships in München ein Riesenerfolg sind: In neun Sportarten werden parallel die Europameister ermittelt. Am Königsplatz schlendern die Menschen zum Beachvolleyball, im Olympiapark liegen sie auf den Wiesen, um Triathleten oder BMX-Artisten zu verfolgen. Alles überschaubar, fast ein fami-

Deutschland – ein olympisches Trauerspiel

liäres Event – und wahrscheinlich auch deswegen so erfolgreich, weil es mit Olympischen Spielen und dem IOC nichts zu tun hatte.

Deutschland ist kein Ringe-Land mehr. Und das liegt ganz entscheidend an: Thomas Bach. Dem Mann, der seit Jahrzehnten Deutschlands »Mr. Olympia« ist.

Schon bei seiner Wahl vor elf Jahren war in Deutschland nichts zu spüren von einer »Wir sind Sport-Papst«-Stimmung. Und während seiner Amtszeit wuchs der Verdruss. In den Aufstiegsjahren wusste Bach noch allerlei patriotisch geneigte Medien an seiner Seite, heute bläst ihm der Wind längst von allen Seiten ins Gesicht. Deutschland hat fertig mit seinem Ringe-Karrieristen.

Nicht nur in der Öffentlichkeit, sondern auch in der Politik, mit der er sich einst so perfekt vernetzt hat. In der FDP, und auch weit darüber hinaus; gerade zu den für Sport zuständigen Innenministern waren die Drähte meist gut. Umso mehr fällt auf, wie viele Politiker sich im Laufe der Jahre von ihm abwenden. Exemplarisch zeigt sich das beim Blick auf das Verhältnis zur höchsten Politikerin dieser Jahre: zur Bundeskanzlerin Angela Merkel. Als Bach die Kandidatur fürs IOC-Präsidentenamt verkündete, teilte sie pflichtgemäß mit, dass sie dies begrüße und ihn schätze. Aber tatsächlich ließ sich eine große Reserviertheit zu Bach und dem olympischen Kosmos beobachten. Obwohl die Amtszeiten von Merkel und Bach sehr lange parallel liefen, kam es nie zu einem ausführlichen, wirklich persönlichen Vieraugengespräch. Wenn man Merkel heute befragt, ist immer noch eine Distanz zu spüren. »Bundeskanzlerin a. D. Dr. Angela Merkel und Dr. Thomas Bach haben sich sowohl im Rahmen als auch am Rande verschiedener Veranstaltungsformate und Begegnungen austauschen können«, teilt ihr Büro mit. Im Rahmen, am Rande.

Beim Fußball zeigte Merkel sich regelmäßig als Edelfan. Vor der Fußball-WM 2006 mischte sie sich sogar in die Personalpolitik um den umstrittenen Chefcoach Jürgen Klinsmann ein, später besuchte sie selbst nachrangige Testspiele wie das gegen Serbien 2008 in Gelsenkirchen. Und bei der WM 2014 stürmte sie in die Kabine,

5 Der Anfang vom Ende

für ein Gruppenbild mit der feiernden Mannschaft. Aber Gast der Olympischen Spiele? Fehlanzeige. Merkel habe davon, so teilt ihr Büro mit, »schon aus terminlichen Gründen absehen müssen, weil es im Unterschied zu Meisterschaften von Einzelsportarten in dem ihr zur Verfügung stehenden engen zeitlichen Umfang ausgeschlossen gewesen wäre, alle teilnehmenden Sportarten auch nur halbwegs angemessen zu würdigen«. Bei den Eröffnungsfeiern der Spiele habe in der Regel der Bundespräsident Deutschland vertreten und Merkel »ihre Wertschätzung für die Sportlerinnen und Sportler beispielsweise mit einem Empfang von Medaillengewinnerinnen und Medaillengewinnern im Bundeskanzleramt oder Besuchen des Olympischen und Paralympischen Trainingszentrums Kienbaum zum Ausdruck gebracht«.

Das ist diplomatisch, aber zugleich deutlich.

Es ist schon erstaunlich: Mit der politischen Spitze von fast jeder Diktatur des Planeten pflegt Bach einen guten Austausch, auch mit manch westlichem Politiker, wie zuletzt vor allem Frankreichs Präsident Emmanuel Macron. Aber nicht mit den Vertretern seines Heimatlandes. Da ist ja nicht nur Merkel. Schließlich kamen selbst aus der eigenen Partei Angriffe, FDP-Vertreter kritisierten vor allem die IOC-Positionierung im Krieg des Kreml gegen die Ukraine. Die Wiederzulassung der russischen Sportler sei »eine Verhöhnung der über 220 toten ukrainischen Trainer, Athletinnen und Athleten. Zum Wohl, Herr Bach«, schrieb die Vorsitzende des Bundestagsverteidigungsausschusses, Marie-Agnes Strack-Zimmermann. Gemeinsam mit der Vorsitzenden der Jungen Liberalen, Franziska Brandmann, rügte sie in einem Gastbeitrag für die *Zeit* seine »verstörende Entscheidung«.[79]

Wenig später trat Bach aus der FDP aus. Ein Sprecher betonte: »Der persönliche Entschluss von Thomas Bach ist über Jahre gereift und steht nicht im Zusammenhang mit der gegenwärtigen sportpolitischen Debatte.«[80]

Klar ist: Der Mann, der stets bestens angedockt war an den politischen Betrieb, der in so vielen Regierungsmaschinen saß, als Teil deutscher Wirtschaftsdelegationen, er hat massiv an Standing verloren. Es gab durchaus eine Phase, da brachten Bach-Unterstützer ernsthaft in Umlauf, der Industrieanwalt käme nach seiner Zeit als IOC-Präsident für das Amt des Bundespräsidenten in Betracht. Heute ist nur der Gedanke ein Treppenwitz.

Die umfassende Ablehnung gegenüber Bach hat viele Gründe; viele sind in diesem Buch dargestellt. Es geht um das Anbiedern an Autokraten und die Rolle in sowie den Umgang mit zahllosen Skandalen. Es geht auch um sein persönliches Verhalten, etwa, wenn sich herausstellt, dass ihm nicht mal der Diplomatenpass ausreicht, sondern dass er kurz nach seiner Wahl auch noch eine Freistellung von den sogenannten Luftsicherheitskontrollen wünscht, wie es in Berliner Sicherheitskreisen heißt.[81] Mit diesem Begriff sind die obligatorischen Prüfungen vor einem Flug gemeint, denen sich jeder Reisende unterziehen muss: der Scan von Handgepäck und Körper. Hiervon gibt es nur sehr wenige Ausnahmen. Die betreffen zuvorderst hohe ausländische Spitzenpolitiker. Weder der amerikanische noch der russische Präsident müssen sich abtasten lassen, wenn sie nach einem Deutschland-Besuch in den Flieger steigen; auch deutsche Spitzenpolitiker können sich davon freistellen lassen. Für Nicht-Politiker ist der Verzicht auf den Check nur in absoluten Ausnahmefällen möglich, über die dann das Bundesinnenministerium (BMI) zu befinden hat. Aber der IOC-Präsident glaubt, dass er genauso zu behandeln sei wie die Herrscher in Kreml und Weißem Haus – oder halt so, wie es manche seiner IOC-Gefolgsleute in eher zwielichtigen Heimatländern gewohnt sind.

Mit Blick auf die Beziehung des deutschen Sports zu Bach und der olympischen Welt kommt noch ein spezielles Argument hinzu. Denn der deutsche Sport hatte ja nichts, rein gar nichts von der fränkischen Bilderbuchkarriere. Was daran liegen könnte, dass Bachs Eigeninteressen oft gegenläufig waren zu denen des deutschen Sports.

Dafür gibt es viele Beispiele, aber am spektakulärsten zeigt es

5 Der Anfang vom Ende

sich im Herzen des olympischen Kosmos: bei der Austragung von Olympischen Spielen. Denn Deutschland muss seit 1972 mehr als sechs Jahrzehnte auf die nächsten Spiele warten, länger als jedes andere G7-Land. Und das nicht trotz, sondern eher wegen Bach.

Schon beim ersten Anlauf, als sich Berchtesgaden 1986 um die Winterspiele 1992 bemühte, ist Bach eng dabei: als Mitglied der neuen IOC-Athletenkommission, die von Samaranch sehr gefördert wurde. Und auch als Teil von Horst Dasslers berüchtigter sportpolitischer Abteilung. Am Ende gewaltiger Schachereien – Barcelona bekommt die Sommerspiele 1992, Albertville die Winterspiele – sind Bachs Ziehväter Samaranch und Dassler hochzufrieden, sie haben ihre Anliegen durchgebracht. Den Deutschen indes bleibt nur der Verdruss über ein »Votum, das auf Absprache beruht«,[82] wie es der IOC-Veteran Willi Daume klassifiziert.

Jahre später verlieben sich die Deutschen in die Idee, die Sommerspiele 2000 nach Berlin zu holen – ins frisch wiedervereinigte Deutschland! Es wird ein enormes Desaster. Das aus Steuergeldern erwachsene Gesamtbudget von 50 Millionen Mark wird auf filmreife Art verpulvert, wie eine spätere Prüfung durch den Rechnungshof festhält[83] – wobei die Detailarbeit gar nicht mehr möglich war, weil Unmengen an Unterlagen geschreddert worden waren. Aber auch so konstatiert er grobe Verstöße gegen Rechtsvorschriften, teure Personal- und Auftragskosten – und einen höchst zweifelhaften Umgang mit den IOC-Mitgliedern. Diese wurden reich beschenkt, mit Uhren, Edelmetallen, Einladungen, exquisiten Buchbänden oder willigen Damen – und wer sich in Berlin ärztlich behandeln ließ, schickte die Rechnung ans Bewerberkomitee.[84] Gesamtkosten: 2,6 Millionen Mark. Passend zum skandalösen Gesamtbild hatten sich die Berliner um Dossiers bemüht, in denen zu fast allen Mitgliedern der feinen olympischen Kaste Hobbys, Neigungen und Vorlieben festgehalten werden. Leider klopfen sie zu spät bei den Kollegen in Atlanta an, Sydneys Bewerber haben sich die schmutzigen Daten schon gekrallt. Also erstellt Berlin selber welche. Das fliegt im Juni 1992 auf, und nun beteuern

Deutschland – ein olympisches Trauerspiel

die Sportagenten, man habe zwar derlei erwogen, etwa Erkundigungen über sexuelle Neigungen der hohen Apparatschiks, aber beim Nachdenken sei es geblieben. Bei der Abstimmung auf der IOC-Session in Monte Carlo 1993 stellt Berlin fest, dass all die Geschenke, Gelage, Galanterien vergeblich waren: Der Kandidat scheitert mit lächerlichen neun Voten.

Bach ist damals neu im IOC. Als die Geheimdossiers auffliegen, äußert er pflichtgemäß Kritik an Berlin. Aber die Akten offenbaren, dass ihm eine Geschäftsanbahnung für das IOC-Mitglied Iván Dibós zur Kenntnis gebracht wurde;[85] der Peruaner will die deutsche Bewerbung nutzen, sich die Exklusivrechte für den Verkauf von VW-Fahrzeugen in der Heimat zu sichern. Er bekommt immerhin einen Termin beim Konzernchef.

Als Berlin-Enthusiast fällt Bach in dieser Zeit nicht auf.

»Das IOC hatte nicht den Eindruck, die Stadt wolle die Spiele wirklich«, erklärte er später seinen Landsleuten die Pleite. »Wenn ein IOC-Mitglied Berlin besucht hat, musste ihm ein Sicherheitsbeamter zur Seite gestellt werden. In Sydney wurde das Bewerbungskomitee nach dem Zuschlag von 400 000 Menschen begeistert empfangen. Wer hätte denn eine siegreiche Berliner Delegation empfangen? Vielleicht die Frau Demba, mit einem Stein in der Hand.«[86]

Das ist eine Anspielung auf die Kommunalpolitikerin Judith Demba (damals Grüne, später Die Linke), die als Sprecherin der Berliner Olympiakritiker firmiert.

Diese desaströse Kampagne wird die deutsche Olympiageschichte prägen. Erst zehn Jahre nach der Blamage von Monte Carlo wagt sich Deutschland wieder aus der Deckung – und leistet sich ein besonderes Stück. Fünf Städte ringen monatelang um den Kandidatenstatus. Am Tag der Kür gibt ein rührseliger Cellovortrag des Oberbürgermeisters Wolfgang Tiefensee den Ausschlag für Leipzig. Dabei ist die Stadt schon aufgrund ihrer Infrastruktur ungeeignet, im Konzert der weltgrößten Städte mitzuspielen.

Thomas Bach ist da schon Vizepräsident des IOC. In der deut-

5 Der Anfang vom Ende

schen Sportpolitik hat er kein Amt, aber sein Wort Gewicht. Wenn er in dem nationalen Vorentscheid einen Kandidaten stoppen möchte, kann er ihn stoppen. Aber das tut er nicht. Vor der innerdeutschen Kür erklärte er sogar: »Jeder deutsche Bewerber wäre international gewappnet.«[87] Nach der Wahl klingt Bach gar nicht mehr so, als sei Leipzig gut gewappnet. Die nationale Bewerbung müsse nun »auf internationales Niveau gehoben werden«, sagt er.[88] Leipzig habe »sicherlich Chancen«, allerdings nur, wenn »in Richtung Infrastruktur« einiges verbessert werde.[89]

Leipzigs Bewerberarbeit ist eine einzige Peinlichkeit, am Ende konstatiert ein Untersuchungsbericht eine »große Unkultur im Umgang mit öffentlich zur Verfügung gestellten Mitteln«.[90] Gut ein Jahr nach dem nationalen Entscheid wirft eine IOC-Prüfkommission Leipzig schon in der Vorauswahl aus dem Rennen. Die Infrastruktur reicht einfach nicht. IOC-Präsident Jacques Rogge erklärt: »Das Projekt verlangt ein wachsendes Leipzig, um glaubhaft zu sein. Wird das Wachstum genügen? Das IOC mag keine Fragezeichen.« Leipzigs Rivalen heißen New York, London, Paris, Madrid, Rio, Moskau. Jeder klar denkende Sportpolitiker musste wissen, dass das IOC unmöglich die Megametropolen des Planeten mit einem Faible für die sächsische Provinz brüskieren kann.

Unterm Strich bleibt eine neue olympische Regel: Ein tragendes Cellosolo ersetzt keinen Olympia-tauglichen Flughafen.

Aber so richtig geraten Bachs Interessen und die des deutschen Sports in Konflikt, als er endgültig Kurs auf den IOC-Thron nimmt. Kaum wird er Ende 2006 DOSB-Präsident, stürzt sich Deutschland in eine neue Bewerbung. Die Wahl der DOSB-Mitglieder fällt auf München und Garmisch-Partenkirchen für die Winterspiele 2018. Ein wenig olympisches Feuer im Heimatland kann Bach zu jener Zeit nicht schaden. Auch im deutschen Sport sind sie angetan von der Idee, über die Jahre entsteht ein ordentliches Konzept. In Garmisch widersetzen sich Teile der Bevölkerung, aber in einem Bürgerentscheid 2011 stimmen fast 60 Prozent dafür. Als die globale Sportgemeinde im Juli in Durban/Südafrika zur Vergabe zusam-

Deutschland – ein olympisches Trauerspiel

mentritt, sind die Deutschen im Dreikampf mit den Mitbewerbern Pyeongchang und Annecy siegesgewiss. »Na, wie waren wir?«, frohlockt Franz Beckenbauer, Botschafter der Bewerbung, nach der Präsentation im Foyer: »Gewinnen wir das?«

Wenig später kommt das Ergebnis: Annecy – sieben Stimmen. München 25. Pyeongchang 63. Ein Erdrutschsieg für Pyeongchang, ein Erstrunden-K. o. für München. Das nächste deutsche Debakel.

Es gehört zu den unausrottbaren Kuriositäten, dass viele Beteiligte bis heute glauben, es käme dem IOC vor allem auf die Qualität des Konzeptes an. Daran klammern sich die Münchner, trotzig bis zuletzt. Dabei ist in Ringe-Kreisen seit Jahren völlig klar, dass Pyeongchang den Zuschlag 2018 erhalten muss. Die Südkoreaner sind zweimal gescheitert, 2010 an Vancouver und 2014 an Sotschi. Zugleich ist Südkoreas Einfluss traditionell enorm, auch wegen der Fabelbeträge, die Samsung in den olympischen Kosmos pumpt. IOC-Mitglieder erklären das in Hintergrundgesprächen eindeutig. Nur einer hat das wohl nicht mitbekommen: Thomas Bach. Ansonsten hätte er ja in Deutschland von Anbeginn darauf drängen müssen, dass dies nur die Warmlaufphase sein könne und die wirklich aussichtsreiche Bewerbung dann für 2022 erfolgt. Oder auch gleich einen Versuch mit Berlin oder Hamburg für den Sommer 2020 nachschieben; auch dann hätte Kandidat Deutschland argumentieren können, man sei jetzt endlich auch mal dran.

Aber aus Bachs Karriereperspektive stellt sich die Lage anders dar. Denn die Vergabe der Sommerspiele 2020 erfolgt bei der Session im Herbst 2013, und dort steht Bach ja selbst und persönlich im Ring. Es steigt das rauschende Finale seiner Karriere: die Neuwahl des IOC-Präsidenten. Da wäre es äußerst schädlich – und definitiv aussichtslos –, gleich beide zentralen Sessionsthemen mit deutschen Forderungen zu besetzen: Liebe Olympier, wir hätten gern deutsche Sommerspiele 2020 – ach ja, und dazu einen deutschen IOC-Präsidenten bis 2025!

Eine deutsche Bewerbung für Sommer 2020 kann Bach auf keinen Fall gebrauchen. Und ein zweiter Anlauf auf die Winterspiele

5 Der Anfang vom Ende

2022? Hier stünden die Chancen ja bestens: Pyeongchang ist versorgt, echte Favoriten gibt es nicht (am Ende bleiben als Kandidaten nur Almaty und Peking). Aber stopp: Auch die Vergabe zahlt auf die Präsidentenwahl ein. Es wird die erste in der Ägide des neuen IOC-Präsidenten, da könnte ein deutscher Kandidat einen deutschen Präsidenten stark kompromittieren. Bekäme München die Spiele, würde die halbe Welt über Bachs Deutschland-Deal reden – verlöre München, wäre er in Deutschland erledigt, weil er nicht mal als Ringe-Boss liefert.

Nicht zu vergessen: In einem Präsidentschaftswahlkampf müssen zahllose stille Allianzen geschmiedet und diskrete Versprechen gemacht werden. Es wäre gegen jede Lebensrealität, dürfte nicht mancher Funktionär hoffen, dass sein Ja für einen Thronkandidaten belohnt wird. Da läuft ein ganz anderer Lieferdienst ab.

Insofern darf nicht verwundern, dass jeder weitere Anlauf ausbleibt. Im Dezember 2011, fast ein Jahr nach Putins Okay für den künftigen IOC-Patron aus dem Fränkischen und wenige Monate nach der Niederlage in Durban, fasst Bachs DOSB den Beschluss, dass von der Münchner Kandidatur für 2022 »zum jetzigen Zeitpunkt« abzusehen sei.[91] Bach hat endgültig den Rücken frei für internationale Ambitionen und den Wahlkampf.

Als ein Jahr später die USA zurückziehen, entflammt die Diskussion erneut. Nun wird es zwangsläufig, dass München einen weiteren Anlauf unternimmt. Aber es kommt kein Schwung in die Sache. »Das zweite Mal im Vergleich zum ersten Mal, das war wie Bundesliga gegenüber C-Klasse«, sagt der frühere Alpinskifahrer Christian Neureuther, der zu den Botschaftern der Münchner Bewerbung zählt.

Im Bundesinnenministerium erinnert man sich, dass der damalige Ressortchef Hans-Peter Friedrich (CSU) sich Anfang 2013 an den DOSB gewandt habe, um einen geordneten Prozess voranzubringen. Für einen Gesprächstermin sei man um ein halbes Jahr vertröstet worden, ehe es nach viel Hin und Her mit einem Telefonat geklappt habe.[92] Zu einem Treffen kommt es erst kurz vor der

Präsidentenwahl im Herbst, in der Agenda wird explizit festgehalten, dass es um eine »mögliche« Bewerbung für Spiele gehe, im Übrigen auch um andere Themen. Mit der formalen Bewerbung wartet der DOSB bis nach Bachs Wahl in Buenos Aires. In Vergabenot aber kommt Bach nicht. Die Bürger stoppen – abgestoßen von den Abläufen im IOC und mit Blick auf die kommende Sause in Sotschi – die Bewerbung mit klaren Voten.

Es ist eine Zeit, die vielen im deutschen Sport die Augen öffnet. Bach geht es um Bach, nicht um Spiele in Deutschland. Christian Neureuther gehört zu denen, die sich mit immens viel Engagement für die Spiele in München und Garmisch-Partenkirchen eingesetzt haben – auch als Botschafter. Er ist von Bach bitter enttäuscht.

»Wir haben uns mit vollstem Herzen engagiert und wir haben bis zum Schluss an eine Chance geglaubt. Wir haben wirklich für München gekämpft und erst anschließend gemerkt, dass das Ganze ein taktisches Spiel war. Ich habe es nicht für möglich gehalten, dass man so mit uns umgeht«, sagt er noch mit dem Abstand von mehr als zehn Jahren. »Ich kann doch nicht als Deutscher mit einem ganzen Land und mit dem ehrlichen Engagement vieler Sportbegeisterter so umgehen. Da wurden wir vorgeführt.«

Neureuther ist nicht der Einzige, der in dieses besondere Olympiafeeling gerät, das zur Olympiafalle wird. Viele prominente Sportler engagieren sich. Ein Sog entsteht; kaum einer will wahrhaben, dass hinter den Kulissen alles aufgestellt ist. Als in Durban Münchens klarer Erstrunden-K. o. gegen Pyeongchang verkündet wird, hat die Eiskunstläuferin Katarina Witt Tränen in den Augen – ebenso Neureuthers Frau Rosi Mittermaier, die 2023 verstorbene Ikone des deutschen Alpinsports, zweimalige Olympiasiegerin und dreimalige Weltmeisterin. Alle hatten sie für München gekämpft.

»Menschen wie Rosi oder mich hat der Thomas nur für die Emotionalisierung benötigt. Wer sind schon Rosi und Christian? Mit denen kann ich locker spielen, die nutze ich für die Popularität in Deutschland«, sagt Neureuther heute. »Verführt werden wir

5 Der Anfang vom Ende

nicht gerne, die Rosi und ich, aber wir fühlen uns von Thomas extrem verführt. Wir wurden nur benutzt.«

All diese Spielchen zerstören Vertrauen. Und doch: Kaum haben die Bürger für München den Daumen gesenkt, macht sich schon wieder Olympiafieber breit – jetzt für die Sommerspiele 2024. In Berlin und Hamburg machen sich die Spitzen der Stadtgesellschaft ihre Gedanken, der DOSB stimmt ein – und Thomas Bach? Der feuert öffentlich kräftig an. »Tatsache ist, dass eine deutsche Bewerbung (…) sicherlich eine sehr, sehr starke Bewerbung wäre«, flötet er. »Sie hätte wirklich eine gute Chance!«[93]

Zu dem Zeitpunkt kommt dem IOC-Boss ein olympisches Grundrauschen in der Heimat mal wieder recht. Sein IOC kassiert gerade ein peinliches Nein nach dem anderen aus der westlichen Welt. Aber das IOC braucht dringend Bewerbungen aus Demokratien – und Zustimmung aus deren Bevölkerung.

Um die deutsche Bewerbung im Gespräch halten zu können, dehnt Bach sogar das Reglement. Denn zu dem Zeitpunkt ist klar, dass sich Deutschland auch um die Fußball-EM 2024 bewirbt – und dass das ein Selbstläufer sein wird, auch wenn formal die Vergabe erst später erfolgt. Aber Fußball-EM und Olympische Spiele binnen weniger Wochen im selben Land? Das erscheint nicht nur logistisch und sportpolitisch äußerst herausfordernd; das ist laut IOC-Reglement eigentlich nicht möglich.

Bachs Vorgänger Jacques Rogge hatte die Türkei noch angewiesen, sich für 2020 bitte zwischen Fußball-EM und Sommerspielbewerbung zu entscheiden. Auch in der Olympischen Charta heißt es: »Organisation, Ausrichtung und Medienberichterstattung« der Spiele dürften in keiner Weise von einem anderen Ereignis, das in der Ausrichterstadt oder ihrer Umgebung oder an anderen Wettkampfstätten stattfindet, beeinträchtigt werden. Doch nichts ist in der olympischen Welt einfacher, als die Regeln zu biegen oder zu brechen. Für Bach ist das jetzt plötzlich kein Problem, und beim DOSB, wo mit dem Vorstandsvorsitzenden Michael Vesper sein verlängerter Arm herrscht, werden die kuriosesten Argumente

Deutschland – ein olympisches Trauerspiel

ausgepackt: So eine EM, die sei doch nur ein »kontinentales Ereignis«; Sportdeutschland freue sich jetzt eben auf einen »Supersportsommer« 2024.

Altgediente IOC-Mitglieder schütteln bezüglich des deutschen Olympiavorstoßes nur den Kopf. Das doppelte Problem für die Deutschen: Erstens gilt ihre Bewerbung – anders als von Bach angedeutet – von vornherein als wenig aussichtsreich, weil sich die USA mal wieder am Zug wähnen. Zweitens: Es kommt keine Euphorie auf in den möglichen Kandidatenstädten Hamburg und Berlin. Das liegt nicht zuletzt daran, dass Bach als Präsident jetzt all die Bedenken, die es schon gab, auf die Spitze treibt.

Im März 2015 schickt der DOSB Hamburg offiziell ins Rennen; dass die Stimmung pro Olympia in der Hansestadt besser sei als in Berlin, ist ein Kernargument – und zutreffend. Aber der Bund und die Stadt können sich bis zuletzt nicht über Finanzierungsfragen einigen, die WM-2006-Affäre um dubiose Millionenzahlungen und der Flüchtlingsstrom beeinflussen die Abstimmung zudem. Am Ende stimmen 51,6 Prozent der Hamburger gegen eine Bewerbung.

Ein Crash mit Ansage. Und wieder hat der Sport in Deutschland in Sachen Olympia viel Kredit verspielt.

Aber ein weiteres Nein der Bevölkerung zu Olympischen Spielen, das heißt in Sportdeutschland nicht, das Problem von Grund auf zu eruieren. Ein Nein der Bevölkerung heißt: Feuer frei zur nächsten Olympiarunde! Kaum ist Hamburg verraucht, meldet sich der nächste Interessent zu Wort. Diesmal heißt der Kandidat: Rhein/Ruhr – ein Zusammenschluss von einem Dutzend Städten in Nordrhein-Westfalen.

Der Sportmanager Michael Mronz, ein langjähriger Parteifreund von Bach, führt die Bewerbungsträume an, gemeinsam mit der nordrhein-westfälischen Politprominenz um den damaligen CDU-Ministerpräsidenten Armin Laschet. Und weit vorbei an den eigentlich zuständigen Funktionären des DOSB. Es ist, nun ja, eine Privatinitiative. Über Jahre wird der Olympiagedanke in der Bevölkerung lanciert, werden Konzepte ausgearbeitet, wie sich Sport-

5 Der Anfang vom Ende

arten quer übers Bundesland verteilen ließen – und mit praller Zuversicht wird gestreut, dass man zum Gespräch mit Herrn Bach in Lausanne gewesen sei!

Und wieder geht's los. Die Bewerber erwecken größte Hoffnungen, glauben es irgendwann selbst – obwohl die internationale Realität eine völlig andere ist. Denn dort ist klar, dass Brisbane gekürt wird, sobald es antritt. Doch wenn ein Medium diesen Sachverhalt benennt, reagiert der Bach-nahe Kampagnenchef Mronz geradezu beleidigt – und verfasst auch mal einen entschlossenen Leserbrief, als sei Brisbane nur eine Spekulation unter vielen. »Mit der Rhein Ruhr City 2032-Initiative konzentrieren wir uns lieber darauf, eine eigene Konzeption zu erstellen, die uns als Land fit für nachhaltige Spiele macht«, schreibt er Medien ins Stammbuch, die schlicht über die IOC-politische Realität berichten.

Was die Deutschen auch nicht ausreichend bedacht haben: Die Spielregeln haben sich verändert. Es gibt jetzt keine geordneten Verfahren mehr. Es gibt nur noch Intransparenz, das stille Werkeln von Bach & Co. im Hintergrund. Dort, wo die Kandidatenküren nun ganz nach Belieben gestaltet werden.

Das Ganze endet als Desaster für Rhein/Ruhr. Noch am 23. Februar 2021 verkündet der ahnungslose Landesvater Laschet stolz: »Es gibt seit langer Zeit wieder die Chance auf eine deutsche Bewerbung!«[94] Einen Tag später gibt das IOC bekannt, dass das Unsinn ist. Denn es hat sich gerade einen Kandidaten ausgesucht: Brisbane! Natürlich nur rein zufällig angeführt von Bachs engstem IOC-Intimus, John Coates. Der dürfte wiederum ganz froh sein, dass er nicht noch einmal, wie 1993 in Monaco, am Abend vor einer Entscheidung mit Last-minute-Entwicklungshilfe bei empfänglichen Mitgliedern aus Kenia oder Uganda nachhelfen muss.

Überraschend an dem Vorgang ist nur der Zeitpunkt. Sogleich steigt Laschet, zornig fuchtelnd, in die Pressebütt: »Ich habe Herrn Bach signalisiert, dass das nicht die Transparenz ist, die man sich von internationalen Sportverbänden nach allen Selbstbekundungen wünscht!« Dass die Deutschen weder von der Zeitschiene wissen noch eine Chance erhalten, ihre Unterlagen einzureichen, schafft Verwerfungen in der Politik und im deutschen Sport, wo Mronz' Initiative und der DOSB stets nebeneinanderher gewurstelt haben. »Das Erstaunliche ist«, teilt Laschet wütend nach allen Seiten aus, »dass man kein Gespür hat, was sich da beim IOC tut!«

Es ist das Gespür Bach. Und das ist eigentlich gut berechenbar.

Aber in diesem Fall hat es Folgen: Es muckt jemand auf. Der damalige DOSB-Präsident Alfons Hörmann setzt sich heftig zur Wehr, auf einer Pressekonferenz bezichtigt er das IOC der »Falschaussagen«. Hörmann ist Bachs Nachfolger an der DOSB-Spitze, er ist einer, der oft aneckt im nationalen Sport. Trotzdem behauptet er sich jahrelang. Doch nach dieser Pressekonferenz schwillt der Gegenwind an. Und als in einem anonymen Brief plötzlich der Vorwurf kursiert, im DOSB herrsche eine »Kultur der Angst«, mischt sich der Ringe-Herr aus Lausanne in beispielloser Art in den deutschen Sport ein. Er sei »in großer Sorge« um den DOSB, doziert Dr. Bach, tief besorgt um dessen Glaubwürdigkeit und Funktionsfähigkeit. Der Boss am Genfer See senkt den Daumen. Das hat Folgen im fernen Deutschland.

Die Ethikkommission unter Führung des früheren Innenministers Thomas de Maizière findet bei ihrer Analyse zwar kein Fehlverhalten, das sie selbst sanktionieren möchte – aber sie empfiehlt Neuwahlen, um das aufgewühlte Klima im deutschen Sport zu beruhigen. Ein paar Tage kämpft Hörmann noch um sein Amt, dann zieht er zurück. Im Dezember folgt ihm der Tischtennisfunktionär Thomas Weikert an der DOSB-Spitze.

Ins Gesamtbild passt auch eine Entscheidung zwei Jahre nach diesem Zerwürfnis. Da präsentiert Bach, also: natürlich das IOC, ein neues deutsches IOC-Mitglied. Es ist Michael Mronz, der tapfere Rhein/Ruhr-Betreiber und alte Bach-Parteifreund, der damals so klaglos verloren hatte. Bei der Session 2023 in Mumbai spricht er den olympischen Fahneneid und rückt in den erlauchten Kreis ein. Hoppla! Warum das denn? Warum Mronz, ein kommerzieller Sportmanager – und nicht ein Vertreter des organisierten Sports?

5 Der Anfang vom Ende

Von Mronz selbst ist dazu gleich nach der Salbung nichts in Erfahrung zu bringen, die olympische Sprachregelung hat der geschmeidige Sportmarketender sofort verinnerlicht: Er nehme an, er sei in Hinblick auf seine Managerexpertise ausgesucht worden. Er behauptet tatsächlich auch, er sei »aus dem IOC heraus nominiert« worden. Und nein, mit Bach habe er kein Gespräch geführt, schon gar nicht über die Frage, ob und welche Erwartungen sich an seine neue Rolle knüpfen. Die genauen Beweggründe für seine Berufung? »Das kann ich nicht beurteilen.«

Auch diese Ernennung durch Bach läuft nach festem Brauch ab – nämlich völlig vorbei an den DOSB-Gewaltigen. Weil die aber wissen, dass im Weltsport nur weiterkommt, wer brav buckelt, und weil sie weiter, immer weiter von Olympischen Spielen träumen, arrangieren sie sich nach einer kurzen Schockphase mit der neuen Bach'schen Personalie. Es sei doch gut, so einen deutschen Fachmann im IOC zu haben, erzählt der DOSB-Chef Weikert tapfer in Mumbai. Das könne den deutschen Ambitionen in Hinblick auf die Spiele 2036 oder auch 2040 nur guttun.

Es ist originell, dass eine Delegation so weit in die Welt reisen muss, um dort nicht mitzukriegen, was sich tut. Denn Indien und Katar stehen längst bereit. Und die Deutschen sollten sich mit dem Gedanken trösten, den hinter der Hand viele aussprechen, die ihre Erfahrungen mit dem Olygarchen haben: Wenn Bach mal kein Amt mehr hat, kann's vielleicht klappen mit Olympischen Spielen.

Epilog: Der olympische Geist

Wo steht das Denkmal? Wo soll das Standbild hin? Richtig, es gibt im Dongsi Community Olympic Park zu Peking eine Büste. Gestiftet hat das 72 Zentimeter hohe Prachtwerk die Volksrepublik, am Rande der Winterspiele 2022. Aber das Lustgärtchen, angelegt anlässlich der Sommerspiele 2008, beherbergt auch allerlei weitere IOC-Skulpturen. Und sonst? Bekannt ist eine Ruhebank in der Heimatstadt Tauberbischofsheim, am Sonnenplatz, die hat er gestiftet.

Eine Bank und eine Büste von Pekings Machthabern. Soll's das gewesen sein?

Vier Jahrzehnte Sportpolitik hat Thomas Bach hinter sich, mehr als ein Jahrzehnt davon an der Spitze des IOC, als höchster Sportfürst weltweit. Er macht die olympischste aller olympischen Karrieren. Nach außen half er den Ruf der Institution durch all die Skandale und Manöver zu derangieren, nach innen hat er alles so hingebogen, dass dieser Klub sein Klub geworden ist. Jetzt steuert Bach auf das Unvermeidliche zu. 2025 läuft die Sanduhr ab. Eine IOC-Präsidentschaft dauert maximal zwölf Jahre: acht Jahre plus Wiederwahl für vier Jahre. So steht es in der Satzung. Aber wen interessiert in der olympischen Welt schon eine Satzung?

Es ist Herbst 2023, gut zehn Jahre nach dem erlösenden Tag von Buenos Aires, als der fromme Internatsschüler am Mikrofon mit den Tränen rang. Jetzt tritt die olympische Gemeinde wieder zu einer Session zusammen, die 141., sie findet in Mumbai/Indien statt. Die Tagesordnung ist voll mit den üblichen Themen: Bericht zur Agenda 2020+5, Statusmeldungen zum Vorbereitungsstand

Epilog: Der olympische Geist

der kommenden Spiele, Ernennungen neuer Mitglieder, solche Sachen. Anhören, abnicken. Möglichst nicht einnicken.

Doch dann beginnt der Sitzungsmarathon mit einem Kasperltheater. Das Gros der Mitglieder traut seinen Augen und Ohren nicht: Eine Handvoll Hinterbänkler zelebriert einen stümperhaften Gottesdienst. Der Algerier Mustapha Berraf eröffnet das Hochamt, mit bewegend gemeinten Worten, die er einem vorgefertigten Text entnimmt. Er lobpreist die ruhmreichen Taten des Großen Vorsitzenden und überbringt namens der »Mehrheit der afrikanischen Mitglieder« sowie afrikanischer Gremien den Wunsch, man möge dem Herrscher eine Amtsverlängerung gewähren, »um uns durch diese Zeit der Qualen zu führen«. Monsieur Berraf selbst ist übrigens erst seit 2019 im IOC und hat den verehrten Präsidenten Pandemie-bedingt vor allem bei Videoschalten verfolgen können.

Eine Amtszeitverlängerung – der Geist ist aus der Flasche! Wie wunderbar. Nur leider ist das nicht so einfach, weil ihr ja die Regeln der Charta entgegenstehen, welche die Regentschaft des Präsidenten auf zwölf Jahre begrenzt. Diese Regel ergibt viel Sinn, nach demokratischen Prinzipien und unter Governance-Aspekten; und erst recht in Hinblick auf das Dachgremium eines traditionell affärenumtosten Weltsports. Sie soll verhindern, dass sich eine Person im Spitzenamt zu viel Macht auflädt. Genau deshalb war die Regel notwendig geworden, als 2001 die Amtszeit Samaranchs abrupt beendet werden musste, im Zuge des Salt-Lake-Skandals. Nachfolger Rogge hielt die zwölf Jahre ein. Aber jetzt sitzt der Musterzögling der Samaranch-Ära auf dem Thron. Und Insidern war immer klar, dass unter dem Machtmenschen Bach die Amtszeitbegrenzung wieder unter Beschuss gerät.

Der Deutsche hat die größten Potentaten seiner Zeit aus nächster Nähe studieren dürfen. Sein sportpolitischer Ziehvater Samaranch hat die IOC-Satzung gleich zweimal korrigiert, um sich weitere Amtszeiten zu sichern; einmal auf besonders dreiste Weise, als nach einem der seltenen Neins der IOC-Mitglieder einfach eine neue Abstimmung angesetzt wurde. Wladimir Putin ließ die russische Verfassung so ändern, dass er quasi ewig regieren kann. Und Chinas Staatschef Xi ebenso.

Jetzt ist es bei Bach so weit. Allerlei Mitglieder beugen das Knie vor ihm, während er mit maskenhafter Miene auf dem Podium sitzt. Dem Algerier Berraf folgt Luis Mejía Oviedo aus der Dominikanischen Republik. Dringend empfiehlt er, in diesen schweren Zeiten weiter auf Bachs großartige Führerschaft zu bauen – und »dass wir uns die Charta anschauen und eine weitere Amtszeit für Sie überlegen!« Tags darauf bekommt Mejía seine eigene Amtszeit als IOC-Mitglied um vier Jahre verlängert.

Nächster Laudator ist Camilo Pérez López. Der Paraguayer streut Bachs Lieblingsgewürz ein, eine kräftige Prise Nobelpreis, indem er dessen »friedensstiftende Führerschaft« besingt. Die müsse unbedingt fortgesetzt werden. Es folgt die Festrednerin aus Dschibuti. »Ich mach's kurz«, verspricht Aïcha Garad Ali und legt flott dar, wie das funktionieren kann mit der Lex Bach. »In den Regeln gibt es für jedes IOC-Mitglied eine Möglichkeit zur Amtszeitverlängerung, es gibt nur keine für den Präsidenten!« Ein gravierendes Defizit, das dringend behoben werden muss.

Die harmonische Schlussnote, zur Vermeidung globaler Unwuchten, setzt ein Vertreter Asiens. Und Morinari Watanabe haut so heftig auf die Pauke, dass es ihm hinterher selbst peinlich ist, wie Kollegen später berichten. Denn der Chef des Turnerweltverbandes gehört selbst zum weiteren Kreis möglicher Präsidentschaftskandidaten für die Bach-Nachfolge; mit diesem Auftritt zerlegt er sich selbst. Zunächst liest Watanabe eine flammende Liebeserklärung weitgehend fehlerfrei vom Blatt ab, wobei er tatsächlich vorträgt, dass Bach auch deshalb so tief zu verehren sei, »weil Sie uns gelehrt haben, wie wichtig es ist, Regeln zu befolgen!«

Regeln befolgen? Das ist Satire pur, es geht doch hier gerade um das Gegenteil: geltende Regeln aushebeln, für eine Lex Bach. Am Ende ist der Japaner von seinem blumigen Redefluss so mitgerissen, dass er diesen in ein schlüpfriges Geständnis münden lässt: »Präsident Bach, ich liebe Sie!«

Der Umworbene grinst vom Podium. »Danke!«, doziert er. »Für Ihre Liebe!«

Ein paar Leute klatschen kurz los, vermutlich die Vorredner, aber vergebens: Es rührt sich sonst keine Hand zum Applaus. Bemerkenswert. Das Plenum ist wie in Schockstarre. Für so dumm wollen sich viele dann doch nicht verkaufen lassen. Diese Nummer hier, monieren hinterher einige Mitglieder und Verbandspräsidenten, sei zu starker Tobak gewesen.

Abmoderiert wird die Herzblattaktion von Bachs engstem Vertrauten, dem Australier John Coates. Der legt, offenkundig gut vorbereitet, für alle Mitglieder dar, dass es eine Änderung der Charta brauche, und präzisiert das später noch einmal vor den Medien. Erst gibt es von einem geneigten IOC-Mitglied einen Änderungsantrag an die IOC-Exekutive. Bachs Regierung reicht diese Empfehlung dann an die nächste Session weiter, Tage vor den Sommerspielen in Paris. Dort genügt eine Zweidrittelmehrheit, um die Lex Bach in die Charta einzufügen.

Eine Zweidrittelmehrheit als erforderliches Quorum? Kein Problem. Im IOC tummeln sich fast 80 Prozent Bachianer: Mitglieder, die unter seiner Fuchtel einrücken durften. Plus allerlei Olympier, die es nur der kreativen Statutenauslegung verdanken, dass sie noch immer dabei sind.

In Mumbai werden acht neue Mitglieder an der Fahne eingeschworen, die Quote steigt damit weiter. Da ist Schauspielerin Michelle Yeoh aus Malaysia, die Berühmtheit als Oscar-Preisträgerin und Bond-Girl (»Der Morgen stirbt nie«) erlangte und inzwischen für Bachs Lieblingsklub, die Vereinten Nationen, als »Botschafterin des guten Willens« unterwegs ist. Und wer oder was gehört noch in ein ordentlich geführtes IOC? Richtig: ein Familienmitglied des südkoreanischen Samsung-Konzerns. In Mumbai tritt Kim Jae-youl die Erbfolge an, Präsident der Welteislaufunion ISU, aber vor allem ist er der Schwager des Konzernchefs Lee Jae-yong. Berufen wird zudem Viktor Orbáns ungarischer Sportbeauftragter Balázs Fürjes. Und schließlich ein alter FDP-Freund Bachs aus dem

Epilog: Der olympische Geist

Rheinländischen, als neues deutsches Gesicht im Olymp: Michael Mronz, Sportunternehmer.

Von Bach selbst ist zu der frisch ausgeheckten Regeländerung zu seinem eigenen Vorteil nichts Vernünftiges zu erfahren. Er habe von derlei Absichten schon mal gehört, sei aber völlig überrascht, dass so ein Vorstoß jetzt hier passiert sei, erzählt er später der Presse. Das fromme Ansinnen der Fürsprecher, doziert Dr. Bach weiter, sei deren Befürchtung, dass ein Thronwahlkampf die Konzentration auf die Spiele 2024 in Paris beeinträchtigen würde. Das ist ein herrlich absurdes Argument: Wann ist dann überhaupt ein guter Zeitpunkt, wenn alle zwei Jahre Sommer- oder Winterspiele stattfinden?

Bräuchte es noch eines Beleges dafür, wie das IOC auf Good Governance pfeift: Hier ist er. Der Gipfel des Ganzen ist, dass Bach ja selbst immer behauptet hat, er befürworte Amtszeitbegrenzungen. Warum hat er diese bizarre Debatte dann also nicht sofort beendet? Die Antwort liegt auf der Hand: Weil für ihn nicht gilt, was für alle anderen gelten möge.

So wird in Mumbai verbrieft: Bach sitzt fester denn je im Sattel, und er könnte sogar über 2025 hinaus Präsident bleiben. Wenn er will. Und wenn nicht, hat er jetzt effektive Daumenschrauben zur Verfügung, um selbst eine ihm genehme Nachfolge zu bestimmen. Das IOC ist in der Hand eines einzigen Mannes. In der Hand des Olygarchen. Das ist das entscheidende Ergebnis von Bachs Tun.

Dabei ist das IOC nach zehn Jahren Bach'scher Präsidentschaft in stark angeschlagener Verfassung. Bach hat die olympische Idee verraten, verkauft und ruiniert. All die Skandale, all die undurchsichtigen Manöver. Und die Unruhe in der Bewegung so groß wie die Zahl der Baustellen und Probleme drumherum. Das IOC ist zum Getriebenen geworden.

Das beginnt bei der Weltpolitik. Die ist kompliziert geworden, auch sportpolitisch. Das rasante Auseinanderfallen der alten Ordnung in mehrere, teils neue Machtblöcke ist eine gewaltige Herausforderung auch für das IOC mit seinen universalistischen Ansprü-

Epilog: Der olympische Geist

chen. Putins Drohung, die Sportwelt zu spalten und einen eigenen Kosmos zu kreieren, steht offen im Raum. Das IOC braucht Alliierte, und seine Währung heißt: Olympische Spiele.

Bis 2034 sind die Events vergeben. Und bei der IOC-Session in Mumbai wird klar, wer sich für die Spiele 2036 weit nach vorne schiebt: Indien, der Gastgeber dieser IOC-Runde. Bach ist schon Tage vorher dort. Veranstaltet wird diese Session de facto von einem olympischen Familienmitglied. Die spendable Milliardärsfamilie Ambani hat die Chefin ihrer Sippe, Nita Ambani, seit 2016 im IOC sitzen. Nita und ihr Gatte Mukesh Ambani zählen zu den zehn reichsten Familien der Welt, auf gut 90 Milliarden Dollar wird das familiäre Portfolio geschätzt. Der Mischkonzern Reliance Industries wirtschaftet im Kern mit fossilen Rohstoffen, aber auch ansonsten mit nahezu allem, was man sich vorstellen kann. Von Immobilien über Medien- bis zu Möbelhäusern, auch die wesentlichen Teile des indischen Sports sind vertreten: die Kricket- und die Fußballliga sowie allerlei Klubs darin.

Die superreichen Ambanis schaffen also Fakten, unterstützt von Indiens Staatschef Narendra Modi, der die Vollversammlung sogar selbst mit einem konkreten Bewerbungsgespräch eröffnet. Mit Nita Ambani lässt sich Bach schon eine Woche vor der Session bei Mumbais Fußballklub sehen, der selbstverständlich der Familie gehört. Er posiert beim Nationalsport Kricket und kündigt in der indischen Presse an, was sein IOC-Gefolge Tage später abnicken darf: Kricket wird 2028 in Los Angeles stattfinden.

Es ist ein Leichtes, Argumente für Indien zu finden. Es ist das bevölkerungsreichste Land der Welt. Die Sportbegeisterung ist groß. Enorme Märkte tun sich auf und womöglich die Sponsoren der Zukunft. Megakonzerne wie Reliance, Tata oder Infosys könnten bald notwendig werden, um die ermüdeten westlichen Werbepartner in den USA, Japan und Europa zu ersetzen.

Aber vor allem: Indien ist das »I« im Akronym BRICS. Die Spielevergabe findet dank Bach ja nun hinter verschlossenen Türen statt – wird da also in präsidialen Hinterzimmern das neue Span-

Epilog: Der olympische Geist

nungsverhältnis Olympische Spiele versus russisch geprägte Sportwelt austariert? Nach dem Motto: Wer die Spiele kriegt, benötigt keine BRICS-Games mehr?

Indiens Favoritenstellung ist im Herbst 2023 für andere Interessenten so klar erkennbar, dass der Emir von Katar seinen Bruder Joaan Al-Thani übers Arabische Meer schickt, um zum Sessionsende Tacheles mit der IOC-Spitze zu reden. Joaan, Chef des katarischen Olympiakomitees, lässt sich in Mumbai zwar nicht den Anlass für die Blitzvisite entlocken. IOC-Leute mit guten Drähten ins Königshaus berichten allerdings, dass Doha äußerst ungehalten sei über die neue Gemengelage. Die alten Amigos in Katar sind nach ihrer rauschhaften Fußball-WM Ende 2022 frustriert, weil sie immer noch keine echte Spieleperspektive haben. Das Event 2032 ist weg, das durfte ja Bachs Gefolgsmann Coates mit Brisbane abgreifen, für 2036 sieht es jetzt auch nicht mehr so gut aus. Zugleich zieht immer stärker der große Bruder im Geschirr. Saudi-Arabien.

Die Saudis sind reicher, einflussreicher und die gottgegebene Vormacht in der Region. Die zwei größten Heiligtümer des Islam befinden sich in ihren Städten Mekka und Medina. Und dass der Kronprinz Mohammed bin Salman im Weltsport Ansprüche erhebt, ist kein Geheimnis mehr, seit sich sein Staatsfonds PIF den globalen Profigolfsport einverleibt und damit begonnen hat, die Nomenklatura des internationalen Kickergewerbes in die saudische Superleague zu locken. Die Fußball-WM 2034 hat sich Riad bereits gesichert, quasi über Nacht. Und auch in Bezug auf Olympia ist da jetzt noch ein starkes Argument: Saudi-Arabien ist gerade Teil der BRICS-Erweiterung geworden. Katar nicht.

Die rasant drehende politische Weltlage ist ein drängendes Problem des Ringe-Konzerns. Aber nicht das einzige. Es geht letztlich um die Zukunft der jetzt noch prall gefüllten Geldspeicher. Teil der ständigen Erzählung ist, dass das IOC finanziell großartig dastehe. Und tatsächlich schloss Bach gleich zu Amtsbeginn einen Megadeal mit NBC ab, auch danach glückten gute Sponsorendeals, wie der mit dem chinesischen Milchkonzern Mengniu. Trotz-

Epilog: Der olympische Geist

dem ist die interne Angst vor einer Schrumpfkur mit Händen zu greifen. Nach Schätzungen von Branchenkennern sind die 7,65 Milliarden Dollar, die NBC in die Zeit zwischen 2020 und 2032 investiert, für die Zeit danach nur noch eine Utopie. Die TV-Märkte stehen global unter Druck, insbesondere im Kernmarkt USA. Und ausgerechnet ein Bach'sches Lieblingsprojekt, der für viel Geld ins Leben gerufene Olympic Channel, erweist sich als Flop.

Das Heilmittel soll heißen: radikale Kommerzialisierung. Alle Türen werden aufgerissen. Schon bei den Paris-Spielen werden neue Wege mit künstlicher Intelligenz beschritten und die Besucher ins Event einbezogen. In Los Angeles 2028 öffnen sich die Schleusen dann richtig. Gleich fünf neue Sportarten sind am Start, die Sport- und Werbemanager in den USA haben all ihre Wünsche durchgedrückt: Baseball / Softball, Lacrosse, Flag Football, Squash und Kricket.

Das soll eine Reihe neuer Sponsoren anlocken, speziell American Football und Kricket haben globales Werbepotenzial. Die Neuerungen für Los Angeles sprengen aber auch die Obergrenze von 10 500 Athleten, die laut Bachs Agenda als eiserne Grenze gilt. Schon für Tokio wurde sie trickreich gerissen, in Los Angeles wird es weit heftiger. IOC-Mann Karl Stoss, Chef der Programmkommission, räumt ein: »Wir können nur versuchen, in anderen Sportarten die Quoten zu prüfen, um möglichst nahe an der alten Obergrenze zu bleiben.«

Aber gleichzeitig sind auch die Zeiten vorbei, in denen es für eine Sportart das höchste Gefühl war, Teil des Ringe-Programmes zu werden. Darts zum Beispiel genießt seit ein paar Jahren immense Popularität, mit Millionenquoten während der WM zum Jahreswechsel – und wird immer als möglicher Bestandteil von Olympischen Spielen genannt. Aber wenn man dem einflussreichen deutschen Dartsfunktionär Werner von Moltke glauben darf, hat er daran gar kein Interesse.

Für ihn und die Kollegen sei das »völlig irrelevant«, man würde damit nur »dem IOC einen Gefallen tun. Die gehen ja nur auf

Epilog: Der olympische Geist

Sportarten drauf, die boomen. Von denen sie sich was abkupfern wollen. Sie haben ja nicht geholfen, Darts groß zu machen«, sagt er. Und außerdem: »Olympia ist ein Verbrechen am Athleten. Olympia ist toll für das IOC und für die Fernsehanstalten alle vier Jahre! (…) Die beteiligten IOC-Mitglieder machen sich alle die Taschen voll, und die Darsteller kriegen nichts. Sie müssen danach hart kämpfen, dass sie über Sponsoren durchkommen.«[1]

Das tangiert schon das nächste Problem: die schlechte Reputation des IOC in der westlichen Welt. Das IOC erzählt gern, dass doch nun das westliche Jahrzehnt anstünde – mit Paris 2024, Cortina 2026, Los Angeles 2028, Frankreichs Alpen 2030, Brisbane 2032 und Salt Lake City 2034. Aber das ist nur der erste Blick. Der zweite offenbart, dass damit vor allem Regierungen zufriedengestellt werden – nicht aber die Bevölkerungen.

Haufenweise Bewerber sind in Bachs Amtszeit abgesprungen, viele nach einem Nein in einem Volksentscheid. Dass jetzt so viele westliche Städte dran sind, heißt keineswegs, dass die dortige Bevölkerung plötzlich in den Spieletaumel geraten ist. Es bedeutet, dass es in diesen Städten schlicht keine Befragungen mehr gab. Weder Paris oder Cortina noch Los Angeles, Salt Lake City oder Brisbane holten sich die Zustimmung ihrer Bürger. Dank Bachs listiger Agenda lässt sich das Problem mit einer womöglich renitenten Bevölkerung ja nun ganz elegant lösen: einfach still bewerben. Und wenn ebenso klammheimlich der Zuschlag erteilt wird, kann man der Bevölkerung das als überraschenden Triumph verkaufen.

Jetzt offenbart sich Volkes Wille eben hinterher. Für Paris etwa ist der Protest vielfältig. Er reicht von den Menschen, deren Gärten zerstört werden, damit neben der eigentlichen Schwimmhalle auch noch eine Trainingsschwimmhalle mit zugehörigem Schnickschnack entstehen kann; über die Datenschutzexperten, die befürchten, dass unter dem Deckmantel Terror-gefährdeter Spiele algorithmische Überwachungstechnologien zum Standard werden; bis zu den Rentnern, die sich fragen, warum der Staat eigentlich einen zweistelligen Milliardenbetrag für Olympische Spiele aufbringen kann, während gleichzeitig die Rente nur noch sicher ist, wenn das Eintrittsalter steigt.

Hoch schlägt die Empörung zur Jahreswende 2023 / 24, als Frankreichs Verfassungsrat ein diskretes Projekt von Staatschef Emmanuel Macron stoppt. Der wollte den Schwung der Spiele nutzen, um viele Verbände des Weltsports ins Land zu locken: Die Grande Nation soll sich in ein Steuerparadies für Funktionäre und ihre Organisationen verwandeln. Die Fifa betreibt sogar schon eine Außenstelle in Paris, als die obersten Richter urteilen: Nur weil ein Verband »vom IOC anerkannt wird«, reiche das nicht aus, um dessen Angestellte von der Einkommenssteuer und die superreiche Sportorganisation von Grund- und Mehrwertsteuer zu befreien. Das findet den Beifall der französischen Bürger, die im Schnitt sowieso nur träumen können von den Salären der Topverdiener im Fifa- oder IOC-Apparat.

Auch in Brisbane gibt es schon ein Jahrzehnt vor den Spielen Kontroversen über die olympischen Baustellen, die Vorbereitung und die Kosten. Bemängelt wird das Fehlen jeglicher Transportpläne, aber ganz oben auf der Liste steht das zentrale Gabba-Stadion, das für viel Geld umgebaut werden soll – was Protest auslöst. Sogar bei den Senatoren des Bundesstaates Queensland.[2]

Nächste Großbaustelle: Die Winterspiele sind quasi tot. Die letzten traditionellen Spiele waren in Vancouver 2010. Danach kam alles aus der Retorte: Sotschi, Pyeongchang, Peking. Nun steht Cortina an, mit sehr speziellen Problemen, die Eisbahnwettbewerbe müssen wohl mangels Sportstätten ins benachbarte Ausland verlagert werden. Und für 2030 hatte das IOC sieben Jahre vor der Austragung noch niemanden gefunden – dabei ist das der Zeitpunkt, zu dem üblicherweise bereits gewählt wurde. Plötzlich zauberte das IOC die französische Alpenregion aus dem Hut. Monsieur Macron ist offenbar für jeden Sportdeal zu haben.

Aber in Zeiten des Klimawandels ist das Problem grundsätzlicher Natur. Laut einer Machbarkeitsstudie können ab 2040 nur noch zehn Orte die Winterparty organisieren. Hier ließe sich ein-

Epilog: Der olympische Geist

wenden, dass Winterspiele eh aus der Zeit gefallen sind. Für Rodeln oder Skeleton hat sich seit jeher nur ein Zehntel aller Länder begeistert. Trotzdem dürfte der Ringe-Clan nicht kampflos auf seine zweitgrößte Geldtankstelle verzichten. Zwar sieht die Satzung vor, dass die Wettbewerbe auf Eis oder Schnee stattzufinden haben. Aber wenn sich das Klima wandelt, kann die Charta das erst recht.

Und dann gibt es ein noch wahrhaft substanzielles Problem: die Jugend der Welt. An sie richten sich doch eigentlich die Olympischen Spiele. Aber die Jugend wendet sich ab vom organisierten Sport. Selbst Topfußball wird nur noch in Schnipseln geschaut statt in ganzen Spielen. Ohne Jugend keine Spiele, das ist ganz simpel.

Aber auch da hat Bach einen brandneuen Plan. In Mumbai nutzt er die Eröffnungsrede zur Überrumpelung seiner Ringe-Clique und begrüßt ein Adoptivkind in der Familie. Bach doziert plötzlich ausschweifend über die einigende Kraft einer Betätigung, die abseits der olympischen Welt schwer in Mode gekommen ist: E-Sport. Minutenlang besingt er die Vorzüge des Computerspiels, er rühmt dessen Standing bei den jungen Menschen und die im Stillen schon begonnenen Bemühungen des IOC, sich in dieser Welt zu positionieren. Bach geht noch weiter: »Nach dem vielversprechenden Start liegt das eigentliche Rennen noch vor uns. Um daran erfolgreich teilzunehmen, habe ich unsere neue IOC-E-Sports-Kommission gebeten, die Schaffung von Folgendem zu untersuchen: Olympische E-Sport-Spiele!«

Daddeln und ballern wird olympisch? Viele Kollegen auf den Rängen blicken jetzt auf, wie vom Donner gerührt.

Ja, der E-Sport und sein großes monetäres Potenzial, das muss die Bewegung natürlich interessieren. Jahrelang hat sie die elektronische Sparte ignoriert, jetzt aber boomt sie einfach zu sehr. Millionen junge Menschen verbringen die Freizeit an Konsolen, Millionen schauen zu, wenn die Kombattanten von Gamingspielen wie League of Legends Wettkämpfe austragen. Die 1,5-Milliarden-Dollarmarke hat der globale Umsatz im E-Sport-Markt schon 2022 geknackt, Tendenz rasant steigend. Und die Konkurrenz schläft nicht: Russland präsentiert bereits seinen Gaminggipfel, auch die Sportfreunde aus Saudi-Arabien haben sich schon eingekauft. Ab 2024 wollen sie den E-Sport-Worldcup austragen.

Das ist zu verlockend. Das IOC will diesen Zug nicht verpassen. Vor einigen Jahren hat es bereits ein E-Sport-Forum veranstaltet, und 2023 eine olympische E-Sport-Woche in Singapur. Nur fragt sich, wie das umgesetzt werden soll. Denn der organisierte Sport versteht unter E-Sport zumeist Sportsimulationen. Das heißt, dass die Spieler am Monitor Fußball spielen oder über eine virtuelle Formel-1-Strecke rasen. Nur hat das mit dem richtigen E-Sport gar nichts zu tun. Dort liegen im Spieler- und im Publikumsinteresse Titel wie League of Legends, Dota 2 oder Counter-Strike ganz vorn; Spiele, die eher nicht zur Wertedefinition des Sports passen. Außerdem ist gerade die Gamingszene keine, die sich vor grauen Funktionären verbeugt; weder die Spieler noch die taffen Unternehmer, die dieses Geschäft betreiben.

Und noch ein Thema liegt Bach am Herzen. So sehr, dass er das Auditorium in Mumbai ein zweites Mal überrollt, mit einem ausufernden Plädoyer für den Einsatz von Künstlicher Intelligenz (KI) in allen Bereichen des Olymps. Zahllose Bücher hat er darüber gelesen, mit zahllosen Experten gesprochen! Ohne KI, verklickert er seinem tendenziell eher betagten Sportvölkchen, »rauschen die rein technologischen und kommerziellen Interessen über uns hinweg wie ein Tsunami!« Um die 20-mal benutzt er den Begriff KI, fast ein Drittel seines 34-minütigen Vortrages widmet er dem Thema. Und es braucht wenig Fantasie: Sein deutscher Managerfreund Michael Mronz dürfte nun auch deshalb im IOC sitzen, weil er für diesen Bereich über eine gewisse Expertise verfügt. Eine, die so auch wieder eng an Bach bleibt.

Die olympische Zukunft, sie ist völlig ungewiss. Aber was besagt der Blick auf all diese komplexen Themen nun für Bachs Zukunft? Will er sie selbst bearbeiten, will er sich deshalb tatsächlich selbst eine weitere Amtsperiode spendieren? Oder braucht er das Szenario einer Lex Bach nur, um unliebsame Nachfolger abzuschrecken?

Und: Hätte der gefallene Olygarch überhaupt noch reizvolle Alternativen, abseits der aufgewühlten Ringe-Welt?

Auch dort hat sich ja viel verändert. Außerhalb seiner sportiven Spezialdemokratur findet Bach kaum mehr Claqueure. Dabei galt kundigen Beobachtern lange als Zukunftsoption, dass er dereinst aus dem Olymp in die Politik wechseln könnte. Natürlich nicht in Niederungen wie den Bundestag, sondern in etwas Repräsentatives, ein präsidiales Amt. Vielleicht auch in eine Rolle bei den Vereinten Nationen (UN) in New York.

Dorthin wurde ja manche Weiche gestellt. Im frommen Staatenbund, der endlos diskutiert, kaum effektiv handelt und trotzdem jede Menge Ehren und Würden verteilt, zählten enge Freunde zu Bachs Unterstützern. Ein früherer deutscher Abgesandter etwa, der auch in Bachs merkwürdiger Diplomatenpassgeschichte auftaucht. Und natürlich die großen Kaliber: China und Russland. Plus die Gastgeber der nächsten Sommerspiele, Frankreich und die USA, das sind vier der Top Five. Auch scharen sich der verflossene wie der aktuelle UN-Generalsekretär um Bach, sie lassen die Integrität der UN ungeniert aufs IOC abstrahlen. In China pries António Guterres den Ringe-Clan einmal mehr als Motor künftiger Weltverbesserungen; mit Xi Jinping flankierte er Bach bei der Eröffnungsfeier in Peking. Guterres' Vorgänger Ban Ki-moon sitzt seit 2017 der IOC-Ethikkommission vor.

Ein globales Netzwerk, das bis in Nobelpreisgefilde reicht, wäre gewiss das perfekte Habitat für Bach. Bei den Vereinten Nationen tritt er gern ans Rednerpult, unterm Arm das olympische Gesangbuch: Nur im Vatikan ließe sich noch frömmelnder die Rolle des Wohltäters der Menschheit spielen.

Aber lässt sich im Weltenbund zur rechten Zeit ein warmes Plätzchen finden? Es dürfte ja keines ganz unten sein, das macht die Sache anspruchsvoll.

Dummerweise sind mittlerweile ein paar wichtige Seilschaften dahin. Putins wütende Russen alleine, die im IOC laut Selbstauskunft heute sogar als echte Bedrohung empfunden werden, könn-

Epilog: Der olympische Geist

ten derlei Zukunftspläne zunichtemachen. Auch sonst hat sich der deutsche Industrieanwalt womöglich ein paar Feinde zu viel gemacht – draußen, in der richtigen Welt.

Und wie sieht es zu Hause aus, wie schaut Deutschland auf seinen alles überwölbenden Olympier? Könnte sich Bach nicht beispielsweise am Berliner Olympiastadion verewigen, indem er, als Abschiedsgeschenk am Ende seiner Amtszeit bei der Session in Athen 2025, endlich diesen Fluch von seinem Heimatland nimmt, das zeit seiner Karriere mit jeder Bewerbung krachend an eine Wand namens IOC fuhr?

Auch hierfür hat Ziehvater Samaranch eine Lösung vorgelebt. Der war, als Statthalter Francos in seiner katalanischen Heimat, restlos unten durch beim Volk. Er wurde davongejagt und nach Moskau entsandt. Als IOC-Kapo war ihm dann jedes Mittel recht, um Barcelona die Spiele 1992 zu bescheren. Mit den Ringen durfte er wieder kommen, Spaniens König Juan Carlos erhob ihn sogar zum Marquis. Soll Bach jetzt also seinem IOC dieses letzte Opfer abzwingen, um künftig mit der Botschaft durch die Heimat zu tingeln, dass diese deutschen Spiele einzig ihm zu verdanken seien, Dr. Thomas Bach? Oder ist sein Ruf in der Heimat schon so verblasst, dass selbst das nicht mehr helfen würde?

Bach wäre nicht Bach, würde er keine Optionen schaffen. Auch darüber diskutieren sie im IOC ziemlich offen. Er muss ja nicht wirklich Präsident bleiben, in einer immer anstrengenderen Geschäfts- und Weltenlage. Die Lex Bach soll erst einmal nur dafür sorgen, dass sich kein anderer mit offenem Visier in den Ring traut. Das so erzwungene Vakuum eröffnet dem Patron die Möglichkeit, selbst eine Person seines Vertrauens zu platzieren. Eine Figur, neben – oder über – der er selbst einflussreich bleibt. Es bräuchte also eine Person, die selbst nicht allzu stark und anerkannt ist – und deshalb weiterhin auf ihn angewiesen wäre. Wer könnte so ein toxisches Erbe antreten?

Eigentlich müsste diese Story nach vielen Jahrzehnten auf einen wahrhaft filmreifen Abschluss zusteuern: auf die waschechte dynastische Erbfolge. Denn es gibt da ein IOC-Mitglied, das in den Diskussionen über die Zukunft der olympischen Familie besonders im Fokus steht – und dessen Name sich durch Bachs Karriere und auch durch dieses Buch zieht. Dieser Mann heißt wie sein Vater: Juan Antonio Samaranch junior. Genannt: Juanito.

Das wäre der perfekte Ringschluss. Urvater Samaranch zieht Bach heran, der politische Zögling übergibt am Ende wieder an den leiblichen Sohn, an Juanito. So käme ein fränkisch-hispanischer Familienclan im Zeitraum von 1980 bis 2037 auf 45 von 57 möglichen Herrschaftsjahren. Ein halbes Jahrhundert, in dem die Dynastie *Samabach* den Olymp prägt.

Lange sieht vieles danach aus: Der Junior profitiert von den Netzen, die der Senior einst auswarf. Der alte Samaranch dachte ja stets an alles, oft nahm er Frau und Kinder mit auf Dienstreisen. Sie vernetzten sich privat und ganz persönlich mit anderen Familien; man traf einander bei Hochzeiten und Geburtstagen und unternahm gemeinsame Urlaube, Verbandsfürsten und ihre Gattinnen wurden Patenonkel und -tanten. Allmählich formte sich eine olympische Großfamilie. Die reichte natürlich auch bis zu Adidas, wie nach Horst Dasslers Tod dessen Nachfolger feststellten: Sie entdeckten regelmäßige Geldzahlungen an Samaranchs Sohn – ohne dass es eine Geschäftsbeziehung gab.[3]

Juanito war zunächst im Weltverband der modernen Fünfkämpfer aktiv, ehe er ins IOC kam. Aus diesem toten Winkel ließ es sich diskret nach oben segeln – die Rolle als Sohn, die faschistische Vergangenheit des Alten und der Verdacht auf Vetternwirtschaft, den so eine Familienkonstellation aufwirft, sind lange seine Erblast. Samaranch junior ist Investmentbanker. Im Sport sammelt er Posten und Ämter, rückt in die IOC-Exekutive ein. Zudem saß oder sitzt er in fast allen wichtigen Kommissionen, die der Ringe-Konzern zu bieten hat.

In manchen Dingen ähnelt er dem Vater. Er rede wie der Alte, lebe so diszipliniert, fast religiös asketisch, sagt einer, der ihn seit Jugendjahren begleitet. Wie beim Alten blitzt immer mal der Filz

Epilog: Der olympische Geist

auf, verheddert sich Juanito in Widersprüche. Bei Pekings Winterspielen war er der Chefaufseher – und zugleich geschäftlich eng mit Peking vernetzt. Und die Samaranch-Stiftung unterhält Büros nicht nur in Barcelona und Madrid, sondern auch in Peking und Shanghai.

Denn Juanitos Vater wird in China wie eine Gottheit verehrt. Andere bekommen höchstens eine Büste, dem alten Granden aber wurde in Tianjin bei Peking ein komplettes »Samaranch Memorial« in die Landschaft gesetzt. Eine Gedenkstätte für Juan Antonio Samaranch senior, den einzigen und wahren Herrn der Ringe. Wie ein in Beton gegossenes Raumschiff sieht das aus, mehr als 16 500 persönliche Gegenstände auf 25 000 Quadratmetern.

Nun ist da neben dem Raumschiff auch noch die Samaranch-Stiftung. Ein Partner der Stiftung ist Anta Sports, ein Sportartikelgigant in China, der einst explizit betonte, weiter Baumwolle aus Xinjiang zu nutzen – Produkte also aus der Zwangsarbeit der muslimischen Minderheit. Juanito behauptete zwar auf Medienanfragen, man habe die Verbindung zu Anta 2016 gekappt. Aber das Logo prangt noch bei den Peking-Winterspielen 2022 auf der Website der Stiftung.[4]

Derlei Dinge, die in anderen Branchen heikle Fragen aufwerfen, lassen sich im Sport locker wegwedeln. In Peking wird Juanito als Vizepräsident berufen, jetzt steht er in der ersten Startreihe, falls Bach 2025 den Thron räumt. Einem spanischen Radiosender sagte er bezüglich seiner Ambitionen, er wolle die Dinge »nach und nach« erledigen. Ein Dementi ist das nicht.[5] In seinem Umfeld herrscht wenig Zweifel, dass er antritt.

Aber der Plan für die Thronfolge hat einen Haken: Samaranch junior zählt nicht zu den Bach-Aficionados. Das hat sich schon bei dessen Thronkür 2013 gezeigt; im IOC wird er klar zu denen gerechnet, die damals für Bachs Hauptrivalen stimmten, den angesehenen Puerto Ricaner Richard Carrión. Der ist Banker wie Juanito, die Familien sind freundschaftlich eng verwoben. Es gilt als unwahrscheinlich, dass ausgerechnet Bach nie erfahren haben soll,

Epilog: Der olympische Geist

wer damals seinen Hauptrivalen unterstützte. Im Gegenteil. Wie akribisch seine Späher arbeiten und wie akkurat sein Funktionärsgedächtnis ist – das hat er dem devoten Dauerpetzer Patrick Hickey einst sogar schriftlich gegeben. Per SMS, als es um das Verhalten eines Funktionärs in ganz anderer Sache ging und der Ire anregte, sich die Sache zu merken, hielt der Präsident fest: »Meine Erinnerung ist nicht die schlechteste (sagen manche Leute).«[6] Das sagen sogar sehr, sehr viele Leute.

Samaranch junior ist vom Wesen her nicht das, was Bach gut erkennbar ist: ein machtpolitischer Wiedergänger des Alten. Juanito ist kein Durchsetzer, eher ein zugänglicher Typ, der gern Ratgeber um sich hat. Leute aus der Rogge-Ära stehen ihm nahe, Prinz Albert von Monaco und andere Blaublütler. Mitglieder, die gern verhindern würden, dass der nächsten IOC-Spitze ein allzu beflissener Über- oder Nebenpräsident ins Geschäft funken könnte. Bei einem Präsidenten Samaranch junior wäre nur bedingt Platz für einen Schattenkönig.

Aber es gibt welche, bei denen sähe das anders aus. Bach selbst sagt, er hätte gern eine Nachfolgerin, das rückt weibliche Getreue ins Bild. Leute wie Nicole Hoevertsz von der Karibikinsel Aruba, aber vor allem Kirsty Coventry. Die blonde Schwimmerin aus Simbabwe war eine überragende Athletin. Sie gewann bei den Spielen 2004 und 2008 Goldmedaillen über 200-Meter-Rücken, viermal Silber und einmal Bronze. Kein Sportler Afrikas holte mehr Medaillen. Sie trainierte vor allem in Montgomery, Alabama, wo sie an der Universität Auburn studierte – Bachelor of Human Science in Hotel- und Restaurantmanagement.

Die IOC-Ära Bach erlebt sie vom ersten Tag an. Auf der Session 2013, bei der er Präsident wird, rückt sie als Athletenvertreterin ein, von 2018 bis 2021 präsidiert sie dieser Kommission – und erweist sich als besonders Bach-treu. Die Athletenkommission ist höchst sensibel. Immerhin sind es die Sportler, um die sich das ganze Ringe-Business angeblich dreht, betont just der Ex-Fechter Bach pausenlos. Die Sportler sind die Basis, Olympias wertvollstes Gut –

Epilog: Der olympische Geist

entstünde hier ein Aufruhr, kämen die Monetenzähler im feinen Zwirn schwer in Nöte. Aber Coventry passt perfekt ins System, sie agiert immer Bach-treu. Sei es bei Russlands Staatsdopingskandal; oder sei es, als im Mai 2018 Athleten um den deutschen Fechter Max Hartung aufmucken, die nicht mit Pöstchen im Ringe-Clan verankert sind und Bach per offenem Brief auffordern, das IOC solle sein Finanzierungsmodell reformieren und ein Viertel der Einnahmen direkt an die Athleten vergeben. Denn diese sind an den Marketingprofiten des IOC kaum beteiligt. Coventry springt Bach zur Seite, verteidigt das IOC-System energisch und legt dar, es habe direkt zu ihrer Medaillenflut im Schwimmen beigetragen.[7]

Wer solche Interessenvertreter im IOC hat, braucht keine.

Für Coventry lohnt sich diese Treue. Sie legt eine noch steilere Karriere hin, als es der Große Vorsitzende tat. Als Athletenchefin zieht sie 2018 in die Exekutive ein, die sie 2021 turnusgemäß wieder verlassen muss. Auch ihre Amtszeit als Aktivenvertreterin endet da – kein Problem, jetzt macht sie Bach zum Vollmitglied. Und schon in Mumbai 2023 darf sie in die Exekutive zurück, unter dem Murren mancher Kollegen. Dass Coventry stets tiefe Loyalität zu Bach offenbart, bringt viele Mitglieder auf Distanz. Bald hat ja jeder begriffen, dass die Frau aus Simbabwe weit vorne auf Bachs Prioritätenliste steht. Das verrät auch die Fülle und Qualität der Ämter, die ihr anvertraut werden.

Sie wird Chefin der Koordinierungskommission für die Jugendspiele in Dakar 2026. Sie ist Chefin der Koordinierungskommission der Spiele bei Bachs Freund Coates in Brisbane 2032. Zudem sitzt sie in den Stäben der Olympischen Solidarität, die das große Geld verteilt, für die Periode der Jahre 2021 bis 2024 sind es 590 Millionen Dollar. Und auch um Bachs Traumprojekt, den olympischen TV-Kanal, kümmert sie sich intensiv.

Dank ihrer Linientreue legt die Ex-Schwimmerin auch zu Hause in Simbabwe eine interessante politische Karriere hin. Coventry wird mit nur 35 Jahren Sportministerin – im Regime des neuen Präsidenten Emmerson Mnangagwa. Der trat 2017 die Nachfolge

Epilog: Der olympische Geist

des Diktators Robert Mugabes an und zieht bald Vorwürfe zu Menschenrechtsverletzungen auf sich. Coventry ist als ehemalige nationale Sportikone die einzige Weiße in Mnangagwas Regierung. Und sie hat bald mächtig Ärger. Der Vorwurf: Sie habe eine vom ehemaligen Präsidenten Robert Mugabe gestohlene Farm als Geschenk akzeptiert, die ihr der neue Präsident übergab. Kritiker sehen darin eine Belohnung Mnangagwas für Coventrys Loyalität zu seinem Regime.

Die Jugendversammlung der »Bewegung für den demokratischen Wechsel« ruft das IOC sogar zu Sanktionen gegen Coventry auf – »wegen ihrer Beteiligung an der Brutalisierung und Misshandlung der Simbabwer und den weit verbreiteten Menschenrechtsverletzungen durch die Regierung, für die Frau Coventry eine wesentliche Rolle spielt«.[8] Familie Coventry sagt, das Ganze sei ein »PR-Gag zur Diskreditierung von Kirsty«.

Im Jahr 2023 zeigt sich noch krasser, wo die olympische Spitzenfrau politisch beheimatet ist. Präsident Mnangagwa, 80, wird unter absurden Umständen wiedergewählt. Das Gros der Oppositionskandidaten schafft es nicht mal auf den Stimmzettel. Der Chef der Beobachtermission der Europäischen Union spricht von einem »Klima der Angst«.[9] Die Menschenrechtsorganisation »Human Rights Watch« warnt vor politisch motivierter Gewalt, sie rügt die Unterdrückung politischer Gegner und der Zivilgesellschaft durch die Regierung.

Denn Mnangagwas Regierung errichtet ein System der Repression im Lande. Kurz vor der Wahl beschließt das Parlament ein Gesetz, das Haftstrafen von bis zu 20 Jahren gegen Bürger ermöglicht, die eine »vorsätzliche Schädigung der Souveränität und nationaler Interessen« begehen. Ein Kaugummigesetz, mit dem sich jeder wegsperren lässt. Die regierende Zanu-PF, der Coventry angehört, hat mit 52,6 Prozent die absolute Mehrheit im Parlament. Der simbabwische Politologe Romeo Chasara spricht von einer »großen Bedrohung für die Demokratie«.[10] Und die IOC-Vorstandsfrau Coventry? Wird nach Mnangagwas umstrittenem Wahlsieg erneut

Sportministerin. Im neuen Kabinett kann sie nun auch den Präsidentensohn David als Vizefinanzminister sowie den Präsidentenneffen, Tongai Mnangagwa, als Vizetourismusminister begrüßen.[11]

Wird sie zu ihren olympischen Thronambitionen gefragt, sagt sie: »Lasst uns abwarten und sehen.«[12]

Eine wie Coventry an der Spitze, die Überfigur Bach weiter im Hintergrund. Auf so ein Modell könnte die Operette von Mumbai abzielen: Bleib bei uns, Meister aller Ringe, bitte bleib – wir brauchen dich, wir lieben dich!

Darf nur nichts Unvorhergesehenes passieren. Zum Beispiel, dass Samaranch junior auf die drohende Lex Bach pfeift und schon vor der Session in Paris seine Kandidatur verkündet. Dann könnte Bach kaum noch eine Chartaänderung für seine eigene Amtszeitverlängerung durchziehen. Es wäre dann ein Misstrauensvotum gegen einen korrekten Kandidaten, der viel Gefolge hat. Das würde das IOC in die Zerreißprobe führen. Andererseits, auch mit Juanito ließe sich zur Not ja verhandeln.

Es bräuchte, wenn Bach am Ende doch nicht selbst weitermacht, vielleicht nur ein passendes Pöstchen. Mit leichter Hand gestrickt für einen großen, scheidenden Präsidenten, der edelmütig auf eine Lex Bach verzichtet. Vielleicht ein globaler Sonderbotschafter des olympischen Sports? Chef eines IOC-Weisenrates? Befreit von jeder institutionellen Verantwortung, aber de facto weiter mit Einfluss. Kaum mehr sichtbar sein, und doch irgendwo auf der Kommandobrücke verbleiben. Würde das nicht wunderbar passen?

Es wäre die perfekte Lösung: Ein schemenhaftes Wesen, das immer weiter, immer höher über den Ringen schwebt, aber endgültig für nichts und niemanden mehr greifbar ist.

Der wahre olympische Geist.

Anhang

Anmerkungen

Prolog
1 Taz: »Kein Pardon für die Gralshüter«, 15. Juli 1996.
2 Frankfurter Allgemeine Zeitung: »Erschrecken und in Teilen innere Wut«, 15. Dezember 2016.

1 Der Lehrmeister
1 Barbara Smit: *Die Dasslers. Drei Streifen gegen Puma*, 2007, S. 130.
2 BArch, MfS, AIM 15825/89, Band 10, StUA 0335.
3 BArch, MfS, AIM 15825/89, Band 10, StUA 0337.
4 Der Spiegel: »Dassler will alles kontrollieren«, 2. Juni 1986.
5 Barbara Smit: *Die Dasslers. Drei Streifen gegen Puma*, 2007, S. 136.
6 Einstellungsverfügung der Staatsanwaltschaft Zug in der Strafuntersuchung gegen die Fifa, 11. Mai 2010, S. 8.
7 Sport Express: »Nina Ponomarjowa. Chempionka iz Gulaga«, 6. Februar 2015.
8 Jekaterina Kulinitschewa: *Krossovki: Kulturnaja biografija sportivnoj obuvi*, 2018, S. 491.
9 Rainer Karlsch, Christian Kleinschmidt, Jörg Lesczenski, Anne Sudrow: *Unternehmen Sport. Die Geschichte von adidas*, 2018, S. 106.
10 Rainer Karlsch, Christian Kleinschmidt, Jörg Lesczenski, Anne Sudrow: *Unternehmen Sport. Die Geschichte von adidas*, 2018, S. 109.
11 Barbara Smit: *Die Dasslers. Drei Streifen gegen Puma*, 2007, S. 175.
12 Zitiert nach Kommersant: »Krome kolossalnyh rashodov mogut byt raznogo roda skandaly«, 24. Mai 2010.

Anhang

13 Rainer Karlsch, Christian Kleinschmidt, Jörg Lesczenski, Anne Sudrow: *Unternehmen Sport. Die Geschichte von adidas*, 2018, S. 206.
14 Wladimir Popow: Zagovor negodjaev. Zapiski byvshego podpolkovnika KGB.
15 Hans Modrow: *In historischer Mission*, 2007, S. 47.
16 Rainer Karlsch, Christian Kleinschmidt, Jörg Lesczenski, Anne Sudrow: *Unternehmen Sport. Die Geschichte von adidas*, 2018, S. 230.
17 Rainer Karlsch, Christian Kleinschmidt, Jörg Lesczenski, Anne Sudrow: *Unternehmen Sport. Die Geschichte von adidas*, 2018, S. 231.
18 Wladimir Popow: Zagovor negodjaev. Zapiski byvshego podpolkovnika KGB.
19 Juri Felschtinski, Boris Gulko, Viktor Kortschnoj, Wladimir Popow: *Der KGB setzt matt*, 2009, S. 172.
20 Juri Felschtinski, Boris Gulko, Viktor Kortschnoj, Wladimir Popow: *Der KGB setzt matt*, 2009, S. 132.
21 Wladimir Popow: Zagovor negodjaev. Zapiski byvshego podpolkovnika KGB.
22 Juri Felschtinski, Boris Gulko, Viktor Kortschnoj, Wladimir Popow: *Der KGB setzt matt*, 2009, S. 136.
23 Juri Felschtinski, Boris Gulko, Viktor Kortschnoj, Wladimir Popow: *Der KGB setzt matt*, 2009, S. 121, 137 und 141.
24 Wladimir Popow: Zagovor negodjaev. Zapiski byvshego podpolkovnika KGB.
25 Ebd.
26 Barbara Smit: *Die Dasslers. Drei Streifen gegen Puma*, 2007, S. 181.
27 Barbara Smit: *Die Dasslers. Drei Streifen gegen Puma*, 2007, S. 180.
28 Independent, 28. Juli 1988.
29 Wladimir Popow: Zagovor negodjaev. Zapiski byvshego podpolkovnika KGB.
30 Literaturnaja Gazeta: »Hozjain dvoryanskogo gnezda«, 42 / 2002, S. 15.
31 Juri Felschtinski, Boris Gulko, Viktor Kortschnoj, Wladimir Popow: *Der KGB setzt matt*, 2009, S. 161.
32 Olympic Review Nr. 147 / 148, Januar / Februar 1980, S. 26–29.
33 Barbara Smit: *Die Dasslers. Drei Streifen gegen Puma*, 2007, S. 159.
34 André Guelfi: *L'original*, 1999.
35 Süddeutsche Zeitung: »Offene Worte und ein böser Verdacht«, 26./27. September 1981.

36 Gespräch mit Wladimir Popow im Juli 2023.
37 Nettavisen: »Slik kuppet Russland fotball-VM«, 9. Juli 2017.
38 David Miller: *Die Olympische Revolution*, 1992.
39 Sport Express: »Ja nikogda ne rabotal v KGB«, 3. August 2016.
40 Thomas Kistner, Jens Weinreich: *Der olympische Sumpf*, 2000, S. 88.
41 Robert Hutchison: *Die heilige Mafia des Papstes*, 1996.
42 Chung Tae-hwa: *Kim Un-yong – A Big Man Who Embraced the World*, 2018, S. 184.
43 Thomas Kistner, Jens Weinreich: *Der olympische Sumpf*, 2000, S. 39.
44 Andrew Jennings: *Das Olympia-Kartell*, 1996, S. 39.
45 Thomas Kistner, Jens Weinreich: *Der olympische Sumpf*, 2000, S. 89.
46 Der Spiegel: »Dassler will alles kontrollieren«, 1. Juni 1986.
47 Thomas Kistner, Jens Weinreich: *Der olympische Sumpf*, 2000, S. 91.
48 BArch, MfS, AIM 15825/89, Band 1, StUA 0007.
49 BArch, MfS, AIM 15825/89, Band 1, u. a. StUA 0145, 0149, 0381, 0385 und 0387.
50 BArch, MfS, AIM 15825/89, Band 1, StUA 0387.
51 BArch, MfS, Abt. X 1834, Blatt 1 (zitiert nach Peter Boeger: Kampf gegen »Professionalisierung und Kommerzialisierung« im Sport. Wie die DDR dennoch zu einem adidas-Land wurde (Teil I), in: Deutschland Archiv, 31.7.2015, Link: http://www.bpb.de/210155).
52 Paulheinz Grupe: *Horst Dassler – Revolution im Weltsport*, 1992.
53 Rainer Karlsch, Christian Kleinschmidt, Jörg Lesczenski, Anne Sudrow: *Unternehmen Sport. Die Geschichte von adidas*, 2018, S. 283.
54 BArch, MfS, AIM 15825/89, Band 11, StUA 0315.
55 BArch, MfS, AIM 15825/89, Band 10, StUA 0219.
56 BArch, MfS, AIM 15825/89, Band 11, StUA 0315 (ebenso die folgenden Informationen).
57 BArch, MfS, AIM 15825/89, Band 11, StUA 0017.
58 BArch, MfS, AIM 15825/89, Band 11, StUA 0055.
59 BArch, MfS, AIM 15825/89, Band 11, StUA 0077.
60 BArch, MfS, AIM 15825/89, Band 11, StUA 0079 f.
61 BArch, MfS, AIM 15825/89, Band 11, StUA 0059.
62 BArch, MfS, AIM 15825/89, Band 11, StUA 0061.
63 BArch, MfS, AIM 15825/89, Band 11, StUA 0061.
64 BArch, MfS, AIM 15825/89, Band 11, StUA 0161 f. (ebenso die folgenden Informationen).

Anhang

65 BArch, MfS, AIM 15825 / 89, Band 11, StUA 0341.
66 Süddeutsche Zeitung: »›Watergate‹ – nur ein paar Nummern kleiner«, 17. Juli 1996.
67 Der Spiegel: »Schatztruhe geöffnet«, 15. Juli 1996.
68 Süddeutsche Zeitung: »Mysteriöses um Bach, Beitz und die ›Möwe‹«, 15. Juli 1996.
69 Süddeutsche Zeitung: »›Watergate‹ – nur ein paar Nummern kleiner«, 17. Juli 1996.
70 Thomas Kistner, Jens Weinreich: *Der olympische Sumpf*, 2000, S. 246 (ebenso die folgenden Informationen).
71 Thomas Kistner, Jens Weinreich: *Der olympische Sumpf*, 2000, S. 247.
72 Thomas Kistner, Jens Weinreich: *Der olympische Sumpf*, 2000, S. 39.
73 Thomas Kistner, Jens Weinreich: *Der olympische Sumpf*, 2000, S. 251 f. (ebenso die folgenden Informationen).
74 Chung Tae-hwa: *Kim Un-yong – A Big Man Who Embraced the World*, 2018, S. 204.
75 Chung Tae-hwa: *Kim Un-yong – A Big Man Who Embraced the World*, 2018, S. 207.
76 Paulheinz Grupe: *Horst Dassler – Revolution im Weltsport*, 1992.
77 Japan Times: »Gold in 1964 Tokyo Games set Cassell on life path«, 5. November 2016.
78 New York Times: »Soviet Union will join Olympics«, 12. Januar 1988.
79 Chung Tae-hwa: *Kim Un-yong – A Big Man Who Embraced the World*, 2018, S. 208.
80 Deutschlandfunk: »Bayerische Baustellen«, 31. Juli 2010.
81 Fränkische Nachrichten: »›Aufgeben‹ ist für Andrej Raisch ein Fremdwort«, 12. Dezember 2012.
82 Chung Tae-hwa: *Kim Un-yong – A Big Man Who Embraced the World*, 2018, S. 320.
83 Ebd.

2 Das Netzwerk

1 Paulheinz Grupe: *Horst Dassler – Revolution im Weltsport*, 1992.
2 BArch, MfS, AIM 15825 / 89, Band 11, StUA 0407.
3 BArch, MfS, AIM 15825 / 89, Band 11, StUA 0619.
4 BArch, MfS, AIM 15825 / 89, Band 12, StUA 0015.

Anmerkungen

5 Süddeutsche Zeitung: »Tröger und Bach sollen ins IOC«, 23. August 1989.
6 Urteil des Bundesverfassungsgerichts zu einer Verfassungsbeschwerde der Eisschnellläuferin Claudia Pechstein, 3. Juni 2022.
7 Der Spiegel: »Job für IOC-Mann«, 13. Dezember 1999.
8 Thomas Kistner, Jens Weinreich: *Der olympische Sumpf*, 2000, S. 270.
9 Thomas Kistner, Jens Weinreich: *Der olympische Sumpf*, 2000, S. 273.
10 Süddeutsche Zeitung: »Heikle Details«, 26. April 2008.
11 Correctiv: »Thomas Bach verkauft alles«, 6. April 2017.
12 Thomas Kistner, Jens Weinreich: *Der olympische Sumpf*, 2000, S. 271.
13 Der Spiegel: »Fürsorgliche Belagerung«, 21. April 2008.
14 Süddeutsche Zeitung: »Ich will nach Hause«, 26. Oktober 2010.
15 Süddeutsche Zeitung: »Das Rundum-Sorglos-Paket«, 22. April 2008 (ebenso die folgenden Zitate).
16 Süddeutsche Zeitung: »Ich will nach Hause«, 26. Oktober 2010.
17 Der Spiegel: »Freunde in Erklärungsnot«, 22. September 2008.
18 Jens Weinreich: Thomas Bach: Die vielfältigen Lebenssachverhalte des unpolitischsten deutschen IOC-Präsidenten, 25. Juli 2016.
19 Thomas Kistner, Jens Weinreich: *Der olympische Sumpf*, 2000, S. 268.
20 Paragraph 4, Satz 7 der allgemeinen Verwaltungsvorschrift über die Ausstellung amtlicher Pässe der Bundesrepublik Deutschland vom 14. Januar 1993, die zum Zeitpunkt der ersten Diplomatenpass-Ausstellung für Thomas Bach gültig war. Gleichlautend Paragraph 7, Satz 5 in der allgemeinen Verwaltungsvorschrift über die Ausstellung amtlicher Pässe der Bundesrepublik Deutschland vom 27. Juni 2014, die bis heute gültig ist.
21 Olympische Charta, Regel 16.1.5, 2014.
22 Süddeutsche Zeitung: »Neue Irritationen um Thomas Bachs Diplomatenpass«, 2. November 2016.
23 Interne E-Mail des Auswärtigen Amtes aus dem Jahr 2018.
24 Protokoll der Aufsichtsratssitzung des WM-Organisationskomitees vom 1. April 2003.
25 André Guelfi: *L'original*, 1999 (ebenso die folgenden Zitate).
26 Le Monde: »Les mauvaises affaires offshore de ›Dédé la Sardine‹«, 5. April 2016.
27 Thomas Kistner, Jens Weinreich: *Der olympische Sumpf*, 2000, S. 138.
28 André Guelfi: *L'original*, 1999 (ebenso die folgenden Zitate).

Anhang

29 Wall Street Journal: »Tightening Rings: Olympic Probes Sprawl Far Abroad, Vexing IOC«, 3. März 1999.
30 Jürgen Roth: *Die roten Bosse*, 1998.
31 Thomas Kistner, Jens Weinreich: *Der olympische Sumpf*, 2000, S. 146.
32 Ebd.
33 Süddeutsche Zeitung: »Samaranch holt zum Gegenschlag aus«, 11. September 2000.
34 ABC News: »Alleged Heroin Kingpin Helped Russia Win Olympics for Sochi«, 30. Januar 2014.
35 Mitteilung des US-Finanzministeriums: Treasury Imposes Sanctions On Key Members Of The Yakuza And Brothers' Circle Criminal Organizations, 23. Februar 2012.
36 Zitiert nach Thomas Kistner, Jens Weinreich: *Der olympische Sumpf*, 2000, S. 144.
37 Der Spiegel: »Dassler will alles kontrollieren«, 1. Juni 1986.
38 BArch, MfS, AIM 15825 / 89, Band 11, StUA 071.
39 Süddeutsche Zeitung: »Friedensspiele in Peking sind möglich«, 10. Oktober 1990.
40 Süddeutsche Zeitung: »Pekings kostbare Geschenke an das IOC«, 15. März 1993.
41 Die Zeit: »Ein Lauf ins Leere«, 1. Oktober 1993.
42 Yao Jianfu: *Conversations with Chen Xitong*, 2012.
43 Thomas Kistner, Jens Weinreich: *Der olympische Sumpf*, 2000, S. 45.
44 Süddeutsche Zeitung: »Pekings kostbare Geschenke an das IOC«, 15. März 1993.
45 Süddeutsche Zeitung: »Samaranch will Spiele in Peking«, 7. Oktober 1993.
46 Süddeutsche Zeitung: »Die Sportärztin, die zu viel weiß«, 23. Oktober 2017.
47 Süddeutsche Zeitung: »Mit der Hand im Marmeladenglas erwischt«, 10. Januar 1998.
48 Süddeutsche Zeitung: »Der Sport spielt noch keine Rolle«, 3. Februar 1998 (ebenso die folgenden Zitate).
49 Süddeutsche Zeitung: »Legitimation für Kerkermeister«, 10. Juli 2001.
50 Süddeutsche Zeitung: »Die Quadratur der Ringe«, 12. Juli 2001.
51 Mitteilung der Firma Weinig im Jahr 2008.
52 Frankfurter Allgemeine Zeitung, 27. Oktober 2001.

Anmerkungen

53 Süddeutsche Zeitung: »Bach lobt Peking«, 5. November 2001.
54 CBS News: »Committee Helped IOC Relatives«, 8. Dezember 1999.
55 Thomas Kistner, Jens Weinreich: *Der olympische Sumpf*, 2000, S. 35.
56 Ebd.
57 Jaume Boix Angelats, Arcadi Espada: *Samaranch. El Deporte del Poder*, 1999.
58 Thomas Kistner, Jens Weinreich: *Der olympische Sumpf*, 2000, S. 69.
59 Der Spiegel: »Bett voller Geschenke«, 3. November 1991.
60 BArch, MfS, AIM 15825/89, Band 12, StUA 0470.
61 Bericht des Bundesrechnungshofes vom 22. August 1996, S. 86.
62 Los Angeles Times: »Furnished With Answers, IOC Drops Bribery Probe«, 4. September 1997.
63 Süddeutsche Zeitung: »Verteufelte Einzelfälle«, 19. Dezember 1998.
64 Süddeutsche Zeitung: »Viel Schlamm am Río de la Plata«, 10. September 2013.
65 ARD: »Umstritten: Der designierte IOC-Präsident Thomas Bach«, 29. August 2013.

3 Der Durchbruch

1 Radio Svoboda: »Putin, Olimpiada i ›banditskij Peterburg‹«, 13. November 2013.
2 Ebd.
3 Rosbalt: Peterburg v bor'be za Olimpiadu-2004, 16. März 2005.
4 Zerkalo Nedeli: »El'cin poprosil Kolja pomoch' Piteru poluchit' Olimpiadu«, 11. Oktober 1996.
5 Süddeutsche Zeitung: »Geistertanz im Bolschoi«, 14. Juli 2001.
6 Sonntag Aktuell: »Diese Spiele haben eine politische Brisanz«, 24. Februar 2002.
7 Lenta: »Olimpijskie sud'i udivili Putina. Mjagko govorja«, 22. Februar 2002.
8 Rede von Wladimir Putin am 25. April 2005.
9 Der Spiegel: »Die Gesundheit der Nation«, 2008.
10 Süddeutsche Zeitung: »Berührt, entführt«, 4. Juni 2016.
11 Forbes (russische Ausgabe): »Milliarder na Olimpe: Kak Potanin stal glavnym chastnym investorom Sochi-2014«, 30. Januar 2014.
12 SID: »IOC lässt Vorwürfe gegen Fürst Albert II. prüfen«, 15. Dezember 2010.

Anhang

13 ABC News: »Alleged Heroin Kingpin Helped Russia Win Olympics for Sochi«, 30. Januar 2014.
14 Rossijskaja Gazeta: »Leonid Tjagachev: Sochi budet prinosit' Rossii po milliardu v god«, 8. August 2007.
15 Süddeutsche Zeitung: »Sotschi und das Nichts«, 4. Juli 2007.
16 Gespräch mit Christian Neureuther im Herbst 2023.
17 Bericht des Ost-Ausschusses, 15. Oktober 2008.
18 Mitteilung der AHK, 9. Februar 2014.
19 Die Welt: »Münchner Stammgäste im Kreml«, 25. Oktober 2010.
20 Die Welt: »Moskau-St. Petersburg in 3:45 Stunden«, 19. Dezember 2019.
21 Gespräch mit Wjatscheslaw Koloskow im November 2013.
22 Süddeutsche Zeitung: »Die Attacke des abtrünnigen Generals«, 4. Mai 2002.
23 The Insider: »Sklonen otdat' golos za 1,5 mln evro«. V perepiske Kapkova obnaruzhilis' svidetel'stva podkupa chinovnikov, 29. Oktober 2019.
24 Süddeutsche Zeitung: »Drei Millionen für eine Stimme«, 31. Oktober 2019.
25 Süddeutsche Zeitung: »Plötzlich weg von der Bildfläche«, 24. Januar 2007.
26 Frankfurter Allgemeine Zeitung: »Samaranch steht zu China«, 17. Juli 2008.
27 Mitteilung des DOSB: Bach: »Ich freue mich auf einen fairen Zweikampf«, 9. Mai 2013.
28 Der Spiegel: »Gesucht wird ›Mitverschwörer #2‹«, 2. Mai 2017.
29 BArch, MfS, AIM 15825 / 89, Band 11, StUA 0162.
30 Mitteilung der US-Botschaft in Kuwait, 30. August 2011.
31 Süddeutsche Zeitung: »Die Männchen, die Macht und die alten Männer«, 25. Juli 1992.
32 Anklageschrift im ISL-Prozess vom 19. Februar 2007.
33 Neue Zürcher Zeitung: »Der Schock von Sotschi sitzt immer noch tief«, 29. Juni 2015.
34 Der Spiegel: »Freunde in Erklärungsnot«, 22. September 2008.
35 Fränkische Nachrichten: »Thomas Bach 25 Jahre Aufsichtsratsvorsitzender bei Weinig«, 28. Juli 2023.
36 Mitteilung der Bayernkapital, 10. November 2015.
37 Fränkische Nachrichten: »Thomas Bach 25 Jahre Aufsichtsratsvorsitzender bei Weinig«, 28. Juli 2023 (ebenso das folgende Zitat).

Anmerkungen

38 ARD: »Umstritten: Der designierte IOC-Präsident Thomas Bach«, 29. August 2013.
39 Süddeutsche Zeitung: »IOC verweigert Schweigeminute für Opfer des Olympia-Attentats '72«, 22. Juli 2012.
40 Deutsche Welle: »DOSB-Präsident Bach für ›angemessene Form der Würdigung‹«, 19. Juli 2012.
41 DPA: »Schwere Vorwürfe gegen IOC bei Gedenken an München 1972«, 7. August 2012.
42 ARD: »Umstritten: Der designierte IOC-Präsident Thomas Bach«, 29. August 2013.
43 Ebd.
44 Ebd.
45 Süddeutsche Zeitung: »Stich des Scheichs«, 2. September 2013 (ebenso das folgende Zitat).
46 Ebd.
47 Angaben des IOC bei der IRS, Publikation von Propublica am 10. Oktober 2023, ObjectId: 202213209349302106, S. 7 (https://projects.propublica.org/nonprofits/organizations/980123241/202213209349302106/full?).
48 RTS: »Denis Oswald durcit le ton dans sa campagne pour la présidence du CIO«, 9. September 2013.
49 E-Mail von Ser Miang Ng an die Autoren, 31. August 2013.
50 Befragung von Frankie Fredericks durch französische Strafermittler am 2. November 2017.
51 Ebd.
52 AFP: »JO Tokyo-2020: devant la justice française, les dessous d'une victoire suspecte«, 22. Januar 2020.
53 Le Monde: »JO de Tokyo 2020: les courriels qui renforcent les soupçons de corruption«, 20. Oktober 2017 (ebenso das folgende Zitat).
54 Die Zeit: »Der Scheich der Ringe«, 11. September 2023.
55 Der Spiegel: »Bach im Olymp«, 10. September 2013.

4 Die Skandale

1 Dokumentarfilm »Filosofija mjagkogo puti«, ausgestrahlt am 7. Februar 2014 (zitiert nach: News.ru: Putin rasskazal, kak vybral mesto dlja Olimpiady).
2 Sowjetskij Sport: »Olimpijskoe zhile posle igr poluchat voennye«:

Anhang

Dmitrij Kozak rasskazal o podgotovke k Olimpiade v Sochi, 1. Februar 2013.

3 Nowaja Gazeta: »Schetnaja palata ocenila stoimost' Olimpiady v Sochi v 325 mlrd rublej«, 10. April 2015.
4 Boris Nemzow, Leonid Martynyuk: »Nezavisimyj ekspertnyj doklad – zimnjaja Olimpiada v subtropah« (https://www.putin-itogi.ru/cp/wp-content/uploads/2013/05/ZimniayaOlimpiadaVSubtropikah-Nemtsov-Martyniuk.pdf).
5 Interview mit dem SRF, 8. Januar 2014.
6 Ria Novosti: »Jakunin prizval sudit' chlena MOK, zajavivshego o vorovstve v Sochi«, 15. Januar 2014.
7 Süddeutsche Zeitung: »Dann ist er ein Verleumder«, 17. Januar 2014.
8 News.ru: »Korrupcii pri podgotovke k Olimpiade ne bylo, objavil Putin«, 19. Januar 2014.
9 Ukas Nr. 686 des russischen Präsidenten vom 19. August 2013.
10 Ria Novosti: »Kozak: politicheskie akcii v Sochi mozhno budet provodit' v poselke Hosta«, 10. Januar 2014.
11 Süddeutsche Zeitung: »Palmsonntag«, 13. Februar 2014.
12 Süddeutsche Zeitung: »Olympischer Gefangener«, 13. Februar 2014.
13 Ebd.
14 Süddeutsche Zeitung: »Erst einmal nachfragen«, 14. Februar 2014.
15 AP: »Sochi Scene: Bach jabs at Bush«, 8. Februar 2014.
16 Dokumentarfilm »Krym: Put' na Rodinu«, ausgestrahlt am 15. März 2015 (zitiert nach: Tass: Wladimir Putin: My dejstvovali v interesah russkih ljudej i vsej strany, 16. März 2015).
17 Vesti: »Aleksandr Zhukov: Zhiteli Kryma ispolnili svoju mechtu«, 18. März 2014.
18 Itar-Tass: »Zhukov: Pravitel'stvo prakticheski odobrilo zakon ob uproschtschenii poluchenija grazhdanstva RF«, 4. März 2014.
19 Around the Rings: »IOC rejects concerns over Zhukov role für 2022 bid contest«, 12. Juli 2021.
20 Mitteilung des IOC: IOC statement on 2022 Bidding Process, 30. Juni 2014.
21 Taz: »Wo ihre Frauen gerne einkaufen«, 16. Juni 1995.
22 Neue Zürcher Zeitung: »Schock von Sotschi sitzt immer noch tief«, 27. Juni 2015.
23 SID: »Bach verleiht Chinas Staatspräsident Orden«, 19. November 2013.

Anmerkungen

24 Itar-Tass: »Lvov otkazalsja ot bor'by za provedenie zimnej Olimpiady 2022 goda«, 30. Juni 2014.
25 SID: »Pound fordert Neustart des Bewerbungsprozesses für 2022«, 25. März 2021.
26 Frankfurter Allgemeine Zeitung: »Neue Energie für die deutsche Bewerbung«, 9. Dezember 2014.
27 Frankfurter Allgemeine Zeitung: »Peking: Von Korruption nichts gewusst«, 1. Juli 2015.
28 Angaben des IOC bei der IRS, Publikation von Propublica am 10. Oktober 2023, ObjectId: 202213209349302106, S. 7 (https://projects.propublica.org/nonprofits/organizations/980123241/202213209349302106/full?).
29 Guardian: »IOC member denies blunder«, 28. Dezember 2005.
30 Der Spiegel: »Verdächtige vier Stimmen«, 31. Juli 2015.
31 Die Zeit: »Der Königsmacher«, 6. August 2015.
32 ARD: »Wie Russland seine Sieger macht«, 3. Dezember 2014.
33 Süddeutsche Zeitung: »Erschüttert von der Dopingseuche«, 2. Februar 2015.
34 Mitteilung des Kreml: Vstrecha s prezidentom Mezhdunarodnogo olimpijskogo komiteta Tomasom Bahom, 13. Februar 2015.
35 Mitteilung des Kreml: Vstrecha s prezidentom MOK Tomasom Bahom, 20. April 2015.
36 Süddeutsche Zeitung: »Neustart auf russisch«, 8. April 2015.
37 Mitteilung des IOC: IOC awards Olympic Orders to personalities who have made an outstanding contribution to sport and Olympism, 17. Oktober 2023.
38 Mail von Craig Reedie an Natalija Schelanowa vom 30. April 2015 (zitiert nach Hajo Seppelt: *Feinde des Sports*, 2019, S. 100 f.).
39 Mail von Craig Reedie an Olivier Niggli und François Carrard vom 30. April 2015, ebd.
40 Craig Reedie: *Delivering London's Olympic Dream*, 2022, S. 560.
41 Mitteilung des Kreml: Telefonnyj razgovor s prezidentom Mezhdunarodnogo olimpijskogo komiteta Tomasom Bahom, 22. Juli 2015.
42 Pressekonferenz der Pound-Kommission, 9. November 2015.
43 Report der Pound-Kommission vom 9. November 2015, S. 14–27.
44 Tass: »Putin poruchil provesti vnutrennee rassledovanie dopingovogo skandala«, 12. November 2015.

Anhang

45 Mitteilung des Leichtathletikweltverbandes: IAAF provisionally suspends Russian Member Federation ARAF, 13. November 2014.
46 Mitteilung des IOC: Communique following the meeting of IOC President Bach and ROC President Zhukov, 14. November 2015.
47 Ebd.
48 Dokumentarfilm »Ikarus« von Bryan Fogel, 2017.
49 Zweiter Report von Richard McLaren vom 9. Dezember 2016, S. 69; Hajo Seppelt: *Feinde des Sports*, 2019, S. 20.
50 The Times: »What was Russian doping boss going to reveal?«, 20. Februar 2016.
51 Lenta.ru: »Mutko nazval proverku rashodov na Vankuver ›lovlej bloh‹«, 2. Juli 2010.
52 Süddeutsche Zeitung: »Wir kontrollieren nicht alles total«, 16. Mai 2016.
53 New York Times: »Russian Insider Says State-Run Doping Fueled Olympic Gold«, 13. Mai 2016.
54 Juri Felschtinski, Boris Gulko, Viktor Kortschnoj, Wladimir Popow: *Der KGB setzt matt*, 2009, S. 172.
55 Hajo Seppelt: *Feinde des Sports*, 2019, S. 113.
56 Report von Richard McLaren vom 16. Juli 2016 (ebenso die folgenden Informationen).
57 Den Autoren vorliegende E-Mail eines Mitarbeiters aus dem Sportministerium an Rodtschenkow vom 4. Juni 2014.
58 Report von Richard McLaren vom 16. Juli 2016, S. 61 ff. (ebenso die folgenden Informationen).
59 Tass: »Putin predlozhil OKR sozdat' nezavisimuju komissiju po kontrolju za bor'boj s dopingom«, 22. Juli 2016.
60 Entscheidung der IOC-Exekutive vom 24. Juli 2016.
61 Entscheidung des CAS zur sogenannten Osaka-Regel des IOC, nach der Doper lebenslang von Olympischen Spielen ausgeschlossen werden, vom 6. Oktober 2011.
62 Frankfurter Allgemeine Zeitung: »Sollbruchstellen«, 6. August 2016.
63 Inside the Games: »Bokel claims IOC bullied her and Scott after they called for Russian ban at Rio 2016«, 26. Juni 2018.
64 Deutschlandfunk: »Julia Stepanowa – Bachs Bauernopfer«, 25. Juni 2016.
65 Craig Reedie: *Delivering London's Olympic Dream*, 2022, S. 574.

Anmerkungen

66 Ebd.
67 Deutschlandfunk: »Craven redet Klartext über Thomas Bach«, 9. Oktober 2016.
68 SMS-Nachrichten von Hickey an Bach vom 1. Januar 2015 und 20. April 2015.
69 Inside the Games: »Hickey offered hope after FIFA World Cup ticket touting case against British official thrown out of court«, 5. Dezember 2016.
70 Inside the Games: »Hickey dismisses Rio 2016 ticket corruption allegations from Romario«, 4. Oktober 2012.
71 The Irish Times: »Pro 10 answering message diverts to Marcus Evans Group«, 16. August 2016.
72 Irish Independent: »Pat Hickey absolved of having to repay €410k loan he used to receive bail after arrest at 2016 Rio Olympics«, 14. Februar 2020.
73 Mitteilung des IOC: IOC statement on Mr Patrick Hickey, 5. Dezember 2022.
74 SMS von Hickey an Bach vom 12. Juli 2015.
75 SMS von Hickey an Bach vom 26. Juli 2015.
76 Ebd.
77 SMS von Hickey an Bach vom 16. Januar 2016.
78 Süddeutsche Zeitung: »Nachrichten an den Präsidenten«, 8. September 2016.
79 Ebd.
80 Süddeutsche Zeitung: »Wunschliste an Bach«, 29. August 2016.
81 Süddeutsche Zeitung: »Nachrichten an den Präsidenten«, 8. September 2016.
82 Report der Moran-Kommission vom 14. August 2017.
83 Guardian: »IAAF president Lamine Diack laughs off bribery investigation«, 15. November 2011.
84 Süddeutsche Zeitung: »Korruptionsverdacht gegen die Königsmacher«, 9. September 2017.
85 Frankfurter Allgemeine Zeitung: »Neun Stimmen gekauft? Rios Gouverneur sagt aus«, 6. Juli 2019 (ebenso die folgenden Zitate).
86 Befragung von Frankie Fredericks durch französische Strafermittler am 2. November 2017.
87 Ebd.

Anhang

88 Mitteilung des IOC: IOC rules on potential conflict of interests, 3. November 2010.
89 SBS-Beitrag vom 10. April 2018, abrufbar unter https://www.youtube.com/watch?v=FGrt7tT_Jk4&t=621s (10:31).
90 Vorliegende Anklageschrift gegen Lamine Diack.
91 Frankfurter Allgemeine Zeitung: »Ein sehr japanischer Rückzug«, 20. März 2019.
92 The Japan Times: »Ad giant Dentsu declared Most Evil Corporation of the Year«, 23. Dezember 2016.
93 Reuters: »Exclusive: Japan businessman paid $ 8.2 million by Tokyo Olympics bid lobbied figure at centre of French corruption probe«, 1. März 2020.
94 Süddeutsche Zeitung: »Alles wird verschoben«, 26. April 2014.
95 Süddeutsche Zeitung: »Korruptionsverdacht gegen die Königsmacher«, 9. September 2017.
96 Süddeutsche Zeitung: »Reisewarnung vom IOC-Chef«, 9. Oktober 2020 (ebenso die folgenden Informationen und Zitate).
97 Neue Zürcher Zeitung: »Die Jagd nach Putins Agenten«, 19. Oktober 2018.
98 The Insider: »Tretij otravitel' iz Solsberi«, 14. Februar 2019.
99 Mitteilung der WADA: Cyber Security Update: WADA's Incident Response, 5. Oktober 2016.
100 Neue Zürcher Zeitung: »Die Jagd nach Putins Agenten«, 19. Oktober 2018.
101 Anklage einer Grand Jury, 4. Oktober 2018 (https://www.justice.gov/opa/pr/us-charges-russian-gru-officers-international-hacking-and-related-influence-and).
102 Ebd.
103 Auskunft der Bundesanwaltschaft im Oktober 2023.
104 Zweiter Report von Richard McLaren vom 9. Dezember 2016.
105 Hajo Seppelt: *Feinde des Sports*, 2019, S. 149.
106 Süddeutsche Zeitung: »Russland jubelt schon«, 11. Dezember 2016.
107 Kommersant: »Vladimir Putin priznal proval antidopingovoj sistemy Rossii«, 1. März 2017.
108 Report der Schmid-Kommission vom 2. Dezember 2017, S. 26.
109 Thomas Bach bei der IOC-Session in Pyeongchang 2018.
110 Sport Express: Vitalij Smirnov: »Na Igrah vse znajut – my iz Rossii«, 14. Februar 2018.

Anmerkungen

111 Süddeutsche Zeitung: »Und Putin steht in der Ecke«, 23. Februar 2018.
112 Süddeutsche Zeitung: »Ein Liebeslied wird zum Politikum«, 17. März 2021.
113 Report der Olympic Athlete from Russia implementation group (OARIG), 25. Februar 2018.
114 Süddeutsche Zeitung: »Bald wieder in der Familie«, 26. Februar 2018.
115 Stellungnahme gegenüber den Autoren dieses Buches im Januar 2024.
116 CBS News: »Boston 2024 Olympics Bid In Jeopardy, Walsh Refuses To Sign Cost Overrun Guarantee«, 27. Juli 2015.
117 The Sunday Times: »Fifa Undercover«, 17. Oktober 2010.
118 New York Times: »Acquittals End Bid Scandal That Dogged Winter Games«, 6. Dezember 2003.
119 Blog-Eintrag von Chuck Blazer, 25. November 2010 (https://chuckblazer.blogspot.com/2010/11/my-blog-gets-name-change.html).
120 Anklageschrift des US District Court Eastern District of New York gegen Chuck Blazer, 27. Mai 2015.
121 New York Daily News: »Soccer Rat! The inside story of how Chuck Blazer, ex-U.S. soccer executive and FIFA bigwig, became a confidential informant for the FBI«, 1. November 2014.
122 White House: Remarks by President Trump at a Dinner with Global Chief Executive Officers, Davos, Switzerland, 21. Januar 2020.
123 Los Angeles Times: »Creativity, timing and perseverance: How L.A. got the 2028 Olympics«, 16. September 2017.
124 Andrew Jennings: *Das Olympia-Kartell*, 1996, S. 248 f.
125 Süddeutsche Zeitung: »Verträge versprechen olympische Ruhe«, 9. Dezember 1985.
126 Süddeutsche Zeitung: »Vorsichtige Annäherung«, 18. September 1998.
127 Süddeutsche Zeitung: »Lächeln, auch wenn's weh tut«, 8. August 2008.
128 Twitter-Beitrag von Donald Trump, 3. Januar 2018.
129 Interview mit RTL (zitiert nach SID, 21. September 2017).
130 Der Spiegel: »Der vielseitige Mister Chang«, 31. Oktober 2015.
131 Tagesspiegel: »Politisches Manöver oder Vorbote des Friedens?«, 11. Februar 2018.
132 Der Spiegel: »Das hier ist größer als Sport«, 12. Februar 2018.
133 Süddeutsche Zeitung: »Auf dünnem Eis«, 19. Februar 2018.
134 Reuters: »Exclusive: U.S. IOC member suggests joint Korean team for Nobel Peace Prize«, 11. Februar 2018.

Anhang

135 Deutsche Welle: »Kritik an IOC-Chef Bach wegen Kim-Besuch«, 6. April 2018.
136 Mitteilung des Kreml: Vstrecha s glavoj MOK Tomasom Bahom, 15. Juli 2018.
137 Schreiben von Pawel Kolobkow an Craig Reedie, 13. September 2018.
138 Final Report to the CRC regarding the Moscow Data, 20. November 2019, S. 11.
139 Mitteilung der WADA: WADA Compliance Review Committee recommends series of strong consequences for RUSADA non-compliance, 25. November 2019.
140 Report des russischen Ermittlungskomitees, 21. Dezember 2019 (hier ziert nach: Sports Integrity Initiative, 23. Dezember 2019: SKR also blames Dr. Rodchenkov for manipulating Moscow Lab data).
141 Mitteilung des IOC: Statement from the IOC on WADA recommendations, 26. November 2019.
142 Frankfurter Allgemeine Zeitung: »Machtspiele in der Athletenkommission«, 16. Dezember 2019.
143 SID: »WM 2022 ohne Russland: Fragen und Antworten zur Dopingsperre«, 9. Dezember 2019.
144 Frankfurter Allgemeine Zeitung: »Machtspiele in der Athletenkommission«, 16. Dezember 2019.
145 Mitteilung des Kreml: Telefonnyj razgovor s prezidentom MOK Tomasom Bahom, 29. Dezember 2020.
146 Welt am Sonntag: »Wir haben Beweise«, 31. Dezember 2017.
147 Welt am Sonntag: »Das größte Geschenk«, 29. Dezember 2019.
148 Nachrichtenagentur Kyodo, 27. Februar 2020.
149 Süddeutsche Zeitung: »Vielleicht später«, 4. März 2020.
150 Der Spiegel: »15 von 16 Bundesländern haben Infektion nachgewiesen«, 4. März 2020.
151 Frankfurter Allgemeine Zeitung: »Achtung, ansteckend!«, 8. März 2020.
152 Frankfurter Allgemeine Zeitung: »Nichts ist paletti!«, 13. März 2020.
153 ARD-Tagesthemen, 12. März 2020.
154 SID: »IOC-Vize Coates bekräftigt erneut Olympia-Kurs«, 17. März 2020.
155 Mitteilung des IOC: Communique from the International Olympic Committee (IOC) regarding the Olympic Games Tokyo 2020, 17. März 2020.
156 Tweet von Hayley Wickenheiser, 18. März 2020.

Anmerkungen

157 Reuters: »Exclusive: IOC is endangering our health, champion says, demanding a Tokyo 2020 ›Plan B‹«, 17. März 2020.
158 DPA: »Aufschrei der Athleten: Olympia-Verschiebung scheint unausweichlich«, 23. März 2020.
159 Welt am Sonntag: »Es geht um das Überleben der Olympischen Spiele«, 12. April 2020.
160 Stellungnahme des IOC und des Tokio-2020-Organisationskomitees, 24. März 2020.
161 Süddeutsche Zeitung: »Gesten für die Galerie«, 13. März 2021.
162 NHK: Akiko Otake et alii: »How TV coverage on Covid-19 was affected by the 2020 Tokyo Olympic and Paralympic Games«, 1. März 2022.
163 Frankfurter Allgemeine Zeitung: »Ich kenne keine Zahlen, die das belegen«, 7. August 2021.
164 DPA: »›Zur richtigen Zeit‹: Tokios bittere Corona-Spiele«, 8. August 2021.
165 Frankfurter Allgemeine Zeitung: »Es sieht sehr schlimm aus«, 1. Februar 2023.
166 Frankfurter Allgemeine Zeitung: »Olympia-Korruption: Weitere Anklagen in Japan«, 28. Februar 2023.
167 Süddeutsche Zeitung: »In Mannschaftsstärke ins Gefängnis«, 22. Februar 2023.
168 Reuters: »Paris 2024 Olympics headquarters, event management firms raided«, 19. Oktober 2023.

5 Der Anfang vom Ende

1 Thomas Bach bei der Pressekonferenz der 137. IOC-Session.
2 Süddeutsche Zeitung: »Dopingvorwürfe stören den schönen Schein«, 9. Dezember 2014.
3 Süddeutsche Zeitung: »Alles hübsch inszeniert«, 10. Dezember 2014.
4 Ebd.
5 Mitteilung des IOC: Olympic Summit held at IOC headquarters, 3. November 2013.
6 Inside the Games: »Coe on course to become International Olympic Committee member before Tokyo 2020«, 29. September 2019.
7 Mitteilung des IOC: IOC session elects two Vice-Presidents, two Executive Board Members and five new Members, 17. Juli 2020.
8 Ebd.

Anhang

9 Mitteilung des IOC, 16. Oktober 2023.
10 Die Zeit: »Der Scheich der Ringe«, 11. September 2013.
11 Boris Nemzow, Leonid Martynyuk: »Nezavisimyj ekspertnyj doklad – zimnjaja Olimpiada v subtropah« (https://www.putin-itogi.ru/cp/wp-content/uploads/2013/05/ZimniayaOlimpiadaVSubtropikah-Nemtsov-Martyniuk.pdf).
12 DPA: »Eklat in Sotschi: Scharfe Kritik an IOC-Chef Thomas Bach«, 20. April 2015.
13 SMS von Hickey an Bach, 20. April 2015.
14 SMS von Hickey an Bach, 22. Mai 2015.
15 Mitteilung der GAISF, 14. September 2023.
16 Inside the Games: »Bach insists ANOC and IOC ›not competing against each other‹ following criticism«, 20. Oktober 2022.
17 SMS von Hickey an Bach, 15. Juni 2016, um 21.30 Uhr.
18 SMS von Bach an Hickey, 15. Juni 2016, um 22.24 Uhr.
19 Angaben des IOC bei der IRS, Publikation von Propublica am 10. Oktober 2023, ObjectId: 202213209349302106, S. 7 (https://projects.propublica.org/nonprofits/organizations/980123241/202213209349302106/full?).
20 Christoph Breuer, Pamela Wicker, Sören Dallmeyer, Michael Ilgner: *Die Lebenssituation von Spitzensportlern und -sportlerinnen in Deutschland*, 2018, S. 33.
21 Frankfurter Allgemeine Zeitung: »Athleten fordern Aufklärung«, 4. Oktober 2023.
22 Süddeutsche Zeitung: »China Cables«, 24. November 2019; Amnesty International: »Like We Were Enemies in a War«: China's Mass Internment, Torture, and Persecution of Muslims in Xinjiang, 10. Juni 2021; Süddeutsche Zeitung: »Brechen und gefügig machen«, 25. Mai 2022 (ebenso die folgenden Informationen).
23 Stellungnahme des US-Außenministeriums: Determination of the Secretary of State on Atrocities in Xinjiang, 19. Januar 2021.
24 Der Spiegel: »Der Sport ist ein Eisbrecher«, 19. Dezember 2008.
25 Tagesspiegel: »Olympische Eiszeit: Wie Athleten mit den Winterspielen in Peking umgehen«, 12. Februar 2022.
26 Frankfurter Allgemeine Zeitung: »Friedensbotschaft bei Olympia nicht erwünscht«, 13. Februar 2022.
27 Süddeutsche Zeitung: »Eine Frau verschwindet«, 16. November 2021.

Anmerkungen

28 Süddeutsche Zeitung: »Sie nickt und schweigt«, 22. November 2021.
29 Mitteilung des IOC: IOC President and IOC Athletes' Commission Chair hold video call with Peng Shuai, 21. November 2021.
30 Mitteilung von Human Rights Watch: Olympics: Don't Promote Chinese State Propaganda, 22. November 2021.
31 DPA: »Dopingjäger mit schweren Vorwürfen gegen Russland im Fall Walijewa«, 14. Februar 2022.
32 DPA: »IOC-Chef Bach erklärt Winterspiele in Peking für beendet«, 20. Februar 2022.
33 DPA: »Bach über Putin: ›Kann nicht in seinen Kopf schauen‹«, 3. März 2022.
34 Welt am Sonntag: »Das Kreuz mit Putins Orden«, 3. Juli 2022.
35 Mitteilung des IOC: IOC EB recommends no participation of Russian and Belarusian athletes and officials, 28. Februar 2022.
36 Fortlaufend aktualisiertes Q & A des IOC zur Situation der russischen Sportler (https://olympics.com/ioc/news/q-a-on-solidarity-with-ukraine-sanctions-against-russia-and-belarus-and-the-status-of-athletes-from-these-countries).
37 Statement von Alischer Usmanow, 1. März 2022.
38 Reuters: »IBA extraordinary congress votes against holding new election«, 25. September 2022.
39 Den Autoren liegen die betreffenden Schreiben der russischen Botschaften in Uruguay und Brasilien vor.
40 ChessBase: »The Russian diplomatic effort to influence the Fide election«, 11. August 2018.
41 Mother Jones: »Exclusive: Former Top Kremlin Official Who Chairs Global Chess Federation Decries Russia's War on Ukraine«, 14. März 2022.
42 Tass: »Peskov nazval ochen' horoshej novost'ju pereizbranie Dvorkovicha glavoj Fide«, 7. August 2022.
43 Corriere della Sera: »Thomas Bach: ›I Giochi per la pace. Facciamo gareggiare i russi contro la guerra‹«, 30. September 2022.
44 Tass: »Pozdnjakov prokommentiroval vozmozhnyj prizyv sportsmenov v armiju po chastichnoj mobilizacii«, 22. September 2022.
45 Francsjeux.com: »In Seoul, the Olympic movement united in division«, 19. Oktober 2022.
46 Mitteilung des IOC: Declaration of the 11th Olympic Summit, 9. Dezember 2022.

Anhang

47 Von den Vertretern von 35 Staaten unterzeichnetes Statement vom 20. Februar 2022 (https://www.state.gov/third-statement-on-russias-war-on-ukraine-and-international-sport/#:~:text=We%20have%20strong%20concerns%20on,example%2C%20professional%20tennis%20players).
48 Süddeutsche Zeitung: »Bach verbittet sich Einmischung«, 12. Februar 2023.
49 Mitteilung des IOC: Statement on solidarity with Ukraine, sanctions against Russia and Belarus, and the status of athletes from these countries, 25. Januar 2023.
50 Patricia Wiater: Rechtsgutachten zum Thema »Menschenrechtliche Rahmenbedingungen des Ausschlusses russischer und belarussischer Athlet*innen von internationalen Sportwettkämpfen«, März 2023.
51 Twitter-Eintrag von Alexandra Xanthaki vom 4. Februar 2023.
52 Der Spiegel: »Was die IOC-Empfehlung zu russischen Sportlern bedeutet«, 29. März 2023.
53 Thomas Bach bei der 140. IOC-Session (zitiert nach SID: IOC-Präsident Bach: Ukrainische Regierung bestraft eigene Sportler, 22. Juni 2023).
54 Süddeutsche Zeitung: »An Heuchelei schwer zu toppen«, 31. Juli 2023.
55 Tass: »Peskov prizval ne zabyvat' o zaslugah Isinbaevoj pered Rossiej«, 20. Juli 2023.
56 Welt am Sonntag: »Wir haben Beweise«, 31. Dezember 2017.
57 Tass: »Pozdnjakov schitaet, chto sport stal chast'ju politiki i popal pod vlijanie sponsorov«, 6. Oktober 2023.
58 Tass: »Etnicheskaja diskriminacija v sporte i regulirovanie onlajn-igr. O chem govoril Putin v Permi«, 19. Oktober 2023.
59 Fränkische Nachrichten: »Thomas Bach 25 Jahre Aufsichtsratsvorsitzender bei Weinig«, 28. Juli 2023.
60 Der Spiegel: »Alte Freunde, gute Freunde«, 19. Dezember 2014.
61 Mitteilung der Ghorfa, 6. September 2016.
62 Anklageschrift des US District Court Eastern District of New York gegen Richard Lai, 28. April 2017.
63 AP: »Asian Olympic chief Sheikh Ahmad denies Fifa bribery claims«, 29. April 2017.
64 Tages-Anzeiger: »Zwei Scheichs duellieren sich in Genf«, 20. März 2019.

Anmerkungen

65 Der Spiegel: »Ein Imperium bricht zusammen«, 25. November 2018.
66 Stellungnahme von Al-Sabah: Sheikh Ahmad Al-Fahad apologizes for releasing false information, 26. März 2015 (https://www.youtube.com/watch?v=K3SQCVtDa7c).
67 Reuters: »Olympics: Sheikh Ahmad's decision ›protects us all‹ – Bach«, 29. November 2018.
68 Dokumentation der IOC-Ethik-Kommission: Decision with recommendations, situation of Sheikh Ahmad Al-Fahad Al-Sabah, 27. Juli 2023.
69 Tass: »Putin zajavil o degradacii mezhdunarodnyh sportivnyh organizacij iz-za politizacii«, 16. August 2023.
70 BelTA: »Lukaschenko bei der Eröffnung der GUS-Spiele: Die Zeit der Mutigen und Entschlossenen ist gekommen«, 5. August 2023.
71 Mitteilung des Kreml: Ukaz o provedenii »Vsemirnyh igr druzhby« v 2024 godu, 19. Oktober 2023.
72 BArch, MfS, AIM 15825/89, Band 10, StUA 0103.
73 Der Spiegel: »Eigene Spiele«, 14. Juli 1986.
74 BArch, MfS, AIM 15825/89, Band 11, StUA 0063.
75 Frankfurter Allgemeine Zeitung: »Debakel um deutsche Olympia-Pläne«, 11. August 2023.
76 https://www.youtube.com/@DeineSpiele
77 Interview mit dem Deutschlandfunk, 19. Oktober 2023.
78 Christoph Breuer, Kirstin Hallmann: Factsheet zur Studie »Akzeptanz des Spitzensports«, 15. August 2016.
79 Die Zeit: »Eine naive Art der Neutralität«, 1. Februar 2023.
80 Augsburger Allgemeine Zeitung: »Putins Krieg spaltet den internationalen Sport«, 24. März 2023.
81 Süddeutsche Zeitung: »Ein Diplomatenpass ist Thomas Bach zu wenig«, 4. November 2016.
82 Süddeutsche Zeitung: »Die Entscheidung im magischen Dreieck«, 18./19. Oktober 1986.
83 Bericht des Bundesrechnungshofes vom 22. August 1996.
84 Andrew Jennings: *Das Olympia-Kartell*, 1996, S. 194.
85 Fax der Berlin-2000-Marketinggesellschaft an Thomas Bach, 11. August 1993; Andrew Jennings: *Das Olympia-Kartell*, 1996, S. 196.
86 Interview mit dem Tagesspiegel: »Wer gibt schon freiwillig etwas von seiner Macht ab?«, 15. Januar 1999.

Anhang

87 Süddeutsche Zeitung: »Hamburg klar vorne«, 14. März 2003.
88 Interview mit der Financial Times Deutschland: »Wir sind offen nach allen Seiten«, 15. April 2003.
89 Taz: »Der Entscheidung folgen Beschwörungsformeln«, 14. April 2003.
90 Frankfurter Allgemeine Zeitung: »Leipziger Allerlei aus dem Küchenkabinett«, 10. Dezember 2003.
91 Protokoll der 7. Mitgliederversammlung des DOSB vom 3. Dezember 2011, S. 19.
92 Interview mit dem langjährigen Sportabteilungsleiter des Bundesinnenministeriums. Der Spiegel: »Es herrscht eine gewisse Maßlosigkeit«, 11. Februar 2022.
93 NDR: »IOC-Präsident Thomas Bach: ›Würde mich über Olympia in Deutschland riesig freuen‹«, 20. August 2014.
94 DPA: »Bewerbung für Olympia 2032 geht in entscheidende Phase«, 23. Februar 2021.

Epilog: Der olympische Geist

1 DPA: »Werner von Moltke kritisiert IOC«, 7. Dezember 2023.
2 Francsjeux.com: »Brisbane 2032, so far away and already controversial«, 19. September 2023.
3 Barbara Smit: *Die Dasslers. Drei Streifen gegen Puma*, 2007, S. 252.
4 Süddeutsche Zeitung: »Olympische Dynastie«, 3. Februar 2022.
5 Ebd.
6 SMS von Bach an Hickey, 15. Juni 2016, um 22.24 Uhr.
7 Inside the Games: »Bach invites German athletes to Lausanne to explain funding model«, 24. Mai 2018.
8 Inside the Games: »Opposition group in Zimbabwe urge IOC to revoke Coventry's membership over farm agreement«, 7. Juli 2020.
9 Der Spiegel: »Amtsinhaber Mnangagwa gewinnt umstrittene Präsidentenwahl in Simbabwe«, 27. August 2023.
10 Der Spiegel: »Gesetz gegen ›unpatriotische‹ Bürger«, 1. Juni 2023.
11 ABC News: »Zimbabwe's newly reelected president appoints his son and nephew to deputy minister posts«, 12. September 2023.
12 Inside the Games: »Coventry will not confirm whether or not will stand for IOC President as backs Bach on Russia stance«, 1. Februar 2023.

Personenregister

A
Abramow, Iwan 38
Abramowitsch, Roman 96
Achiume, E. Tendayi 229 f.
Adams, Mark 216, 222 f.
Aggar, Victoria 197
Agnelli, Gianni 86
Albert, Fürst von Monaco 99, 281
Al-Ghanim, Ali Mohammed Thunayan 116
Al-Ghanim, Marzouq Ali Mohammed 116, 239
Al-Kharafi, Jassem 240 f.
Al-Mikhlafi, Abdulaziz 239
Al-Musallam, Husain 242
Al-Sabah, Scheich Ahmad Al-Fahad Al-Ahmad 68, 88, 110, 113–116, 118–122, 136, 139, 157, 159, 191, 207, 209, 212, 214, 238, 240 ff.
Al-Sabah, Scheich Fahad Al-Ahmad Al-Jaber 50, 113
Al-Sabah, Scheich Talal Al-Fahad Al-Ahmad 242
Al-Sisi, Abdel Al-Fattah 220
Al-Thani, Joaan bin Hamad bin Khalifa 271
Ambani, Mukesh 270
Ambani, Nita 270
Andropow, Juri 30, 37
Anissina, Marina 92
Anne Elizabeth Alice Louise, Princess Royal 79
Asghari, Samira 205

B
Bach, Thomas 7 f., 12–18, 46 ff., 50–55, 59–62, 64–71, 75 f., 78 ff., 82, 85 f., 88 f., 91, 93, 104 ff., 108–123, 125, 127, 129–138, 140–145, 152–157, 160–165, 169–173, 177–181, 186–193, 195, 197–202, 205–216, 218–227, 229–245, 250–273, 275–282, 284
Baenkler (geborene Dassler), Brigitte 27, 63
Bańka, Witold 196
Ban Ki-moon 230, 277
Baranowa, Natalja 92
Barteková, Danka 197
Beckenbauer, Franz 70 f., 107 f., 257
Beitz, Berthold 43 f., 65
Bereschnaja, Jelena 92
Berraf, Mustapha 266 f.

Biden, Joe 126
bin Salman, Mohammed 220, 271
Bjørgen, Marit 131
Blatter, Joseph 23 f., 118 f., 163, 185, 206
Blazer, Chuck 183 f.
Blick, William 211
Bobkow, Filip 29 f.
Bokel, Claudia 154, 178, 215
Bolschunow, Alexander 230
Borodin, Leonid 33
Borsow, Walerij 26
Boulter, John 48, 50 f., 54 f.
Brandmann, Franziska 252
Brause, Stephan 250
Breschnew, Leonid 27, 30 f., 86, 91
Bubka, Sergej 120, 130, 134, 166, 205
Bush, George W. 130
Byrom, Enrique 158
Byrom, Jaime 158

C
Cabral, Sérgio 165 f.
Carrard, François 73, 143
Carrión, Richard 119, 123, 209, 280
Cassell, Ollan 57
Castro, Fidel 15
Chang Ung 189
Charlan, Olga 234
Chasara, Romeo 283

Chen Xitong 76
Chorkina, Swetlana 95
Chowdhry, Anwar 47 f., 50–54, 63, 83, 89, 113, 119, 227
Chun Doo-hwan 42
Chung Ju-yung 58
Cinquanta, Ottavio 102
Clergironnet, Huguette 26, 53, 56, 58
Clinton, Bill 183
Clinton, Hillary 182 f.
Coates, John 76 f., 84, 201, 216, 262, 268, 271, 282
Coe, Sebastian 46, 144, 210 f.
Coventry, Kirsty 197, 211, 281–284
Craven, Philip 155 f., 178

D
Dassler, Adolf »Adi« 19 f., 26 f.
Dassler, Horst 19–28, 30–33, 35 f., 39 ff., 43–56, 58 f., 62–65, 71 f., 75, 89, 113, 115, 119, 169, 203, 227, 246 f., 254, 279
Dassler, Rudolf 19 f., 27
Daume, Willi 35, 65, 254
de Coubertin, Pierre 35, 206
DeFrantz, Anita 205
De Kepper, Christophe 138, 171, 216
de Maizière, Thomas 263
Demba, Judith 255

Personenregister

de Merode, Alexandre 57
D'Hooghe, Michel 107
Diack, Lamine 98, 110, 119, 122, 144, 164 ff., 168, 170, 187, 207, 210
Diack, Papa Massata 164 f., 167–171, 207
Dibós, Iván 255
Dubi, Christophe 216
Duda, Andrzej 220
Dworkowitsch, Arkadij 228

E
Emmanuel, Alfred 214 f.
Erdener, Uğur 153 f.
Escrivá de Balaguer, Josemaría 38
Evans, Marcus 159
Ewald, Manfred 27, 53, 82

F
Fasel, René 102
Felschtinski, Juri 29, 33 f., 37
Ferriani, Ivo 214
Fetissow, Wjatscheslaw 101
Flessel, Laura 190
Franco, Francisco 32 f., 38, 42, 278
Fredericks, Frankie 122, 167, 170 ff.
Friderichs, Hans 69
Friedrich, Hans-Peter 258
Froome, Christopher 174

Fürjes, Balázs 268
Fursenko, Andrej 96
Fursenko, Sergej 96

G
Ganga, Jean-Claude 84
Garad Ali, Aïcha 267
Garcetti, Eric 180, 187
Garcia, Michael 106 f.
Gauck, Joachim 126, 239
Gilady, Alex 138
Girard Zappelli, Paquerette 121, 171, 216
Glasunow, Ilja 33 f.
Gorbatschow, Michail 37
Graf, Steffi 62
Griffith-Joyner, Florence 59
Guelfi, André 35 f., 50, 71–74, 90 f.
Guterres, António 277

H
Haddad, Lana 216
Hamouda, Hassine 50, 54
Hartung, Max 201, 282
Hasan, Bob 42
Hashimoto, Seiko 200
Haussmann, Helmut 69
Havelange, João 22 ff., 43, 63 f.
Heiberg, Gerhard 102
Helleland, Linda 196
Helmick, Robert 40
Heraskewitsch, Wladislaw 223

Heyns, Penelope 197
He Zhenliang 75, 78
Hickey, Patrick 110, 157–163, 213, 215, 281
Hickey, Stephen 159
Hodler, Marc 35 f., 81 f., 84, 86, 127
Hoevertsz, Nicole 281
Hollande, François 126
Hörmann, Alfons 111, 263
Hu Jintao 222
Hull, Donald 47
Hutchison, Robert 39
Hwang Chung-gum 188

I
Iljumschinow, Kirsan 95
Infantino, Gianni 185 ff., 206, 217
Issinbajewa, Jelena 215, 227, 235
Iwanow, Sergej 95

J
Jacobsen, Astrid 131
Jakunin, Wladimir 127
Jannette, Christian 26, 32
Janukowitsch, Viktor 130, 133
Jazenjuk, Arsenij 134
Jelzin, Boris 90 f., 235
Jiang Zemin 92
John, Mathias 117
Johnson, Ben 59
Joly, Eva 73

Jong Su-hyon 191
Jung, Volker 67

K
Kabajewa, Alina 95
Kamajew, Nikita 147
Karimow, Islam 73 f.
Kasper, Gian Franco 102, 116, 127 f., 134, 178, 208
Keller, Thomas 42
Killanin, Michael 35 f.
Kim Dae-jung 189
Kim Jae-youl 55, 268
Kim Jong-un 188, 190, 192, 232
Kim Un-yong 42, 55 f., 58, 60 f., 79, 82, 85 ff., 167
Kim Yo-jong 187 f., 192
Kim Yong-nam 188
Klaue, Christian 216
Klinsmann, Jürgen 251
Kohl, Helmut 91
Kolobkow, Pawel 193
Koloskow, Wjatscheslaw 107
Kremljow, Umar 227 f.
Kruschelnizkij, Alexander 179

L
Lai, Richard 240
Lamprecht, Rudi 68
Laschet, Armin 261 ff.
Lasutina, Larissa 93
Lawrow, Sergej 95
Lee Jae-yong 268
Lee Kun-hee 59, 102, 167 f.

Personenregister

Lee Myung-bak 168, 190
Lefkaritis, Marios 107
Le Gougne, Marie-Reine 92
Lennon, John 188
Lewis, Carl 59, 247
Lewitin, Igor 95
Lindberg, Gunilla 205
Lissin, Wladimir 96, 153
Liu Zhihua 136
Louis-Dreyfus, Robert 71
Lukaschenko, Alexander 157, 244
Lula da Silva, Luiz Inácio 166

M

Macron, Emmanuel 252, 274
Makarow, Igor 96
Makudi, Worawi 107
Maleson, Eric 170
Mallon, Kevin 159
Martynjuk, Leonid 126
Maslakow, Walentin 141
McConnell, Kit 216
McLaren, Richard 148 f., 152, 175, 177, 193 f.
Mejía Oviedo, Luis 267
Merkel, Angela 126, 156, 251 f.
Mielke, Erich 44 f., 53
Miller, Alexej 235
Miller, David 37 f.
Mischnick, Wolfgang 68
Mitchell, Robin 214
Mittermaier, Rosi 105, 259 f.
Mnangagwa, David 283 f.
Mnangagwa, Emmerson 282
Mnangagwa, Tongai 284
Modi, Narendra 270
Moon Jae-in 187 f., 192
Moran, Cearbhall 163
Moses, Edwin 247
Moustafa, Hassan 114
Mronz, Michael 261–264, 269, 276
Mugabe, Robert 283
Mukora, Charles 77
Murray, Craig 74
Murray, Sarah 191
Mutko, Witalij 95 f., 126, 141 f., 144, 147, 154, 175 ff., 237
Muttaleb, Ahmad 115

N

Nagornych, Juri 152
Nally, Patrick 22, 43
Naryschkin, Sergej 95
Nasarbajew, Nursultan 135
Nebiolo, Primo 43, 57
Nemzow, Boris 126
Netanjahu, Benjamin 228
Neubürger, Heinz-Joachim 67
Neureuther, Christian 104 f., 258 f.
Neymar 239
Ng Ser Miang 119, 121, 209
Niggli, Olivier 143
Nikolaou, Lambis 138
Nora, Prinzessin von Liechtenstein 103

Nuzman, Carlos 110, 165 f., 170
Nyangweso, Francis 41, 77

O
Obama, Barack 118, 126, 182 f.
Obama, Michelle 182
Omi, Shigeru 202
Orbán, Viktor 268
Oswald, Denis 118 f., 121 f., 173

P
Paes, Eduardo 166
Park Geun-hye 60
Park Seh-jik 56
Park Yong-sung 60
Patruschew, Nikolaj 95
Pawlow, Sergej 27
Peizerat, Gwendal 92
Pelletier, David 92
Pence, Mike 188
Pengilly, Adam 178, 180, 215
Peng Shuai 224
Pérez López, Camilo 267
Peskow, Dimitrij 144, 236
Phelps, Michael 232
Platini, Michel 182, 185
Pompidou, Georges 71
Popow, Alexander 112, 166, 227
Popow, Wladimir 29 ff., 33 f., 36 ff., 45, 149, 246
Posdnjakow, Stanislaw 210, 230 f., 237
Potanin, Wladimir 98
Pound, Richard 59, 61, 79, 81, 85 ff., 134, 137, 140–144, 155, 178, 211, 221
Prochorow, Michail 96
Putin, Wladimir 7, 9 f., 12, 17 f., 31, 33, 89–106, 108, 111 ff., 125–131, 133, 140–144, 147, 150 ff., 175 ff., 179 f., 183, 187, 193, 198, 207, 212 f., 215, 220, 226 ff., 230, 232, 235–238, 242–245, 248, 258, 266, 270, 277

R
Rachimow, Gafur 74, 99, 227
Rachlin, Anatolij 89
Radmann, Fedor 108
Ramsauer, Peter 117
Reedie, Craig 142 f., 155, 194, 196
Restout, Bernard 21, 48, 51
Rexrodt, Günter 117
Ricci Bitti, Francesco 115
Robbe, Reinhold 117
Rodtschenkow, Grigorij 140, 145 f., 148–151, 176, 194 f., 246
Rogge, Jacques 12 f., 15, 60, 64, 79, 86 ff., 97 f., 104 f., 108, 110, 120, 138, 190, 206, 209, 216, 239, 256, 260, 266, 281
Roh Tae-woo 42, 55
Romario 158
Ronaldo, Cristiano 239
Rotenberg, Arkadij 96, 212
Rous, Stanley 22

Rubeschnoj, Alexej 227
Ruggiero, Angela 192
Rusijew, Sabirdschan 74 f.
Rylow, Jewgenij 230

S
Salé, Jamie 92
Samaranch, Bibi 33
Samaranch, Juan Antonio 15, 32–46, 52–55, 57, 60, 63, 65, 71–79, 81 ff., 85–92, 94, 97 f., 103 f., 110, 120, 124, 141, 143, 154, 178, 181, 189, 206, 216, 247, 254, 266, 278 ff.
Samaranch, Juan Antonio junior (Juanito) 153, 279 ff., 284
Samsonow, Sergej 93
Sarkozy, Nicolas 182
Schamanow, Wladimir 95
Scheel, Walter 161
Schelanowa, Natalija 142
Schelsky, Wilhelm 66 f., 117
Schily, Otto 79, 117
Schmid, Samuel 173, 177, 194, 237
Schobuchowa, Lilija 164
Schojgu, Sergej 235
Schormann, Klaus 208
Schranz, Karl 105
Schröder, Gerhard 80
Schukow, Alexander 95, 133 f., 136, 144 f., 153 ff., 176, 209 f., 237 f., 248

Schurowa, Swetlana 95
Scott, Beckie 154, 215
Seeliger, Gerardo 48
Sergejewa, Nadeschda 179
Setschin, Igor 227
Sibandze, David 77
Sicharulidse, Anton 92
Sidakow, Saurbek 235
Singh, Randhir 231
Siperco, Alexandru 38
Skripal, Sergej 173
Smirnow, Witalij 29, 38, 45, 58, 74, 85, 90, 101 f., 104, 112, 136, 152, 177, 227
Smirnowa, Anna 234
Smit, Barbara 21
Soares, Arthur 165 f.
Sobtschak, Anatolij 89, 91
Spitzer, André 118
Spitzer, Ankie 118
Stefanidi, Ekaterini 201
Stepanow, Witalij 140
Stepanowa, Julia 140, 154 f., 179
Stoss, Karl 272
Strack-Zimmermann, Marie-Agnes 252
Subowo, Rita 208
Suharto, Haji Mohamed 42

T
Takahashi, Haruyuki 169, 203
Takeda, Tsunekazu 169 f., 200, 209
Tapie, Bernard 72

Tarpischtschew, Schamil 29, 90, 92 f., 112, 227, 235
Taylor, Jonathan 197
Tiefensee, Wolfgang 255
Tjagatschow, Leonid 29, 93, 99
Tochtachunow, Alimsan 92
Tröger, Walther 47, 53
Trump, Donald 184 ff., 190
Tschaikowski, Pjotr 198
Tschebrikow, Viktor 36, 45
Tschernomyrdin, Viktor 91
Tschernyschenko, Dimitrij 101
Tsutsumi, Yoshiaki 83
Turner, Ted 89 f., 246 f.
Tutberidse, Eteri 225

U
Ueberroth, Peter 82
Usmanow, Alischer 96, 153, 227, 234

V
van der Kwast, Christer 74
van der Vorst, Boris 228
Vázquez Raña, Mario 43, 50, 114, 157
Vesper, Michael 260
Vizer, Marius 115, 212 ff., 245
von Moltke, Werner 272
von Pierer, Heinrich 67

W
Walijewa, Kamila 225
Walujew, Nikolaj 95
Warner, Jack 107, 184
Watanabe, Morinari 267
Weber, Jean-Marie 64
Wehr, Karl-Heinz 20 f., 44 f., 47–55, 62 f.
Weikert, Thomas 263 f.
Werthein, Gerardo 178, 211
Whelan, Ray 158
Wiater, Patricia 232
Wickenheiser, Hayley 201
Willem-Alexander, König der Niederlande 87
Williams, Serena 174
Witischko, Jewgenij 129
Witt, Katarina 259
Wolf, Markus 53
Won Yun-jong 188
Worrall, James 35
Wu Ching-kuo 50, 119

X
Xanthaki, Alexandra 229 f., 232 f.
Xiao Tian 137
Xi Jinping 135 f., 198, 220, 232, 267, 277
Xue Yinxian 77

Y
Yang Yang 135
Yeoh, Michelle 268
Yilamujiang, Dinigeer 222
Yu Zaiqing 135, 209, 211
Yuan Yuan 78

»Jedes Kapitel hat Gold verdient.« ZDF

Roman Deininger
Uwe Ritzer

Die Spiele des Jahrhunderts

Olympia 1972, der Terror und das neue Deutschland

dtv

ALLE LIEFERBAREN TITEL, INFORMATIONEN UND SPECIALS FINDEN SIE ONLINE

Auch als eBook   www.dtv.de **dtv**

»Ein packend erzählter Wirtschaftskrimi«
NDR Kultur

Erweiterte Neuausgabe

Massimo Bognanni

UNTER DEN AUGEN DES STAATES

SPIEGEL Bestseller
Jetzt als Taschenbuch

Organisierte Kriminalität und Staatsversagen im Cum-Ex-Skandal. Die ganze Geschichte.

Der größte Steuerraub in der Geschichte der Bundesrepublik

dtv

ALLE LIEFERBAREN TITEL, INFORMATIONEN UND SPECIALS
FINDEN SIE ONLINE

Auch als eBook   www.dtv.de **dtv**